Lessing's Werke.

Vierter Band.

———

Leipzig.

G. J. Göschen'sche Verlagshandlung.

1866.

Lessing's

ausgewählte Werke.

Vierter Band.

———

Leipzig.

G. J. Göschen'sche Verlagshandlung.

1866.

Buchdruckerei der J. G. Cotta'schen Buchhandlung in Stuttgart.

Inhalt.

Ein Vade Mecum

für den

Herrn Sam. Gotth. Lange,

Pastor in Laublingen.

In diesem Taschenformat ausgefertigt von Gotth. Ephr. Lessing.

1754.

Ein paar Dichter, die sich während des theoretischen Streites zwischen Gottsched und Bodmer mit einer gewissen Selbstständigkeit auf Seite der Schweizer wandten, Pyra und Samuel Gotthold Lange, Sohn des Joachim Lange in Halle, des Verfassers einer lange gebrauchten lateinischen Grammatik, hatten durch die von Bodmer besorgte Herausgabe ihrer freundschaftlichen Lieder eine damals wichtige Bedeutung erlangt, die ihnen nach dem Gehalt ihrer Gedichte nicht zukam. Lange hatte nach dem frühen Tode seines Freundes Pyra die Erbschaft des Ruhmes übernommen und stiftete mit Gleim in Halberstadt, Meier in Halle und den Schweizern Sulzer und Hirzel eine Freundschaft, wie sie Gleim mit seinem Michaelis, Jacobi und Andern noch lange Jahre fortsetzte. Lange liebte besonders den Horaz und lieferte für Meiers Anfangsgründe der Aesthetik die deutschen Uebersetzungen aus lateinischen Dichtern. Er gab auch 'Horazische Oden' heraus, denen eine 'wirkliche horazische Ader' nachgerühmt wurde, während sie durch ihre specifisch-christliche Färbung sich wesentlich von der horazischen Art unterschieden, als einfache Gedichte aber leidlichen Eindruck machten. In der Vorrede kündigte er eine Uebersetzung des Horaz an, die 1752 mit gegenüberstehendem lateinischen Texte erschien und ausdrücklich auf treue Wiedergabe des Originals Anspruch machte. Die Arbeit war lange mit großen Hoffnungen erwartet. Lessing verschlang sie mehr als er sie las, fühlte sich aber bald durch den platten Stil und ebenso sehr durch die groben Uebersetzungsfehler, wo ducentia durch zweihundert wiedergegeben war, auf das Bitterste enttäuscht. Er drückte sein Erstaunen in einem Briefe vom 9. Juni 1752 an den Professor Sam. Nicolai aus und bemerkte zugleich, daß er eine schon fertige Beurtheilung der ganzen Arbeit drucken zu lassen große Lust habe. Nicolai, ein Freund Langes, suchte das abzuwenden und schlug Lange vor, ohne von Lessing dazu autorisiert zu sein, die Beurtheilung sich geben zu lassen, um die Fehler zu verbessern, und Lessing dafür zu honorieren. Lange, der nicht wußte, daß dieser Vorschlag lediglich von Nicolai ausgieng, lehnte denselben ab; Nicolai aber machte Lessing bemerklich, daß es niemand zu rathen sei, Langen öffentlich anzugreifen, der noch auf eine Anstellung in Preußen rechne. Das konnte Lessing nicht abschrecken. Er ließ im zweiten Bande seiner Schriften, der im Spätjahre 1753 erschien, einen Brief, den 24., erscheinen, in welchem einige der gröbsten Uebersetzungsfehler nachdrücklich gerügt wurden. Diesen Brief druckte der hamburgische Correspondent (1753 Stück 178 — 179) ab. Lange erließ dagegen unterm 20. Nov. aus Laublingen, wo er Prediger war, ein Schreiben, in welchem er die gerügten Fehler zu entschuldigen, oder wie die Ducentia auf den Professor Nicolai, der die Correctur besorgt hatte, zu wälzen suchte. Dabei machte er aufs neue grobe grammatische Fehler und bemerkte, er habe die schriftlichen Erinnerungen Lessings, die ihm durch die dritte Hand bekannt geworden, annehmen wollen; es sei ihm jedoch geantwortet, daß sie schon zum Druck ausgearbeitet seien und nicht würden zurückgehalten werden, wenn Lange sie dem Verfasser nicht wie ein Verleger bezahle. Dies anzunehmen hätte er so niederträchtig sein müssen wie Lessing selbst. Auf dies 'Schreiben' antwortete Lessing am 27. December 1753, eine ausführliche Entgegnung vorbehaltend, mit einer kurzen Notiz in der Voßischen Zeitung und erklärte Lange für die Beschuldigung, daß er ein kritischer Breteur sei, der die Schriftsteller herausfordere, damit sie ihm die Ausforderung abkaufen sollen, für den boshaftesten Verleumder, wenn er die Beschuldigung nicht beweise. Die ausführliche Entgegnung, die schon im Januar 1754 erschien, war das 'Vademecum in Taschenformat', ein Titel, der auf Langes Spöttereien über Lessings kleine in Taschenformat erschienenen Schriften zielte. Im Vademecum werden beide Punkte, der philologische und der persönliche, mit schlagenden Gründen gegen Lange erörtert. Abgesehen von dem persönlichen Theile hat der philologische für jene Zeit dadurch eine epochemachende Bedeutung, daß hier in deutscher, allgemein auch das Latein verständlich machender Sprache ein vielgelesener Dichter des Alter= thums zum erstenmale mit wahrhaftem Geiste des Alterthums kritisch be= handelt und erläutert wurde. In höherem Sinne wirkte dies an einem Einzelnen vollzogne Strafgericht epochemachend, indem die selbstgefällige Unfähigkeit derjenigen, die sich für Gelehrte und für Dichter hielten, weil noch unfähigere Zeitgenossen sie dafür ausgegeben, in die gebührenden Schranken zurückgewiesen und zwischen dem sich alles Vortreffliche zu= trauenden Dilettantismus und dem Kenner die Grenze berichtigt wurde.

Lange antwortete in einem an Nicolai gerichteten gedruckten Schrei= ben vom 28. Februar 1754, von dem der Göttinger Michaelis mit Recht sagte, es finde sich darin überall ein Spott oder Zorn, dem nicht allein das Wahre, sondern auch das Feine und Anständige mangle. Dies Schreiben beantwortete Nicolai am 13. Mai und deckte Langes irrige Behauptung auf, daß Lessing eine Geldforderung gemacht habe. Lessing aber schrieb seine 'Rettung des Horaz.'

Mein Herr Pastor!

Ich weiß nicht, ob ich es nöthig habe, mich viel zu entschuldigen, daß ich mich mit meiner Gegenantwort ohne Umschweif an Sie selbst wende. Zwar sollte ich nach Maaßgebung Ihrer Politik einem dritten damit beschwerlich fallen; wenigstens demjenigen Unbekannten, dem es gefallen hat, meine Kritik über Ihren verdeutschten Horaz in dem Hamburgischen Correspondenten bekannter zu machen. Allein ich bin nun einmal so; was ich den Leuten zu sagen habe, sage ich ihnen unter die Augen, und wenn sie auch darüber bersten müßten. Diese Gewohnheit, hat man mich versichert, soll so unrecht nicht seyn; ich will sie daher auch jetzt beibehalten.

Um Ihnen, mein Herr Pastor, gleich Anfangs ein vorläufiges Compliment zu machen, muß ich Ihnen gestehen, daß es mir von Herzen leid ist, Ihrer in dem zweiten Theile meiner Schriften erwähnt zu haben. Zu meiner Entschuldigung muß ich Ihnen sagen, was mich dazu bewog. Sie standen und stehen noch in dem Rufe eines großen Dichters, und zwar eines solchen, dem es am ersten unter uns gelungen sey, den öden Weg jenes alten Unsterblichen, des Horaz, zu finden, und ihn glücklich genug zu betreten. Da Sie also eine Uebersetzung Ihres Urbildes versprochen hatten, so vermuthete man mit Recht von Ihnen ein Muster, wie man den ganzen Geist dieses Odendichters in unsre Sprache einweben könne. Man hoffte, Sie würden mit einer recht tiefen kritischen Kenntniß seiner Sprache einen untrüglichen Geschmack und eine glücklich kühne Stärke des deutschen Ausdrucks verbinden. Ihre Uebersetzung erschien, und ich sage es noch einmal, daß ich sie in der Versicherung unüberschwengliche Schönheiten zu finden, in die Hand genommen habe. Wie schändlich

aber ward ich betrogen! Ich wußte vor Verdruß nicht auf wen ich erzürnter seyn sollte, ob auf Sie oder auf mich: auf Sie, daß Sie meine Erwartung so getäuscht hatten, oder auf mich, daß ich mir so viel von Ihnen versprochen hatte. Ich klagte in mehr als einem Briefe an meine Freunde darüber und zum Unglücke behielt ich von einem, dem ich ausdrücklich deßwegen schrieb, die Abschrift. Diese fiel mir bei Herausgebung des zweiten Theils meiner Schriften wieder in die Hände, und nach einer kleinen Ueberlegung beschloß ich, Gebrauch davon zu machen. Noch bis jetzt, dachte ich bei mir selbst, hat niemand das Publikum vor dieser Mißgeburt gewarnt; man hat sie sogar angepriesen. Wer weiß, in wie viel Händen angehender Leser des Horaz sie schon ist, wer weiß, wie viele derselben sie schon betrogen hat? Soll Herr Lange glauben, daß er eine solche Quelle des Geschmacks mit seinem Kothe verunreinigen dürfe, ohne daß andere, welche so gut als er daraus schöpfen wollen, darüber murren? Will niemand mit der Sprache heraus? — —
— Und kurz, mein Brief ward gedruckt. Bald darauf ward er in einem öffentlichen Blatte wieder abgedruckt, Sie bekommen ihn da zu lesen, Sie erzürnen sich, Sie wollen darauf antworten, Sie setzen sich und schreiben ein paar Bogen voll; aber ein paar Bogen, die so viel erbärmliches Zeug enthalten, daß ich mich wahrhaftig von Grund des Herzens schäme, auf einen so elenden Gegner gestoßen zu seyn.

Daß Sie dieses sind, will ich Ihnen, mein Herr Pastor, in dem ersten Theile meines Briefes erweisen. Der zweite Theil aber soll Ihnen darthun, daß Sie noch außer Ihrer Unwissenheit eine sehr nichtswürdige Art zu denken verrathen haben, und mit einem Worte, daß Sie ein Verleumder sind. Den ersten Theil will ich wieder in zwei kleine absondern: Anfangs will ich zeigen, daß Sie die von mir getadelten Stellen nicht gerettet haben, und daß sie nicht zu retten sind; zweitens werde ich mir das Vergnügen machen, Ihnen mit einer Anzahl neuer Fehler aufzuwarten. — — Verzeihen Sie mir, daß ich in einem Briefe so ordentlich seyn muß!

Ein Glas frisches Brunnenwasser, die Wallung Ihres kochenden Gebläts ein wenig niederzuschlagen, wird Ihnen sehr dienlich sehn, ehe wir zur erſten Unterabtheilung ſchreiten. Noch eins, Herr Paſtor! — — Nun laſſen Sie uns anfangen.

1. B. Ode 1.
Sublimi feriam sidera vertice.

Ich habe getadelt, daß *vertex* hier durch Nacken iſt überſetzt worden. Es iſt mit Fleiß geſchehen, antworten Sie. So? Und alſo haben Sie mit Fleiß etwas abgeſchmacktes geſagt? Doch laſſen Sie uns Ihre Gründe betrachten. Erſtlich entſchuldigen Sie ſich damit, Dacier habe auch gewußt, was *vertex* heiße, und habe es gleichwohl durch Stirne überſetzt. — Iſt denn aber Stirn und Nacken einerlei? Dacier verſchönert einigermaßen das Bild, Sie aber verhunzen es. Oder glauben Sie im Ernſt, daß man mit dem Nacken in der Höhe an etwas anſtoßen kann, ohne ihn vorher gebrochen zu haben? Dacier über dieſes mußte Stirne ſetzen, und wiſſen Sie warum? Ja, wenn es nicht ſchiene, als ob Sie von dem Franzöſiſchen eben ſo wenig verſtünden, als von dem Lateiniſchen, ſo traute ich es Ihnen zu. Lernen Sie alſo, Herr Paſtor, was Ihnen in Laublingen freilich niemand lehren kann: daß die franzöſiſche Sprache kein eigenes Wort hat, der Lateiner *vertex* oder unſer Scheitel auszudrücken. Wenn ſie es ja ausdrücken will, ſo muß ſie ſagen: sommet de la tête. Wie aber würde dieſes geklungen haben, wenn es Dacier in einer nachdrücklichen Ueberſetzung eines Dichters hätte brauchen wollen? Daß meine Anmerkung ihren Grund habe, können Sie ſchon daraus ſehen, weil er nicht einmal in der wörtlichen Ueberſetzung, die er bei abweichenden Stellen unter den Text zu ſetzen gewohnt iſt, das sommet de la tête hat brauchen können, ſondern bloß und allein ſagen muß, de ma tête glorieuse je frapperai les astres. Sind Sie nun in gleichem Falle? Iſt Nacken etwa kürzer, oder nachdrücklicher, oder edler als Scheitel? — Laſſen Sie uns Ihre zweite Urſache anſehen. Ich habe, ſagen Sie, mehr nach dem Verſtande, als nach den Worten überſetzt, — — (in der Vorrede ſagen Sie gleich das Gegentheil) — — und habe meinem Horaz auf das genauſte nachfolgen wollen. Sie ſetzen ſehr witzig hinzu: ich ſollte mir ihn nicht als ein Carteſianiſches Teufelchen vorſtellen, welches im Glase schnell aufwärts fährt, oben anstößt und die Beine gerade herunter hangen läßt. Wen machen Sie denn damit lächerlich, Herr Pastor? Mich nicht. Wenn Horaz nicht sagen will: „Dann werde ich vor stolzer Freude auffahren, und mit „erhabnem Scheitel an die Sterne stoßen," was sagt er denn? Wir sprechen in gemeinem Leben: vor Freuden mit dem Kopfe wider die Decke springen. Veredeln Sie diesen Ausdruck, so werden Sie den Horazischen haben. Eine proverbialische Hyperbel haben alle Ausleger darin erkannt, und Dacier selbst führt die Stelle des Theocritus:

$$\text{Ες ουρανον αμμιν αλευμαι}$$

als eine ähnliche an. Hat sich dieser nun auch den Horaz als ein Glasmännchen vorgestellt? Doch Sie finden ganz etwas anderes in den streitigen Worten, und sehen hier den Dichter, wie er an dem Sternenhimmel schwebt und herab schaut — O, daß er doch auf Sie herab schauen und sich wegen seiner Schön= heiten mit Ihnen in ein Verständniß einlassen möchte! — — Ich soll mir ihn nicht als ein Cartesianisches Teufelchen einbilden, und Sie, Herr Pastor, . . Sie machen ihn zu einem Diebe am Galgen, oder wenigstens zu einem armen Terminusbilde, welches mit dem Nacken ein Gebälke tragen muß. Ich sage mit Bedacht, tragen, weil ich jetzt gleich auf einen Verdacht komme, der nicht unwahrscheinlich ist. Hui, daß Sie denken, feriam heiße: ich will tragen, weil Sie sich erinnern von feram einmal ein gleiches gehört zu haben? Wenn das nicht ist, so können Sie unmöglich anders als im hitzigen Fieber auf den Nacken gekommen seyn.

1. B. Ode 2.
galeaeque leves.

Sie sind ein possirlicher Mann, mein Herr Gegner! Und also glauben Sie es noch nicht, daß levis, wenn die erste Sylbe lang ist, allezeit glatt oder blank heißt? Und also meinen Sie wirklich, daß es bloß auf meinen Befehl so heißen solle? Wahr= haftig, Sie sind listig! Die Gebote der Grammatik zu meinen Geboten zu machen, damit Sie ihnen nicht folgen dürfen! Ein Streich, den ich bewundere! Doch Scherz bei Seite; haben Sie denn niemals gehört, wie levis nach der Meinung großer

Stylisten eigentlich solle geschrieben werden? Haben Sie nie gehört, daß alle Diphthonge lang sind? Ich vermuthe, daß in Laublingen ein Schulmeister seyn wird, welcher auch ein Wort Latein zu verstehen denkt. Erkundigen Sie sich bei diesem, wenn ich Ihnen rathen darf. Sollte er aber eben so unwissend seyn als Sie, so will ich kommen und die Bauern aufhetzen, daß sie ihm Knall und Fall die Schippe geben. Ich weiß auch schon, wen ich ihnen zum neuen Schulmeister vorschlagen will. Mich. Ihr Votum, Herr Pastor, habe ich schon. Nicht? Alsdann wollen wir wieder gute Freunde werden, und gemeinschaftlich Ihre Ueber= setzung rechtschaffen durchackern. Vor der Hand aber können Sie auf meine Gefahr die leichten Helme immer in blanke ver= wandeln; denn was Ihre Ausflucht anbelangt, von der weiß ich nicht, wie ich bitter genug darüber spotten soll. — Horaz, sagen Sie, kehrt sich zuweilen nicht an das Sylbenmaaß, so wenig als an die Schönheit der Wortfügung. — — Kann man sich etwas seltsameres träumen lassen? Horaz muß Schnitzer machen, damit der Herr Pastor in Laublingen keine möge gemacht haben. Doch stille! es steht ein Beweis dabei. In der 19ten Ode des zweiten Buchs soll Horaz noch einmal die erste Sylbe in levis lang ge= braucht haben, ob es schon daselbst offenbar leicht heiße:

Disjecta non levi ruina.

— — Allein, wenn ich bitten darf, lassen Sie den Staub weg, den Sie uns in die Augen streuen wollen. Schämen Sie sich nicht, eine fehlerhafte Lesart sich zu Nutze zu machen? Es ist wahr, wie Sie den Vers anführen, würde ich beinahe nicht wissen, was ich antworten sollte. Zum guten Glücke aber kann ich unsern Lesern sagen, daß die besten Kunstrichter für *levi* hier *leni* lesen, und daß man ihnen nothwendig beifallen muß. Ich berufe mich deßwegen von Herr Langen dem Uebersetzer auf Herr Langen den Dichter. Dieser soll mir sagen, ob nicht *non levis ruina*, ein nicht leichter Fall, für den Horaz ein sehr ge= meiner Ausdruck seyn würde? Und ob das Beiwort *non lenis*, ein nicht sanfter, ihm nicht weit anständiger sey? Sie setzen mir die besten Handschriften entgegen. Welche haben Sie denn ge= sehen, mein Herr Pastor? War keine von denen darunter, von welchen Lambinus ausdrücklich sagt: *leni* habent aliquot libri manuscripti? Und wissen Sie denn nicht, daß auch in den allerbesten die Verwechslung des n in u und umgekehrt nicht selten ist? Ueberlegen Sie dieses, vielleicht sagen Sie endlich auch hier: als ich recht genau zusah, so fand ich, daß ich Unrecht hatte.

— — — Ich hatte hier die Feder schon abgesetzt, als ich mich besann, daß ich zum Ueberflusse Ihnen auch Autoritäten entgegen setzen müsse. Bei einem Manne wie Sie pflegen diese immer am besten anzuschlagen. Hier haben Sie also einige, die mir nachzusehen die wenigste Mühe gekostet haben. Lambinus schreibt læves. Mancinellus erklärt dieses Wort durch splendentes; Landinus durch politæ und setzt mit ausdrücklichen Worten hinzu: leve cum prima syllaba correpta sine pondere significat: sin autem prima syllaba producta profertur significat *politum.* Beruht dieser Unterschied nun noch bloß auf meinem Befehle? Hermannus Figulus umschreibt die streitige Stelle also: qui horrendo militum concurrentium fremitu et formidabili armorum strepitu ac *fulgore* delectatur. Lassen Sie uns noch sehen, wie es Dacier übersetzt; er, der so oft Ihr Schild und Schutz seyn muß: qui n'aimés à voir que l'eclat de casques. In der Anmerkung leitet er levis von λειος her und erklärt es durch polies und luisantes. Habe ich nun noch nicht Recht? O, zischt den Starrkopf aus!

1. B. Ode 11.
Vina liques.

Zerlaß den Wein. Ich habe diesen Ausdruck getadelt, und mein Tadel besteht noch. Mein ganzer Fehler ist, daß ich mich zu kurz ausgedrückt, und Sie, mein Herr Lange, für scharf= sichtiger gehalten habe, als Sie sind. Sie bitten mich die Ruthe wegzulegen. Vielleicht, weil Sie zum voraus sehen, daß Sie sie hier am meisten verdienen würden. Ihre Antwort beruht auf vier Puncten, und bei allen vieren werde ich sie nöthig haben. Man wird es sehen.

1. Sie sagen liquare heiße zerlassen und zerschmelzen; beides aber sey nicht einerlei. Beides aber, sage ich, ist einerlei, weil beides in dem Hauptbegriffe flüssig machen liegt. Ein Fehler also! Der andere Fehler ist eine Bosheit, weil Sie wider alle

Wahrscheinlichkeit meine Kritik so aufgenommen haben, als ob ich verlangte, daß Sie vinum liquare durch den Wein schmelzen hätten geben sollen. Sie fragen mich, ob es in den Worten des Plinius alvum liquare auch schmelzen heiße? Ich aber thue die Gegenfrage: heißt es denn zerlassen? Die Hauptbedeutung ist flüssig und folglich auch klar machen; wie ich schon gesagt habe.

2. Nun wollen Sie, Herr Pastor, gar Scholiasten anführen, und zwar mit einem so frostigen Scherze, daß ich beinahe das kalte Fieber darüber bekommen hätte. Den ersten Scholiasten nennen Sie Acris. Acris? Die Ruthe her! Die Ruthe her! Er heißt Acron, kleiner Knabe! Laß doch du die Scholiasten zufrieden. — — Den andern nennen Sie, Herr Pastor, Landin. Landin? Da haben wir's! Merkt's, ihr Quintaner, indem ich es dem Herrn Lange sage, daß man keinen Commentator aus dem 16ten Jahrhundert einen Scholiasten nennen kann. Es wär' eben so abgeschmackt, als wenn ich den Joachim Lange zu einem Kirchenvater machen wollte.

3. Ich weiß es, Herr Pastor, daß bei liquefacere in dem Wörterbuche zerlassen steht. Es ist aber hier von liquare und nicht liquefacere die Rede. Doch wenn Sie es auch bei jenem gefunden haben, so merken Sie sich, daß nur unverständige Anfänger ohne Unterschied nach dem Wörterbuch übersetzen. Bei vertex hätten Sie dieses thun sollen, und nicht hier; hier, wo es, wenn Sie anders deutsch reden wollten, durchaus nicht anging.

4. Gut, Sanadon soll Recht haben; vinum liquare soll den Wein filtriren, oder ihn durchsäugen heißen; obgleich noch etwas mehr dazu gehört. Ich weiß es, daß es dieses heißt, zwar nicht aus dem Sanadon, sondern aus dem Columella und Plinius, von welchem letztern Sie, mein Herr Lange, nichts mehr zu wissen scheinen, als was alvum liquare heißt. Eine Belesenheit die einen Apothekerjungen neidisch machen mag! — — Doch worauf ging denn nun meine Kritik? Darauf, daß kein Deutscher bei dem Worte zerlassen auf eine Art von Filtriren denken wird, und daß ein jeder, dem ich sage, ich habe den Wein zerlassen, glauben muß, er sey vorher gefroren gewesen. Haben

Sie dieses auch gemeint, Herr Pastor? Beinahe wollte ich das juramentum credulitatis darauf ablegen! Denn was Sie verdächtig macht, ist dieses, daß die Ode, in welcher die streitige Stelle vorkommt, augenscheinlich zur Winterszeit muß gemacht worden seyn. Diesen Umstand haben Sie in Gedanken gehabt, und vielleicht geglaubt, daß Italien an Lappland gränzt, wo wohl gar der Branntwein gefriert. — In der Geographie sind Sie ohnedem gut bewandert, wie wir unten sehen werden. — — Sie lassen also den Horaz der Leuconoe befehlen, ein Stück aus dem Fasse auszuhauen, und es an dem Feuer wieder flüssig zu machen. So habe ich mir Ihren Irrthum gleich Anfangs vorgestellt, und in der Eile wollte mir keine andere Stelle aus einem Alten, als aus dem Martial beifallen, die Sie ein wenig aus dem Traume brächte. Was sagen Sie nun? Kann ich die Ruthe weglegen? Oder werden Sie nicht vielmehr mit Ihrem Dichter beten müssen:

— — — — neque
Per nostrum patimur scelus
Iracunda Jovem ponere fulmina.

Zwar, das möchte zu erhaben seyn; beten Sie also nur lieber Ihr eigenes Verschen.

O wie verfolgt das Glück die Frommen!
Hier bin ich garstig weggekommen.

— — Bei Gelegenheit sagen Sie mir doch, auf welcher Seite Ihrer Horazischen Oden stehen diese Zeilen? Sie machen Ihnen Ehre!

2. B. Ode 1.
Gravesque principum amicitiae.

Was soll ich von Ihnen denken, Herr Pastor? Wenn ich Ihnen zeige, daß Sie der einzige weise Sterbliche sind, der hier unter *graves* etwas anderes als schädlich verstehen will, was werden Sie alsdann sagen? Lassen Sie uns von den französischen Uebersetzern anfangen; sie sind ohnedem, wie ich nunmehr wohl sehe, Ihr einziger Stecken und Stab gewesen. Ich habe aber deren nicht mehr als zwei bei der Hand, den Dacier und den Batteux. Jener sagt: vous nous decouvrés le secret des funestes ligues des Princes; dieser sagt fast mit eben diesen Worten: les ligues funestes des Grands. — — Betrachten Sie nunmehr alte und neue Commentatores. Acron setzt für graves, perniciosas aut infidas, Mancinellus erklärt es durch noxias. Hermannus Figulus setzt zu dieser Stelle: puta societatem Crassi, Pompeji et Caesaris, qua orbis imperium occuparunt, afflixerunt atque perdiderunt. Chabotius fügt hinzu: amicitiae Principum istorum fictae et simulatae erant, ideo et ipsis inter se et pop. Roman. *perniciosae* fuerunt. Robellius endlich in seiner für den Dauphin gemachten Umschreibung giebt es durch perniciosas procerum coitiones — — Sagen Sie mir, ist es nun noch bloß Lessingisch? Sie erweisen einem jungen Critico, wie Sie ihn zu nennen pflegen, allzu viel Ehre, die Erklärungen so verdienstvoller Männer nach ihm zu benennen. Lassen Sie sich noch von ihm sagen, daß Horaz hier ohne Zweifel auf einen Ausspruch des jüngern Cato zielt, nach welchem er behauptet: non ex inimicitiis Caesaris atque Pompeji, sed ex ipsorum et Crassi societate amica omnia Reipubl. profecta esse mala — — Ich bin des Aufschlagens müde; wenn Sie aber mehr Zeit dazu haben als ich, so fordere ich Sie hiermit auf, mir denjenigen Ausleger zu nennen, welcher auf Ihrer Seite ist. Ihre Entschuldigung von der Bescheidenheit des Horaz ist eine Grille, weil der Dichter nicht das zweite, sondern das erste Triumvirat will verstanden wissen. Daß gravis eigentlich schwer heiße, brauche ich von Ihnen nicht zu lernen, und ich würde es sehr wohl zufrieden gewesen seyn, wenn Sie schwer gesetzt hätten. Aber Sie setzen wichtig und das ist abgeschmackt. Bei schweren Bündnissen hätte man wenigstens noch so viel denken können, daß sie der Republik schwer gefallen wären; bei Ihrem Beiworte hingegen läßt sich ganz und gar nichts denken. Ueberhaupt muß Ihnen das *gravis* ein sehr unbekanntes Wort gewesen seyn, weil Sie es an einem andern Orte gleichfalls falsch übersetzen. Ich meine die zweite Ode des ersten Buchs, wo Sie *graves Persae* durch harte Perser geben. Diese Uebersetzung ist ganz wider den Sprachgebrauch, nach welchem die Perser eher ein weichliches als ein hartes Volk waren. In eben dieser Ode sagt Horaz *grave seculum Pyrrhae*, welches Sie ein klein wenig besser durch der Pyrrha betrübte Zeit ausdrücken. Was erhellet aber aus angeführten Orten deutlicher als dieses, daß es dem Dichter etwas sehr gemeines sey, mit dem Worte *gravis* den Begriff, schädlich, schrecklich, fürchterlich zu verbinden? Ohne Zweifel glauben Sie dem Dacier mehr als mir; hören Sie also, was er sagt, und schämen Sie sich auch hier Ihres Starrkopfs: il appelle les Perses *graves*, c'est à dire terribles, redoutables, à cause du mal qu'ils avoient fait aux Romains, comme il a déjà appelé le siècle de Pyrrha *grave*, par la même raison. An einem andern Orte sagt eben dieser Ausleger, daß gravis so viel als horribilis wäre, ein Beiwort, welches Horaz den Medern, so wie jenes den Persern giebt.

2. B. Ode 4.
Cujus octavum trepidavit aetas
Claudere lustrum.

Hier weiß ich nicht, wo ich zuerst anfangen soll, Ihnen alle Ihre Ungereimtheiten vorzuzählen. Sie wollen mir beweisen, das trepidare an mehr als einer Stelle zittern heiße, und verlangen von mir, ich soll Ihnen die Ausgabe des Cellarius angeben, in welcher eilen stehe. Sagen Sie mir, Herr Pastor, führen Sie sich hier nicht als einen tückischen Schulknaben auf? Als einen Schulknaben, daß Sie verlangen, Ihnen aus dem Cellarius mehr zu beweisen, als darin stehen kann, als einen tückischen, daß Sie meine Worte verdrehen, als ob ich gesagt hätte, daß trepidare überall eilen heiße. Sehen Sie doch meinen Brief nach, wie habe ich geschrieben? Trepidare, sind meine Worte, kann hier nicht zittern heißen; es heißt nichts als eilen. Verstehen Sie denn nicht, was ich mit dem hier sagen will? Ein Quintaner weiß es ja schon, wenn er dieses Wörtchen lateinisch durch h. l. ausgedrückt findet, daß eine nicht allzugemeine Bedeutung damit angemerkt werde. Doch was predige ich Ihnen viel vor? Sie müssen mit der Nase darauf gestoßen seyn. Nun wohl! Erst will ich Ihnen zeigen, daß trepidare gar oft auch bei andern Schriftstellern eilen heiße, und zum andern, daß es hier nichts anders heiße. Schlagen Sie also bei dem Virgil das neunte Buch der Aeneis nach, wie heißt der 114. Vers?

Ne trepidate meas, Teucri, defendere naves.

Was heißt es nun hier? Eilen. Haben Sie den Julius Cäsar gelesen? haben Sie nicht darin gefunden, daß dieser trepidare und concursare mit einander verbindet? Was muß es da heißen? Eilen. Drei Zeugen sind unwidersprechlich. Schlagen Sie also noch in dem Livius nach, so werden Sie, wo ich nicht irre, in dem 23sten Buche finden: cum in sua quisque ministeria discursu trepidat. Trepidare kann also eilen heißen, und heißt auch nichts anders in der streitigen Stelle des Horaz. Alle Ausleger, so viel ich deren bei der Hand habe, sind auf meiner Seite. Acron erklärt es durch festinavit, Landinus durch properavit. Chabotius setzt hinzu: verbum est celeritatis; Lambinus fügt bei: usus est verbo ad significandum celerrimum aetatis nostrae cursum aptissimo. Noch einen kann ich anführen, den Jodocus Badius, welcher sich mit dem Scholiasten des Worts festinavit bedient. Wollen Sie einen neuern Zeugen haben, so wird Ihnen vielleicht Dacier anstatt aller seyn können. Sie scheinen seine Uebersetzung nur immer da gebraucht zu haben, wo sie zweifelhaft ist. Hätten Sie doch auch hier nachgesehen, so würden Sie gefunden haben, daß er es vollkommen nach meinem Sinne giebt: un homme dont l'âge s'est hâté d'accomplir le huitième lustre — — Hier könnte ich abbrechen, und meine Kritik wäre erwiesen genug, wenn ich nicht noch auf Ihre seltsame Entschuldigungen etwas antworten müßte. Ich hatte gesagt, es müsse deßwegen hier eilen heißen, weil man in dem vierzigsten Jahre schwerlich schon zittere. Hierauf aber antworten Sie ganz eifrig: Was? ist das so etwas seltsames, daß ein Trinker, wie Horaz, der auch nicht keusch lebte, im vierzigsten Jahre zittert? — — Mit Ihrer Erlaubniß, Herr Pastor, das ist nicht Ihr Ernst. Oben lachte ich schon über Sie, daß Sie, sich zu entschuldigen, den Horaz zu einem Dichter machen, welcher sich weder um das Sylbenmaaß, noch um die Wortfügung bekümmert. Was soll ich nun hier thun, hier, wo Sie ihn, sich zu retten, gar zu einem Trunkenbolde und Hurer machen, welcher in seinem vierzigsten Jahre die Sünden seiner Jugend büßen muß? Wenn Sie von dem guten Manne so schlecht denken, so ist es kein Wunder, daß er Sie mit seinem Geiste verlassen hat. Daß dieses wirklich müsse geschehen seyn, zeigen Sie gleich einige Zeilen darauf, indem Sie auf eine recht kindische Art fragen: Was denn das eilen hier sagen könne? Ob Horaz schneller vierzig Jahr alt geworden, als es von Rechtswegen hätte seyn sollen? Ob sein achtes Lustrum weniger Wochen gehabt, als das siebente? Wahrhafte Fragen eines Mannes, bei dem die gesunde Vernunft Abschied nehmen will! Sind Sie, Herr Pastor, in der That noch eben der, welcher in seinen Horazischen Oden so vielen leblosen Dingen Geist und Leben gegeben, so manchem nothwendigen Erfolge Vorsatz und Absicht zugeschrieben, so manchen Schein für das Wesen genommen, kurz alle poetische Farben so glücklich angebracht hat? Wie kann Sie jetzt ein Ausdruck befremden, der, wenn er auch uneigentlich ist, doch unmöglich gemeiner seyn kann? Das Jahr eilt zu Ende; die Zeit eilt herbei; sind Redensarten, die der gemeinste Mann im Munde führt. Aber wohin verfällt man nicht, wenn man sich in den Tag hinein ohne Ueberlegung vertheidigen will! Die Rechthaberei bringt Sie sogar so weit, daß Sie sich selbst an einem andern Orte eines Fehlers beschuldigen, um Ihren Fehler nur hier gegen mich zu retten. Was ich tadle, muß recht seyn, und was ich lobe, muß falsch seyn. Ich hatte nämlich Ihre eigene Uebersetzung der Stelle:

> Sed vides quanto trepidet tumultu
> Pronus Orion.

wider Sie angeführt, wo Sie das trepidare schlecht weg durch eilen übersetzt haben. Allein Sie wollen lieber das Zittern weggelassen haben, als mir Recht geben. Pronus trepidat, sagen Sie, heißt: er eilt zitternd hinunter. Ich habe das Wort pronus — — (Hier mag ich mich in Acht nehmen, daß ich für Lachen nicht einen Kleks mache) — — durch eilen ausgedrückt, das Zittern habe ich weggelassen, weil ich zu schwach war, das schöne Bild vollkommen nachzumalen. Und also haben Sie in der That pronus durch eilen ausgedrückt? Ich denke, dieses heißt hier zum Untergange? Sagen Sie es nicht selbst?

> Doch siehst du nicht mit was vor Brausen Orion
> Zum Untergang eilet.

Wahrhaftig, Sie müssen jetzt Ihre Augen nicht bei sich gehabt haben, oder Ihre Uebersetzung hat ein Anderer gemacht. Sie wissen ja nicht einmal, was die Worte heißen, und wollen das durch eilen gegeben haben, was doch wirklich durch zum Untergang gegeben ist. — — Ich will nur weiter gehen, weil es lächerlich seyn würde, über einen Gegner, der sich im Staube so herum winden muß, zu jauchzen.

2. B. Ode 5.
Nondum munia comparis
Aequare (valet).

Dieses hatten Sie, mein Herr Pastor, durch: sie ist noch der Huld des Gatten nicht gewachsen, übersetzt. Ich tadelte daran, theils daß Sie hier ganz an der unrechten Stelle allzu edle Worte gebraucht, theils daß Sie den Sinn verfehlt hätten. Auf das erste antworten Sie: Horaz brauche selbst edle Worte, welches auch Dacier erkannt habe. Allein verzeihen Sie mir, Horaz braucht nicht edle, sondern ehrbare Worte, und wenn Dacier sich erklärt: c'est un mot honnête, so kann nur einer, welcher gar kein französisch kann, wie Sie, hinzusetzen: merk's: ein edel Wort! Merk's selber: honnête heißt nicht edel, sondern ehrbar. Ich habe Ihnen nicht verwehren wollen, ehrbare Worte von Thieren zu brauchen, wohl aber edle. Jene haben schon Chabotius und andere in der Stelle des Horaz erkannt, ob dieser gleich hinzu setzt: non minus esse in his verbis translatis obscoenitatis, quam si res fuisset propriis enunciata, aut rigido pene, aut mutone etc. Diese aber finde ich nicht, weil Horaz ein viel zu guter Dichter war, als daß er nicht alle seine Ausdrücke nach der Metapher, in der er war, hätte abmessen sollen. Oder glauben Sie wirklich, daß munia und Huld von von gleichem Werthe sind? Ueberlegen Sie denn nicht, daß Huld ein Wort ist, welches von dem Höhern gegen den Niedrigern, ja gar von Gott gebraucht wird, das Unbegreifliche in seiner Liebe gegen den Menschen auszudrücken? Doch genug hiervon; lassen Sie uns meinen zweiten Tadel näher betrachten, welcher die Ueber= setzung selbst angeht. Die ganze Strophe bei dem Horaz ist diese:

> Nondum subacta ferre jugum valet
> Cervice: nondum munia comparis
> Aequare, nec tauri ruentis
> In Venerem tolerare pondus.

Ich würde es ungefähr so ausdrücken: Noch taugt sie nicht mit gebändigtem Nacken das Joch zu tragen; noch taugt sie nicht die Dienste ihres Nebengespanns zu erwiedern und die Last des zu ihrem Genusse sich auf sie stürzenden Stiers zu ertragen. Sie aber, der Sie noch den Nachdruck des Sylbenmaaßes voraus haben, lassen den Dichter sagen:

> Sie kann noch nicht mit dem gebeugten Nacken
> Das Joch ertragen, sie ist noch
> Der Huld des Gatten nicht gewachsen,
> Sie trägt noch nicht die Last des brünstigen Stiers.

Hier nun habe ich getadelt, und table noch, daß Sie bei dem zweiten Gliede, nundum munia comparis æquare valet, ohne Noth und zum Nachtheile Ihres Originals von den Worten ab= gegangen sind. Ich sage zum Nachtheile, weil Horaz dadurch ein Schwätzer wird, und einerlei zweimal sagt. Der Huld des Gatten nicht gewachsen seyn und die Last des brünstigen Stiers nicht tragen können, sind hier Tautologien, die man kaum einem Ovid vergeben würde. Sie fallen aber völlig weg, so wie ich den Sinn des Dichters ausdrücke, ob Sie gleich ganz ohne Ueber= legung vorgeben, daß ich alsdann das zweite Glied zu einer un= nöthigen Wiederholung des ersten mache. Da, das Joch noch nicht tragen können, ohne Zweifel weniger ist, als die Dienste des Nebengespanns noch nicht erwiedern können; so steigen bei mir die Ideen, nach dem Geiste des Horaz, vollkommen schön. Muß man dieses noch einem Manne deutlich machen, der auf dem Lande in der Nachbarschaft solcher Gleichnisse lebt? Vergebens stellen Sie mir hier einige Ausleger entgegen, welche unter munia die Beiwohnung verstehen. Diese Männer wollen weiter nichts sagen, als was es bei Anwendung der ganzen Metapher auf ein unreifes Mädchen heißen könne. Sie fangen schon bei *jugum* an, die Einkleidungen wegzunehmen und kein ander *jugum* darunter zu verstehen, als das bei dem Plautus, wo Palinurus fragt: jamne ea fert jugum? und worauf Phädromus antwortet: pudica est neque dum cubitat cum viris. Wenn Sie ihnen, Herr Pastor, dort gefolgt sind, warum auch nicht hier? Warum haben Sie nicht gleich gesagt: sie kann noch nicht besprungen werden? Es würde zu Ihrem: sie ist der Huld des Gatten noch nicht gewachsen, vollkommen gepaßt haben. — — Doch ich will mich hier nicht länger aufhalten, ich will bloß noch ein paar Zeugnisse für mich anführen und Sie laufen lassen. Erasmus sagt: Metaphora ducta a juvenca, cui nondum suppetunt vires ut in ducendo aratro pares operis vires sustineat. Cruquius setzt hinzu: quæ nondum est jugalis, quæ non æquo et pari labore concordiaque cum suo pari, id est, marito, jugum et munia molestiasque tractat familiares. Lubinus erklärt die streitige Stelle: nondum munia, *onera et labores,* una cum compare suo *(cum quo jugo juncta incedit)* pari robore ferre et ex æquo præstare valet. Alle diese werden es auch gewußt haben, was man unter munia verstehen könne, wenn man es nach dem sensu nupto nehmen wolle; sie haben aber gesehen, daß man es hier nicht verstehen müsse und dieses, Herr Pastor, hätten Sie auch sehen sollen.

2. B. Ode 12.
Dum flagrantia detorquet ad oscula
Cervicem.

Auch hier wollen Sie noch streiten? Ihr den Hals den heißen Küssen entziehen soll also nicht das Gegentheil von dem seyn, was Horaz sagen will? Ich bitte Sie, betrachten Sie doch die Stelle mit kaltem Blute, wenn Sie es fähig sind, noch einmal.

Dum flagrantia detorquet ad oscula
Cervicem, aut facili sævitia negat
Quæ poscente magis gaudeat eripi etc.

Finden Sie, der Sie sonst ein Mann von Geschmack sind, denn nicht, daß Horaz hier durch das aut einen kleinen Gegensatz macht? Jetzt, will er sagen, dreht sie den Hals schmachtend den heißen Küssen entgegen; jetzt versagt sie das mit verstellter Grausamkeit, was sie sich doch nur allzugern rauben läßt. — Doch Sie wollen keine Gründe annehmen; Sie wollen alles nur durch Zeugnisse berühmter Ausleger beigelegt wissen. Auch mit diesen könnte ich Sie überschütten, wenn mich die Mühe des Abschreibens nicht verdröße. Ich muß Ihnen aber sagen, daß sie alle auf meiner Seite sind, nur die zwei nicht, welche Sie anführen. Und wer sind die? Den einen nennen Sie Acrisius und den andern Porphyr. Was ist das für ein Mann, Acrisius? — Endlich werde ich Erbarmung mit Ihnen haben müssen, Herr Pastor. Sie wollen abermals Acron sagen. Ich hätte Ihr obiges Acris gerne für einen Druckfehler gehalten, wenn mir nicht diese noch falschere Wiederholung so gelinde zu seyn verwehrte. Wissen Sie denn aber, mein lieber Herr Gegner, warum die beiden Scholiasten Acron und Porphyrio auf Ihrer und nicht auf meiner Seite sind? Deßwegen, weil Sie, wie es aus der Anmerkung des erstern offenbar erhellt, eine andere Lesart gehabt und anstatt detorquet ad oscula, detorquet ab osculis gefunden haben. Haben Sie denn auch diese Lesart? Sie haben sie nicht, und sind ihr auch nicht gefolgt, weil Sie es sonst in Ihrer Antwort würden erinnert haben. Die Anmerkung, die Dacier zu dieser Stelle macht, ist sehr gründlich, und nur Ihnen scheint sie nicht hinlänglich. Aber warum denn nicht? Etwa weil sie Ihnen widerspricht? Oder haben Sie sie nicht verstanden? Das kann seyn; ich will also ein Werk der Barmherzigkeit thun und sie Ihnen übersetzen, weil sie ohnedem die beste Rechtfertigung meiner Kritik seyn wird. „Es läßt sich, sagt er, nichts galanters „und nichts besser ausgedrücktes als diese vier Verse erdenken. „Den ersten aber hat man nicht wohl verstanden, weil die Aus- „leger geglaubt, Horaz wolle sagen, daß Licinia ihren Mund „den Küssen des Mäcenas entziehen wolle; allein sie haben nicht „überlegt, daß er, wenn dieses wäre, nothwendig hätte sagen „müssen: detorquet ab osculo und nicht ad osculum. Horaz sagt „also, daß Mäcen von Liebe gleich stark entflammt sey, Licinia

„möge nun mit ihrem Munde seinen Küssen begegnen wollen,
„oder auch auf eine nicht abschreckende Art seiner Liebe wider=
„stehen. Detorquet cervicem ad oscula, sagt man von einem
„Mädchen, das, indem es thut als ob es den Küssen ausweichen
„wolle, seinen Hals so zu wenden weiß, daß ihr Mund mit dem
„Munde ihres Geliebten zusammen kommt. Man wird gestehen,
„daß diese Erklärung gegenwärtiger Stelle eine ganz andere
„Wendung giebt." — — Ich bin hier mit dem Dacier vollkommen
zufrieden, nur daß er mir ein wenig zu stolz thut, gleich als
ob dieser Einfall bloß aus seinem Gehirn gekommen sey, da ihn
doch alle gehabt haben, und nothwendig haben müssen, welche
ab osculis lesen. So gar der Paraphrast Lubinus sagt: dum
roseam suam cervicem ad oscula tua, *ut tibi gratificetur,
inclinat* et detorquet.

3. B. Ode 21.

Nun komm ich auf einen Punct, der Ihnen, Herr Pastor,
Gelegenheit gegeben hat, eine wahrhafte Bettelgelehrsamkeit zu
verrathen. Ich habe in dieser Ode getadelt, daß Sie prisci
Catonis durch Priscus Cato übersetzt haben. Ich habe dazu ge=
setzt, daß man sich diese Ungereimtheit kaum einbilden könne,
und endlich die Frage beigefügt, welcher von den Catonen Priscus
geheißen habe? Erstlich also muß ich Ihnen zeigen, daß Sie Ihrer
Rechtfertigung ungeachtet dennoch falsch übersetzt haben; und her=
nach muß ich selbst meine eigene Frage rechtfertigen. Doch ich
will das letztere zuerst thun, weil ich alsdann etwas kürzer seyn
kann. Welcher von den Catonen hat Priscus geheißen? Wider
diese Frage führen Sie mir, grundgelehrter Herr Pastor, das
Zeugniß des Dacier und des Mancinelli an, welche beide sagen, daß
der ältere Cato Priscus geheißen habe. Ei! Dacier und Man=
cinelli! Mancinelli und Dacier! Sind das die Leute, mit welchen
man etwas Streitiges aus den Alterthümern beweiset? Keine
bessern wissen Sie nicht? Wahrhafte Bettelgelehrsamkeit, um es
noch einmal zu wiederholen! Wenn ich nun behauptete, Dacier
habe den Mancinelli ausgeschrieben, und Mancinelli rede ohne
Beweis; was würden Sie wohl thun? Sie würden diese Ihre
Fontes noch einmal zu Rathe ziehen; Sie würden sehen, ob sie

keine andere Fontes anführen. Allein sie führen keine an; was
nun zu thun? Das weiß Gott! Doch, Herr Pastor, ich will Sie
in diese Verlegenheit nicht setzen. Was hätte ich davon, mit
etwas zurückzuhalten, welches im geringsten nicht wider mich ist.
Lernen Sie also von mir, was ich weder von dem Mancinelli,
noch dem Dacier habe lernen dürfen, daß diese Ihre beiden Helden
ohne Zweifel auf eine Stelle des Plutarchs in dem Leben des
ältern Cato zielen. $Εκαλειτο\ δε$, heißt es auf meiner 336. Seite
der Wechel'schen Ausgabe, $τω\ τριτω\ των\ ὀνοματων\ προτερον$
$οὐ\ Κατων\ ἀλλα\ Πρισκος, ὑςερον\ δε\ τον\ Κατωνα\ της$
$δυναμεως\ ἐπωνυμον\ ἐσχε. Ρωμαιοι\ γαρ\ τον\ ἐμπειρον$
$Κατωνα\ ὀνομαζουσιν.$ Wenn es Ihnen, mein lieber Herr
Pastor, mit dem Griechischen etwa so geht, wie mit den alge-
braischen Aufgaben, die zu verstehen, nach der vierten Seite Ihres
Schreibens, es sehr viel kosten soll, so schlagen Sie die Uebersetzung des Herrn Kinds, die 520. Seite des 3. Theils auf, wo
Sie folgendes finden werden: „Im Anfang hieß sein dritter Name
Priscus und nicht Cato, welchen man ihm wegen seiner Klugheit beilegte, weil die Römer einen klugen und erfahrenen Mann
Cato heißen." — — Ei, mein Herr Lange! Mache ich Ihnen hier
nicht eine entsetzliche Freude! Ich gebe Ihnen den Dolch selbst
in die Hand, womit Sie mich ermorden sollen. Nicht? Ehe Sie
aber zustoßen, bitte ich, so sehen Sie die griechische Stelle noch
einmal an. Liegen folgende Sätze nicht deutlich darin? Der
ältere Cato hat niemals mehr als drei Namen gehabt; er hieß
Priscus bis er anfing Cato zu heißen; so bald er Cato hieß, verlor er den Namen Priscus; und nie hat er zusammen Priscus
Cato geheißen, welches vier Namen ausmachen würde, die er
nach dem Zeugnisse Plutarchs nie geführt hat. Wenn ich also
gefragt habe, welcher von den Catonen Priscus genannt worden,
so hat nur Herr Pastor Lange, der seinen Gegner für so unwissend hält, als er selbst ist, glauben können, als ob ich so viel
fragen wolle, welcher von den Catonen, ehe er Cato geheißen,
den Namen Priscus geführt habe? Was würde dieses zu der
Stelle des Horaz helfen, wo nicht von einem Manne geredet wird,
der zu verschiedenen Zeiten erst Priscus und hernach Cato geheißen, sondern von einem, welcher beide Namen zugleich, wie

Herr Lange will, geführt haben soll? Meine Frage scheint durch die Auslassung eines einzigen Worts ein wenig unbestimmt geworden zu seyn. Ich hätte nämlich, um auch den Verdrehungen keine Blöße zu geben, mich so ausdrücken sollen: Welcher von den Catonen hat denn Priscus Cato geheißen? Auf diese Frage nun ist unmöglich anders zu antworten als: keiner. Mancinelli und Dacier selbst unterscheiden die Zeiten, und sagen nicht, daß er Priscus Cato zugleich geheißen habe. Sie begehen folglich einen Schnitzer, wenn Sie nach Ihrer Art recht witzig seyn wollen, und im Tone der alten Weiber sagen: es war einmal ein Mann, der hieß Priscus, und bekam den Zunamen Cato. Nein, mein altes Mütterchen, das ist falsch; so muß es heißen: es war einmal ein Mann, dessen Zuname Priscus durch einen andern Zunamen Cato verdrungen ward. — — Doch lassen Sie uns weiter gehen. — — Da es also historisch unrichtig ist, daß jemals ein Priscus Cato in der Welt gewesen ist, so könnte es, wird man mir einwenden, gleichwohl dem Dichter erlaubt seyn, diese zwei Namen zusammen zu bringen. Gut! und das ist der zweite Punct, auf den ich antworten muß; ich muß nämlich zeigen, daß Horaz hier gar nicht Willens gewesen ist, eine Probe seiner Kenntniß der Catonischen Familiengeschichte zu geben, und daß ein Herr Lange, der dieses glaubt, ihn gelehrter macht, als er seyn will. Dieses zu thun, will ich, um mir bei Ihnen ein Ansehen zu machen, alte und neue Ausleger anführen und zugleich die Gründe untersuchen, welche sie etwa mögen bewogen haben, so wie ich zu denken. Ueberhaupt muß ich Ihnen sagen, daß ich unter mehr als dreißig beträchtlichen Ausgaben keine einzige finde, die das priscus mit einem großen P schreibt, welches doch nothwendig seyn müßte, wenn ihre Besorger es für einen Zunamen angesehen hätten. Nennen Sie mir doch, Wunders halber, diejenige, die in diesem Puncte so etwas besonderes hat. Ihr eigner Text, welchem es sonst an dem Besondern, wenigstens in Ansehung der Fehler, nicht mangelt, hat die gemeine Schreibart beibehalten; so daß ich schon entschuldigt genug wäre, wenn ich sagte, ich habe Sie beurtheilt, so wie ich Sie gefunden. Denn weßwegen läßt ein Uebersetzer sonst sein Original an die Seite drucken, wenn er es nicht deßwegen thut, damit man sehen soll,

was für einer Lesart, was für einer Interpunction er gefolgt sey?
Geschieht es nur darum, damit das Buch einige Bogen stärker
werde? Umsonst sagen Sie, es sey mit Fleiß geschehen, und
die Ursache gehöre nicht hierher. Sie gehört hierher, Herr
Pastor, und nicht sie, sondern Ihr unzeitiges Siegsgeschrei
hätten Sie weglassen sollen — — Lassen Sie sich nun weiter
lehren, daß alle Ausleger bei dieser Stelle sich in zwei Classen
abtheilen. Die einen verstehen den ältern Cato, den Sittenrichter,
darunter, die andern den jüngern, welchen sein Tod berühmter
als alles andere gemacht hat. Jene, worunter Acron, Badius,
Glareanus, Lubinus und wie sie alle heißen, gehören, erklären
das prisci durch antiquioris oder veteris, und lassen sich es nicht
in den Sinn kommen, das Vorgeben des Plutarchs hierher zu
ziehen, ob es ihnen gleich, ohne Zweifel, so wenig unbekannt
gewesen ist, als mir. Diese, welche sich besonders darauf berufen,
daß man den Sittenrichter wohl wegen der alleraußerordent-
lichsten Mäßigung gelobt, nirgends aber wegen des übermäßigen
Trunks getadelt finde; da man hingegen von seinem Enkel an
mehr als einem Orte lese, daß er ganze Nächte bei dem Weine
gesessen und ganze Tage bei dem Brettspiele zugebracht habe:
diese, sage ich, Lambinus, Chabotius 2c. verstehen unter *priscus*
einen solchen, welcher seinen Sitten nach aus der alten Welt
ist, und nehmen es für severus an. Einer von ihnen, Landinus,
scheint sogar eine andere Lesart gehabt und anstatt prisci prisca,
welches alsdann mit virtus zu verbinden wäre, gefunden zu haben.
Er setzt hinzu: *prisca virtus*, quæ talis fuit qualis olim in
priscis hominibus esse consuevit. Ich gestehe, daß mir diese
Abweichung ungemein gefallen würde, wenn sie nicht offenbar
wider das Sylbenmaaß wäre. — — Doch was suche ich Ihre
Widerlegung so weit? Ihre zwei Wehrmänner, Mancinellus und
Dacier, sind Ihnen ja selbst zuwider; und wenn es nicht
jedem Leser in die Augen fällt, so kommt es nur daher, weil
Sie ihre Zeugnisse minder vollständig angeführt haben. Ich will
diesen kleinen Betrug entdecken. Bei dem Dacier hätten Sie nicht
bloß einen Theil der Anmerkung, sondern auch die Uebersetzung
selbst beifügen sollen. Doch das war Ihnen ungelegen, weil diese
ausdrücklich für mich ist. Wenn Dacier fest geglaubt hat, daß

priscus den erstern Zunamen des Cato bedeute, so sagen Sie mir doch, warum giebt er es gleichwohl durch la vertu du *vieux* Caton? Scheint er dadurch nicht erkannt zu haben, daß seine Anmerkung, so gelehrt sie auch sey, dennoch nicht hierher gehöre? Was vollends den Mancinelli anbelangt, so hätten Sie nur noch einen Perioden mehr hinzusetzen dürfen, um sich lächerlich zu machen. Sagt er denn nicht ausdrücklich: poeta abusus est nomine, man muß den jüngern Cato und nicht den Sittenrichter verstehen? Oder meinen Sie etwa, daß der Widerpart des Cäsars auch Priscus einmal geheißen habe. Wenn Sie dem Mancinelli ein Factum glauben, warum auch nicht das andere? — — Doch ich will mich nicht länger bei Zeugnissen der Ausleger aufhalten, sondern will nur noch durch den Parallelismus die wahre Bedeutung des priscus unwidersprechlich bestimmen. Ich finde zwei Stellen bei dem Horaz, von welchen ich mich wundere, daß sie kein einziger von den Auslegern, die ich habe zu Rathe ziehen können, angeführt hat. Sie entscheiden alles. Die erste steht in dem 19. Briefe des ersten Buchs. Horaz versichert gleich Anfangs den Mäcenas, daß keine Gedichte lange leben könnten, welche von Wassertrinkern geschrieben würden; er macht diese Wahrheit zu einem Ausspruche des Cratinus und sagt:

Prisco si credis, Mæcenas docte, Cratino.

Prisco Cratino. Ei, Herr Pastor, Sie sehen, es ist hier auch vom Weintrinken, wie in unserer streitigen Stelle, die Rede; sollte wohl Cratinus auch einmal mit dem Zunamen Priscus geheißen haben? Schlagen Sie doch geschwind den Dacier oder Mancinelli nach! — — Die andere Stelle werden Sie in dem zweiten Briefe des zweiten Buchs finden, wo Horaz unter anderm sagt, daß ein Dichter die alten nachdrücklichen Worte, um stark zu reden, wieder vorsuchen müsse:

Obscurata diu populo bonus eruet atque
Proferet in lucem speciosa vocabula rerum
Quæ priscis memorata Catonibus atque Cethegis.

Hier haben Sie nun gar priscis Catonibus. Wenn in der Ode prisci der Zuname gewesen ist, warum soll er es nicht auch hier seyn? Ohne Zweifel haben alle Catone, nicht der Sittenrichter allein Priscus geheißen. Nicht, Herr Pastor? Den Dacier nachgesehen! hurtig! — — Als den letzten Keil will ich noch das Zeugniß eines noch lebenden Gelehrten anführen,

Nostrum melioris utroque.

Es ist dieses der Herr Prof. Gesner, welcher in der Vor= rede zu seinen scriptoribus rei rusticæ das *priscus* ausdrücklich zu nichts als einem Horazischen Epitheto macht, ob ihm schon die Stelle des Plutarchs bekannt war, und ob er schon in andern alten Schriften gefunden hatte, daß man dieses Priscus mit unter die Namen des Cato setze. Er redet nämlich von dem Buche dieses alten Römers über den Ackerbau, und nennt es, so wie wir es jetzt aufzuweisen haben, congeriem parum digestam *oraculorum* quæ Plinius vocat veri et *Prisci* Catonis, und setzt hinzu: Horatianum illud epitheton tribuunt illi etiam inter nomina libri antiqui. Dieses aber ohne Zweifel auf keine andere Art, als ihn dadurch von dem jüngern Cato, durch das Beiwort des Aeltern, zu unterscheiden. — — Was meinen Sie nun? Haben Sie noch richtig übersetzt? Müssen Sie nun nicht gestehen, daß ich mit Grund getadelt habe? Werden Sie noch glauben, daß ich von Ihnen etwas lernen kann? Wenn Sie der Mann wären, so würde ich weiter gehen; ich würde Ihnen über die Stelle des Plutarchs selbst, ob sie mir gleich, wie Sie oben gesehen haben, nicht widerspricht, einige Zweifel machen; Zweifel, die mir nicht erst seit gestern und heute beigefallen sind. Doch wahrhaftig ich will sie hersetzen. Wenn ich schon von Ihnen keine Erläuterung zu erwarten habe, so sind doch die Leute eben so rar nicht, welche mehr als ich und Sie kennen. Vielleicht liest uns einer von diesen, und nimmt des Geschichtschreibers Partei gegen mich, welches mir sehr angenehm seyn wird. Sie aber, Herr Pastor, überhüpfen Sie nur

Eine kleine Ausschweifung über obige Stelle des Plutarchs.

Der griechische Schriftsteller meldet uns in dem angeführ= ten Zeugnisse dreierlei. Erstlich, daß Marcus Porcius der erste aus seiner Familie gewesen sey, welcher den Zunamen

Cato geführt; Zweitens, daß er diesen Zunamen wegen seiner Klugheit bekommen; Drittens, daß er vorher den Zunamen Priscus geführt habe. — — Nun will ich meine Anmerkungen nach Puncten ordnen.

I. So viel ist gewiß, daß Plutarch der genaueste Geschichtschreiber nicht ist. Seine Fehler zum Exempel in der Zeitrechnung sind sehr häufig. Alsdann aber kann man ihm am allerwenigsten trauen, wenn er Umstände anführt, welche eine genauere Kenntniß der lateinischen Sprache erfordern. Diese, wie bekannt ist, hat er nicht besessen. Er sagt in dem Leben des ältern Cato von sich selbst, daß er die Reden des Sittenrichters nicht beurtheilen könne, und die Art, wie er die lateinische Sprache erlernt zu haben vorgiebt, ist bekannt: aus griechischen Büchern nämlich, welche von der römischen Historie geschrieben. Grundes also genug, ihn allezeit für verdächtig zu halten, so oft er sich in die römische Philologie wagt, die er wenigstens aus keinem griechischen Geschichtschreiber hat lernen können.

II. Daß unser Sittenrichter der erste aus der Porciusschen Familie gewesen sey, welcher Cato geheißen habe, muß ich dem Plutarch deßwegen glauben, weil man auch andere Zeugnisse dafür hat. Eines zwar von den vornehmsten, wo nicht gar das einzige, ich meine das Zeugniß des Plinius (B. 7. Cap. 27.), ist sehr zweideutig. Er sagt Cato primus Porciæ gentis. Kann dieses nicht eben sowohl heißen: Cato welcher der erste war, der den Namen Porcius führte, als es nach der gemeinen Auslegung heißen soll: derjenige aus dem Porcius'schen Geschlechte, welcher den Namen Cato bekam? Doch es mag das letzte heißen, so kann ich doch wenigstens

III. Die Plutarchische Ableitung mit Grunde verdächtig machen. Er sagt Ρωμαιοι τον εμπειρον Κατωνα ονομαζουσιν. Dieses ist offenbar falsch, und er hätte anstatt Κατωνα nothwendig Κατον schreiben sollen, weil das Adjectivum der Lateiner nicht cato sondern catus heißt. Sein lateinischer Uebersetzer Hermannus Cruserus scheint diesen Fehler gemerkt zu haben, und giebt deßwegen die angeführten Worte: romani experientem Catum vocant. Doch, wird man sagen, ungeachtet dieses Fehlers kann die Ableitung dennoch richtig seyn; das Adjectivum mag catus heißen, vielleicht aber ist es in cato verwandelt worden, wenn es die Römer als einen Zunamen gebraucht haben. — — Allein auch dieses vielleicht ist ungegründet. Man sieht es an dem Beispiele des Aelius Sextus, welcher eben diesen Zunamen bekam und gleichwohl nicht Cato sondern Catus genannt ward. Ein Vers, welchen Cicero in dem ersten Buche seiner Tusculanischen Streitunter= redungen anführt und der ohne Zweifel von dem Ennius ist, soll es beweisen:

Egregie cordatus homo Catus Aeliu' Sextus.

Das Catus kann hier nicht als ein bloßes Beiwort anzusehen seyn, weil cordatus das Beiwort ist und die lateinischen Dichter von Häufung der Beiwörter nichts halten. Es muß also ein Zuname seyn, und wenn es dieser ist, so sage man mir, warum ist er auch nicht hier in Cato verwandelt worden, oder warum hat nur bei dem Porcius das catus diese Ver= änderung erlitten? Wollte man sagen, jenes sey des Verses wegen geschehen, so würde man wenig sagen; oder vielmehr man würde gar nichts sagen, weil ich noch ein weit stärkeres Zeugniß für mich aufbringen kann. Das Zeugniß nämlich des Plinius, welcher (7. B. Cap. 31.) mit ausdrücklichen Worten sagt: præstitere ceteros mortales sapientia, ob id Cati, Corculi apud Romanos cognominati. Warum sagt er, welcher den alten Cato bei aller Gelegenheit lobt, Cati und nicht Catones, wenn er geglaubt hätte, daß die letzte Benennung eben diese Abstammung habe?

IV. Ich will noch weiter gehen und es auch durch einen historischen Umstand höchst wahrscheinlich machen, daß er den Zunamen Cato nicht seines Verstandes und seiner Weisheit wegen bekommen habe. Ich berufe mich deßwegen auf das, was Cicero de senectute anführt; er berichtet uns nämlich, daß Cato erst in seinem Alter den Zunamen Sapientis, des Weisen, erhalten habe. Nun sage man mir, wenn man hieran nicht zweifeln kann, ist es wohl wahrscheinlich, daß man ihm aus einer Ursache zwei Zunamen solle gegeben haben? daß

man ihn schon in seiner Jugend den Klugen genannt, erst
aber in seinem Alter für würdig erkannt habe, den Zunamen
der Weise zu führen? Denn dieses ist aufs höchste der Unterschied, welchen man zwischen catus und sapiens machen kann.
Wenn mir jemand diesen Zweifel heben könnte, so wollte ich
glauben, daß auch die andern zu heben wären. Die Ausflucht
wenigstens, catus für acutus anzunehmen, so wie es Varro
bei dem Aelius Sextus haben will, und zu sagen, unser
Porcius sey in der Jugend acutus, das ist verschmitzt, und
in seinem Alter erst weise genannt worden, wird sich hierher
nicht schicken, weil das Verschmitzte ganz wider den Charakter des alten Sittenrichters ist, der in seinem ganzen Leben
immer den geraden Weg nahm und mit der falschen Klugheit
gerne nichts zu thun hatte.

V. Weil nun Plutarch in den obigen Stücken höchst
verdächtig ist, so glaube ich nunmehr das Recht zu haben,
über das Priscus selbst eine Anmerkung zu machen. Da der
ältere Cato von verschiedenen Schriftstellern mehr als einmal
Priscus genannt wird, theils um dadurch die Strenge seiner
Sitten anzuzeigen, welche völlig nach dem Muster der alten
Zeiten gewesen waren, theils ihn von dem jüngern Cato zu
unterscheiden: da vielleicht dieses Beiwort auch in den gemeinen
Reden, ihn zu bezeichnen, üblich war, so wie etwa in den
ganz neuern Zeiten einer von den allertapfersten Feldherren
beinahe von einem ganzen Lande der Alte, mit Zusetzung
seines Landes, genannt ward; da, sage ich, diese Verwechslung eines Beiworts in einen Zunamen ungemein leicht ist,
so urtheile man einmal, ob sie nicht ein Mann, welcher die
lateinische Sprache nur halb inne hatte, ein Plutarch gar wohl
könne gemacht haben? Ich glaube, meine Vermuthung wird
noch ein außerordentliches Gewicht mehr bekommen, wenn ich
zeige, daß ein Römer selbst und sonst einer von den genauesten
Geschichtschreibern einen gleichen Fehler begangen habe. Ich
sage also, daß sogar Livius das Wort priscus als einen
Namen angenommen hat, wo es doch nichts als ein Unter-
scheidungswort ist, bei dem ersten Tarquinius nämlich, welcher
bloß deßwegen Priscus genannt ward, um ihn mit dem Superbo

gleiches Namens nicht zu verwechseln. Festus bezeuget dieses mit ausdrücklichen Worten, wenn er unter Priscus sagt: Priscus Tarquinius est dictus, quia prius fuit quam superbus Tarquinius. Man schließe nunmehr von dem Livius auf den Plutarch. Wäre es unmöglich, daß ein Grieche da angestoßen hätte, wo ein Römer selbst anstößt?

Hier, mein Herr Pastor, können Sie wieder anfangen zu lesen. Haben Sie aber ja nichts überhüpft, so sollte es mir leid thun, wenn durch diese Ausschweifung etwa Ihre Vermuthung lächerlich würde, daß ich deßwegen von dem Namen Priscus nichts gewußt habe, weil Bayle seiner nicht gedenkt. Wer weiß zwar, was ich für eine Ausgabe dieses Wörterbuchs besitze. Wo es nur nicht gar eine ist, die ein prophetischer Geist mit den Schnitzern des Laublingschen Pastors vermehrt hat. — — Doch lassen Sie uns weiter rücken.

3. B. Obe 27.
Uxor invicti Jovis esse nescis.

O Herr Pastor, lehren Sie mich es doch nicht, daß diese Stelle eines doppelten Sinnes fähig ist. Als Sie vor neun Jahren den Horaz auf deutsch zu mißhandeln anfingen, wußte ich es schon, daß es heißen könne: Du weißt es nicht, daß du die Gattin des Jupiters bist und du weißt dich nicht als die Gattin des Jupiters aufzuführen. Wenn ich nöthig hätte mit übeln Wendungen meine Kritik zu rechtfertigen, so dürfte ich nur sagen, daß Ihre Uebersetzung von diesem doppelten Sinne keinen, sondern einen dritten ausdrücke.

Du weißt's nicht, und bist des großen Jupiters Gattin.

Kann dieses nicht ohne viele Verdrehung heißen: Ob du schon des Jupiters Gattin bist, so weißt du dennoch dieses oder jenes nicht. Doch ich brauche diese Ausflucht nicht, und meinetwegen mögen Sie den ersten Sinn haben ausdrücken wollen. Sie haben doch noch schulknabenmäßig übersetzt. Denn was thut ein Schulknabe bei solchen Gelegenheiten? Er nimmt den ersten den besten Sinn, ohne sich viel zu bekümmern, welchen er eigentlich nehmen sollte. Er ist zufrieden, es sey nun auf die eine oder auf die andere Weise, den Wortverstand ausgedrückt zu haben. Dieses nun haben Sie auch gethan, atqui, ergo. Umsonst sagen Sie mit dem Dacier, Ihr Sinn sey dem Zusammenhange gemäßer. Ich sage: nein, und Jedermann wird es mit mir sagen, der das, was darauf folgt, überlegen will. Durch was hat Horaz das zweideutige

     Uxor invicti Jovis esse nescis

gewisser bestimmen können, als durch das gleich darauf folgende

     Mitte singultus: bene ferre magnam
     Disce Fortunam.

Was ist deutlicher, als daß Horaz sagen will: glaubst du, daß Seufzer und Thränen einer Gattin des Jupiters anstehen? Lerne dich doch in dein Glück finden! Lerne doch zu seyn, was du bist! — — Ich will noch einen Beweis anführen, den sich ein Herr Lange freilich nicht vermuthen wird, der aber nicht weniger schließend ist. Es ist unwidersprechlich, daß Horaz in dieser Ode das Idyllion des Moschus, Europa, in mehr als einer Stelle vor Augen gehabt hat. Es ist also auch höchst wahrscheinlich, daß Horaz die Europa in den Umständen angenommen habe, in welchen sie Moschus vorstellt. Nun weiß sie es bei diesem, daß nothwendig ein Gott unter dem sie tragenden Stiere verborgen seyn müsse. Sie sagt:

Πῃ με φερεις, θεοταυρε; — — —
— — — — — — —

Ἦ ῥα τις ἐσσι θεος;
— — — — ἐλπομαι εἰσοραασθαι
Τονδε κατιθυνοντα πλοον προκελευθον ἐμειο.

Und der Stier spricht ausdrücklich zu ihr:

Θαρσει παρθενικη — — —
Αὐτος τοι Ζευς εἰμι, και ἐγγυθεν εἰδομαι εἰναι
Ταυρος.

Sollte ihr also Horaz nicht eben diese Wissenschaft gelassen haben? Nothwendig, weil er sie erst alsdann klagen läßt, nachdem ihr Jupiter, unter einer bessern Gestalt, den Gürtel gelöst hatte.

— — Ζευς δε παλιν έτερην άνελαζετο μορφην,
Λυσε δε οἱ μιτρην — — —

Wußte sie es aber schon, daß Jupiter ihr Stier gewesen war, so wäre es wahrhaftig sehr abgeschmackt, wenn ihr Cupido bei dem Horaz mit dem

Uxor invicti Jovis esse nescis

nicht mehr sagen wollte, als sie schon wußte, und wenn seine Worte keine consolatio cum *reprehensione* wären, wie sich ein Ausleger darüber ausdrückt.

4. B. Ode 4.

Nehmen Sie mir es doch nicht übel, mein Herr Pastor; mit dem Vorwande eines Druckfehlers kommen Sie hier nicht durch. Denn gesetzt auch, es sollte statt Ziegen Zähne heißen, so würde Ihre Uebersetzung gleichwohl noch fehlerhaft seyn. Sehen Sie doch die Stelle noch einmal an! Heißt denn caprea lacte depulsum leonem dente novo peritura vidit, die Ziege sieht den Löwen und nimmt den Tod von jungen Zähnen wahr? Es ist hier etwas mehr als wahrnehmen, Herr Pastor. Sie soll selbst der Raub der jungen Zähne seyn. Außerdem ist noch dieses zu tadeln, daß Sie caprea durch Ziege übersetzen und es für einerlei mit capra halten. Einem wörtlichen Uebersetzer, wie Sie seyn wollen, muß man nichts schenken.

5. B. Ode 11.

Und endlich komme ich auf die letzte Stelle, bei welcher ich das wiederholen muß, was ich schon oben angemerkt habe. Sie scheinen dem Dacier nur da gefolgt zu seyn, wo seine Uebersetzung zweifelhaft ist. So geht es einem Manne, dem das Vermögen zu unterscheiden fehlt! Wenn doch dieser französische Uebersetzer so gut gewesen wäre und hätte nur ein einziges anderes Exempel angeführt, wo impar *indigne* heißt. Zwar Herr Pastor, auch alsdann würden Sie nicht Recht haben, denn ich muß auch hier Ihre Unwissenheit in der französischen Sprache bewundern! Heißt denn indigne nichtswürdig? Unwürdig heißt es wohl, und dieses hätte in Ihrer Uebersetzung mögen hingehen. Nichtswürdig aber ist wahrhaftig zu toll. Oder glauben Sie, daß beides einerlei ist? Gewiß nicht! Sie sind zum Exempel ein unwürdiger Uebersetzer des Horaz; sind Sie deßwegen ein nichtswürdiger? Das will ich nicht sagen; ich hoffe aber, daß es die Welt sagen wird. — — Ohe jam satis est. — —

Ja wirklich genug und allzuviel, ob es schon für einen Mann, wie Sie mein Herr Lange sind, noch zu wenig seyn wird! Denn Niemand ist schwerer zu belehren, als ein alter hochmüthiger Ignorant. Zwar bin ich einigermaßen selbst daran Schuld, daß es mir schwer geworden ist. Warum habe ich Ihnen nicht gleich Anfangs lauter Fehler wie das ducentia vorgeworfen? Warum habe ich einige untermengt, auf die man zur äußersten Noth noch etwas antworten kann? — — Doch was ich damals nicht gethan habe, das will ich jetzt thun.

Ich komme nämlich auf meine zweite Unterabtheilung, in welcher wir mit einander, wenn Sie es erlauben, nur das erste Buch der Oden durchlaufen wollen. Ich sage mit Fleiß nur das erste, weil ich zu mehreren nicht Zeit habe und noch etwas Wichtigers zu thun weiß, als Ihre Exercitia zu corrigiren. Ich verspreche Ihnen im Voraus, durch das ganze Buch in jeder Ode wenigstens einen Schnitzer zu weisen, welcher unvergeblich seyn soll. Alle werden sie mir freilich nicht in der Geschwindigkeit in die Augen fallen, nicht einmal die von der ersten Größe alle. Ich erkläre also, daß es denjenigen, die ich übersehen werde, nicht präjudicirlich seyn soll; sie sollen Fehler nach ihrem ganzen Umfange bleiben, so gut als wenn ich sie angemerkt hätte! Zur Sache.

1. B. 1. Ode.

Trabe Cypria heißt nicht auf Balken aus Cyprien. Die Insel heißt Cyprus, oder Cypern; Cyprius, a, um, ist das Adjectivum davon. Hier mache also der Herr Schulmeister ein Kreuz! Es ist sein Glück, daß sich der Knabe hier nicht mit dem Druckfehler entschuldigen kann, weil Cypern, so wie es eigentlich heißen sollte, wider das Sylbenmaaß seyn würde.

Am Ende dieser Ode sagen Sie, Herr Pastor: Die Flöte beziehen. Eine schrecklich abgeschmackte Redensart!

2. Ode.

Die Zeilen:

Vidimus flavum Tiberim, retortis
Littore Etrusco violenter undis

übersetzen Sie:

So sahn auch wir die rückgeschmißnen Wellen
Des gelben Tibers am Etruscischen Ufer ꝛc.

Falsch! es muß heißen:

So sahn auch wir die vom Etruscischen Ufer
Des gelben Tibers rückgeschmißne Wellen.

3. Ode.

Tristes Hyadas würde nicht der trübe Siebenstern, sondern das trübe Siebengestirn heißen, wenn nur Plejades und Hyades nicht zweierlei wären. Ha! ha! ha!

Vada hätten Sie nicht durch Furthen geben sollen, weil man über Furthen nicht mit Nachen zu setzen nöthig hat. Sehen Sie nach, was Dacier bei diesem Worte angemerkt hat.

4. Ode.

Cytherea Venus geben Sie durch Zythere. Wenn dieses Wort auch recht gedruckt wäre, so würde es dennoch falsch seyn, weil Cythere zwar die Insel, aber nicht die Venus, die nach dieser Insel genannt wird, heißen kann.

5. Ode.

Quis multa gracilis te puer in rosa
Perfusus liquidis urget odoribus,
    Grato, Pyrrha, sub antro.

Dieses übersetzen Sie so:

Was für ein wohlgestalter Jüngling, o Pyrrha,
Bedient dich im dicken Rosengebüsche
Von Balsam naß in angenehmer Grotte.

Wachsen etwa in Laublingen dicke Rosengebüsche in Grotten? Das in rosa hätten Sie durch auf dem Rosenbette geben sollen.

6. Ode.

Die Zeile cantamus vacui, sive quid urimur haben Sie ungemein schlecht übersetzt: von Arbeit befreit und wenn die Liebe mich reizet. Erstlich haben Sie den Gegensatz verdorben und das sive in und verwandelt, welches ohne Zweifel daher entstanden ist, weil Sie zweitens die Kraft des Worts vacuus nicht eingesehen haben; es heißt hier vacuus ab amore, nicht aber a labore.

7. Ode.

Es ist Ihnen nicht zu vergeben, daß Sie in der fünfzehnten Zeile die wahre Stärke des mobilibus nicht gewußt und es durch Ihr elendes nimmer stille gegeben haben.

8. Ode.

Aus dieser Ode ist der getadelte Oelzweig. Ich kann sie aber deßwegen auch hier nicht übergehen, weil ich aus Ihrer Uebersetzung mit Verwunderung gelernt habe, daß schon die alten Römer, vielleicht wie jetzt die sogenannten Schützengilden, nach der Scheibe geschossen haben. Sie sagen:

Den ehemals der Scheibenschuß und Wurfspieß erhoben.

9. Ode.

Hier table ich, daß Sie Diota durch Urne übersetzt haben. Sie müssen eine vortreffliche Kenntniß der alten römischen Maaße haben! Merken Sie sich doch, daß Diota so viel als Amphora, Urna aber das dimidium amphorae ist.

10. Ode.

Nepos Atlantis — — zusammen, ihr Schulknaben, um ihn auszuzischen! — — giebt Herr Lange durch: Du Sohn des Atlantes. Erstlich des Atlantes; es heißt nicht *Atlantes*, gen. *Atlantis*, sondern Atlas, antis. Zweitens Nepos heißt nicht Sohn, sondern Enkel. Merkur war der Maja und des Jupiters Sohn, Maja aber war die Tochter des Atlas.

11. Ode.

Aus dieser kleinen Ode ist das zerlaß den Wein. Noch will ich anmerken, daß das oppositis pumicibus durch nahe Felsen schlecht übersetzt ist.

12. Ode.

Quem virum, aut heroa, lyra vel acri
Tibia sumis celebrare Clio?
Quem Deum?

Dieses übersetzen Sie:

Sprich Clio, was ist's für ein Mann,
Was für ein Held, den du jetzt mit der Leyer;
Was ist's für ein Gott, den du
Mit scharfer Flöte feierlich willst loben?

Bestimmen Sie doch nichts, was Horaz hat wollen unbestimmt lassen! Sie stolpern überall, wo Sie auch nur den kleinsten Tritt vor sich thun wollen. Sie ziehen die Flöte auf den Gott und die Leyer auf den Mann, welches gleich das Gegentheil von dem ist, was Dacier und andere angemerkt haben. On remarque, sagt jener, que la lire était pour les louanges des Dieux, et la flûte pour celles des hommes.

13. Ode.

Seu tibi candidos turparunt humeros immodicæ mero rixæ. Dieses geben Sie so: wenn deine Schultern ein schrankenloser Zank mit Weine befleckt. Ei! wo ist denn Ihr kleiner Schulknabe, den Sie das Nachdenken getauft haben, hier gewesen? Er würde Ihnen gewiß gesagt haben, daß man das mero nicht zu turparunt, sondern zu immodicæ ziehen müsse.

14. Ode.

Carinæ würden Sie in der siebenten Zeile nicht durch Nachen gegeben haben, wenn Sie die wahre Bedeutung dieses Worts gewußt hätten. Carina ist der untere Theil des Schiffs, und eben das, was die Griechen τροπις nennen.

15. Ode.

Calami spicula Gnossii übersetzen Sie durch Gnossus scharfe Pfeile, zum sichern Beweise, daß Sie weder wissen was calamus heißt, noch warum Horaz das Beiwort Gnossisch dazu gesetzt hat.

16. Ode.

Die Ueberschrift dieser Ode ist vollkommen falsch. Sie sagen: An eine Freundin, die er durch ein Spottgedicht beleidigt hatte. Sie irren mit der Menge; nicht diese Freundin selbst, sondern ihre Mutter hatte er ehedem durchgezogen, wie es aus der Ode selbst unwidersprechlich erhellt.

Noch finde ich hier zu erinnern, daß man bei Dindymene das e, wie Sie gethan haben, nicht weglassen darf, weil man es alsdann für ein Masculinum annehmen könnte.

Ferner, wenn Sie sagen: aus seiner Grotte, die er bewohnt, so haben Sie das lateinische incola ganz falsch auf adytis gezogen, anstatt daß Sie es auf mentem sacerdotum hätten ziehen sollen.

17. Ode.

Die Verstümmlung des Thyoneus im Thyon ist unerträglich.

18. Ode.

Nullam sacra vite prius severis arborem; Pflanze eher keinen Baum als den geweihten Weinstock. Prius heißt eher, ja; allein hier heißt es noch etwas mehr, weil Horaz nicht bloß sagen will, daß er den Weinstock eher vor andern Bäumen, der Zeit nach, sondern auch vorzüglich, mit Hintenansetzung anderer Bäume, pflanzen soll. So ein vortrefflicher Boden, ist seine Meinung, muß mit nichts schlechterem besetzt werden als mit Weinstöcken.

19. Ode.

In der letzten ohne einen Zeile table ich das geschlachtet. Nur derjenige hat mactare so grob übersetzen können, welcher

nicht gewußt hat, daß man der Venus nie ein blutiges Opfer
habe bringen dürfen. Noch muß ich an dieser Ode aussetzen,
daß der Schluß der dritten Strophe, welcher doch so viel sagt,
nec quæ nihil attinent, in der Uebersetzung schändlich ausge=
blieben ist.

20. Ode.

Hier kommen zwei entsetzliche geographische Schnitzer. Sie
sagen die Keltern um Calenis, und es muß Cales heißen.
Sie sagen der Berg bei Formian, und der Ort heißt gleich=
wohl Formiæ. Sie haben sich beidemal durch die Adjectiva
Caleno und Formiani verführen lassen. Einem Manne, wie
Sie, wird alles zum Anstoß.

21. Ode.

Auch in dieser Ode ist ein eben so abscheulicher Schnitzer,
als die vorhergehenden sind. Natalem Delon Apollinis, über=
setzen Sie, mein vielwissender Herr Lange, durch Delos, die
Geburtsstadt des Apollo. Delos also ist eine Stadt? Das
ist das erste, was ich höre.

22. Ode.

Lupus heißt keine Wölfin, wie Sie wollen, sondern ein
Wolf. Lernen Sie es ein wenig besser, welche Worte $\epsilon\pi\iota\kappa o\iota\nu\alpha$
sind. Eine Wölfin heißt lupa.

23. Ode.

Wenn ich doch Ihres sel. Herrn Vaters lateinische Gram=
matik bei der Hand hätte, so wollte ich Ihnen Seite und Zeile
citiren, wo Sie es finden könnten, was sequor für einen Casum
zu sich nimmt. Ich habe Schulmeister gekannt, die ihren Knaben
einen Eselskopf an die Seite malten, wenn sie sequor mit dem
Dativo construirten. Lassen Sie einmal sehen, was Sie gemacht
haben?

Tandem desine matrem
Tempestiva sequi viro.

Dieses übersetzen Sie:

> Laß die Mutter gehen,
> Nun reif genug, dem Mann zu folgen.

Sie haben also wirklich geglaubt, daß man nicht sequi matrem, sondern sequi viro zusammen nehmen müsse.

24. Ode.

In dieser Ode ist ein Schnitzer nach Art des Priscus, und er kann kein Druckfehler seyn, weil er sowohl über dem Texte als über der Uebersetzung steht. An den Virgilius Varus. Was ist das für ein Mann? Sie träumen, Herr Pastor; Sie vermengen den, an welchen die Ode gerichtet ist, mit dem, über welchen sie verfertigt worden, und machen aus dieser Vermengung ein abgeschmacktes Ganze. Sie ist an den Virgil gerichtet, über den Tod des Quintilius Varus.

25. Ode.

Angiportus durch Gang übersetzen, heißt gestehen, daß man nicht wisse, was angiportus heißt.

26. Ode.

Fons integer heißt kein reiner Quell, sondern ein Quell, woraus man noch nicht geschöpft hat.

27. Ode.

Der schärfliche Falernus sagen Sie? Wieder etwas von Ihnen gelernt. Vinum ist also generis masculini, und es ist falsch, wenn man sagt: vinum Falernum. Sie werden sagen, es sey ein Druckfehler für Falerner. Aber warum erklären Sie nicht gleich Ihr ganzes Buch für einen Druckfehler?

28. Ode.

In dieser Ode setzt es mehr wie einen Schnitzer. Erstlich lassen Sie sich wieder durch das Adjectivum Matinum verführen, ein Ding daraus zu machen, welches Matinus heißen soll. Zweitens sagen Sie Panthus, anstatt daß Sie sagen sollten Panthous.

Wollen Sie es zu einem Druckfehler machen, so wird Ihnen Ihr Sylbenmaaß widersprechen. Drittens heißen hier Fluctus Hesperii nicht das spanische Meer, wie Sie es übersetzt haben, sondern das italiänische. Behalten Sie doch lieber ein andermal das Hesperische, wenn Sie es nicht ganz gewiß wissen, ob Hesperia magna oder ein anderes zu verstehen sey.

29. Ode.

Puer ex aula heißt Ihnen ein Prinz. Mir und anderen ehrlichen Leuten heißt es ein Page.

30. Ode.

Sperne in der zweiten Zeile durch Verachte geben, heißt die wörtliche Uebersetzung bis zu dem Abgeschmackten und Unsinnigen treiben.

31. Ode.

In der zweiten Zeile sagen Sie ein Dichter, und es muß der Dichter heißen. Der Fehler ist größer, als man denken wird.

Novum liquorem geben Sie durch jungen Saft, zum Beweise, daß Sie es nicht wissen, wem der junge Wein oder die Erstlinge des Weins geopfert wurden. Merken Sie es, Niemanden als dem Jupiter und nicht dem Apollo. Sie hätten bei dem Worte bleiben sollen, welches Sie beinahe nur immer da thun, wo es falsch ist. Novus liquor heißt hier Saft, der bei einer neuen Gelegenheit vergossen wird.

Sie sagen die Calenschen Hippe, und sollten die Calesische sagen; ein Fehler, den ich schon vorher angemerkt habe und den ich hier noch einmal anmerke, um zu zeigen, daß er aus keiner Uebereilung, sondern aus einer wahrhaften Unwissenheit herkommt.

32. Ode.

Sive jactatam religarat udo
  Littore navim.

Das religarat übersetzen Sie hier durch befestigen und hätten es durch losbinden geben sollen. Sie sagen also hier gleich das Gegentheil von dem, was Horaz sagen will. Religare ist hier nach Art des refigere der 28. Ode des ersten Buchs und des recludere in der 24. Ode eben desselben Buchs zu nehmen.

33. Ode.

Auch hier hätten Sie bei dem Worte bleiben und junior nicht durch ein neuer Buhler, sondern durch ein jüngerer Buhler geben sollen. Sie gehen eben so unglücklich davon ab, als unglücklich Sie dabei bleiben.

34. Ode.

Diese ganze Ode haben Sie verhunzt. Da Sie die Erklärung, welche Dacier davon gegeben hat, nicht annehmen, sondern die gemeine: so hätten Sie die zweite Strophe ganz anders geben sollen. Ich will mich mit Fleiß näher nicht ausdrücken, sondern Sie Ihrem Schulknaben, dem Nachdenken, überlassen.

35. Ode.

Clavos trabales übersetzen Sie durch Balken und Nägel. Sie wissen also die Stärke des Adjectivi trabalis, e, nicht und können es jetzt lernen. Wenn die Lateiner etwas recht großes beschreiben wollen, so sagen sie: so groß wie ein Balken. Bei dem Virgil werden Sie daher telum trabale finden, welches man, nach Ihrer Art zu übersetzen, durch Pfeil und Balken geben müßte.

36. Ode.

Breve lilium heißt nicht kleine Lilie. Horaz setzt das breve dem vivax entgegen, daher es denn nothwendig die kurze Dauer ihrer Blüthe anzeigen muß. Auch das vivax haben Sie durch das bloße frisch sehr schlecht gegeben.

37. Ode.

Velut leporem citus venator in campis nivalis Aemoniæ. Dieses übersetzen Sie: gleich dem schnellen Jäger, der Hasen jaget auf den Feldern des stets beschneiten Hömus. Wer heißt Ihnen denn aus der Landschaft Aemonien,

ober welches einerlei ist, Thessalien den Berg Hömus machen?
Und wer heißt Ihnen denn, auf dem Berge Hasen hetzen zu
lassen? Der Jäger bricht den Hals; es ist augenscheinlich. Wollen
Sie denn mit aller Gewalt lieber

equitem rumpere quam leporem?

38. Ode.

Ende gut alles gut! Ich weiß wahrhaftig bei dieser letzten
Ode des ersten Buchs nichts zu erinnern. Sie ist aber auch nur
von acht Zeilen. Wenn Sie, Herr Pastor, alle so übersetzt
hätten wie diese, so würden Sie noch zur Noth ein Schriftsteller
seyn, qui culpam vitavit, laudem non meruit.

Und so weit wären wir. — — Glauben Sie nun bald,
daß es mir etwas sehr leichtes seyn würde, zweihundert Fehler
in Ihrer Uebersetzung aufzubringen, ob ich gleich nirgends diese
Zahl versprochen habe? Wenn das erste Buch deren an die funfzig
hält, so werden ohne Zweifel die übrigen vier Bücher nicht un-
fruchtbarer seyn. Doch wahrhaftig, ich müßte meiner Zeit sehr
feind seyn, wenn ich mich weiter mit Ihnen abgeben wollte.
Diesesmal habe ich geantwortet und nimmermehr wieder. Wenn
Sie sich auch zehnmal aufs neue vertheidigen sollten, so werde
ich doch weiter nichts thun, als das Urtheil der Welt abwarten.
Schon fängt es an, sich für mich zu erklären, und ich hoffe die
Zeit noch zu erleben, da man sich kaum mehr erinnern wird,
daß einmal ein Lange den Horaz übersetzt hat. Auch meine
Kritik wird alsdann vergessen seyn, und eben dieses wünsche ich.
Ich sehe sie für nichts weniger als für etwas an, welches mir
Ehre machen könnte. Sie sind der Gegner nicht, an welchem
man Kräfte zu zeigen Gelegenheit hat. Ich hätte Sie von Anfange verachten sollen, und es würde auch gewiß geschehen seyn,
wenn mir nicht Ihr Stolz und das Vorurtheil, welches man
für Sie hatte, die Wahrheit abgedrungen hätten. Ich habe
Ihnen gezeigt, daß Sie weder Sprache noch Kritik, weder Alter-
thümer noch Geschichte, weder Kenntniß der Erde noch des Him-
mels besitzen; kurz, daß Sie keine einzige von den Eigenschaften
haben, die zu einem Uebersetzer des Horaz nothwendig erfordert
werden. Was kann ich noch mehr thun?

Ja, mein Herr, alles dieses würde eine sehr kleine Schande für Sie seyn, wenn ich nicht der Welt auch zugleich entdecken müßte, daß Sie eine sehr niederträchtige Art zu denken haben, und daß Sie, mit einem Worte, ein Verleumder sind. Dieses ist der zweite Theil meines Briefes, welcher der kürzeste, aber auch der nachdrücklichste werden wird.

Unser Streit, mein Herr Pastor, war grammatikalisch, das ist, über Kleinigkeiten, die in der Welt nicht kleiner seyn können. Ich hätte mir nimmermehr eingebildet, daß ein vernünftiger Mann eine vorgeworfene Unwissenheit in denselben für eine Beschimpfung halten könne; für eine Beschimpfung, die er nicht allein mit einer gleichen, sondern auch noch mit boshaften Lügen rächen müsse. Am allerwenigsten hätte ich mir dieses von einem Prediger vermuthet, welcher beßre Begriffe von der wahren Ehre und von der Verbindlichkeit bei allen Streitigkeiten den moralischen Charakter des Gegners aus dem Spiele zu lassen, haben sollte. Ich hatte Ihnen Schulschnitzer vorgeworfen; Sie gaben mir diese Vorwürfe zurück, und damit, glaubte ich, würde es genug seyn. Doch nein, es war Ihnen zu wenig, mich zu widerlegen; Sie wollten mich verhaßt und zu einem Abscheu ehrlicher Leute machen. Was für eine Denkungsart! Aber zugleich was für eine Verblendung, mir eine Beschuldigung aufzubürden, die Sie in Ewigkeit nicht nur nicht erweisen, sondern auch nicht einmal wahrscheinlich machen können!

Ich soll Ihnen zugemuthet haben, mir meine Kritik mit Geld abzukaufen. — — Ich? Ihnen? Mit Geld? — — Doch es würde mein Unglück seyn, und ich würde mich nicht beruhigen können, wenn ich Sie bloß in die Unmöglichkeit setzte, Ihr Vorgeben zu erhärten, und wenn ich mich nicht durch ein gutes Schicksal in den Umständen befände, das Gegentheil unwidersprechlich zu beweisen.

Der dritte, durch den ich das niederträchtige Anerbieten soll gethan haben, kann kein anderer seyn als eben der Herr P. N., dessen Sie auf der 21. Seite gedenken; weil dieses der einzige lebendige Mensch ist, der Sie und mich zugleich von Person kennt, und der einzige, mit dem ich von meiner Kritik über Ihren Horaz, ehe sie gedruckt ward, gesprochen habe. Nun hören Sie.

Es war im Monat März des 1752. Jahrs, als dieser Herr P. N. durch Wittenberg reiste, und mich daselbst der Ehre seines Besuchs würdigte. Ich hatte ihn nie gesehen und ihn weiter nicht als aus seinen Schriften gekannt. In Ansehung Ihrer aber war es ein Mann, mit welchem Sie schon viele Jahre eine vertraute Freundschaft unterhalten hatten. Als er wieder in Halle war, fanden wir es für gut, unsere angefangene Freundschaft in Briefen fortzusetzen. Gleich in meinem ersten, wo ich nicht irre, schrieb ich ihm, daß ich Ihren Horaz gelesen und sehr merkliche Fehler darin gefunden hätte; ich sey nicht übel Willens, die Welt auf einem fliegenden Bogen dafür zu warnen, vorher aber wünschte ich, sein Urtheil davon zu wissen. Sehen Sie nun, was er hierauf antwortete — — Es thut mir leid, daß ich freundschaftliche Briefe so mißbrauchen muß. — —

„Oeffentlich, sind seine Worte, wollte ich es niemanden „rathen, Herrn Langen anzugreifen, der etwa noch — — — — „— — — — — Indessen kenne ich ihn als einen Mann, der „folgt, wenn man ihm etwas sagt, das ihm begreiflich ist. Diese „Fehler, dächte ich, wären ihm begreiflich zu machen. Sollte es „also nicht angehen, daß man ihn selbst aufmunterte, Verleger „von den Bogen zu seyn, die Sie wider ihn geschrieben haben. „Nicht in der Absicht, daß er dieselben drucken läßt; sondern „daß es in seiner Gewalt steht, die Verbesserungen derselben bei „einer neuen Auflage oder besonders drucken zu lassen. Er muß „sich aber auch alsdann gegen den Herrn Verfasser so bezeigen, „als ein billiger Verleger gegen den Autor. Sie müssen keinen „Schaden haben, sondern ein Honorarium für gütigen Unter= „richt — — — —"

Ich wiederhole es noch einmal, dieses schrieb ein Mann, den ich in meinem Leben ein einzigmal gesprochen hatte, und der Ihr vertrauter Freund seit langer Zeit war. Ich habe nicht Lust, mich durch niederträchtige Aufbürdungen Ihnen gleich zu stellen, sonst würde es mir etwas leichtes seyn, die Beschuldigung umzukehren und es wahrscheinlich zu machen, daß Sie selbst hinter diesem guten Freunde gesteckt hätten. So wahrscheinlich es aber ist, so glaube ich es doch nicht, weil ich den friedfertigen Charakter dieses ohne Zweifel freiwilligen Vermittlers kenne. Ich will wünschen, daß er meine Briefe mag aufgehoben haben; und ob ich mich schon nicht erinnere, was ich ihm eigentlich auf seinen Vorschlag geantwortet, so weiß ich doch so viel gewiß, daß ich an kein Geld, an kein Honorarium gedacht habe. Ja, ich will es nur gestehen; es verdroß mich ein wenig, daß mich der Herr P. N. für eine so eigennützige Seele ansehen können. Gesetzt auch, daß er aus meinen Umständen geschlossen habe, daß das Geld bei mir nicht im Ueberflusse sey, so weiß ich doch wahrhaftig nicht, wie er vermuthen können, daß mir alle Arten Geld zu erlangen gleichgültig seyn würden. Doch schon diesen Umstand, daß ich ihm meine Kritik nicht geschickt habe, hat er für eine stillschweigende Mißbilligung seines Antrags annehmen müssen, ob ich ihn schon ohne Verletzung meiner Denkungsart hätte ergreifen können, weil er ohne mein geringstes Zuthun an mich geschah.

Was antworten Sie nun hierauf? Sie werden sich schämen ohne Zweifel. Zwar nein; Verleumder sind über das schämen hinaus.

Sie sind übrigens zu Ihrem eignen Unglücke so boshaft gewesen, weil ich Ihnen heilig versichere, daß ich ohne die jetzt berührten Lügen, Ihrer Antwort wegen, gewiß keine Feder würde angesetzt haben. Ich würde es ganz wohl haben leiden können, daß Sie als ein senex ABCdarius, mich einen jungen, frechen Kunstrichter, einen Scioppius, und ich weiß nicht was nennen; daß Sie vorgeben, meine ganze Gelehrsamkeit sey aus dem Bayle; zu meiner Kritik über das Jöcher'sche Gelehrten-Lexicon hätte ich keinen Verleger finden können (ob ich gleich einen sogar zu einer Kritik über Sie gefunden habe), und was dergleichen Fratzen mehr sind, bei welchen ich mich unmöglich aufhalten kann. Mein Wissen und Nichtwissen kann ich ganz wohl auf das Spiel setzen lassen; was ich auf der einen Seite verliere, hoffe ich auf der andern wieder zu gewinnen. Allein mein Herz werde ich nie ungerochen antasten lassen, und ich werde Ihren Namen in Zukunft allezeit nennen, so oft ich ein Beispiel eines rachsüchtigen Lügners nöthig habe.

Mit dieser Versicherung habe ich die Ehre, meinen Brief zu schließen. Ich bin — — doch nein, ich bin nichts. Ich sehe, mein Brief ist zu einer Abhandlung geworden. Streichen Sie also das übergeschriebene Mein Herr aus, und nehmen ihn für das auf, was er ist. Ich habe weiter nichts zu thun, als ihn in Duodez drucken zu lassen, um ihn dazu zu machen, wofür Sie meine Schriften halten: zu einem Vade mecum, das ich Ihnen zu Besserung Ihres Verstandes und Willens recht oft zu lesen rathe. Weil endlich ein Gelehrter, wie Sie sind, sich in das rohe Duodez=Format nicht wohl finden kann, so soll es mir nicht darauf ankommen, Ihnen eines nach der Art der ABC= Bücher binden zu lassen, und mit einer schriftlichen Empfehle zuzuschicken. Ich wünsche guten Gebrauch!

Wie die Alten den Tod gebildet.

. . . . Nullique ea tristis imago!
STATIUS.

Eine Unterſuchung.

1769.

Als sich Lessing im Sommer 1769 mit den Vorarbeiten zum dritten Theil seiner antiquarischen Briefe beschäftigte, gerieth er auf die Untersuchung der Frage, wie die Alten den Tod gebildet. Eine Bemerkung im elften Abschnitte des Laokoon, daß die Alten den Tod als Personification, nicht als Skelett gebildet, hatte Klotz in der Vorrede zu den Abhandlungen des Grafen Caylus mißverstanden oder absichtlich verdeutet, als ob Lessing gesagt, die Alten hätten überhaupt keine Skelette gebildet. Nach einer leichten Berichtigung dieser Mißdeutung gieng Lessing zu dem Beweise der beiden Sätze über, daß die alten Künstler die Gottheit des Todes wirklich unter einem ganz andern Bilde als dem eines Skeletts vorgestellt und daß sie, wenn sie ein Skelett bildeten, ganz etwas anders meinten, als die Gottheit des Todes. In Bezug auf den ersten Satz beweist er, daß der Tod, der Zwillingsbruder des Schlafes, wie ihn Homer nennt, unter dem Bilde des Genius mit der umgekehrten Fackel, zuweilen mit übereinandergeschlagnen Füßen, dargestellt worden. In Bezug auf den andern Satz führt er aus, daß unter den Skeletten, die uns häufig auf alten Bildwerken begegnen, s. g. Larven, abgeschiedne Seelen gemeint, und mit Apulejus nimmt er an, daß es, was übrigens zweifelhaft ist, die Seelen böser Menschen seien. Diese Deutung der Skelette ist von den Archäologen einstimmig angenommen worden, nicht so die Ausführung des ersten Satzes, dessen negativer Theil durch die Einräumung des andern Satzes zwar gebilligt, dessen positiver Theil jedoch verschiedene Meinungen hervorgerufen hat, theils daß die Alten den Tod, den Act des Sterbens, überhaupt nicht in dieser Weise personificiert haben, was auch Lessing nicht gerade gemeint haben muß, da er unter dem Tode den Zustand des Gestorbenseins versteht; theils haben andre Archäologen den Genius mit der gesenkten Fackel etwas spiritueller zu fassen gesucht, was jedoch auf Subtilitäten hinausläuft, die für Lessings eigentliche Aufgabe nicht von entscheidendem Gewicht sind. Ueber den Punkt der Verschränkung der Füße weichen alle Archäologen, des Sprachgebrauchs wegen, von Lessing ab; Heyne, der jedoch darüber nicht streiten wollte, übersetzte das betreffende Wort des Pausanias: auswärtsgebogen; war aber mit Lessing darin einverstanden, daß es nicht krumme heißen könne. Wie die Gelehrten aber auch über jenen Genius dachten und lehrten: seit Lessing denkt jeder Deutsche bei der Erwähnung des Genius mit der umgekehrten Fackel an den Tod. Die

Schlußworte seiner Untersuchung blieben nicht ohne Wirkung. Das Ge=
rippe als Personification des Todes, des Actes des Sterbens, das die
christliche Kunst eingeführt und das in den Todtentänzen des späteren
Mittelalters eine so bedeutende Rolle spielte, trat allmählich vom Schau=
platze ab, und das schöne Bild, das Lessing erst wieder einführte, wurde
auf Monumenten und in den zeichnenden Künsten an seine Stelle gesetzt,
oder mit andern Sinnbildern des Todes und der Unsterblichkeit ver=
tauscht. Wie die Befreiung von dem Bilde des Todes unter der Un=
form eines klappernden Gerippes auf die jungen aufstrebenden Zeitgenossen
Lessings gewirkt haben mag, liest man im achten Buche von Goethes
Wahrheit und Dichtung: 'Uns entzückte die Schönheit jenes Gedankens,
daß die Alten den Tod als den Bruder des Schlafs anerkannt und
beide, wie es Menächmen geziemt, zum Verwechseln gleich gebildet.
Hier konnten wir nun erst den Triumph des Schönen höchlich feiern,
und das Häßliche jeder Art, da es doch einmal aus der Welt nicht zu
vertreiben ist, im Reich der Kunst nur in den niedrigen Kreis des Lächer=
lichen verweisen. Die Herrlichkeit solcher Haupt= und Grundbegriffe
erscheint nur dem Gemüth, auf welches sie ihre unendliche Wirksamkeit
ausüben, erscheint nur der Zeit, in welcher sie, ersehnt, im rechten
Augenblick hervortreten.'

Vorrede.

Ich wollte nicht gern, daß man diese Untersuchung nach ihrer Veranlassung schätzen möchte. Ihre Veranlassung ist so verächtlich, daß nur die Art, wie ich sie genutzt habe, mich entschuldigen kann, daß ich sie überhaupt nutzen wollen.

Nicht zwar, als ob ich unser jetziges Publikum gegen alles, was Streitschrift heißt und ihr ähnlich sieht, nicht für ein wenig allzu eckel hielte. Es scheint vergessen zu wollen, daß es die Aufklärung so mancher wichtigen Punkte dem bloßen Widerspruche zu danken hat, und daß die Menschen noch über nichts in der Welt einig seyn würden, wenn sie noch über nichts in der Welt gezankt hätten.

„Gezankt;" denn so nennt die Artigkeit alles Streiten: und Zanken ist etwas so unmanierliches geworden, daß man sich weit weniger schämen darf, zu hassen und zu verleumden, als zu zanken.

Bestünde indeß der größere Theil des Publikums, das von keinen Streitschriften wissen will, etwa aus Schriftstellern selbst: so dürfte es wohl nicht die bloße Politesse seyn, die den polemischen Ton nicht dulden will. Er ist der Eigenliebe und dem Selbstdünkel so unbehäglich! Er ist den erschlichenen Namen so gefährlich!

Aber die Wahrheit, sagt man, gewinnt dabei so selten. — So selten? Es sey, daß noch durch keinen Streit die Wahrheit ausgemacht worden: so hat dennoch die Wahrheit bei jedem Streite gewonnen. Der Streit hat den Geist der Prüfung genährt, hat Vorurtheil und Ansehen in einer beständigen Erschütterung erhalten; kurz, hat die geschminkte Unwahrheit verhindert, sich an der Stelle der Wahrheit festzusetzen.

Auch kann ich nicht der Meinung seyn, daß wenigstens das Streiten nur für die wichtigern Wahrheiten gehöre. Die Wichtigkeit ist ein relativer Begriff, und was in einem Betracht sehr unwichtig ist, kann in einem andern sehr wichtig werden. Als Beschaffenheit unserer Erkenntniß ist dazu eine Wahrheit so wichtig als die andere: und wer in dem allergeringsten Dinge für Wahrheit und Unwahrheit gleichgültig ist, wird mich nimmermehr überreden, daß er die Wahrheit bloß der Wahrheit wegen liebt.

Ich will meine Denkungsart hierin niemanden aufdringen. Aber den, der am weitesten davon entfernt ist, darf ich wenigstens bitten, wenn er sein Urtheil über diese Untersuchung öffentlich sagen will, es zu vergessen, daß sie gegen jemand gerichtet ist. Er lasse sich auf die Sache ein, und schweige von den Personen. Welcher von diesen der Kunstrichter gewogener ist, welche er überhaupt für den bessern Schriftsteller hält, verlangt kein Mensch von ihm zu wissen. Alles was man von ihm zu wissen begehrt, ist dieses, ob er, seinerseits, in die Wagschale des einen oder des andern etwas zu legen habe, welches im gegenwärtigen Falle den Ausschlag zwischen ihnen ändere oder vermehre. Nur ein solches Beigewicht, aufrichtig ertheilt, macht ihn dazu, was er seyn will; aber er bilde sich nicht ein, daß sein bloßer kahler Ausspruch ein solches Beigewicht seyn kann. Ist er der Mann, der uns beide übersieht, so bediene er sich der Gelegenheit, uns beide zu belehren.

Von dem Tumultuarischen, welches er meiner Arbeit gar bald anmerken wird, kann er sagen, was ihm beliebt. Wenn er nur die Sache darunter nicht leiden läßt. Allerdings hätte ich mit mehr Ordnung zu Werke gehen können; ich hätte meine Gründe in ein vortheilhafteres Licht stellen können; ich hätte noch dieses und jenes seltene oder kostbare Buch nutzen können; — was hätte ich nicht alles!

Dabei sind es nur längst bekannte Denkmale der alten Kunst, die mir freigestanden, zur Grundlage meiner Untersuchung zu machen. Schätze dieser Art kommen täglich mehrere an das Licht, und ich wünschte selbst von denen zu seyn, die ihre Wißbegierde am ersten damit befriedigen können. Aber es wäre sonderbar, wenn nur der reich heißen sollte, der das meiste frisch gemünzte Geld besitzt. Die Vorsicht erforderte vielmehr, sich mit diesem überhaupt nicht eher viel zu bemengen, bis der wahre Gehalt außer Zweifel gesetzt worden.

Der Antiquar, der zu einer neuen Behauptung uns auf ein altes Kunstwerk verweiset, das nur er noch kennt, das er zuerst entdeckt hat, kann ein sehr ehrlicher Mann seyn, und es wäre schlimm für das Studium, wenn unter achten nicht sieben es wären. Aber der, der, was er behauptet, nur aus dem behauptet, was ein Boissard oder Pighius hundert und mehr Jahre vor ihm gesehen haben, kann schlechterdings kein Betrieger seyn; und etwas Neues an dem Alten entdecken, ist wenigstens eben so rühmlich, als das Alte durch etwas Neues bestätigen.

Veranlassung.

Immer glaubt Herr Klotz, mir auf den Fersen zu seyn. Aber immer, wenn ich mich, auf sein Zurufen, nach ihm umwende, sehe ich ihn, ganz seitab, in einer Staubwolke, auf einem Wege einherziehen, den ich nie betreten habe.

„Herr Lessing, lautet sein neuester Zuruf dieser Art, [1] wird mir erlauben, der Behauptung, daß die alten Artisten den Tod nicht als ein Skelet vorgestellt hätten (s. Laokoon S. 122) eben den Werth beizulegen, den seine zwei andern Sätze, daß die Alten nie eine Furie, und nie schwebende Figuren ohne Flügel gebildet, haben. Er kann sich sogar nicht bereden, daß das liegende Skelet von Bronze, welches mit dem einen Arme auf einem Aschenkruge ruht, in der Herzoglichen Gallerie zu Florenz, eine wirkliche Antike sey. Vielleicht überredet er sich eher, wenn er die geschnittenen Steine ansieht, auf welchen ein völliges Gerippe abgebildet ist (s. Buonarotti Oss. sopr. alc. Vetri t. XXXVIII. 3. und Lipperts Daktyliothek, zweites Tausend, n. 998). Im Museo Florentino sieht man

---

[1] In der Vorrede zum zweiten Theile der Abhandlungen des Grafen Caylus.

dieses Skelet, welchem ein sitzender Alter etwas vorbläst, gleich=
falls auf einem Steine (s. Les Satires de Perse par Sinner
S. 30). Doch geschnittene Steine, wird Herr Lessing sagen, ge=
hören zur Bildersprache. Nun so verweise ich ihn auf das
metallene Skelet in dem Kircherschen Museum (s. Ficoroni Gemmas antiq. rarior. t. VIII). Ist er auch hiemit noch nicht
zufrieden, so will ich ihn zum Ueberflusse erinnern, daß bereits
Herr Winkelmann in seinem Versuch der Allegorie S. 81
zweier alten Urnen von Marmor in Rom Meldung gethan, auf
welchen Todtengerippe stehen. Wenn Herrn Lessing meine vielen
Beispiele nicht verdrüßlich machen, so setze ich noch Sponii Miscell. Antiq. Erud. Sect. I. Art. III. hinzu: besonders n. 5. Und
da ich mir einmal die Freiheit genommen, wider ihn einiges zu
erinnern, so muß ich ihn auf die prächtige Sammlung der ge=
malten Gefäße des Herrn Hamilton verweisen, um noch eine
Furie auf einem Gefäße zu erblicken. (Collection of Etruscan,
Grecian and Roman Antiquities from the Cabinet of the Hon.
Wm. Hamilton n. 6)."

Es ist, bei Gott, wohl eine große Freiheit, mir zu wider=
sprechen! Und wer mir widerspricht, hat sich wohl sehr zu be=
kümmern, ob ich verdrüßlich werde, oder nicht!

Allerdings zwar sollte ein Widerspruch, als womit mich Herr
Klotz verfolgt, in die Länge auch den gelassensten, kältesten Mann
verdrüßlich machen. Wenn ich sage: „es ist noch nicht Nacht,"
so sagt Herr Klotz: „aber Mittag ist doch schon längst vorbei."
Wenn ich sage, „sieben und sieben macht nicht funfzehn," so sagt
er: „aber sieben und achte macht doch funfzehn." Und das heißt
er, mir widersprechen, mich widerlegen, mir unverzeihliche Irr=
thümer zeigen!

Ich bitte ihn, einen Augenblick seinen Verstand etwas mehr
als sein Gedächtniß zu Rathe zu ziehen.

Ich habe behauptet, daß die alten Artisten den Tod nicht
als ein Skelet vorgestellt, und ich behaupte es noch. Aber sagen,
daß die alten Artisten den Tod nicht als ein Skelet vorgestellt,
heißt denn dieses von ihnen sagen, daß sie überhaupt kein Skelet
vorgestellt? Ist denn unter diesen beiden Sätzen so ganz und gar
kein Unterschied, daß wer den einen erweiset, auch nothwendig

den andern erwiesen hat? daß wer den einen läugnet, auch nothwendig den andern läugnen muß?

Hier ist ein geschnittener Stein, und da eine marmorne Urne, und dort ein metallenes Bildchen; alle sind ungezweifelt antik, und alle stellen ein Skelet vor. Wohl! Wer weiß das nicht? Wer kann das nicht wissen, dem gesunde Finger und Augen nicht abgehen, sobald er es wissen will? Sollte man in den antiquarischen Werken nicht etwas mehr, als gebildert haben?

Diese antiken Kunstwerke stellen Skelete vor; aber stellen denn diese Skelete den Tod vor? Muß denn ein Skelet schlechterdings den Tod, das personifirte Abstraktum des Todes, die Gottheit des Todes vorstellen? Warum sollte ein Skelet nicht auch bloß ein Skelet vorstellen können? Warum nicht auch etwas anderes?

Untersuchung.

Der Scharfsinn des Herrn Klotz geht weit! — Mehr brauchte ich ihm nicht zu antworten, aber doch will ich mehr thun, als ich brauchte. Da noch andere Gelehrte an den verkehrten Einbildungen des Herrn Klotz mehr oder weniger Theil nehmen, so will ich für diese hier zweierlei beweisen.

Fürs erste: daß die alten Artisten den Tod, die Gottheit des Todes, wirklich unter einem ganz andern Bilde vorstellten, als unter dem Bilde des Skelets.

Fürs zweite: daß die alten Artisten, wenn sie ein Skelet vorstellten, unter diesem Skelete etwas ganz anders meinten, als den Tod, als die Gottheit des Todes.

I. Die alten Artisten stellten den Tod nicht als ein Skelet vor, denn sie stellten ihn nach der Homerischen Idee,[1] als den Zwillingsbruder des Schlafes vor, und stellten beide, den Tod und den Schlaf, mit der Aehnlichkeit unter sich vor, die wir an Zwillingen so natürlich erwarten. Auf einer Kiste von Cedernholz, in dem Tempel der Juno zu Elis, ruhten sie beide als Knaben in den Armen der Nacht. Nur war der eine weiß, der

---

[1] *Il. π.* v. 681. 82.

andere schwarz; jener schlief, dieser schien zu schlafen; beide mit über einander geschlagenen Füßen. [1]

Hier nehme ich einen Satz zu Hülfe, von welchem sich nur wenige Ausnahmen finden dürften. Diesen nämlich, daß die Alten die sinnliche Vorstellung, welche ein idealisches Wesen einmal erhalten hatte, getreulich beibehielten. Denn ob dergleichen Vorstellungen schon willkürlich sind, und ein jeder gleiches Recht hätte, sie so oder anders anzunehmen: so hielten es dennoch die Alten für gut und nothwendig, daß sich der Spätere dieses Rechtes begebe, und dem ersten Erfinder folge. Die Ursache ist klar: ohne diese allgemeine Einförmigkeit ist keine allgemeine Erkenntlichkeit möglich.

Folglich auch jene Aehnlichkeit des Todes mit dem Schlafe von den griechischen Artisten einmal angenommen, wird sie von ihnen, allem Vermuthen nach, auch immer seyn beobachtet worden. Sie zeigte sich unstreitig an den Bildsäulen, welche beide diese Wesen zu Lacedämon hatten, denn sie erinnerten den Pausanias [2] an die Verbrüderung, welche Homer unter ihnen eingeführt.

Welche Aehnlichkeit mit dem Schlafe aber läßt sich im geringsten denken, wenn der Tod als ein bloßes Gerippe ihm zur Seite stand?

„Vielleicht, schrieb Winkelmann, [3] war der Tod bei den Einwohnern von Gades, dem heutigen Cadix, welche unter allen Völkern die einzigen waren, die den Tod verehrten, also gestaltet." — Als Gerippe nämlich.

Doch Winkelmann hatte zu diesem Vielleicht nicht den geringsten Grund. Philostrat [4] sagt bloß von den Gabitanern, „daß sie die einzigen Menschen wären, welche dem Tode Päane „sängen." Er erwähnt nicht einmal einer Bildsäule, geschweige daß er im geringsten vermuthen lasse, diese Bildsäule habe ein Gerippe vorgestellt. Endlich, was würde uns auch hier die Vor-

---

[1] Pausanias Eliac. cap. XVIII. p. 422. Edit. Kuh. Laokoon S. 121.

[2] Laconic. cap. XIX. p. 253.

[3] Allego. S. 83.

[4] Vita Apollo. lib. V. c. 4.

stellung der Gaditaner angehen? Es ist von den symbolischen Bildern der Griechen, nicht der Barbaren die Rede.

Ich erinnere beiläufig, daß ich die angezogenen Worte des Philostrats, $\tau o\nu\ \vartheta\alpha\nu\alpha\tau o\nu\ \mu o\nu o\iota\ \dot\alpha\nu\vartheta\rho\omega\pi\omega\nu\ \pi\alpha\iota\alpha\nu\iota\zeta o\nu\tau\alpha\iota,$ nicht mit Winkelmannen übersetzen möchte, „die Gaditaner wären unter allen Völkern die einzigen gewesen, welche den Tod ver= ehrt." Verehrt sagt von den Gaditanern zu wenig, und ver= neint von den übrigen Völkern zu viel. Selbst bei den Griechen war der Tod nicht ganz ohne Verehrung. Das Besondere der Gaditaner war nur dieses, daß sie die Gottheit des Todes für erbittlich hielten; daß sie glaubten, durch Opfer und Päane seine Strenge mildern, seinen Schluß verzögern zu können. Denn Päane heißen im besonderen Verstande Lieder, die einer Gottheit zur Abwendung irgend eines Uebels gesungen werden. Philostrat scheint auf die Stelle des Aeschylus anzuspielen, wo von dem Tode gesagt wird, daß er der einzige unter den Göttern sey, der keine Geschenke ansehe, der daher keine Altäre habe, dem keine Päane gesungen würden:

$$O\dot\upsilon\delta'\ \dot\epsilon\varsigma\iota\ \beta\omega\mu o\varsigma,\ o\dot\upsilon\delta\epsilon\ \pi\alpha\iota\omega\nu\iota\zeta\epsilon\tau\alpha\iota.\ ---$$

Winkelmann selbst merkt in seinem Versuche über die Alle= gorie bei dem Schlafe an, [1] daß auf einem Grabsteine in dem Palaste Albani der Schlaf als ein junger Genius, auf eine um= gekehrte Fackel sich stützend, nebst seinem Bruder, dem Tode, vorgestellt wären, „und eben so abgebildet fänden sich diese zwei Genii auch an einer Begräbnißurne in dem Collegio Clementino zu Rom." Ich wünschte, er hätte sich dieser Vorstellung bei dem Tode selbst wiederum erinnert. Denn so würden wir die einzig genuine und allgemeine Vorstellung des Todes da nicht vermissen, wo er uns nur mit verschiedenen Allegorieen verschiedener Arten des Sterbens abfindet.

Auch dürfte man wünschen, Winkelmann hätte uns die beiden Denkmäler etwas näher beschrieben. Er sagt nur sehr wenig davon, und das Wenige ist so bestimmt nicht, als es seyn könnte. Der Schlaf stützt sich da auf eine umgekehrte Fackel; aber auch der Tod? und vollkommen eben so? Ist gar kein

[1] S. 76.

Abzeichen zwischen beiden Genien? und welches ist es? Ich wüßte nicht, daß diese Denkmäler sonst bekannt gemacht wären, wo man sich Raths erholen könnte.

Jedoch sie sind, zum Glücke, nicht die einzigen ihrer Art. Winkelmann bemerkte auf ihnen nichts, was sich nicht auch auf mehreren und längst vor ihm bekannten bemerken ließe. Er sah einen jungen Genius mit umgestürzter Fackel und der ausdrück= lichen Ueberschrift Somno; aber auf einem Grabsteine beim Bois= sard [1] erblicken wir die nämliche Figur, und die Ueberschrift Somno Orestilia Filia läßt uns wegen der Deutung derselben eben so wenig ungewiß seyn. Ohne Ueberschrift kömmt sie eben daselbst noch oft vor; ja auf mehr als einem Grabsteine und Sarge kömmt sie doppelt vor. [2] Was kann aber in dieser vollkommen ähnlichen Verdoppelung, wenn das eine Bild der Schlaf ist, das andere wohl schicklicher seyn, als der Zwillings= bruder des Schlafes, der Tod?

Es ist zu verwundern, wie Alterthumsforscher dieses nicht wissen, oder wenn sie es wußten, in ihren Auslegungen anzu= wenden vergessen konnten. Ich will hiervon nur einige Beispiele geben.

Vor allen fällt mir der marmorne Sarg bei, welchen Bel= lori in seinen Admirandis bekannt gemacht, [3] und von dem letzten Schicksale des Menschen erklärt hat. Hier zeigt sich unter andern ein geflügelter Jüngling, der in einer tiefsinnigen Stellung, den linken Fuß über den rechten geschlagen, neben einem Leichname steht, mit seiner Rechten und dem Haupte auf einer umgekehrten Fackel ruht, die auf die Brust des Leichnams gestützt ist, und in der Linken, die um die Fackel herabgreift, einen Kranz mit einem Schmetterlinge hält. [4] Diese Figur, sagt Bellori, sey Amor, welcher die Fackel, das ist, die Affekten auf der Brust des verstorbenen Menschen auslösche. Und ich sage: diese Figur ist der Tod!

Nicht jeder geflügelte Knabe oder Jüngling muß ein Amor

[1] Topograph. Parte III. p. 48.
[2] Parte V. p. 22. 23.
[3] Tab. LXXIX.
[4] Man sehe die Abbildung auf dem Titel.

seyn. Amor und das Heer seiner Brüder hatten diese Bildung mit mehreren geistigen Wesen gemein. Wie manche aus dem Geschlecht der Genien wurden als Knaben vorgestellt! [1] Und was hatte nicht seinen Genius? Jeder Ort; jeder Mensch; jede gesellschaftliche Verbindung des Menschen; jede Beschäftigung des Menschen von der niedrigsten bis zur größten; [2] ja, ich möchte sagen, jedes unbelebte Ding, an dessen Erhaltung gelegen war, hatte seinen Genius. — Wenn dieses, unter andern auch dem Herrn Klotz, nicht eine ganz unbekannte Sache gewesen wäre: so würde er uns sicherlich mit dem größten Theile seiner zuckersüßen Geschichte des Amors aus geschnittenen Steinen [3] verschont haben. Mit den aufmerksamsten Fingern forschte dieser große Gelehrte diesem niedlichen Gotte durch alle Kupferbücher nach; und wo ihm nur ein kleiner nackter Bube vorkam, da schrie er: Amor! Amor! und trug ihn geschwind in seine Rolle ein. Ich wünsche dem viel Geduld, der die Musterung über diese Klotzischen Amors unternehmen will. Alle Augenblicke wird er einen aus dem Gliede stoßen müssen. — Doch davon an einem andern Orte!

Genug, wenn nicht jeder geflügelte Knabe oder Jüngling nothwendig ein Amor seyn muß: so braucht es dieser auf dem Monumente des Bellori am wenigsten zu seyn.

Und kann es schlechterdings nicht seyn! Denn keine allegorische Figur muß mit sich selbst im Widerspruche stehen. In diesem aber würde ein Amor stehen, dessen Werk es wäre, die Affekten in der Brust des Menschen zu verlöschen. Ein solcher Amor ist eben darum kein Amor.

Vielmehr spricht alles, was um und an diesem geflügelten Jünglinge ist, für das Bild des Todes.

Denn wenn es auch nur von dem Schlafe erwiesen wäre, daß ihn die Alten als einen jungen Genius mit Flügeln vorgestellt: so würde auch schon das uns hinlänglich berechtigen, von seinem Zwillingsbruder, dem Tode, ein Gleiches zu vermuthen.

1 Barthius ad Rutilii lib. I. v. 327. p. 121.

2 Idem ibid. p. 128.

3 Ueber den Nutzen und Gebr. der alt. gesch. St. von S. 194 bis 224.

Somni idolum senile fingitur, schrieb Barth auf gut Glück nur
so hin, [1] um seine Interpunction in einer Stelle des Statius
zu rechtfertigen.

> Crimine quo merui, juvenis placidissime divûm,
> Quove errore miser, donis ut solus egerem
> Somne tuis? —

flehte der Dichter zu dem Schlafe; und Barth wollte, daß der
Dichter das juvenis von sich selbst, nicht von dem Schlafe gesagt habe:

> Crimine quo merui juvenis, placidissime divûm etc.

Es sey, weil es zur Noth seyn könnte; aber der Grund ist doch
ganz nichtig. Der Schlaf war bei allen Dichtern eine jugendliche
Gottheit; er liebte eine von den Grazien, und Juno, für einen
wichtigen Dienst, gab ihm diese Grazie zur Ehe. Gleichwohl
sollten ihn die Künstler als einen Greis gebildet haben? Das
wäre von ihnen nicht zu glauben, wenn auch in keinem Denkmale das Gegentheil mehr sichtbar wäre.

Doch nicht der Schlaf bloß, wie wir gesehen, auch noch ein
zweiter Schlaf, der nichts anders als der Tod seyn kann, ist
sowohl auf den unbekanntern Monumenten des Winkelmann,
als auf den bekannteren des Boissard, gleich einem jungen Genius,
mit umgestürzter Fackel zu sehen. Ist der Tod dort ein junger
Genius: warum könnte ein junger Genius hier nicht der Tod
seyn? Und muß er es nicht seyn, da außer der umgestürzten
Fackel auch alle übrige seiner Attribute die schönsten, redendsten
Attribute des Todes sind?

Was kann das Ende des Lebens deutlicher bezeichnen, als
eine verloschene, umgestürzte Fackel? Wenn dort der Schlaf, diese
kurze Unterbrechung des Lebens, sich auf eine solche Fackel stützt:
mit wie viel größerem Rechte darf es der Tod?

Auch die Flügel kommen noch mit größerem Rechte ihm, als
dem Schlafe zu. Denn seine Ueberraschung ist noch plötzlicher,
sein Uebergang noch schneller.

[1] Ad Statium, Silv. V. 4.

— — — Seu me tranquilla Senectus
Expectat, seu Mors atris circumvolat alis:

sagt Horaz. [1]

Und der Kranz in seiner Linken? Es ist der Todtenkranz. Alle Leichen wurden bei Griechen und Römern bekränzt; mit Kränzen ward die Leiche von den hinterlassenen Freunden beworfen; bekränzt wurden Scheiterhaufe und Urne und Grabmal. [2]

Endlich, der Schmetterling über diesem Kranze? Wer weiß nicht, daß der Schmetterling das Bild der Seele und besonders der von dem Leibe geschiedenen Seele vorstellt.

Hierzu kömmt der ganze Stand der Figur, neben einem Leichnam, und gestützt auf diesen Leichnam. Welche Gottheit, welches höhere Wesen könnte und dürfte diesen Stand haben, wenn es nicht der Tod selbst wäre? Ein todter Körper verunreinigte, nach den Begriffen der Alten, alles, was ihm nahe war, und nicht allein die Menschen, welche ihn berührten oder nur sahen, sondern auch die Götter selbst. Der Anblick eines Todten war schlechterdings keinem von ihnen vergönnt.

— — Ἐμοὶ γὰρ οὐ θέμις φθιτοὺς ὁρᾶν·

sagt Diana, bei dem Euripides, [3] zu dem sterbenden Hippolyt. Ja, um diesen Anblick zu vermeiden, mußten sie sich schon entfernen, sobald der Sterbende die letzten Athemzüge that. Denn Diana fährt dort fort:

Οὐδ᾿ ὄμμα χραίνειν θανασίμοισιν ἐκπνοαῖς·
Ὁρῶ δέ σ᾿ ἤδη τοῦδε πλησίον κακοῦ

und hiemit scheidet sie von ihrem Lieblinge. Aus eben diesem Grunde sagt auch Apoll, bei eben dem Dichter, [4] daß er die geliebte Wohnung des Admetus nun verlassen müßte, weil Alceste sich ihrem Ende nahe:

Ἐγὼ δέ, μὴ μίασμα μ᾿ ἐν δόμοις κίχῃ,
Λείπω μελάθρων τῆνδε φιλτάτην ϛέγην.

[1] Lib. II. Sat. 1. v. 57. 58.
[2] Car. Paschalii Coronarum lib. IV. c. 5.
[3] Hippol. v. 1437.
[4] Alc. v. 22. 23.

Ich halte diesen Umstand, daß die Götter sich durch den Anblick eines Todten nicht verunreinigen durften, hier für sehr erheblich. Er ist ein zweiter Grund, warum es Amor nicht seyn kann, der bei dem Leichname steht, und zugleich ein Grund wider alle andere Götter; den einzigen Gott ausgenommen, welcher sich unmöglich durch Erblickung eines Todten verunreinigen konnte, den Tod selbst.

Oder meint man, daß vielleicht doch noch Eine Gottheit hiervon auszunehmen seyn dürfte? Nämlich der eigentliche Genius, der eigentliche Schutzgeist des Menschen. Wäre es denn, könnte man sagen, so etwas ungereimtes, daß der Genius des Menschen trauernd bei dem Körper stünde, durch dessen Erstarrung er sich auf ewig von ihm trennen müssen? Doch wenn das schon nicht ungereimt wäre, so wäre es doch völlig wider die Denkungsart der Alten, nach welcher auch der eigentliche Schutzgeist des Men-schen den völligen Tod desselben nicht abwartete, sondern sich von ihm noch eher trennte, als in ihm die gänzliche Trennung zwischen Seele und Leib geschah. Hiervon zeugen sehr deutliche Stellen; [1] und folglich kann auch dieser Genius der eigentliche Genius des eben verschiednen Menschen nicht seyn, auf dessen Brust er sich mit der Fackel stützt.

Noch darf ich eine Besonderheit in dem Stande desselben nicht mit Stillschweigen übergehen. Ich glaube in ihr die Be-stätigung einer Muthmaßung zu erblicken, die ich an eben der-selben Stelle des Laokoon berührte. [2] Sie hat Widerspruch gefunden, diese Muthmaßung; es mag sich nun zeigen, ob sie ihn zu behalten verdient.

Wenn nämlich Pausanias die gleich Anfangs erwähnte Vor-stellung, auf der Kiste in dem Tempel der Juno zu Elis, beschreibt, wo unter andern eine Frau erscheine, die in ihrer Rechten einen schlafenden weißen Knaben halte, in ihrer Linken aber einen schwarzen Knaben, $\kappa\alpha\vartheta\varepsilon\upsilon\delta\omicron\nu\tau\iota$ $\dot\varepsilon\omicron\iota\kappa\omicron\tau\alpha$, welches eben sowohl heißen kann, der jenem schlafenden Knaben ähnlich sey, als, der zu schlafen scheine: so setzt er hinzu:

---

1 Wonna Exercit. III. de Geniis cap. 2 §. 7.
2 S. 121.

$\dot\alpha\mu\varphi o\tau\varepsilon\varrho ov\varsigma$ $\delta\iota\varepsilon\varsigma\varrho\alpha\mu\mu\varepsilon\nu ov\varsigma$ $\tau ov\varsigma$ $\pi o\delta\alpha\varsigma$. Diese Worte giebt der lateinische Uebersetzer durch: distortis utrinque pedibus; und der französische durch: les pieds contrefaits. Ich fragte: was sollen hier die krummen Füße? wie kommen der Schlaf und der Tod zu diesen ungestalteten Gliedern? was können sie andeuten sollen? Und in der Verlegenheit, mir hierauf zu antworten, schlug ich vor, $\delta\iota\varepsilon\varsigma\varrho\alpha\mu\mu\varepsilon\nu ov\varsigma$ $\tau ov\varsigma$ $\pi o\delta\alpha\varsigma$ nicht durch krumme, sondern durch über einander geschlagene Füße zu über= setzen, weil dieses die gewöhnliche Lage der Schlafenden sey, und der Schlaf auf alten Monumenten nicht anders liege.

Erst wird es, wegen einer Verbesserung, die Sylburg in eben den Worten zu machen müssen glaubte, nöthig seyn, die ganze Stelle in ihrem Zusammenhange anzuführen: $\Pi\varepsilon\pi o\iota\eta\tau\alpha\iota$ $\delta\varepsilon$ $\gamma v\nu\eta$ $\pi\alpha\iota\delta\alpha$ $\lambda\varepsilon v\varkappa o\nu$ $\varkappa\alpha\vartheta\varepsilon v\delta o\nu\tau\alpha$ $\dot\alpha\nu\varepsilon\chi ov\sigma\alpha$ $\tau\eta$ $\delta\varepsilon\xi\iota\alpha$ $\chi\varepsilon\iota\varrho\iota$, $\tau\eta$ $\delta\varepsilon$ $\dot\varepsilon\tau\varepsilon\varrho\alpha$ $\mu\varepsilon\lambda\alpha\nu\alpha$ $\dot\varepsilon\chi\varepsilon\iota$ $\pi\alpha\iota\delta\alpha$ $\varkappa\alpha\vartheta\varepsilon v\delta o\nu\tau\iota$ $\dot\varepsilon o\iota$= $\varkappa o\tau\alpha$, $\dot\alpha\mu\varphi o\tau\varepsilon\varrho ov\varsigma$ $\delta\iota\varepsilon\varsigma\varrho\alpha\mu\mu\varepsilon\nu ov\varsigma$ $\tau ov\varsigma$ $\pi o\delta\alpha\varsigma$. Sylburg fand das $\delta\iota\varepsilon\varsigma\varrho\alpha\mu\mu\varepsilon\nu ov\varsigma$ anstößig, und meinte, daß es besser seyn würde, $\delta\iota\varepsilon\varsigma\varrho\alpha\mu\mu\varepsilon\nu o\nu$ dafür zu lesen, weil $\dot\varepsilon o\iota\varkappa o\tau\alpha$ vor= her gehe, und beides sich auf $\pi\alpha\iota\delta\alpha$ beziehe. [1] Doch diese Ver= änderung würde nicht allein sehr überflüssig, sondern auch ganz falsch seyn. Ueberflüssig: denn warum soll sich nun eben das $\delta\iota\alpha\varsigma\varrho\varepsilon\varphi\varepsilon\sigma\vartheta\alpha\iota$ auf $\pi\alpha\iota\delta\alpha$ beziehen, da es sich eben sowohl auf $\dot\alpha\mu\varphi o\tau\varepsilon\varrho ov\varsigma$ oder $\pi o\delta\alpha\varsigma$ beziehen kann? Falsch: denn sonach würde $\dot\alpha\mu\varphi o\tau\varepsilon\varrho ov\varsigma$ nur zu $\pi o\delta\alpha\varsigma$ gehören können, und man würde übersetzen müssen: krumm an beiden Füßen; da es doch auf das doppelte $\pi\alpha\iota\delta\alpha$ geht, und man übersetzen muß, beide mit krummen Füßen. Wenn anders $\delta\iota\varepsilon\varsigma\varrho\alpha\mu\mu\varepsilon\nu o\varsigma$ hier krumm heißt, und überhaupt krumm heißen kann!

Zwar muß ich gestehen, daß ich damals, als ich den Ort im Laokoon schrieb, schlechterdings keine Auslegung kannte, warum der Schlaf und der Tod mit krummen Füßen sollten seyn ge= bildet worden. Ich habe erst nachher beim Rondel [2] gefun= den, daß die Alten durch die krummen Füße des Schlafes die

---

1 Rectius $\delta\iota\varepsilon\varsigma\varrho\alpha\mu\mu\varepsilon\nu o\nu$, ut antea $\dot\varepsilon o\iota\varkappa o\tau\alpha$, respiciunt enim Ac- cusativum $\pi\alpha\iota\delta\alpha$.

2 Expos. Signi veteris Tolliani p. 294. Fortuitorum Jacobi Tollii.

Ungewißheit und Betrüglichkeit der Träume andeuten wollen. Aber worauf gründet sich dieses Vorgeben? und was wäre es auch damit? Was es erklären sollte, würde es höchstens nur zur Hälfte erklären. Der Tod ist doch wohl ohne Träume, und dennoch hatte der Tod eben so krumme Füße. Denn, wie gesagt, das $\alpha\mu\varphi o\tau\varepsilon\rho ov\varsigma$ muß schlechterdings auf das doppelte vorhergehende $\pi\alpha\iota\delta\alpha$ sich beziehen, sonst würde $\alpha\mu\varphi o\tau\varepsilon\rho ov\varsigma$, zu $\tau ov\varsigma$ $\pi o\delta\alpha\varsigma$ genommen, ein sehr schaler Pleonasmus seyn. Wenn ein Mensch krumme Füße hat, so versteht es sich ja wohl, daß sie beide krumm sind.

Oder sollte wohl jemand auch nur deßwegen sich die Lesart des Sylburg ($\delta\iota\varepsilon\varsigma\rho\alpha\mu\mu\varepsilon vov$ für $\delta\iota\varepsilon\varsigma\rho\alpha\mu\mu\varepsilon vo\varsigma$) gefallen lassen, um die krummen Füße bloß und allein dem Schlafe beilegen zu können? Nun so zeige mir dieser Eigensinnige doch irgend einen antiken Schlaf mit dergleichen Füßen. Es sind sowohl ganz runde als halb erhabene Werke genug übrig, in welchen die Alterthumskundigen einmüthig den Schlaf erkennen. Wo ist ein einziger, an welchem sich krumme Füße auch nur argwohnen ließen?

Was folgt aber hieraus? — Sind die krummen Füße des Todes und des Schlafes ohne alle befriedigende Bedeutung; sind die krummen Füße des letztern in keiner antiken Vorstellung desselben sichtbar: so meine ich, folgt wohl nichts natürlicher, als die Vermuthung, daß es mit diesen krummen Füßen überhaupt eine Grille seyn dürfte. Sie gründen sich auf eine einzige Stelle des Pausanias, auf ein einziges Wort in dieser Stelle, und dieses Wort ist noch dazu eines ganz andern Sinnes fähig!

Denn $\delta\iota\varepsilon\sigma\tau\rho\alpha\mu\mu\varepsilon vo\varsigma$, von $\delta\iota\alpha\sigma\tau\rho\varepsilon\varphi\varepsilon\iota v$, heißt nicht sowohl krumm, verbogen, als nur überhaupt verwandt, aus seiner Richtung gebracht; nicht sowohl tortuosus, distortus, als obliquus, transversus, und $\pi o\delta\varepsilon\varsigma$ $\delta\iota\varepsilon\sigma\tau\rho\alpha\mu\mu\varepsilon vo\iota$ sind also nicht nur eben sowohl durch quer, überzwerch liegende Füße, als durch krumme Füße zu übersetzen; sondern durch jenes sogar noch besser und eigentlicher zu übersetzen, als durch dieses.

Doch daß $\delta\iota\varepsilon\sigma\tau\rho\alpha\mu\mu\varepsilon vo\varsigma$ bloß so übersetzt werden könnte, würde noch wenig entscheiden. Der eigentlichere Sinn ist nicht

immer der wahre. Von größerm, den völligen Ausschlag geben=
dem Gewicht ist also dieses, daß die $\pi o \delta \varepsilon \varsigma \ \delta \iota \varepsilon \sigma \tau \rho \alpha \mu \mu \varepsilon \nu o \iota$,
so übersetzt wie ich sage, durch über einander geschlagen
übersetzt, nicht allein, sowohl bei dem Tode als bei dem Schlafe,
die schönste angemessenste Bedeutung haben, sondern auch häufig
auf alten Denkmälern zu erblicken sind.

Ueber einander geschlagene Füße sind die natürliche Lage,
die der Mensch in einem ruhigen gesunden Schlafe nimmt. Diese
Lage haben die alten Künstler auch einstimmig jeder Person ge=
geben, die sie in einem solchen Schlafe zeigen wollen. So schläft
die vermeinte Cleopatra im Belvedere; so schläft die Nymphe auf
einem alten Monumente beim Boissard; so schläft, oder will eben
entschlafen, der Hermaphrodit des Dioskurides. Es würde sehr
überflüssig seyn, dergleichen Exempel zu häufen. Ich wüßte mich
jetzt nur einer einzigen alten Figur zu erinnern, welche in einer
andern Lage schliefe. — (Dem Herrn Klotz unverwehrt, geschwind
seine Kupferbücher durchzublättern, und mir mehrere zu zeigen!)
— Aber diese einzige Figur ist auch ein trunkener Faun, dem
der gährende Wein keinen ruhigen Schlaf vergönnen darf.[1] Bis
auf die schlafenden Thiere, beobachteten die alten Künstler die
angegebene Lage. Die zwei antiken Löwen, von gelblichem Marmor,
unter den königlichen Alterthümern zu Berlin, schlafen mit über=
einander geschlagenen Vorderfüßen, auf welchen der Kopf ruhet.
Kein Wunder folglich, daß man auch den Schlaf selbst, in dieser
den Schlafenden so gewöhnlichen Lage, von ihnen vorgestellt sieht.
Ich verwies auf den Schlaf beim Maffei,[2] und ich hätte eben
sowohl auf den ähnlichen Marmor des Tollius verweisen können.
Zwei kleinere, ehedem bei dem Connetable Colonna, von jenen
wenig oder nichts unterschieden, erwähnt ebenfalls Maffei.

Ja auch an wachenden Figuren ist die Lage der über ein=
ander geschlagenen Füße das Zeichen der Ruhe. Nicht wenige von
den ganz oder halb liegenden Flußgöttern ruhen so auf ihren
Urnen, und sogar an stehenden Personen ist ein Fuß über den

---

1 Beim Maffei (T. XCIV.), wo man sich über den Geschmack dieses
Auslegers ärgern muß, der eine so unanständige Figur mit aller Ge=
walt zu einem Bacchus machen will.

2 Tabl. CLI.

andern geschlagen, der eigentliche Stand des Verweilens und der
Erholung. Daher erscheinen die Mercure und Faune so manch=
mal in diesem Stande; besonders, wenn wir sie in ihre Flöte,
oder sonst ein erquickendes Spiel, vertieft finden.

Nun wäge man alle diese Wahrscheinlichkeiten gegen die blank
und bloßen Widersprüche ab, mit welchen man meine Auslegung
abfertigen wollen. Der gründlichste ist noch der, der sich von
einem Gelehrten herschreibt, dem ich wichtigere Erinnerungen zu
danken habe. „Die Lessingische Erklärung des $\delta\iota\varepsilon\sigma\tau\rho\alpha\mu\mu\varepsilon\nu o\upsilon\varsigma$
$\tau o\upsilon\varsigma$ $\pi o\delta\alpha\varsigma$," sagt der Verfasser der kritischen Wälder,[1] „scheint
dem Sprachgebrauche zu widersprechen; und wenn es aufs Muth=
maßen ankäme, könnte ich eben so sagen: sie schliefen mit
über einander geschlagenen Füßen, d. i. des einen Fuß
streckte sich über den andern hin, um die Verwandtschaft des
Schlafes und Todes anzuzeigen u. s. w."

Wider den Sprachgebrauch? wie das? Heißt $\delta\iota\varepsilon\sigma\tau\rho\alpha\mu\mu\varepsilon\nu o\varsigma$
etwas anders, als verwandt? und muß denn alles, was ver=
wandt ist, nothwendig krumm seyn? Wie könnte man denn einen
mit übergeschlagenen Füßen auf griechisch richtiger und besser
nennen, als $\delta\iota\varepsilon\sigma\tau\rho\alpha\mu\mu\varepsilon\nu o\nu$ ($\kappa\alpha\tau\alpha$) $\tau o\upsilon\varsigma$ $\pi o\delta\alpha\varsigma$? oder $\delta\iota\varepsilon\sigma$-
$\tau\rho\alpha\mu\mu\varepsilon\nu o\upsilon\varsigma$ $\tau o\upsilon\varsigma$ $\pi o\delta\alpha\varsigma$, mit unter verstandenem $\varepsilon\chi o\nu\tau\alpha$?
Ich wüßte im geringsten nicht, was hier wider die natürliche
Bedeutung der Worte, oder gegen die genuine Construction der
Sprache wäre. Wenn Pausanias hätte krumm sagen wollen,
warum sollte er nicht das gewöhnliche $\sigma\kappa o\lambda\iota o\varsigma$ gebraucht haben?

Muthmaßen hiernächst läßt sich freilich vielerlei. Aber ver=
dient wohl eine Muthmaßung, die nichts als die bloße Möglich=
keit vor sich hat, einer entgegen gesetzt zu werden, der so wenig
zu einer ausgemachten Wahrheit fehlt? Ja, auch kaum die Mög=
lichkeit kann ich jener mir entgegengesetzten Muthmaßung ein=
räumen. Denn der eine Knabe ruhete in dem einen, und der
andere in dem andern Arme der Nacht; folglich wäre die Ver=
schränkung der Füße des einen mit den Füßen des andern
kaum zu begreifen. Endlich die Möglichkeit dieser Verschränkung
auch zugegeben, würde sodann das $\delta\iota\varepsilon\sigma\tau\rho\alpha\mu\mu\varepsilon\nu o\upsilon\varsigma$, welches sie

---

[1] Erstes Wäldchen S. 83.

ausdrücken sollte, nicht ebenfalls etwas ganz anderes heißen, als krumm? Würde diese Bedeutung nicht ebenfalls wider den Sprach= gebrauch seyn? Würde die Muthmaßung meines Gegners also nicht eben der Schwierigkeit ausgesetzt seyn, der er meine aus= gesetzt zu seyn meint, ohne daß sie eine einzige der Empfehlungen hätte, die er dieser nicht absprechen kann?

Nun zurück zu dem Bilde beim Bellori. Wenn aus dem, was ich bisher beigebracht, erwiesen ist, daß die alten Artisten den Schlaf mit über einander geschlagenen Füßen gebildet; wenn es erwiesen ist, daß sie dem Tod eine genaue Aehnlichkeit mit dem Schlafe gegeben: so werden sie, allem Vermuthen nach, auch den Tod mit über einander geschlagenen Füßen vorzustellen nicht unterlassen haben. Und wie, wenn eben dieses Bild beim Bellori ein Beweis davon wäre? Denn wirklich steht es, den einen Fuß über den andern geschlagen; und diese Besonderheit des Standes, glaube ich, kann eben sowohl dienen, die Bedeutung der ganzen Figur zu bestätigen, als die anderweits erwiesene Bedeutung der= selben das Charakteristische dieses besondern Standes festzusetzen hinlänglich seyn dürfte.

Doch es versteht sich, daß ich so geschwind und dreist nicht schließen würde, wenn dieses das einzige alte Monument wäre, auf welchem sich die über einander geschlagenen Füße an dem Bilde des Todes zeigten. Denn nichts würde natür= licher seyn, als mir einzuwenden: „wenn die alten Künstler den Schlaf mit über einander geschlagenen Füßen gebildet haben, so haben sie ihn doch nur als liegend, und wirklich selbst schla= fend so gebildet; von dieser Lage des Schlafes im Schlafe ist also auf seinen stehenden Stand, oder gar auf den stehenden Stand des ihm ähnlichen Todes, wenig oder nichts zu schließen, und es kann ein bloßer Zufall seyn, daß hier einmal der Tod so steht, als man sonst den Schlaf schlafen sieht."

Nur mehrere Monumente, welche eben das zeigen, was ich an der Figur beim Bellori zu sehen glaube, können dieser Ein= wendung vorbauen. Ich eile also, deren so viele anzuführen, als zur Induktion hinreichend sind, und glaube, daß man es für keine bloße überflüssige Auszierung halten wird, einige der vorzüglichsten in Abbildung beigefügt zu finden.

Zuerst also[1] erscheint der oben angeführte Grabstein beim Boissard. Weil die ausdrücklichen Ueberschriften desselben nicht verstatten, uns in der Deutung seiner Figuren zu irren: so kann er gleichsam der Schlüssel zu allen übrigen Denkmälern heißen. Wie aber zeigt sich hier die Figur, welche mit Somno Orestilia Filia überschrieben ist? Als ein nackter Jüngling, einen traurigen

Blick seitwärts zur Erde heftend, mit dem einen Arme auf eine umgekehrte Fackel sich stützend, und den einen Fuß über den andern geschlagen. — Ich darf nicht unerinnert lassen, daß von eben diesem Denkmale sich auch eine Zeichnung unter den Papieren des Pighius in der königlichen Bibliothek zu Berlin befindet, aus welcher Spanheim die einzelne Figur des Schlafes seinem Commentar über den Kallimachus einverleibt hat.[2] Daß es schlechterdings die nämliche Figur des nämlichen Denkmals beim Boissard seyn soll, ist aus der nämlichen Ueberschrift unstreitig. Aber um

1 S. den beigefügten Holzschnitt.
2 Ad ver. 234. Hym. in Delum, p. 524. Edit. Ern.

so viel mehr wird man sich wundern, an beiden so merkliche
Verschiedenheiten zu erblicken. Die schlanke, ausgebildete Gestalt
beim Boissard ist beim Pighius ein fetter stämmiger Knabe;
dieser hat Flügel, und jene hat keine; geringerer Abweichungen,
als in der Wendung des Hauptes, in der Richtung der Arme,
zu geschweigen. Wie diese Abweichungen von Spanheim nicht
bemerkt werden können, ist begreiflich; Spanheim kannte das
Denkmal nur aus den Inschriften des Gruter, wo er die bloßen
Worte ohne alle Zeichnung fand; er wußte nicht, oder erinnerte
sich nicht, daß die Zeichnung bereits beim Boissard vorkomme,
und glaubte also etwas ganz unbekanntes zu liefern, wenn er sie
uns zum Theil aus den Papieren des Pighius mittheilte. Weniger
ist Grävius zu entschuldigen, welcher seiner Ausgabe der Gruter'schen
Inschriften die Zeichnung aus dem Boissard beifügte,[1] und gleich=
wohl den Widerspruch, den diese Zeichnung mit der wörtlichen
Beschreibung des Gruter macht, nicht bemerkte. In dieser ist die
Figur Genius alatus, crinitus, obesus, dormiens, dextra manu
in humerum sinistrum, a quo velum retrorsum dependet,
posita; und in jener erscheint sie, gerade gegenüber, so wie wir
sie hier erblicken, ganz anders: nicht geflügelt, nicht eben von
starken Haaren, nicht fett, nicht schlafend, nicht mit der rechten
Hand auf der linken Schulter. Eine solche Mißhelligkeit ist an=
stößig, und kann nicht anders als Mißtrauen bei dem Leser
erwecken, besonders wann er sich noch dazu nicht einmal davor
gewarnt findet. Sie beweist indeß so viel, daß unmöglich beide
Zeichnungen unmittelbar von dem Denkmale können genommen
seyn; eine derselben muß nothwendig aus dem Gedächtnisse seyn
gemacht worden. Ob dieses die Zeichnung des Pighius oder die
Zeichnung des Boissard sey, kann nur der entscheiden, welcher
das Denkmal selbst damit zu vergleichen Gelegenheit hat. Nach
der Angabe des letztern befand es sich zu Rom in dem Palaste
des Cardinals Cesi. Dieser Palast aber, wenn ich recht unter=
richtet bin, ward in der Plünderung von 1527 gänzlich zerstört.
Verschiedene von den Alterthümern, welche Boissard daselbst sah,
mögen sich jetzt in dem Palaste Farnese befinden; ich vermuthe

---

[1] Pag. CCCIV.

dieses von dem Hermaphrodit, und dem vermeinten Kopfe des Pyrrhus. [1] Andere glaube ich in andern Cabinetten wiedergefunden zu haben; kurz, sie sind verstreut, und es dürfte schwer halten, das Denkmal, wovon die Rede ist, wieder aufzufinden, wenn es noch gar vorhanden ist. Aus bloßen Muthmaßungen möchte ich mich eben so wenig für die Zeichnung des Boissard, als für die Zeichnung des Pighius erklären. Denn wenn es gewiß ist, daß der Schlaf Flügel haben kann: so ist es eben so gewiß, daß er nicht nothwendig Flügel haben muß.

Die zweite Abbildung zeigt das Grabmal einer Clymene, ebenfalls aus dem Boissard entlehnt. [2] Die eine der Figuren darauf

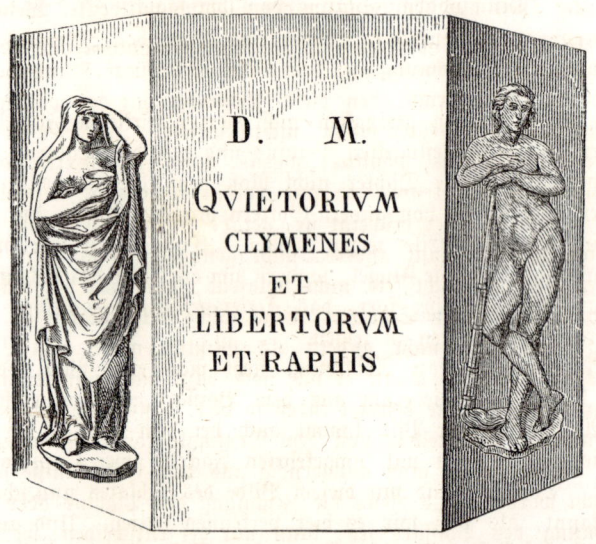

D. M.

QVIETORIVM
CLYMENES
ET
LIBERTORVM
ET RAPHIS

hat mit der eben erwähnten zu viel Aehnlichkeit, als daß diese Aehnlichkeit, und der Ort, den sie einnimmt, uns im geringsten ihretwegen ungewiß lassen könnten. Sie kann nichts anders als

---

1 Hermaphroditus nudus, qui involutum palliolo femur habet. — Caput ingens Pyrrhi regis Epirotarum, galeatum, cristatum, et armato pectore. Topogr. Parte I. p. 4. 5. Winkelmanns Anmerkungen über die Geschichte der Kunst. S. 98.

2 Par. VI. p. 119.

der Schlaf seyn, und auch dieser Schlaf, auf eine umgekehrte Fackel sich stützend, hat den einen Fuß über den andern geschlagen. — Die Flügel übrigens fehlen ihm gleichfalls, und es wäre doch sonderbar, wenn sie Boissard hier zum zweitenmale vergessen hätte. Doch wie gesagt, die Alten werden den Schlaf öfters auch ohne Flügel gebildet haben. Pausanias giebt dem Schlafe in dem Arme der Nacht keine; und weder Ovidius noch Statius legen, in ihren umständlichen Beschreibungen dieses Gottes und seiner Wohnung, ihm deren bei. Brouckhusen hat sich sehr versehen, wenn er vorgiebt, daß der letztere Dichter dem Schlafe sogar zwei Paar Flügel, eines an dem Kopfe und eines an den Füßen, andichte. [1] Denn obschon Statius von ihm sagt:

Ipse quoque et volucrem gressum et ventosa citavit Tempora:

so ist dieses doch im geringsten nicht von natürlichen Flügeln, sondern von dem geflügelten Petasus und von den Talariis zu verstehen, welche die Dichter nicht bloß dem Merkur beilegen, sondern auch häufig von andern Göttern brauchen lassen, die sie uns in besonderer Eile zeigen wollen. Doch es ist mir hier überhaupt nicht um die Flügel, sondern um die Füße des Schlafes zu thun; und ich fahre fort, das $\delta\iota\varepsilon\sigma\tau\rho\alpha\mu\mu\varepsilon\nu\sigma\nu$ derselben in mehreren Monumenten zu zeigen.

Auf der dritten Abbildung sieht man eine Pila, oder einen Sarg, der wiederum aus dem Boissard genommen ist. [2] Die Aufschrift dieser Pila kommt auch bei dem Gruter vor, [3] wo die zwei Genien mit umgekehrten Fackeln zwei Cupidines heißen. Doch wir sind mit diesem Bilde des Schlafes nun schon zu bekannt, als daß wir es hier verkennen sollten. Und auch dieser Schlaf steht beidemal mit dem einen Fuße über den andern geschlagen. Aber warum diese nämliche Figur hier nochmals

---

1 Ad Tibullum Lib. II. Eleg. I. v. 89. Et sic quidem poetæ plerique omnes, videlicet ut alas habuerit hic deus in humeris. Papinius autem, suo quodam jure peculiari, alas ei in pedibus et in capite adfingit, L. 10. Theb. v. 131.

2 Par. V. p. 115.

3 Pag. DCCXII.

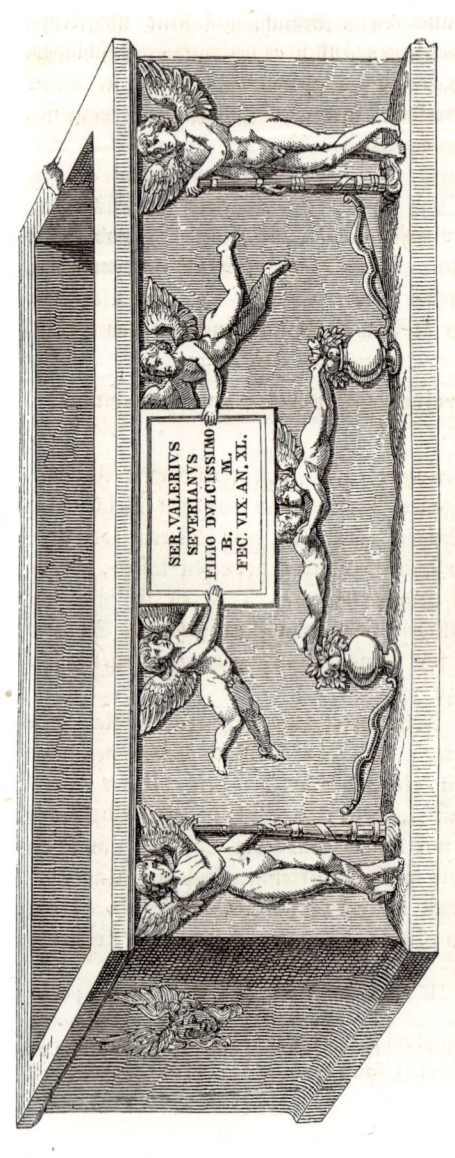

SER. VALERIVS
SEVERIANVS
FILIO DVLCISSIMO
B.
M.
FEC. VIX AN. XL.

wiederholt? Nicht so-
wohl wiederholt, als
vielmehr verdoppelt; um
Bild und Gegenbild zu
zeigen. Beides ist der
Schlaf; das eine der
überhingehende, das an-
dere der lange dauernde
Schlaf; mit einem
Worte, es sind die ähn-
lichen Zwillingsbrüder:
Schlaf und Tod. Ich
darf vermuthen, wie wir
sie hier sehen, so und
nicht anders werden sie
auf den von Winkel-
mann erwähnten Monu-
menten, auf dem Grab-
steine in dem Palaste
Albani, und auf der
Begräbnißurne in dem
Collegium Clementinum
erscheinen. — Man lasse
sich die Bogen, die die-
sen Genien hier zu
Füßen liegen, nicht ir-
ren; sie können eben
sowohl zu den beiden
schwebenden Genien ge-
hören, als zu diesen
stehenden; und ich habe
auf mehr Grabmälern
einen losgespannten,
oder gar zerbrochenen
Bogen, nicht als das
Attribut des Amors,
sondern als ein von

diesem unabhängiges Bild des verbrauchten Lebens überhaupt, gefunden. Wie ein Bogen das Bild einer guten Hausmutter seyn könne, weiß ich zwar nicht; aber doch sagt eine alte Grab=schrift, die Leich aus der ungedruckten Anthologie bekannt ge=macht,[1] daß er es gewesen,

$$Τοξα \ μεν \ αυδασει \ ταν \ ευτονον \ αγετιν \ οικου·$$

und daraus zeigt sich wenigstens, daß er nicht nothwendig das Rüstzeug des Amors seyn muß, und daß er mehr bedeuten kann, als wir zu erklären wissen.

Ich füge die vierte Abbildung hinzu, und auf dieser einen

Grabstein, den Boissard in Rom zu St. Angelo (in Templo Junonis, quod est in foro piscatorio) fand, wo er sich ohne Zweifel auch

---

[1] Sepulc. Car. XIV.

noch finden wird.[1] Hinter einer verschlossenen Thüre steht, auf beiden Seiten, ein geflügelter Genius mit halbem Körper hervorragend, und mit der Hand auf diese verschlossene Thüre zeigend. Die Vorstellung ist zu redend, als daß uns nicht jene domus exilis Plutonia einfallen sollte,[2] aus welcher keine Erlösung zu hoffen; und wer könnten die Thürsteher dieses ewigen Kerkers besser seyn, als Schlaf und Tod? Bei der Stellung und Action, in der wir sie erblicken, braucht sie keine umgestürzte Fackel deutlicher zu bezeichnen; nur den einen über den andern geschlagenen Fuß hat auch ihnen der Künstler gegeben. Aber wie unnatürlich würde hier dieser Stand seyn, wenn er nicht ausdrücklich charakteristisch seyn sollte?

Man glaube nicht, daß dieses die Beispiele alle sind, welche ich für mich anführen könnte. Selbst aus dem Boissard würde ich noch verschiedene hieher ziehen können, wo der Tod, entweder als Schlaf, oder mit dem Schlafe zugleich, den nämlichen Stand der Füße beobachtet.[3] Eine ganze Ernte von Figuren, so wie die auf der ersten Tafel erscheint oder erscheinen sollte, würde mir auch Maffei anbieten.[4] Doch wozu dieser Ueberfluß? Vier dergleichen Denkmäler, das beim Bellori ungerechnet, sind mehr als hinlänglich, die Vermuthung abzuwenden, daß das auch wohl ein bloßer unbedeutender Zufall seyn könne, was eines so nachdenklichen Sinnes fähig ist. Wenigstens wäre ein solcher Zufall der sonderbarste, der sich nur denken ließe! Welch ein Ungefähr, wenn nur von ungefähr in mehr als einem unverdächtigen alten Monumente gewisse Dinge gerade so wären, als ich sage, daß sie nach meiner Auslegung einer gewissen Stelle seyn müßten; oder wenn nur von ungefähr sich diese Stelle gerade so auslegen ließe, als wäre sie in wirklicher Rücksicht auf dergleichen Monumente geschrieben worden. Nein, das Ungefähr ist so übereinstimmend nicht; und ich kann ohne Eitelkeit behaupten, daß folglich meine Erklärung, so sehr es auch nur meine Erklärung ist, so wenig Glaubwürdigkeit ihr auch

---

1 Parte V. p. 22.
2 Tollii Expos. Signi vet. p. 292.
3 Als Part. III. p. 69. und vielleicht auch Part. V. p. 23.
4 Museo Veron. Tab. CXXXIX.

durch mein Ansehen zuwachsen kann, dennoch so vollkommen erwiesen ist, als nur immer etwas von dieser Art erwiesen werden kann.

Ich halte es daher auch kaum der Mühe werth, diese und jene Kleinigkeit noch aus dem Wege zu räumen, die einem Zweifler, der durchaus nicht aufhören will, zu zweifeln, vielleicht einfallen könnte. Z. E. die Zeilen des Tibullus: [1]

Postque venit tacitus fuscis circumdatus alis
Somnus, et incerto somnia vara pede.

Es ist wahr, hier wird ausdrücklich krummbeiniger Träume gedacht. Aber Träume! und wenn die Träume krummbeinig waren: warum mußte es denn auch der Schlaf seyn? Weil er der Vater der Träume war? Eine treffliche Ursache! Und doch ist auch das noch nicht die eigentliche Abfertigung, die sich mir hier anträgt. Denn die eigentliche ist diese: daß das Beiwort vara überhaupt sicherlich nicht vom Tibull ist, daß es nichts als eine eigenmächtige Leseart des Brouckhuysen ist. Vor diesem Commentator lasen alle Ausgaben entweder nigra oder vana. Das letzte ist das wahre; und es zu verwerfen, konnte Brouckhuysen nur die Leichtigkeit, mit Veränderung eines einzigen Buchstaben, seinem Autor einen fremden Gedanken unterzuschieben, verleiten. Aber wenn schon die alten Dichter die Träume öfters auf schwachen, ungewissen Füßen einhergaukeln lassen, nämlich die täuschenden, betrügerischen Träume; folgt denn daraus, daß sie diese schwachen ungewissen Füße sich auch als krumme Füße müssen gedacht haben? Wo liegt denn die Nothwendigkeit, daß schwache Füße auch krumme Füße, oder krumme Füße auch schwache Füße seyn müssen? Dazu waren den Alten ja nicht alle Träume täuschend und betrügerisch; sie glaubten eine Art sehr wahrhafter Träume, und der Schlaf, mit diesen seinen Kindern, war ihnen eben sowohl Futuri certus als pessimus auctor. [2] Folglich konnten auch die krummen Füße, als das Symbol der Ungewißheit, nach ihren Begriffen nicht den Träumen überhaupt, noch weniger dem Schlafe, als dem allgemeinen Vater derselben, zukommen. Und doch,

1 Lib. II. Eleg. 1. v. 89. 90.
2 Seneca Herc. Fur. v. 1070.

gestehe ich, würden alle diese Vernünfteleien bei Seite zu setzen
seyn, wenn Brouckhutysen außer der mißverstandenen Stelle des
Pausanias auch nur sonst eine einzige für die krummen Füße
der Träume und des Schlafes anzuführen gewußt hätte. Was
varus heißt, erklärt er mit zwanzig sehr überflüssigen Stellen;
aber daß varus ein Beiwort des Traumes sey, davon giebt er
keine Beweisstelle, sondern will sie erst machen; und, wie gesagt,
nicht sowohl aus dem einzigen Pausanias, als aus der falschen
Uebersetzung des Pausanias machen. Denn fast lächerlich ist es,
wenn er uns, da er keinen krummbeinigen Schlaf aufbringen
kann, wenigstens einen Genius mit krummen Füßen in einer
Stelle des Persius [1] zeigen will, wo genius weiter nichts heißt
als indoles, und varus weiter nichts als von einander abstehend:

— — Geminos, horoscope, varo
Producis genio. —

Ueberhaupt würde diese Ausschweifung über das $\delta\iota\varepsilon\sigma\tau\varrho\alpha\mu$-
$\mu\varepsilon\nu\upsilon\varsigma$ des Pausanias hier viel zu weitläufig gerathen seyn,
wenn sie mir nicht Gelegenheit gegeben hätten, zugleich mehrere
antike Abbildungen des Todes anzuführen. Denn mag es denn
nun auch mit seinen und seines Bruders übergestellten Füßen
seyn, wie es will; mag man sie doch für charakteristisch halten,
oder nicht: so ist aus den angeführten Denkmälern doch so viel
unstreitig, daß die alten Artisten immer fortgefahren haben, den
Tod nach einer genauen Aehnlichkeit mit dem Schlafe zu bilden;
und nur das war es, was ich eigentlich hier erweisen wollte.

Ja, so sehr ich auch von dem Charakteristischen jener besondern
Fußstellung selbst überzeugt bin, so will ich doch keineswegs be=
haupten, daß schlechterdings kein Bild des Schlafes oder Todes
ohne sie seyn können. Vielmehr kann ich mir den Fall sehr
wohl denken, in welchem eine solche Fußstellung mit der Be=
deutung des Ganzen streiten würde; und ich glaube Beispiele
von diesem Falle anführen zu können. Wenn nämlich der über
den andern geschlagene Fuß das Zeichen der Ruhe ist, so wird
es nur dem bereits erfolgten Tode eigentlich zukommen können;

---

1 Sat. VI. v. 18.

der Tod hingegen, wie er erst erfolgen soll, wird eben darum eine andere Stellung erfordern.

In so einer andern, die Annäherung ausdrückenden Stellung glaube ich ihn auf einer Gemme beim Stephanonius, oder Licetus [1] zu erkennen. Ein geflügelter Genius, welcher in der einen Hand einen Aschenkrug hält, scheint mit der andern eine umgekehrte,

aber noch brennende Fackel ausschleudern zu wollen, und sieht dabei mit einem traurigen Blicke seitwärts auf einen Schmetterling herab, der auf der Erde kriecht. Die gespreizten Beine sollen ihn entweder im Fortschreiten begriffen, oder in derjenigen Stellung zeigen, die der Körper natürlicher Weise nimmt, wenn er den einen Arm mit Nachdruck zurück schleudern will. Ich mag mich mit Widerlegung der höchst gezwungenen Deutungen nicht aufhalten, welche sowohl der erste poetische Erklärer der Stephanonischen Steine, als auch der hieroglyphische Licetus von diesem Bilde gegeben haben. Sie gründen sich sämmtlich auf die Voraussetzung, daß ein geflügelter Knabe nothwendig ein Amor seyn müsse; und so wie sie sich selbst unter einander aufreiben, so fallen sie alle zugleich mit einmal weg, sobald man auf den

[1] Schemate VII. p. 123. Siehe Tab. VII.

Grund jener Voraussetzung geht. Dieser Genius ist also weder Amor, der das Andenken des verstorbenen Freundes in treuem Herzen bewahrt; noch Amor, der sich seiner Liebe entschlägt, aus Verdruß, weil er keine Gegenliebe erhalten kann, sondern dieser Genius ist nichts als der Tod; und zwar der eben bevorstehende Tod, im Begriffe, die Fackel auszuschlagen, auf die, verloschen, ihn wir anderwärts schon gestützt finden.

Dieses Gestus der auszuschleudernden Fackel, als Sinnbild des nahenden Todes, habe ich mich immer erinnert, so oft mir die sogenannten Brüder, Castor und Pollux, in der Villa Ludovisi vor Augen gekommen. [1] Daß es Castor und Pollux nicht sind, hat schon vielen Gelehrten eingeleuchtet; aber ich zweifle, ob del Torre und Maffei der Wahrheit darum näher gekommen. Es sind zwei unbekleidete, sehr ähnliche Genien, beide in einer sanften melancholischen Stellung; der eine schlägt seinen Arm um die Schulter des andern, und dieser hält in jeder Hand eine Fackel; die in der Rechten, welche er seinem Gespielen genommen zu haben scheint, ist er bereit, auf einem zwischen ihnen inne stehenden Altare auszudrücken, indem er die andere, in der Linken, bis über die Schulter zurückgeführt, um sie mit Gewalt auszuschlagen; hinter ihnen steht eine kleinere weibliche Figur, einer Isis nicht unähnlich. Del Torre sahe in diesen Figuren zwei Genien, welche der Isis opferten; aber Maffei wollte sie lieber für den Lucifer und Hesperus gehalten wissen. So gut die Gründe auch seyn mögen, welche Maffei gegen die Deutung des Del Torre beibringt, so unglücklich ist doch sein eigener Einfall. Woher könnte uns Maffei beweisen, daß die Alten den Lucifer und Hesperus als zwei besondere Wesen gebildet? Es waren ihnen nichts als zwei Namen, so wie des nämlichen Sternes, also auch der nämlichen mythischen Person. [2] Es ist schlimm, wenn ein Mann, der die geheimsten Gedanken des Alterthums zu errathen sich getraut, so allgemein bekannte Dinge nicht weiß! Aber um so viel nöthiger dürfte es seyn, auf eine neue Auslegung dieses trefflichen Kunstwerkes zu denken; und

---

[1] Beim Maffei Tab. CXXI.
[2] Hyginus Poet. Astr. Libr. II. cap. 42.

wenn ich den Schlaf und den Tod dazu vorschlage, so will ich doch nichts, als sie dazu vorschlagen. Augenscheinlich ist es, daß ihre Stellung keine Stellung für Opfernde ist; und wenn die eine Fackel das Opfer anzünden soll, was soll denn die andere auf dem Rücken? Daß eine Figur beide Fackeln zugleich auslöscht, würde nach meinem Vorschlage sehr bedeutend seyn; denn eigentlich macht doch der Tod beidem, dem Wachen und dem Schlafen, ein Ende. Auch dürfte, nach eben diesem Vorschlage, die kleinere weibliche Figur nicht unrecht für die Nacht, als die Mutter des Schlafes und des Todes, zu nehmen seyn. Denn wenn der Kalathus auf dem Haupte eine Isis, oder Cybele, als die Mutter aller Dinge kenntlich machen soll: so würde mich es nicht wundern, auch die Nacht, diese

$$— \vartheta\varepsilon\omega\nu\ \gamma\varepsilon\nu\varepsilon\tau\varepsilon\iota\rho\alpha\ — \dot{\eta}\ \delta\varepsilon\ \varkappa\alpha\iota\ \dot{\alpha}\nu\delta\rho\omega\nu,$$

wie sie Orpheus nennt, hier mit dem Kalathus zu erblicken.

Was sich sonst aus der Figur des Stephanonius, mit der beim Bellori verbunden, am zuverlässigsten ergiebt, ist dieses, daß der Aschenkrug, der Schmetterling, und der Kranz diejenigen Attribute sind, durch welche der Tod, wo und wie es nöthig schien, von seinem Ebenbilde, dem Schlafe, unterschieden ward. Das besondere Abzeichen des Schlafes hingegen war unstreitig das Horn.

Und hieraus möchte vielleicht eine ganz besondere Vorstellung auf dem Grabsteine eines gewissen Amemptus, eines Freigelassenen, ich weiß nicht welcher Kaiserin oder kaiserlichen Prinzessin, einiges Licht erhalten. Man sehe die fünfte Abbildung (S. 80). [1] Ein männlicher und weiblicher Centaur, jener auf der Leyer spielend, diese eine doppelte Tibia blasend, tragen beide einen geflügelten Knaben auf ihren Rücken, deren jeder auf einer Querpfeife bläst; unter dem aufgehabenen Vorderfuße des einen Centaur liegt ein Krug, und unter des andern ein Horn. Was kann diese Allegorie sagen sollen? was kann sie hier sagen sollen? Ein Mann zwar, wie Herr Klotz, der seinen Kopf voller Liebesgötter hat, würde mit der Antwort bald fertig seyn. Auch das sind meine Amors! würde er sagen, und der weise Künstler

1 Boissardus Par. III. p. 144.

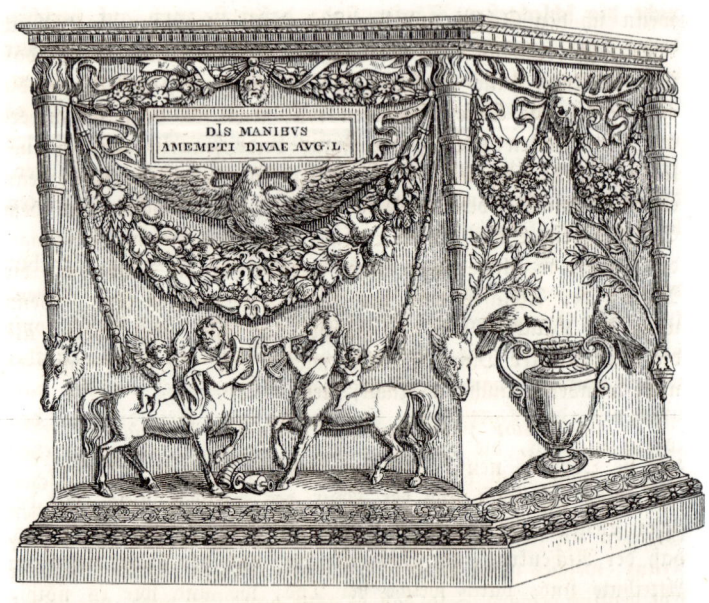

DIS MANIBVS
AMEMPTI DIVAE AVG L

hat auch hier den Triumph der Liebe über die unbändigsten Ge=
schöpfe, und zwar ihren Triumph vermittelst der Musik, vorstellen
wollen! — Ei nun ja; was wäre der Weisheit der alten Künstler
auch würdiger gewesen, als nur immer mit der Liebe zu tändeln;
besonders, wie diese Herren die Liebe kennen! Indeß wäre es
doch möglich, daß einmal auch ein alter Künstler, nach ihrer Art
zu reden, der Liebe und den Grazien weniger geopfert, und hier
bei hundert Meilen an die liebe Liebe nicht gedacht hätte! Es
wäre möglich, daß was ihnen dem Amor so ähnlich sieht, als
ein Tropfen Wasser dem andern, gerade nichts Lustigeres, als
der Schlaf und der Tod seyn sollte.

Sie sind uns beide, in der Gestalt geflügelter Knaben, nicht
mehr fremd; und der Krug auf der Seite des einen, und das
Horn auf der Seite des andern, dünken mich nicht viel weniger
redend, als es ihre buchstäblichen Namen seyn würden. Zwar
weiß ich gar wohl, daß der Krug und das Horn auch nur Trink=
geschirre seyn können, und daß die Centaure in dem Alterthume

nicht die schlechtesten Säufer sind; daher sie auch auf verschie= denen Werken in dem Gefolge des Bacchus erscheinen, oder gar seinen Wagen ziehen. [1] Aber was brauchten sie in dieser Eigen= schaft noch erst durch Attribute bezeichnet zu werden? und ist es nicht, auch für den Ort, weit schicklicher, diesen Krug, und dieses Horn für die Attribute des Schlafes und des Todes zu erklären, die sie nothwendig aus den Händen werfen mußten, um die Flöten behandeln zu können?

Wenn ich aber den Krug oder die Urne als das Attribut des Todes nenne, so will ich nicht bloß den eigentlichen Aschen= krug, das Ossuarium oder Cinerarium, oder wie das Gefäß sonst hieß, in welchem die Ueberreste der verbrannten Körper aufbe= wahrt wurden, darunter verstanden wissen. Ich begreife dar= unter auch die $\Lambda\eta\varkappa\upsilon\vartheta o\upsilon\varsigma$, die Flaschen jeder Art, die man den todten Körpern, die ganz zur Erde bestattet wurden, beizusetzen pflegte, ohne mich darüber einzulassen, was in diesen Flaschen enthalten gewesen. Sonder einer solchen Flasche blieb bei den Griechen ein zu begrabender Leichnam eben so wenig, als sonder Kranz; welches unter andern verschiedene Stellen des Aristophanes sehr deutlich besagen, [2] so daß es ganz begreiflich wird, wie beides ein Attribut des Todes geworden.

[1] Gemme antiche colle sposizioni di P. A. Maffei, Parte III. p. 58.

[2] Besonders in den **Ekklesiazusen,** wo Blepyrus mit seiner Praxagora schilt, daß sie des Nachts heimlich aufgestanden und mit seinen Kleidern ausgegangen sey: (Z. 533—34.)

$\Sigma\chi o\upsilon$ $\varkappa\alpha\tau\alpha\lambda\iota\pi o\upsilon\delta'$ $\ddot{\omega}\delta\pi\varepsilon\varrho\varepsilon\iota$ $\pi\varrho o\varkappa\varepsilon\iota\mu\varepsilon\nu o\nu,$
$M o\nu o\nu$ $o\upsilon$ $\varsigma\varepsilon\varphi\alpha\nu\omega\delta\alpha\delta',$ $o\upsilon\delta'$ $\varepsilon\pi\iota\vartheta\varepsilon\iota\delta\alpha$ $\lambda\eta\varkappa\upsilon\vartheta o\nu.$

Der Scholiast setzt hinzu: $E\iota\omega\vartheta\alpha\delta\iota$ $\gamma\alpha\varrho$ $\varepsilon\pi\iota$ $\nu\varepsilon\varkappa\varrho\omega\nu$ $\tau o\upsilon\tau o$ $\pi o\iota\varepsilon\iota\nu.$ Man vergleiche in dem nämlichen Stücke die Zeilen 1022—27, wo man die griechischen Gebräuche der Leichenbestattung beisammen findet. Daß der= gleichen den Todten beizusetzende Flaschen, $\lambda\eta\varkappa\upsilon\vartheta o\iota,$ bemalt wurden, und daß es eben nicht die größten Meister waren, die sich damit abgaben, erhellt eben daselbst aus Z. 987. 88. Tanaquill Faber scheint geglaubt zu haben, daß es nicht wirkliche bemalte Flaschen gewesen, die man den Todten beigesetzt, sondern daß man nur um sie her dergleichen Flaschen gemalt; denn er merkt bei der letzten Stelle an: Quod autem lecythi mortuis appingerentur, aliunde ex Aristophane innotuit. Ich wünschte, er hätte uns dieses aliunde nachweisen wollen.

Wegen des Hornes, als Attribut des Schlafes, ist noch weniger Zweifel. An unzähligen Stellen gedenken die Dichter dieses Hornes: aus vollem Horne schüttet er seinen Segen über die Augenlieder der Matten,

— — — Illos post vulnera fessos
Exceptamque hiemem, cornu perfuderat omni
Somnus; —

mit geleertem Horne folgt er der weichenden Nacht nach, in seine Grotte,

Et Nox, et cornu fugiebat Somnus inani.

Und so wie ihn die Dichter sahen, bildeten ihn auch die Künstler. [1] Nur das doppelte Horn, womit ihn die ausschweifende Einbildungskraft des Romeyn de Hooghe überladen, kannten weder diese noch jene. [2]

Zugegeben also, daß es der Schlaf und der Tod seyn könnten, die hier auf den Centauren sitzen: was wäre nun der Sinn der Vorstellung zusammen? — Doch wenn ich glücklicher Weise einen Theil errathen hätte: muß ich darum auch das Ganze zu erklären wissen? Vielleicht zwar, daß so tiefe Geheimnisse nicht darunter verborgen liegen. Vielleicht, daß Amemptus ein Tonkünstler war, der sich vornehmlich auf die Instrumente verstand, die wir hier in den Händen dieser unterirdischen Wesen erblicken; denn auch die Centaure hatten bei den spätern Dichtern ihren Aufenthalt vor den Pforten der Hölle,

Centauri in foribus stabulant, —

und es war ganz gewöhnlich, auf dem Grabmale eines Künstlers die Werkzeuge seiner Kunst anzubringen, welches denn hier nicht ohne ein sehr feines Lob geschehen wäre.

Ich kann indeß, von diesem Monumente überhaupt, mich nicht anders als furchtsam ausdrücken. Denn ich sehe mich

---

[1] Servius ad Aeneid. VI. v. 233. Somnum cum cornu novimus pingi. Lutatius apud Barthium ad Thebaid. VI. v. 27. Nam sic a pictoribus simulatur, ut liquidum somnium ex cornu super dormientes videatur effundere.

[2] Denkbilder der alten Völker. S. 193 deut. Uebers.

wiederum wegen der Treue des Boiffard in Verlegenheit. Von dem Boiffard ist die Zeichnung; aber vor ihm hatte schon Smetius die Aufschrift, und zwar mit einer Zeile mehr, [1] bekannt gemacht, und eine wörtliche Beschreibung der darum befindlichen Bilder beigefügt. Inferius, sagt Smetius von den Hauptfiguren, Centauri duo sunt, alter mas, lyncea instratus, lyram tangens, cui Genius alatus, fistula, Germanicæ modernæ simili, canens insidet: alter fœmina, fistulis duabus simul in os insertis canens, cui alter Genius fœmineus alis papillonum, manibus nescio quid concutiens, insidet. Inter utrumque cantharus et cornu Bacchicum projecta jacent. Alles trifft ein; bis auf den Genius, den der weibliche Centaur trägt. Dieser soll, nach dem Smetius, auch weiblichen Geschlechts seyn, und Schmetterlingsflügel haben, und mit den Händen etwas zusammenschlagen. Nach dem Boiffard aber hat er keine andere Flügel, als sein Gespiel; und anstatt der Cymbeln, oder des Crotalum vielleicht, bläst er auf eben dem Instrumente, auf dem jener. — Es ist traurig, solche Widersprüche oft zu bemerken. Sie müssen einem Manne, der nicht gern auf Treibsand bauet, das antiquarische Studium von Zeit zu Zeit sehr zuwider machen.

Zwar würde ich auch sodann, wenn Smetius richtiger gesehen hätte, als Boiffard, meine Erklärung nicht ganz aufgeben dürfen. Denn sodann würde der weibliche Genius mit Schmetterlingsflügeln eine Psyche seyn; und wenn Psyche das Bild der Seele ist: so wäre anstatt des Todes hier die Seele des Todten zu sehen. Auch dieser könnte das Attribut der Urne zukommen, und das Attribut des Hornes würde noch immer den Schlaf bezeichnen.

Ich bilde mir ohnedem ein, den Schlaf noch anderwärts, als auf sepulcralischen Monumenten, und besonders in einer Gesellschaft zu finden, in der man ihn schwerlich vermuthet hätte. Unter dem Gefolge des Bacchus nämlich erscheint nicht selten ein Knabe, oder Genius mit einem Füllhorne, und ich wüßte nicht,

---

[1] Die diejenigen benennt, welche dem Amemptus das Denkmal gesetzt,

LALVS ET CORINTHVS. L.
V. Gruteri Corp. Inscr. p. DCVI. Edit. Græv.

daß noch jemand es auch nur der Mühe werth gehalten hätte, diese Figur näher zu bestimmen. Sie ist z. E. auf dem bekann= ten Steine des Bagarris, jetzt in der Sammlung des Königs von Frankreich, dessen Erklärung Casaubonus zuerst gegeben, von ihm und allen folgenden Auslegern [1] zwar bemerkt worden; aber kein einziger hat mehr davon zu sagen gewußt, als der Augenschein giebt, und ein Genius mit einem Füllhorne ist ein Genius mit einem Füllhorne geblieben. Ich wage es, ihn für den Schlaf zu erklären. Denn, wie erwiesen, der Schlaf ist ein kleiner Genius, das Attribut des Schlafes ist ein Horn; und welchen Begleiter könnte ein trunkner Bacchus lieber wünschen, als den Schlaf? Daß die Paarung des Bacchus mit dem Schlafe den alten Artisten auch gewöhnlich gewesen, zeigen die Gemälde vom Schlafe, mit welchen Statius den Palast des Schlafes ausziert: [2]

Mille intus simulacra dei cælaverat ardens,
Mulciber. Hic hæret lateri redimita Voluptas.
Hic comes in requiem vergens labor. Est ubi Baccho,
Est ubi Martigenæ socium pulvinar amori
Obtinet. Interius tectum in penetralibus altis,
Et cum Morte jacet: nullique ea tristis imago.

Ja, wenn einer alten Inschrift zu trauen, oder vielmehr, wenn diese Inschrift alt genug ist: so wurden sogar Bacchus und der Schlaf als die zwei größten und süßesten Erhalter des mensch= lichen Lebens gemeinschaftlich angebetet. [3]

Es ist hier nicht der Ort, diese Spur schärfer zu verfolgen. Eben so wenig ist es jetzt meine Gelegenheit, mich über meinen eigentlichen Vorwurf weiter zu verbreiten, und nach mehreren Beweisen umher zu schweifen, daß die Alten den Tod als den Schlaf und den Schlaf als den Tod, bald einzeln, bald beisam= men, bald ohne, bald mit gewissen Abzeichen gebildet haben. Die

---

1 S. Lipperts Dakt. I. 366.

2 Thebaid. X. v. 100. Barth hätte nicht so eckel seyn, und diese Zeilen darum zu commentiren unterlassen sollen, weil sie in einigen der besten Handschriften fehlen. Er hat seine Gelehrsamkeit an schlechtere Verse verschwendet.

3 Corp. Inscript. p. LXVII. 8.

angeführten, und wenn auch kein einziger sonst aufzutreiben wäre, erhärten hinlänglich, was sie erhärten sollen, und ich kann ohne Bedenken zu dem zweiten Punkte fortgehen, welcher die Widerlegung des Gegensatzes enthält.

II. Ich sage: die alten Artisten, wenn sie ein Skelet bildeten, meinten damit etwas ganz anderes, als den Tod, als die Gottheit des Todes. Ich beweise also, 1) daß sie nicht den Tod damit meinten, und zeige, 2) was sie sonst damit meinten.

1) Daß sie Skelette gebildet, ist mir nie eingekommen, zu läugnen. Nach den Worten des Herrn Klotz müßte ich es zwar geläugnet haben, und aus dem Grunde geläugnet haben, weil sie überhaupt, häßliche und eckle Gegenstände zu bilden, sich enthalten. Denn er sagt, ich würde die Beispiele davon auf geschnittenen Steinen ohne Zweifel in die Bildersprache verweisen wollen, die sie von jenem höheren Gesetze der Schönheit losgesprochen. Wenn ich das nöthig hätte zu thun, dürfte ich nur hinzusetzen, daß die Figuren auf Grabsteinen und Todtenurnen nicht weniger zur Bildersprache gehörten; und sodann würden von allen seinen angeführten Exempeln nur die zwei metallenen Bilder in dem Kircher'schen Museum und in der Gallerie zu Florenz wider mich übrig bleiben, die doch auch wirklich nicht unter die Kunstwerke, so wie ich das Wort im Laokoon nehme, zu rechnen wären.

Doch wozu diese Feinheiten gegen ihn? Gegen ihn brauche ich, was er mir Schuld giebt, nur schlechtweg zu verneinen. Ich habe nirgends gesagt, daß die alten Artisten keine Skelette gebildet; ich habe bloß gesagt, daß sie den Tod nicht als ein Skelet gebildet. Es ist wahr, ich glaubte an dem echten Alterthume des metallenen Skelets zu Florenz zweifeln zu dürfen; aber ich setzte unmittelbar hinzu: „Den Tod überhaupt kann es wenigstens nicht vorstellen sollen, weil ihn die Alten anders vorstellten." Diesen Zusatz verhält Herr Klotz seinen Lesern, und doch kömmt alles darauf an. Denn er zeigt, daß ich das nicht geradezu läugnen will, woran ich zweifle. Er zeigt, daß meine Meinung nur die gewesen: wenn das benannte Bild, wie Spence behauptet, den Tod vorstellen soll, so ist es nicht antik; und wenn es antik ist, so stellt es nicht den Tod vor.

Ich kannte auch wirklich schon damals mehr Skelette auf alten Werken, und jetzt kenne ich sogar verschiedene mehr, als der unglückliche Fleiß, oder der prahlerische Unfleiß des Herrn Klotz anzuführen vermögend gewesen.

Denn in der That stehen die, die er anführt, bis auf eines, schon alle beim Winkelmann; [1] und daß er diesen auch hier nur ausgeschrieben, ist aus einem Fehler sichtbar, welchen sie beide machen. Winkelmann schreibt: „Ich merke hier an, daß nur auf zwei alten Denkmalen und Urnen von Marmor zu Rom Todtengerippe stehen, die eine ist in der Villa Medicis, die andere in dem Museo des Collegii Romani; ein anderes mit einem Gerippe findet sich beim Spon, und ist nicht mehr zu Rom befindlich." Wegen des ersten dieser Gerippe, welches noch in der Villa Medicis stehe, beruft er sich auf Spons Rech. d'Antiq. p. 93; und wegen des dritten, das nicht mehr in Rom vorhanden sey, auf eben desselben Gelehrten Miscell. ant. p. 7. Allein dieses und jenes beim Spon sind nur eines und das nämliche; und wenn das, welches Spon in seinen Recherches anführt, noch in der Villa Medicis steht, so ist das in seinen Miscellaneis gewiß auch noch in Rom und in der nämlichen Villa auf dem nämlichen Platze zu sehen. Spon zwar, welches ich zugleich erinnern will, sah es nicht in der Villa Medicis, sondern in der Villa Madama. So wenig also Winkelmann die beiden Citate des Spon verglichen haben konnte, eben so wenig kann es Herr Klotz gethan haben, denn sonst würde er mich nicht zum Ueberflusse, wie er sagt, auf die beiden Marmor, die Winkelmann in seinem Versuche über die Allegorie anführt, verweisen, und dennoch gleich darauf auch das Denkmal beim Spon in Rechnung bringen. Eines, wie gesagt, ist hier doppelt gezählt, und das wird er mir erlauben, ihm abzuziehen.

Damit er jedoch über diesen Abzug nicht verdrüßlich werde, so stehen ihm sogleich für das eine abgestrittene Gerippe ein Halbdutzend andere zu Dienste. Es ist Wildbret, das ich eigentlich nicht selbst hege, das nur von ungefähr in meine Gehege übergetreten ist, und mit dem ich daher sehr freigebig bin. Fürs

---

1 Allegorie S. 81.

erste ganzer brei beisammen, habe ich die Ehre, ihm auf einem Steine aus der Daktyliothek des Andreini zu Florenz beim Gori [1] vorzuführen. Das vierte wird ihm eben dieser Gori auf einem alten Marmor, gleichfalls zu Florenz, nachweisen. [2] Das fünfte trifft er, wenn mich meine Kundschaft nicht trügt, beim Fabretti; [3] und das sechste auf dem andern der zwei Stoschischen Steine, von welchen er nur den einen aus den Lippert'schen Abdrücken beibringt. [4]

Welch elendes Studium ist das Studium des Alterthums, wenn das Feine desselben auf solche Kenntnisse ankömmt! wenn der der Gelehrteste darin ist, der solche Armseligkeiten am fertigsten und vollständigsten auf den Fingern herzuzählen weiß!

Aber mich dünkt, daß es eine würdigere Seite hat, dieses Studium. Ein anderes ist der Alterthumskrämer, ein anderes der Alterthumskundige. Jener hat die Scherben, dieser den Geist des Alterthums geerbt. Jener denkt nur kaum mit seinen Augen, dieser sieht auch mit seinen Gedanken. Ehe jener noch sagt, „so war das!" weiß dieser schon, ob es so seyn können.

Man lasse jenen noch siebzig und sieben solcher Kunstgerippe aus seinem Schutte zusammen klauben, um zu beweisen, daß die Alten den Tod als ein Gerippe gebildet; dieser wird über den kurzsichtigen Fleiß die Achsel zucken, und was er sagte, ehe er diese Siebensachen alle kannte, noch sagen: entweder sie sind so alt nicht, als man sie glaubt, oder sie sind das nicht, wofür man sie ausgiebt!

Den Punkt des Alters, es sey als ausgemacht, oder als nicht auszumachend, bei Seite gesetzt: was für Grund hat man, zu sagen, daß diese Skelette den Tod vorstellen?

Weil wir Neueren den Tod als ein Skelet bilden? Wir

---

1 Inscript. antiq. quæ in Etruriae Urbibus exstant. Par. I. p. 455.

2 Ibid. p. 382. — Tabula, in qua sub titulo sculptum est canistrum, binæ corollæ, fœmina coram mensa tripode in lectisternio decumbens, Pluto quadriga vectus animam rapiens, præeunte Mercurio petasato et caduceato, qui rotundam domum intrat, prope quam jacet sceletus.

3 Inscript. cap. I. n. 17 vom Gori am letztern Orte angeführt.

4 Descript. des Pierres gr. p. 517 n. 241.

Neueren bilden, zum Theil noch, den Bacchus als einen fetten
Wanst; war das darum auch die Bildung, die ihm die Alten
gaben? Wenn sich ein Basrelief von der Geburt des Herkules
fände, und wir sähen eine Frau mit kreuzweis eingeschlagenen
Fingern, digitis pectinatim inter se implexis, vor der Thüre
sitzen: wollten wir wohl sagen, diese Frau bete zur Juno Lucina,
damit sie der Alkmene zu einer baldigen und glücklichen Ent=
bindung helfe? Aber wir beten ja so! — Dieser Grund ist so
elend, daß man sich schämen muß, ihn jemanden zu leihen. Zu=
dem bilden auch wir Neueren den Tod nicht einmal als ein
bloßes Skelet; wir geben ihm eine Sense oder so was in die
Hand, und diese Sense macht erst das Skelet zum Tode.

Wenn wir glauben sollen, daß die alten Skelette den Tod
vorstellen: so müssen wir entweder durch die Vorstellung selbst,
oder durch ausdrückliche Zeugnisse alter Schriftsteller davon über=
zeugt werden können. Aber da ist weder dieses, noch jenes.
Selbst nicht das geringste indirecte Zeugniß läßt sich dafür auf=
bringen.

Ich nenne indirecte Zeugnisse die Anspielungen und Ge=
mälde der Dichter. Wo ist der geringste Zug bei irgend einem
römischen oder griechischen Dichter, welcher nur argwohnen lassen
könnte, daß er den Tod als ein Gerippe vorgestellt gefunden, oder
sich selbst gedacht hätte?

Die Gemälde des Todes sind bei den Dichtern häufig, und
nicht selten sehr schrecklich. Es ist der blasse, bleiche, fahle Tod; 1
er streift auf schwarzen Flügeln umher; 2 er führt ein Schwert; 3
er fletscht hungrige Zähne; 4 er reißt einen gierigen Rachen auf; 5
er hat blutige Nägel, mit welchen er seine bestimmten Opfer
zeichnet; 6 seine Gestalt ist so groß und ungeheuer, daß er ein

1 Pallida, lurida Mors.
2 Atris circumvolat alis. Horat. Sat. II. 1. v. 58.
3 Fila sororum ense metit. Statius Theb. I. v. 633.
4 Mors avidis pallida dentibus. Seneca Her. Fur.
5 Avidos oris hiatus pandit. Idem Oedipo.
6 Præcipuos annis animisque cruento ungue notat. Statius
Theb. VIII. v. 380.

ganzes Schlachtfeld überschattet, [1] mit ganzen Städten davon
eilt. [2] Aber wo ist da nur ein Argwohn von einem Gerippe?
In einem von den Trauerspielen des Euripides wird er sogar als
eine handelnde Person mit aufgeführt, und er ist auch da der
traurige, fürchterliche, unerbittliche Tod. Doch auch da ist er weit
entfernt, als ein Gerippe zu erscheinen, ob man schon weiß, daß
die alte Skeuopöie sich kein Bedenken machte, ihre Zuschauer noch
mit weit gräßlicheren Gestalten zu schrecken. Es findet sich keine
Spur, daß er durch mehr als sein schwarzes Gewand [3] und durch
den Stahl bezeichnet gewesen, wodurch er dem Sterbenden das
Haar abschnitt, und ihn so den unterirdischen Göttern weihte; [4]
Flügel hatte er nur vielleicht. [5]

Prallt indeß von diesem Wurfe nicht auch etwas auf mich
selbst zurück? Wenn man mir zugiebt, daß in den Gemälden
der Dichter nichts von einem Gerippe zu sehen: muß ich nicht
hinwieder einräumen, daß sie dem ungeachtet viel zu schrecklich
sind, als daß sie mit jenem Bilde des Todes bestehen könnten,
welches ich den alten Artisten zugerechnet zu haben vermeine?
Wenn aus dem, was in den poetischen Gemälden sich nicht findet,
ein Schluß auf die materiellen Gemälde der Kunst gilt: wird
nicht ein ähnlicher Schluß auch aus dem gelten, was sich in jenen
Gemälden findet?

Ich antworte: Nein; dieser Schluß gilt in dem einen Falle
nicht völlig, wie in dem andern. Die poetischen Gemälde sind
von unendlich weiterem Umfange, als die Gemälde der Kunst;
besonders kann die Kunst, bei Personifirung eines abstrakten
Begriffes, nur bloß das Allgemeine und Wesentliche desselben

---

[1] Fruitur coelo, bellatoremque volando campum operit. Idem
ibid. v. 378.

[2] Captam tenens fert manibus urbem. Idem Th. I. v. 633.

[3] Alcest. v. 843, wo ihn Herkules $A\nu\alpha\varkappa\tau\alpha$ $\tau o\nu$ $\mu\epsilon\lambda\alpha\mu\pi\epsilon\pi\lambda o\nu$
$\nu\epsilon\varkappa\rho\omega\nu$ nennt.

[4] Eben daselbst, Z. 76, 77, wo er von sich selbst sagt:

$$I\epsilon\rho o\varsigma\ \gamma\alpha\rho\ o\upsilon\tau o\varsigma\ \tau\omega\nu\ \varkappa\alpha\tau\alpha\ \chi\vartheta o\nu o\varsigma\ \delta\epsilon\omega\nu,$$
$$O\tau o\nu\ \tau o\delta'\ \epsilon\gamma\chi o\varsigma\ \varkappa\rho\alpha\tau o\varsigma\ \dot{\alpha}\gamma\nu\iota\sigma\epsilon\iota\ \tau\rho\iota\chi\alpha.$$

[5] Wenn anders das $\pi\tau\epsilon\rho\omega\tau o\varsigma\ \dot{\alpha}\delta\alpha\varsigma$ in der 261sten Zeile von ihm
zu verstehen ist.

ausdrücken; auf alle Zufälligkeiten, welche Ausnahmen von diesem
Allgemeinen seyn würden, welche mit diesem Wesentlichen in
Widerspruch stehen würden, muß sie Verzicht thun; denn der=
gleichen Zufälligkeiten des Dinges würden das Ding selbst un=
kenntlich machen, und ihr ist an der Kenntlichkeit zuerst gelegen.
Der Dichter hingegen, der seinen personifirten, abstrakten Begriff
in die Classe handelnder Wesen erhebt, kann ihn gewissermaßen
wider diesen Begriff selbst handeln lassen, und ihn in allen den
Modificationen einführen, die ihm irgend ein einzelner Fall giebt,
ohne daß wir im geringsten die eigentliche Natur desselben darüber
aus den Augen verlieren.

Wenn die Kunst also uns den personifirten Begriff des Todes
kenntlich machen will: durch was muß sie, durch was kann sie
es anders thun, als dadurch, was dem Tode in allen möglichen
Fällen zukömmt? und was ist dieses sonst, als der Zustand der
Ruhe und Unempfindlichkeit? Je mehr Zufälligkeiten sie aus=
drücken wollte, die in einem einzelnen Falle die Idee dieser Ruhe
und Unempfindlichkeit entfernten, desto unkenntlicher müßte noth=
wendig ihr Bild werden, falls sie nicht ihre Zuflucht zu einem
beigesetzten Worte, oder zu sonst einem conventionalen Zeichen,
welches nicht besser als ein Wort ist, nehmen, und sonach, bil=
dende Kunst zu seyn, aufhören will. Das hat der Dichter nicht
zu fürchten. Für ihn hat die Sprache bereits selbst die abstrakten
Begriffe zu selbstständigen Wesen erhoben; und das nämliche
Wort hört nie auf, die nämliche Idee zu erwecken, so viel mit
ihm streitende Zufälligkeiten er auch immer damit verbindet. Er
kann den Tod noch so schmerzlich, noch so fürchterlich und grausam
schildern, wir vergessen darum doch nicht, daß es nur der Tod
ist, und daß ihm eine so gräßliche Gestalt nicht vor sich, sondern
bloß unter dergleichen Umständen zukömmt.

Todt seyn, hat nichts Schreckliches; und in so fern Sterben
nichts als der Schritt zum Todtseyn ist, kann auch das Sterben
nichts Schreckliches haben. Nur so und so sterben, eben jetzt in
dieser Verfassung, nach dieses oder jenes Willen, mit Schimpf
und Marter sterben, kann schrecklich werden und wird schrecklich.
Aber ist es sodann das Sterben, ist es der Tod, welcher das
Schrecken verursachte? Nichts weniger; der Tod ist von allen diesen

Schrecken das erwünschte Ende, und es ist nur der Armuth der Sprache zuzurechnen, wenn sie beide diese Zustände, den Zustand, welcher unvermeidlich in den Tod führt, und den Zustand des Todes selbst mit einem und eben demselben Worte benennt. Ich weiß, daß diese Armuth oft eine Quelle des Pathetischen werden kann, und der Dichter daher seine Rechnung bei ihr findet; aber dennoch verdient diejenige Sprache unstreitig den Vorzug, die ein Pathetisches, das sich auf die Verwirrung so verschiedener Dinge gründet, verschmäht, indem sie dieser Verwirrung selbst durch verschiedene Benennungen vorbaut. Eine solche Sprache scheint die ältere griechische, die Sprache des Homer, gewesen zu seyn. Ein anderes ist dem Homer $K\eta\varrho$, ein anderes $\Theta\alpha\nu\alpha\tau o\varsigma$: denn er würde $\Theta\alpha\nu\alpha\tau o\nu$ $\varkappa\alpha\iota$ $K\eta\varrho\alpha$ nicht so unzähligemal verbunden haben, wenn beide nur eines und ebendasselbe bedeuten sollten. Unter $K\eta\varrho$ versteht er die Nothwendigkeit zu sterben, die öfters traurig werden kann, einen frühzeitigen, gewaltsamen schmähligen, ungelegenen Tod; unter $\Theta\alpha\nu\alpha\tau o\varsigma$ aber den natürlichen Tod, vor dem keine $K\eta\varrho$ vorhergeht, oder den Zustand des Todtseyns ohne alle Rücksicht auf die vorhergegangene $K\eta\varrho$. Auch die Römer machten einen Unterschied zwischen Lethum und Mors.

Emergit late Ditis chorus, horrida Erinnys,
Et Bellona minax, facibusque armata Megæra,
Lethumque, Insidiæque, et lurida Mortis imago:

sagt Petron. Spence meint, er sey schwer zu begreifen, dieser Unterschied; vielleicht aber hätten sie unter Lethum den allgemeinen Samen, oder die Quelle der Sterblichkeit verstanden, dem sie sonach die Hölle zum eigentlichen Sitze angewiesen, unter Mors aber die unmittelbare Ursache einer jeden besondern Aeußerung der Sterblichkeit auf unserer Erde. ¹ Ich, meines Theils,

---

¹ Polymetis, p. 261. The Roman poets sometimes make a distinction between Lethum and Mors, which the poverty of our language will not allow us to express; and which it is even difficult enough to conceive. Perhaps, they meant by Lethum, that general principle or source of mortality, which they supposed to have its proper residence in hell; and by Mors, or Mortes (for they had several of them), the immediate cause of each particular instance of mortality on our earth.

möchte lieber glauben, daß Lethum mehr die Art des Sterbens und Mors den Tod überhaupt ursprünglich bedeuten sollen; denn Statius sagt: [1]

Mille modis lethi miseros Mors una fatigat.

Der Arten des Sterbens sind unendliche: aber es ist nur Ein Tod. Folglich würde Lethum dem griechischen $K\eta\varrho$, und Mors dem $\Theta\alpha\nu\alpha\tau\varsigma$ eigentlich entsprochen haben, unbeschadet, daß in der einen Sprache sowohl, als in der andern, beide Worte mit der Zeit verwechselt, und endlich als völlige Synonyma gebraucht worden.

Indeß will ich mir auch hier einen Gegner denken, der jeden Schritt des Feldes streitig zu machen versteht. Ein solcher könnte sagen: „Ich lasse mir den Unterschied zwischen $K\eta\varrho$ und $\Theta\alpha\nu\alpha\tau\varsigma$ gefallen; aber wenn der Dichter, wenn die Sprache selbst einen schrecklichen Tod und einen nicht schrecklichen unterschieden haben: warum könnte nicht auch die Kunst ein dergleichen doppeltes Bild für den Tod gehabt haben, und haben dürfen? Das minder schreckliche Bild mag der Genius, der sich auf die umgekehrte Fackel stützt, mit seinen übrigen Attributen gewesen seyn; aber sonach war dieser Genius nur $\Theta\alpha\nu\alpha\tau\varsigma$. Wie steht es mit dem Bilde der $K\eta\varrho$? Wenn dieses schrecklich seyn müssen: so ist dieses vielleicht ein Gerippe gewesen, und es bliebe uns noch immer vergönnt zu sagen, daß die Alten den Tod, nämlich den gewaltsamen Tod, für den es unserer Sprache an einem besonderen Worte mangelt, als ein Gerippe gebildet haben."

Und allerdings ist es wahr, daß auch die alten Künstler die Abstraktion des Todes von den Schrecknissen, die vor ihm hergehen, angenommen, und diese unter dem besonderen Bilde der $K\eta\varrho$ vorgestellt haben. Aber wie hätten sie zu dieser Vorstellung etwas wählen können, was erst spät auf den Tod folgt? Das Gerippe wäre so unschicklich dazu gewesen, als möglich. Wen dieser Schluß nicht befriedigt, der sehe das Factum! Pausanias hat uns zum Glück die Gestalt aufbehalten, unter welcher die $K\eta\varrho$ vorgestellt wurde. Sie erschien als ein Weib mit gräulichen Zähnen und mit krummen Nägeln, gleich einem reißenden

1 Thebaid. IX. v. 280.

Thiere. So stand sie auf eben der Kiste des Cypselus, auf welcher Schlaf und Tod in den Armen der Nacht ruhten, hinter dem Polynices, indem ihn sein Bruder Eteokles anfällt: $Tov\ \Pi o\text{-}\lambda v v \varepsilon \iota \varkappa o v \varsigma\ \delta \varepsilon\ \dot{o}\pi \iota \sigma \vartheta \varepsilon v\ \dot{\varepsilon}\varsigma \eta \varkappa \varepsilon v\ \dot{o}\delta o v \tau \alpha \varsigma\ \tau \varepsilon\ \dot{\varepsilon}\chi o v \sigma \alpha\ o\dot{v}\delta \varepsilon v\ \dot{\eta}\mu \varepsilon \rho \omega \tau \varepsilon \rho o v \varsigma\ \vartheta \eta \rho \iota o v,\ \varkappa \alpha \iota\ o\iota\ \varkappa \alpha \iota\ \tau \omega v\ \chi \varepsilon \iota \rho \omega v\ \dot{\varepsilon}\iota \sigma \iota v\ \dot{\varepsilon}\pi \iota \text{-} \varkappa \alpha \mu \pi \varepsilon \iota \varsigma\ o\iota\ o v v \chi \varepsilon \varsigma\cdot\ \dot{\varepsilon}\pi \iota \gamma \rho \alpha \mu \mu \alpha\ \delta \varepsilon\ \dot{\varepsilon}\pi'\ \alpha \dot{v}\tau \eta\ \dot{\varepsilon}\iota v \alpha \iota\ \varphi \alpha \sigma \iota\ K \eta \rho \alpha.$ [1] Vor dem $\dot{\varepsilon}\varsigma \eta \varkappa \varepsilon v$ scheint ein Substantivum in dem Texte zu fehlen; aber es wäre eine bloße Chicane, wenn man zweifeln wollte, daß es ein anderes als $\Gamma v v \eta$ seyn könne. Wenigstens kann es $\Sigma \varkappa \varepsilon \lambda \varepsilon \tau o \varsigma$ doch nicht seyn, und das ist mir genug.

Schon ehemals hatte Herr Klotz dieses Bild der $K \eta \rho$ gegen meine Behauptung von dem Bilde des Todes bei den Alten brauchen wollen, [2] und nun weiß er, was ich ihm hätte antworten können. $K \eta \rho$ ist nicht der Tod, und es ist bloße Armuth derjenigen Sprache, die es durch eine Umschreibung, mit Zuziehung des Wortes Tod, geben muß; ein so verschiedener Begriff sollte in allen Sprachen ein eigenes Wort haben. Und doch hätte Hr. Klotz auch den Kuhnius nicht loben sollen, daß er $K \eta \rho$ durch Mors fatalis übersetzt habe. Genauer und richtiger würde Fatum mortale, mortiferum, gewesen seyn, denn beim Suidas wird $K \eta \rho$ durch $\vartheta \alpha v \alpha \tau \eta \varphi o \rho o \varsigma\ \mu o \iota \rho \alpha$, nicht durch $\Theta \alpha v \alpha \tau o \varsigma\ \pi \varepsilon \pi \rho \omega \mu \varepsilon v o \varsigma$ erklärt.

Endlich will ich an den Euphemismus der Alten erinnern, an ihre Zärtlichkeit, diejenigen Worte, welche unmittelbar eine eckle, traurige, gräßliche Idee erwecken, mit minder auffallenden zu verwechseln. Wenn sie diesem Euphemismus zu Folge nicht gern geradezu sagten: „er ist gestorben," sondern lieber, „er hat gelebt, er ist gewesen, er ist zu den Mehreren abgegangen," [3]

---

1 Libr. V. cap. 19. p. 425. Edit. Kuh.

2 Act. Litt. Vol. III. Parte III. p. 288. Consideremus quasdam figuras arcæ Cypseli in templo Olympico insculptas. Inter eas apparet $\gamma v v \eta\ \dot{o}\delta o v \tau \alpha \varsigma\ \varkappa.\ \tau.\ \lambda.$ — Verbum $K \eta \rho \alpha$ recte explicat Kuhnius mortem fatalem, eoque loco refutari posse videtur Auctoris opinio de minus terribili forma morti ab antiquis tributa, cui sententiæ etiam alia monimenta adversari videntur.

3 Gattakerus de novi Instrumenti stylo cap. XIX.

und dergleichen; wenn eine der Ursachen dieser Zärtlichkeit, die so viel als mögliche Vermeidung alles Ominösen war: so ist kein Zweifel, daß auch die Künstler ihre Sprache zu diesem gelinderen Tone werden herabgestimmt haben. Auch sie werden den Tod nicht unter einem Bilde vorgestellt haben, bei welchem einem jeden unvermeidlich alle die eckeln Begriffe von Moder und Ver= wesung einschießen, nicht unter dem Bilde des häßlichen Gerippes; denn auch in ihren Compositionen hätte der unvermuthete Anblick eines solchen Bildes eben so ominös werden können, als die unvermuthete Vernehmung des eigentlichen Wortes. Auch sie werden dafür lieber ein Bild gewählt haben, welches uns auf das, was es anzeigen soll, durch einen anmuthigen Umweg führt; und welches Bild könnte hierzu dienlicher seyn, als das= jenige, dessen symbolischen Ausdruck die Sprache selbst sich für die Benennung des Todes so gern gefallen läßt, das Bild des Schlafes?

— — Nullique ea tristis imago!

Doch so wie der Euphemismus die Wörter, die er mit sanftern vertauscht, darum nicht aus der Sprache verbannt, nicht schlechterdings aus allem Gebrauche setzt; so wie er vielmehr eben diese widrigen und jetzt daher vermiedenen Wörter bei einer noch gräulicheren Gelegenheit, als die minder beleidigenden, vorsucht; so wie er z. E., wenn er von dem, der ruhig gestorben ist, sagt, daß er nicht mehr lebe, von dem, der unter den schreck= lichsten Martern ermordet worden, sagen würde, daß er gestorben sey; eben so wird auch die Kunst diejenigen Bilder, durch welche sie den Tod andeuten könnte, aber wegen ihrer Gräßlichkeit nicht andeuten mag, darum nicht gänzlich aus ihrem Gebiete ver= weisen, sondern sie vielmehr auf Fälle versparen, in welchen sie hinwiederum die gefälligeren, oder wohl gar die einzig brauch= baren sind.

Also: 2) da es erwiesen ist, daß die Alten den Tod nicht als ein Gerippe gebildet; da sich gleichwohl auf alten Denkmälern Gerippe zeigen: was sollen sie denn seyn, diese Gerippe?

Ohne Umschweif; diese Gerippe sind Larvæ: und das nicht sowohl in so fern, als Larva selbst nichts anderes als ein

Gerippe heißt, sondern in so fern, als unter Larvæ eine Art abgeschiedener Seelen verstanden wurden.

Die gemeine Pneumatologie der Alten war diese. Nach den Göttern glaubten sie ein unendliches Geschlecht erschaffener Geister, die sie Dämones nannten. Zu diesen Dämonen rechneten sie auch die abgeschiedenen Seelen der Menschen, die sie unter dem allgemeinen Namen Lemures begriffen, und deren nicht wohl anders als eine zweifache Art seyn konnte. Abgeschiedene Seelen guter, abgeschiedene Seelen böser Menschen. Die guten wurden ruhige, selige Hausgötter ihrer Nachkommenschaft, und hießen Lares. Die bösen, zur Strafe ihrer Verbrechen, irrten unstät und flüchtig auf der Erde umher, den Frommen ein leeres, den Ruchlosen ein verderbliches Schrecken, und hießen Larvæ. In der Ungewißheit, ob die abgeschiedene Seele der ersten oder zweiten Art sey, galt das Wort Manes. 1

Und solche Larvæ, sage ich, solche abgeschiedene Seelen böser Menschen wurden als Gerippe gebildet. — Ich bin überzeugt, daß diese Anmerkung von Seiten der Kunst neu ist, und von keinem Antiquare zu Auslegung alter Denkmäler noch gebraucht worden. Man wird sie also bewiesen zu sehen verlangen, und es dürfte wohl nicht genug seyn, wenn ich mich deßfalls auf eine Glosse des Henr. Stephanus berufte, nach welcher in einem alten Epigramm οἱ Σκελετοι durch Manes zu erklären sind. Aber was diese Glosse nur etwa dürfte vermuthen lassen, werden folgende Worte außer Zweifel setzen. **Nemo tam puer est,** sagt

---

1 Apuleius de Deo Socratis (p. 110. Edit. Bas. per Hen. Petri). Est et secundo signatu species dæmonum, animus humanus exutus et liber, stipendiis vitæ corpore suo abjuratis. Hunc vetere Latina lingua reperio Lemurem dictitatum. Ex hisce ergo Lemuribus, qui posterorum suorum curam sortitus, pacato et quieto numine domum possidet, Lar dicitur familiaris. Qui vero propter adversa vitæ merita, nullis bonis sedibus incerta vagatione, ceu quodam exilio punitur, inane terriculamentum bonis hominibus, cæterum noxium malis, hunc plerique Larvam perhibent. Cum vero incertum est quæ cuique sortitio evenerit, utrum Lar sit an Larva, nomine Manium deum nuncupant, et honoris gratia Dei vocabulum additum est.

Seneca, [1] ut Cerberum timeat, et tenebras, et Larvarum habitum nudis ossibus cohærentium. Oder, wie es unser alter ehrlicher und wirklich deutscher Michael Herr übersetzt: „Es ist niemants so kindisch, der den Cerberus förcht, die Finsterniß und die tobten Gespenst, da nichts dann die leidigen Bein an einander hangen." [2] Wie könnte man ein Gerippe, ein Skelet deutlicher bezeichnen, als durch das nudis ossibus cohærens? Wie könnte man es geradezu bekräftigt wünschen, daß die Alten ihre spukenden Geister als Gerippe zu denken und zu bilden gewohnt gewesen?

Wenn eine dergleichen Anmerkung einen natürlicheren Aufschluß für mißverstandene Vorstellungen gewährt, so ist es unstreitig ein neuer Beweis ihrer Richtigkeit. Nur Ein Gerippe auf einem alten Denkmale könnte freilich der Tod seyn, wenn es nicht aus anderweitigen Gründen erwiesen wäre, daß er so nicht gebildet worden. Aber wie, wo mehrere solche Gerippe erscheinen? Darf man sagen, so wie der Dichter mehrere Tode kenne,

Stant Furiæ circum, variæque ex ordine Mortes:

so müsse es auch dem Künstler vergönnt seyn, verschiedene Arten des Todes jede in einen besonderen Tod auszubilden? Und wenn auch dann noch eine solche Composition verschiedener Gerippe keinen gesunden Sinn giebt? Ich habe oben [3] eines Steines beim Gori gedacht, auf welchem drei Gerippe zu sehen: das eine fährt auf einer Biga, mit grimmigen Thieren bespannt, über ein anderes, das zur Erde liegt, daher, und droht ein drittes, das vorsteht, gleichfalls zu überfahren. Gori nennt diese Vorstellung den Triumph des Todes über den Tod. Worte ohne Sinn! Aber zum Glück ist dieser Stein von schlechter Arbeit und mit einer griechisch scheinenden Schrift vollgefüllt, die

---

1 Epist. XXIV.

2 Sittliche Zuchtbücher des hochberühmten Philosophen Seneca. Straßburg 1536, in Folio. Ein späterer Uebersetzer des Seneca, Conrad Fuchs (Frankf. 1620), giebt die Worte: et Larvarum habitum nudis ossibus cohærentium, durch „und der Todten gebeinichte Companey." Fein zierlich und toll!

3 S. 87.

keinen Verstand macht. Gori erklärt ihn also für das Werk eines Gnostikers; und es ist von jeher erlaubt gewesen, auf Rechnung dieser Leute so viel Ungereimtheiten zu sagen, als man nur immer nicht zu erweisen Lust hat. Anstatt den Tod über sich selbst, oder über ein Paar neidische Mitbewerber um seine Herrschaft da triumphiren zu sehen, sehe ich nichts als ab= geschiedene Seelen, als Larven, die noch in jenem Leben einer Beschäftigung nachhängen, die ihnen hier so angenehm gewesen. Daß dieses erfolge, war eine allgemein angenommene Meinung bei den Alten; und Virgil hat unter den Beispielen, die er davon giebt, der Liebe zu den Rennspielen nicht vergessen: [1]

— — — quæ gratia currûm
Armorumque fuit vivis, quæ cura nitentes
Pascere equos, eadem sequitur tellure repostos.

Daher auf den Grabmälern und Urnen und Särgen nichts häufiger, als Genien, die

— aliquas artes, antiquæ imitamina vitæ,

ausüben; und in eben dem Werke des Gori, in welchem er diesen Stein mitgetheilt, kömmt ein Marmor vor, von welchem der Stein gleichsam nur die Carikatur heißen könnte. Die Gerippe, die auf dem Steine fahren und überfahren werden, sind auf dem Marmor Genien.

Wenn denn aber die Alten sich die Larven, d. i. die ab= geschiedenen Seelen böser Menschen nicht anders als Gerippe dachten: so war es ja wohl natürlich, daß endlich jedes Gerippe, wenn es auch nur das Werk der Kunst war, den Namen Larva bekam. Larva hieß also auch dasjenige Gerippe, welches bei feierlichen Gastmahlen mit auf der Tafel erschien, um zu einem desto eilfertigeren Genuß des Lebens zu ermuntern. Die Stelle des Petrons von einem solchen Gerippe ist bekannt; [2] aber der

---

1 Aeneid. VI. v. 653.

2 Potantibus ergo, et accuratissimas nobis lautitias mirantibus, larvam argenteam attulit servus sic aptatam, ut articuli ejus verte- bræque laxatæ in omnem partem verterentur. Hanc quum super mensam semel iterumque abjecisset, et catenatio mobilis aliquot figuras exprimeret Trimalcio adjecit:

Schluß wäre sehr übereilt, den man für das Bild des Todes daraus ziehen wollte. Weil sich die Alten an einem Gerippe des Todes erinnerten, war darum ein Gerippe das angenommene Bild des Todes? Der Spruch, den Trimalcio dabei sagte, unterscheidet vielmehr das Gerippe und den Tod ausdrücklich:

Sic erimus cuncti, postquam nos auferet Orcus.

Das heißt nicht: bald wird uns dieser fortschleppen! in dieser Gestalt wird der Tod uns abfordern! Sondern: das müssen wir alle werden; solche Gerippe werden wir alle, wenn der Tod uns einmal abgefordert hat. —

Und so glaube ich auf alle Weise erwiesen zu haben, was ich zu erweisen versprochen. Aber noch liegt mir daran, zu zeigen, daß ich nicht bloß gegen Herrn Klotzen mir diese Mühe genommen. Nur Herrn Klotzen zurechte weisen, dürfte den meisten Lesern eine eben so leichte, als unnütze Beschäftigung scheinen. Ein anderes ist es, wenn er mit der ganzen Heerde irrt. Sodann ist es nicht das hinterste nachblöckende Schaf, sondern die Heerde, die den Hirten oder den Hund in Bewegung setzt.

Prüfung.

Ich werfe also einen Blick auf bessere Gelehrte, die, wie gesagt, an den verkehrten Einbildungen des Herrn Klotz mehr oder weniger Theil nehmen, und fange bei dem Manne an, der Herrn Klotzen alles in allem ist: bei seinem verewigten Freunde, dem Grafen Caylus. — Was für schöne Seelen, die jeden, mit dem sie in einer Entfernung von hundert Meilen ein paar Complimente gewechselt, stracks für ihren Freund erklären! Schade nur, daß man eben so leicht ihr Feind werden kann!

Unter den Gemälden, welche der Graf Caylus den Künstlern aus dem Homer empfahl, war auch das vom Apoll, wie er den

Heu, heu, nos miseros, quam totus homuncio nil est!
Sic erimus cuncti, postquam nos auferet Orcus.
Ergo vivamus, dum licet esse bene.
(Edit. Mich. Hadr. p. 115.)

gereinigten und balsamirten Leichnam des Sarpedon dem Tode und dem Schlafe übergiebt. [1] „Es ist nur verdrüßlich," sagt der Graf, „daß Homer sich nicht auf die Attribute eingelassen, die man zu seiner Zeit dem Schlafe ertheilte. Wir kennen, diesen Gott zu bezeichnen, nur seine Handlung selbst, und krönen ihn mit Mohn. Diese Ideen sind neu, und die erste, welche überhaupt von geringem Nutzen ist, kann in dem gegenwärtigen Falle gar nicht gebraucht werden, in welchem mir selbst die Blumen ganz unschicklich vorkommen, besonders für eine Figur, die mit dem Tode gruppiren soll." [2] Ich wiederhole hier nicht, was ich gegen den kleinen Geschmack des Grafen, der von dem Homer verlangen konnte, daß er seine geistigen Wesen mit den Attributen der Künstler ausstaffiren sollen, im Laokoon erinnert habe. Ich will hier nur anmerken, wie wenig er diese Attribute selbst gekannt, und wie unerfahren er in den eigentlichen Vorstellungen beides des Schlafes und des Todes gewesen. Fürs erste erhellet aus seinen Worten unwidersprechlich, daß er geglaubt, der Tod könne und müsse schlechterdings nicht anders als ein Gerippe vorgestellt werden. Denn sonst würde er von dem Bilde desselben nicht gänzlich, als von einer Sache, die sich von selbst versteht, geschwiegen haben; noch weniger würde er sich geäußert haben, daß eine mit Blumen gekrönte Figur mit der Figur des Todes nicht wohl gruppiren möchte. Diese Besorgniß konnte nur daher kommen, weil er sich von der Aehnlichkeit beider Figuren nie etwas träumen lassen; weil er den Schlaf als einen sanften Genius, und den Tod als ein eckles Ungeheuer sich dachte. Hätte er gewußt, daß der Tod ein eben so sanfter Genius seyn könne, so würde er seinen Künstler dessen gewiß erinnert, und mit ihm nur noch überlegt haben, ob es gut sey, diesen ähnlichen Genien ein Abzeichen zu geben, und welches wohl das schicklichste seyn könne. Aber er kannte, fürs zweite, auch nicht einmal den Schlaf, wie er ihn hätte kennen sollen. Es ist ein wenig viel Unwissenheit, zu sagen, daß wir diesen Gott, außer seiner Handlung, nur durch die leidigen Mohnblumen kenntlich machen

---

1 Iliad. π. v. 681.

2 Tableaux tirés de l'Iliade. etc.

könnten. Er merkt zwar richtig an, daß beide diese Kennzeichen neu wären; aber welches denn nun die alten genuinen Kennzeichen gewesen, sagt er nicht bloß nicht, sondern er läugnet auch geradezu, daß uns deren überliefert worden. Er wußte also nichts von dem Horne, das die Dichter dem Schlafe so häufig beilegen, und mit dem er, nach dem ausdrücklichen Zeugnisse des Servius und Lutatius, auch gemalt wurde! Er wußte nichts von der umgestürzten Fackel; er wußte nicht, daß eine Figur mit dieser umgestürzten Fackel aus dem Alterthume vorhanden sey, welche nicht eine bloße Muthmaßung, welche die eigene ungezweifelte Ueberschrift für den Schlaf erkläre; er hatte diese Figur weder beim Boissard, noch Gruter, noch Spanheim, noch Beger, noch Brouckhuysen [1] gefunden, und überall nichts von ihr in Erfahrung gebracht. Nun denke man sich das Homerische Gemälde, so wie er es haben wollte, mit einem Schlafe, als ob es der aufgeweckte Schlaf des Algardi wäre; mit einem Tode, ein klein wenig artiger, als er in den deutschen Todtentänzen herumspringt. Was ist hier alt, was griechisch, was homerisch? Was ist nicht galant, und gothisch, und französisch? Würde sich dieses Gemälde des Caylus zu dem Gemälde, wie es sich Homer denken mußte, nicht eben verhalten, als Hudarts Uebersetzung zu dem Originale? Gleichwohl wäre nur der Rathgeber des Künstlers Schuld, wenn dieser so eckel und abenteuerlich modern würde, wo er sich, in dem wahren Geiste des Alterthums, so simpel und fruchtbar, so anmuthig und bedeutend zeigen könnte. Wie sehr müßte es ihn reizen, an zwei so vortheilhaften Figuren, als geflügelte Genien sind, alle seine Fähigkeit zu zeigen, das Aehnliche verschieden, und das Verschiedene ähnlich zu machen! Gleich an Wuchs, und Bildung, und Miene: an Farbe und Fleisch so ungleich, als es ihm der allgemeine Ton seines Colorits nur immer erlauben will. Denn nach dem

---

1 Brouckhuysen hat sie, aus dem Spanheim, seinem Tibull einverleibt. Beger aber, welches ich oben (S. 293) mit hätte anmerken sollen, hat das ganze Monument, von welchem diese einzelne Figur genommen, gleichfalls aus den Papieren des Pighius, in seinem Spicilegio Antiquitatis p. 106 bekannt gemacht. Beger gedenkt dabei so wenig Spanheims, als Spanheim Begers.

Pausanias war der eine dieser Zwillingsbrüder schwarz, der andere weiß. Ich sage, der eine und der andere, weil es aus den Worten des Pausanias nicht eigentlich erhellt, welches der schwarze, oder welches der weiße gewesen. Und ob ich es schon dem Künstler jetzt nicht verdenken würde, welcher den Tod zu dem schwarzen machen wollte, so möchte ich ihn darum doch nicht einer ganz ungezweifelten Uebereinstimmung mit dem Alterthume versichern. Nonnus wenigstens läßt den Schlaf $\mu\epsilon\lambda\alpha\nu o\chi\rho o o\nu$ nennen, wenn sich Venus geneigt bezeigt, der weißen Pasithea so einen schwarzen Gatten nicht mit Gewalt aufdringen zu wollen; [1] und es wäre leicht möglich, daß der alte Künstler dem Tode die weiße Farbe gegeben, um auch dadurch anzudeuten, daß er der fürchterlichere Schlaf von beiden nicht sey.

Freilich konnte Caylus aus den bekannten Ikonologischen Werken eines Ripa, Chartarius, und wie deren Ausschreiber heißen, sich wenig oder gar nicht eines Besseren unterrichten.

Zwar das Horn des Schlafes kannte Ripa; [2] aber wie betrüglich schmückt er ihn sonst aus? Das weiße kürzere Oberkleid über ein schwarzes Unterkleid, welches er und Chartarius ihm geben, [3] gehört dem Traume, nicht dem Schlafe. Von der Gleichheit des Todes mit ihm kennt Ripa zwar die Stelle des Pausanias, aber ohne zu jenes Bild den geringsten Gebrauch davon zu machen. Er schlägt dessen ein dreifaches vor, und keines ist so, wie es der Grieche oder Römer würde erkannt haben. Gleichwohl ist auch nur das eine, von der Erfindung des Camillo da Ferrara, ein Skelet; aber ich zweifle, ob Ripa damit sagen wollen, daß dieser Camillo es sey, welcher den Tod zuerst als ein Skelet gemalt. Ich kenne diesen Camillo überhaupt nicht.

Diejenigen, welche Ripa und Chartarius am meisten gebraucht haben, sind Gyraldus und Natalis Comes.

Dem Gyraldus haben sie den Irrthum wegen der weißen und schwarzen Bekleidung des Schlafes nachgeschrieben; [4] Gyraldus aber muß, anstatt des Philostratus selbst, nur einen Ueber-

---

1 Lib. XXXIII. v. 40.
2 Iconolog. p. 464. Edit. Rom. 1603.
3 Imag. Deorum p. 143. Francof. 1687.
4 Hist. Deorum Syntag. IX. p. 311. Edit. Jo. Jensii.

setzer desselben nachgesehen haben. Denn es ist nicht Ὕπνος, sondern Ὄνειρος, von welchem Philostratus sagt: [1] ἐν ἀνει- μένῳ τῷ εἴδει γεγραπται, καὶ ἐσθῆτα ἔχει λευκὴν ἐπι μελαίνῃ, το, οἶμαι, νύκτωρ αὐτοῦ καὶ μεθ᾽ ἡμεραν. Es ist mir unbegreiflich, wie auch der neueste Herausgeber der Philostratischen Werke, Gottfried Olearius, der uns doch eine fast ganz neue Uebersetzung geliefert zu haben versichert, bei diesen Worten so äußerst nachlässig seyn können. Sie lauten bei ihm auf Latein: Ipse somnus remissa pictus est facie, candidamque super nigra vestem habet, eo, ut puto, quod nox sit ipsius, et quæ diem excipiunt. — Was heißt das: et quæ diem excipiunt? Sollte Olearius nicht gewußt haben, daß μεθ᾽ ἡμεραν interdiu heiße, so wie νύκτωρ noctu? Man wird müde, könnte man zu seiner Entschuldigung sagen, die alten elenden Uebersetzungen auszumisten. So hätte er wenigstens aus einer ungeprüften Uebersetzung Niemanden ent- schuldigen, und Niemanden widerlegen sollen! Weil es aber darin weiter fort heißt: Cornu is (somnus) manibus quoque tenet, ut qui insomnia per veram portam inducere soleat: so setzt er in einer Note hinzu: Ex hoc vero Philostrati loco patet optimo jure portas illas somni dici posse, qui scilicet somnia per eas inducat, nec necesse esse ut apud Virgilium (Aeneid. VI. v. 562.) somni dictum intelligamus pro somnii, ut voluit Turnebus l. IV. Advers. c. 14. Allein, wie gesagt, Philostratus selbst redet nicht von den Pforten des Schlafes, Somni, sondern des Traumes, Somnii; und Ὄνειρος, nicht Ὕπνος, ist es auch ihm, welcher die Träume durch die wahre Pforte einläßt. Folglich ist dem Virgil noch immer nicht anders, als durch die Anmerkung des Turnebus zu helfen, wenn er durchaus in seiner Erdichtung von jenen Pforten mit dem Homer übereinstimmen soll. — Von der Gestalt des Todes schweigt Gyraldus gänzlich.

Natalis Comes giebt dem Tode ein schwarzes Gewand mit Sternen. [2] Das schwarze Gewand, wie wir oben gesehen, [3] ist

[1] Iconum lib. I. 27.
[2] Mythol. lib. III. cap. 13.
[3] S. 89.

in dem Euripides gegründet; aber wer ihm die Sterne darauf gesetzt, weiß ich nicht. Träume contortis cruribus hat er auch, und er versichert, daß sie Lucian auf seiner Insel des Schlafes so umher schwärmen lassen. Aber bei dem Lucian sind es bloß ungestaltete Träume, ἄμορφοι, und die krummen Beine sind von seiner eigenen Ausbildung. Doch würden auch diese krummen Beine nicht den Träumen überhaupt als allegorisches Kennzeichen, sondern nur gewissen Träumen, selbst nach ihm, zukommen.

Andere mythologische Compilatoren nachzusehen, lohnt wohl kaum der Mühe. Der einzige Banier möchte eine Ausnahme zu verdienen scheinen. Aber auch Banier sagt von der Gestalt des Todes ganz und gar nichts, und von der Gestalt des Schlafes mehr als eine Unrichtigkeit. 1 Denn auch er verkennt in jenem Gemälde beim Philostrat den Traum für den Schlaf, und erblickt ihn da als einen Mann gebildet, ob er schon aus der Stelle des Pausanias schließen zu können glaubt, daß er als ein Kind, und einzig als ein Kind, vorgestellt worden. Er schreibt dabei dem Montfaucon einen groben Irrthum nach, den schon Winkelmann gerügt hat, und der seinem deutschen Uebersetzer sonach wohl hätte bekannt seyn können. 2 Beide nämlich, Montfaucon und Banier, geben den Schlaf des Algardi in der Villa Borghese für alt aus, und eine neue Vase, die dort mit mehreren neben ihm steht, weil sie Montfaucon auf einem Kupfer dazu gesetzt gefunden, soll ein Gefäß mit schlafmachendem Safte bedeuten. Dieser Schlaf des Algardi selbst ist ganz wider die Einfalt und den Anstand des Alterthums; er mag sonst so kunstreich gearbeitet seyn, als man will. Denn seine Lage und Gebärdung ist von der Lage und Gebärdung des schlafenden Fauns im Palaste Barberino entlehnt, dessen ich oben gedacht habe. 3

Mir ist überall kein Schriftsteller aus dem Fache dieser Kenntnisse vorgekommen, der das Bild des Todes, so wie es bei den Alten gewesen, entweder nicht ganz unbestimmt gelassen, oder nicht falsch angegeben hätte. Selbst diejenigen, welche die

---

1 Erläut. der Götterlehre, vierter Band, S. 147 deut. Uebers.
2 Vorrede zur Geschichte der Kunst, S. XV.
3 S. 89.

von mir angeführten Monumente, oder denselben ähnliche, sehr wohl kannten, haben sich darum der Wahrheit nicht viel mehr genähert.

So wußte Tollius zwar, daß verschiedene alte Marmor vorhanden wären, auf welchen geflügelte Knaben mit umgestürzten Fackeln den ewigen Schlaf der Verstorbenen vorstellten. [1] Aber heißt dieses, in dem Einen derselben, den Tod selbst erkennen? Hat er darum eingesehen, daß die Gottheit des Todes von den Alten nie in einer andern Gestalt gebildet worden? Von dem symbolischen Zeichen eines Begriffs bis zu der festgesetzten Bildung dieses personifirten, als ein selbstständiges Wesen verehrten Begriffes, ist noch ein weiter Schritt.

Eben dieses ist vom Gori zu sagen. Gori nennt zwar noch ausdrücklicher zwei dergleichen geflügelte Knaben auf alten Särgen, Genios Somnum et Mortem referentes; [2] aber schon dieses referentes selbst verräth ihn. Und da gar, an einem andern Orte, [3] ihm eben diese Genien Mortem et Funus designantes heißen; da er, noch anderswo, in dem einen derselben, Trotz der ihm nach dem Buonarotti zugestandenen Bedeutung des Todes, immer noch einen Cupido sieht; da er, wie wir gesehen, die Gerippe auf dem alten Steine für Mortes erkennt: so ist wohl unstreitig, daß er wenigstens über alle diese Dinge sehr uneins mit sich selbst gewesen.

Auch gilt ein gleiches von dem Grafen Maffei. Denn ob auch dieser schon glaubte, daß auf alten Grabsteinen die zwei geflügelten Knaben mit umgestürzten Fackeln den Schlaf und den Tod bedeuten sollten: so erklärte er dennoch einen solchen Knaben, der auf dem bekannten Conclamationsmarmor in dem Antiquitätensaale zu Paris steht, weder für den einen, noch für den andern, sondern für einen Genius, der durch seine umgestürzte Fackel anzeige, daß die darauf vorgestellte verblichene Person in ihrer schönsten Blüthe gestorben sey, und daß Amor mit seinem

[1] In notis ad Rondelli Expositionem S. T. p. 292.
[2] Inscript. ant. quæ in Etruriæ Urbibus exstant, Parte III. p. XCIII.
[3] L. c. p. LXXXI.

Reiche sich über diesen Tod betrübe. [1] Selbst als Dom Martin ihm das erstere Vorgeben mit vieler Bitterkeit streitig gemacht hatte, und er den nämlichen Marmor in sein Museum Veronense einschaltete, sagt er zu dessen näherer Bestätigung schlechterdings nichts, und läßt die Figuren der 139sten Tafel, die er dazu hätte brauchen können, ganz ohne alle Erklärung.

Dieser Dom Martin aber, welcher die zwei Genien mit umgestürzten Fackeln auf alten Grabsteinen und Urnen für den Genius des Mannes und den Genius der Gattin desselben oder für den doppelten Schutzgeist wollte gehalten wissen, den, nach der Meinung einiger Alten, ein jeder Mensch habe, verdient kaum widerlegt zu werden. Er hätte wissen können und sollen, daß wenigstens die eine dieser Figuren, zu Folge der ausdrücklichen alten Ueberschrift, schlechterdings der Schlaf sey; und eben gerathe ich glücklicher Weise auf eine Stelle unseres Winkelmanns, in der er die Unwissenheit dieses Franzosen bereits gerügt hat.

„Es fällt mir ein, schreibt Winkelmann, [2] daß ein anderer Franzos, Martin, ein Mensch, welcher sich erkühnen können, zu sagen, Grotius habe die Siebenzig Dollmetscher nicht verstanden, entscheidend und kühn vorgiebt, die beiden Genien an den alten Urnen könnten nicht den Schlaf und den Tod bedeuten; und der Altar, an welchem sie in dieser Bedeutung mit der alten Ueberschrift des Schlafes und des Todes stehen, ist öffentlich in dem Hofe des Palastes Albani aufgestellt." Ich hätte mich dieser Stellen oben (S. 57) erinnern sollen, denn Winkelmann meint hier eben denselben Marmor, den ich dort aus seinem Versuche über die Allegorie anführe. Was dort so deutlich nicht ausgedrückt war, ist es hier um so viel mehr: nicht bloß der eine Genius, sondern auch der andere, werden auf diesem Albanischen Monumente durch die wörtliche alte Ueberschrift für das erklärt, was sie sind: für Schlaf und Tod. — Wie sehr wünschte ich, durch Mittheilung desselben das Siegel auf diese Untersuchung drücken zu können!

---

1 Explic. de divers Monuments singuliers qui on rapport à la Religion des plus anciens peuples, par le R. P. Dom * * p. 36.

2 Vorrede zur Geschichte der Kunst, S. XVI.

Noch ein Wort von Spencen, und ich schließe. Spence, der uns unter allen am positivsten ein Gerippe für das antike Bild des Todes aufdringen will, Spence ist der Meinung, daß die Bilder, welche bei den Alten von dem Tode gewöhnlich gewesen, nicht wohl anders als schrecklich und gräßlich seyn können, weil die Alten überhaupt weit finsterere und traurigere Begriffe von seiner Beschaffenheit gehabt hätten, als uns gegenwärtig davon beiwohnen könnten. [1]

Gleichwohl ist es gewiß, daß diejenige Religion, welche dem Menschen zuerst entdeckte, daß auch der natürliche Tod die Frucht und der Sold der Sünde sey, die Schrecken des Todes unendlich vermehren mußte. Es hat Weltweise gegeben, welche das Leben für eine Strafe hielten; aber den Tod für eine Strafe zu halten, das konnte ohne Offenbarung schlechterdings in keines Menschen Gedanken kommen, der nur seine Vernunft brauchte.

Von dieser Seite wäre es also zwar vermuthlich unsere Religion, welche das alte heitere Bild des Todes aus den Gränzen der Kunst verdrungen hätte! Da jedoch eben dieselbe Religion uns nicht jene schreckliche Wahrheit zu unserer Verzweiflung offenbaren wollen; da auch sie uns versichert, daß der Tod der Frommen nicht anders als sanft und erquickend seyn könne: so sehe ich nicht, was unsere Künstler abhalten sollte, das scheußliche Gerippe wiederum aufzugeben, und sich wiederum in den Besitz jenes bessern Bildes zu setzen. Die Schrift redet selbst von einem Engel des Todes; und welcher Künstler sollte nicht lieber einen Engel, als ein Gerippe bilden wollen?

Nur die mißverstandene Religion kann uns von dem Schönen entfernen, und es ist ein Beweis für die wahre, für die richtig verstandene wahre Religion, wenn sie uns überall auf das Schöne zurückbringt.

1 Polymetis p. 262.

Briefe, antiquarischen Inhalts.

Αγωνισμα μαλλον ἐς το παραχρημα ἀκουειν
ἠ κτημα ἐς ἀει —

Erster Theil.

1768.

Einen gar nicht bös gemeinten, wenn auch grundlosen Einwurf, den der Professor Klotz in Halle gegen eine Stelle in Lessings Laokoon gemacht hatte, posaunte Lessings alter Gegner Dusch im Altonaer Postreuter als unverzeihlichen Fehler Lessings aus und reizte ihn durch dieses eine Wort zu einer Entgegnung, die sich bald von Dusch abwandte und gegen Klotz selbst kehrte, der eben ein Buch über geschnittene Steine aus Lippert und Winckelmann compiliert und in einer Vorrede zu Caylus' Aufsätzen eine seltsame Hypothese über die Ahnenbilder der alten Römer aufgestellt hatte. Klotz, der bis dahin für einen Kenner des Alterthums galt und wegen des ungenierten Tones in seinen gelehrten Zeitungen von den Zeitgenossen gefürchtet wurde, hatte sich Lessing schmeichlerisch zu nähern gesucht, da er 'sein göttliches Genie' und seine Gelehrsamkeit aufrichtig bewunderte. Lessing aber durchschaute nach einer Durchmusterung von Klotzens Schriften die Gehaltlosigkeit des Mannes, der auf gesammelten Citaten fußte, sehr leicht und begann nun im Sommer 1766 seinen Feldzug gegen Klotz, als ein Muster polemischer Kritik von unübertroffnem Werthe, indem er fortdauernd bei der Sache blieb und hier dem Gegner, um zu lernen und zu lehren, mit einer unvergleichlichen Geduld und Ausdauer in alle Einzelnheiten und Kleinigkeiten folgte und erst am Schlusse sich gegen Klotzens Persönlichkeit richtete, doch nicht weiter, als er dieselbe aus dessen Schriften oder den unter seinem Namen erscheinenden Zeitblättern erkennen konnte. Er sprach sich im 57. Briefe selbst darüber aus und stellte dabei die Tonleiter auf, die er benutzen würde, wenn er Kunstrichter wäre: 'Gelinde und schmeichelnd gegen den Anfänger; mit Bewunderung zweifelnd, mit Zweifel bewundernd gegen den Meister; abschreckend und positiv gegen den Stümper; höhnisch gegen den Prahler; und so bitter als möglich gegen den Kabalenmacher.' Als Stümper, Prahler und Kabalenmacher behandelte er Klotz und wenn er im Laufe seiner Polemik auch die beiden ersten Eigenschaften bündig genug nachgewiesen und seinen abschreckenden Hohn nach seiner Tonleiter gerechtfertigt hat, ist er doch den Beweis für die Kabalenmacherei Klotzens schuldig geblieben, und hätte nicht mit dieser außerordentlichen Bitterkeit polemisieren müssen. Doch versichert er im 56. Briefe, daß es nicht Hitze, nicht Uebereilung sei, die ihn auf diesen Ton gestimmt habe; es sei der ruhigste Vorbedacht, die langsamste Ueberlegung, mit der er jedes Wort gegen Klotz niedergeschrieben; wo man ein spöttisches, bittres, hartes finde, da dürfe man nicht glauben, daß es ihm entfahren sei; er habe nach seiner besten Einsicht geurtheilt, daß dem Gegner dies spöttische, bittere, harte Wort gehöre, und daß er es ihm auf keine Weise ersparen könne, ohne an der Sache, die er gegen ihn vertheidige, zum Verräther zu werden. Diese Sache konnten also die Untersuchungen über geschnittene Steine, die den Stoff der Briefe bilden, nicht sein, sondern die wahre, langsam prüfende, alle Umstände erforschende und abwägende Gelehrsamkeit gegenüber dem leichtfertigen, mit dem Gegenstande spielenden Dilettantismus; die Wahrheit gegenüber dem Scheine. Diesen Schein, mit dem sich Klotz umgeben, hat Lessing allerdings bei den Zeitgenossen und mehr noch bei den folgenden Geschlechtern zerstört, denn Lessings Briefe sind geblieben und werden bleiben, sollte es auch nur sein, um zu zeigen, was die deutsche Sprache an Energie vermag, während Klotzens Schriften und Zeitschriften verschollen und nicht einmal in großen Bibliotheken vollständig zu finden sind. Aber den Schein, der sich immer wieder breit machen wird, so lange die Stümperei und die Prahlerei dauern, vermochte auch Lessing nicht zu zerstören. Ein bestrafter Verbrecher ist etwas anderes als das vertilgte Verbrechen. Lessing hätte sich zunächst, was er auch im 56. Briefe andeutet, gegen die übrigen prahlerischen Scheingelehrten wenden müssen, die er mit Recht oder Unrecht zu Klotzens Genossen zählte, gegen die Riedel, Schmid, Schirach, Meusel, Murr und wie sie heißen. Er machte auch wirklich den Ansatz zu einem Feldzuge gegen Riedel, und hatte die Absicht, noch einige Bändchen antiquarischer Briefe folgen zu lassen, doch übermannte ihn der Widerwille gegen diese mikrologischen Untersuchungen elender Scribenten und ihrer elenden Schriften, die auch ohne von ihm bekämpft zu sein der Vergessenheit anheimgefallen sind. Noch im November 1777 dachte er an die Fortsetzung, aber eine andre Art von Polemik, die wichtigere Dinge betraf, zog ihn von dem Kampfe mit Lebendig-Todten ab.

Vorbericht.

Diese Briefe waren Anfangs nur bestimmt, einem wöchentlichen Blatte einverleibt zu werden. Denn man glaubte, daß ihr Inhalt keine andere, als eine beiläufige Lesung verdiene.

Aber es wurden ihrer für diese Bestimmung zu viel; und da die Folge den Inhalt selbst wichtiger zu machen schien, als es bloße Zänkereien über mißverstandene Meinungen dem Publicum zu seyn pflegen: so ward geurtheilt, daß sie als ein eigenes Buch schon mit unterlaufen dürften.

Die Ausschweifungen, welche der Verfasser mit seiner Rechtfertigung verbunden, werden wenigstens zeigen, daß er nicht erst seit gestern mit den Gegenständen derselben bekannt ist. In der Fortsetzung, welche der Titel verspricht, hofft er noch mehr einzelne Anmerkungen los zu werden, von denen es immer gut seyn wird, daß sie einmal gemacht worden.

Wem sie allzu klein, allzu unerheblich vorkommen sollten, für den, dünkt ihn, ist wohl das ganze Fach nicht, in welches sie gehören.

Noch erwartet man vielleicht, daß er sich über den Ton erkläre, den er in diesen Briefen genommen. — Vide quam sim antiquorum hominum! antwortete Cicero dem lauen Atticus, der ihm vorwarf, daß er sich über etwas wärmer, rauher und bitterer ausgedrückt habe, als man von seinen Sitten erwarten können.

Der schleichende, süße Complimentirton schickte sich weder zu dem Vorwurfe, noch zu der Einkleidung. Auch liebt ihn der Verfasser überhaupt nicht, der mehr das Lob der Bescheidenheit, als der Höflichkeit sucht. Die Bescheidenheit richtet sich genau nach dem Verdienste, das sie vor sich hat; sie giebt jedem, was jedem gebührt. Aber die schlaue Höflichkeit giebt allen alles, um von allen alles wieder zu erhalten.

Die Alten kannten das Ding nicht, was wir Höflichkeit nennen. Ihre Urbanität war von ihr eben so weit, als von der Grobheit entfernt.

Der Neidische, der Hämische, der Rangsüchtige, der Verhetzer ist der wahre Grobe; er mag sich noch so höflich ausdrücken.

Doch es sey, daß jene gothische Höflichkeit eine unentbehrliche Tugend des heutigen Umganges ist. Soll sie darum unsere Schriften eben so schaal und falsch machen, als unsern Umgang? —

Erster Brief.

Mein Herr!

Wenn es Ihnen gleichviel ist, ob Sie den Platz, den Sie in Ihren Blättern gelehrten Sachen bestimmen, mit einer guten Kritik, oder mit der Widerlegung einer verunglückten füllen, so haben Sie die Güte, Folgendes einzurücken.

Herr Klotz soll mich eines unverzeihlichen Fehlers in seinem Buche von den alten geschnittenen Steinen überwiesen haben. Das hat ein Recensent dieses Buches[1] für nöthig gehalten, mit anzumerken.

Mich eines Fehlers? das kann sehr leicht seyn. Aber eines unverzeihlichen? das sollte mir leid thun. Zwar nicht sowohl meinetwegen, der ich ihn begangen hätte, als derentwegen, die ihn mir nicht verzeihen wollten.

Denn es wäre ja doch nur ein Fehler. Fehler schließen Vorsatz und Tücke aus; und daher müssen alle Fehler allen zu verzeihen seyn.

Doch, gewisse Recensenten haben ihre eigene Sprache. Unverzeihlich heißt bei ihnen alles, worüber sie sich nicht enthalten können, die Zähne zu fletschen.

Wenn es weiter nichts ist! — Aber dem ungeachtet: worin besteht er denn nun, dieser unverzeihliche Fehler?

[1] Beitrag zum Reichspostreuter St. 54.

Herr Klotz schreibt: „Wie hat es einem unsrer besten Kunst=
richter (dem Verfasser des Laokoon) einfallen können, zu sagen,
daß man sogar vieler Gemälde nicht erwähnt finde, die die alten
Maler aus dem Homer gezogen hätten, und daß es nicht der
alten Artisten Geschmack gewesen zu seyn scheine, Handlungen
aus diesem Dichter zu malen? Die Homerischen Gedichte waren
ja gleichsam das Lehrbuch der alten Künstler, und sie borgten
ihm ihre Gegenstände am liebsten ab. Erinnerte sich Hr. Lessing
nicht an das große Homerische Gemälde des Polygnotus, welches
zu unsern Tagen gleichsam wieder neu geschaffen worden ist?
Unter denen vom Philostratus beschriebenen Gemälden sind drei
Homerische, und die vom Plinius kurz angezeigten kann jeder
leicht finden. Unter den Herculanischen Gemälden ist eines, welches
den Ulysses vorstellt, der zur Penelope kömmt. Von halb erhabnen
Werken will ich nur die merkwürdigsten anführen u. s. w."

Ich könnte zu dem Recensenten sagen: Hier sehe ich bloß,
daß Herr Klotz nicht meiner Meinung ist, daß ihn meine Meinung
befremdet; aber er sagt nichts von Fehler, noch weniger von einem
unverzeihlichen Fehler.

Doch der Recensent könnte antworten: Was Herr Klotz keinen
unverzeihlichen Fehler nennt, das beschreibt er doch als einen
solchen; ich habe also dem Kinde nur seinen rechten Namen
gegeben.

Der Recensent hätte fast Recht. Ich muß mich also nicht
an ihn, sondern an den Herrn Klotz selbst wenden. Und was
kann ich diesem antworten?

Nur das: daß er mich nicht verstanden hat; daß er mich
etwas sagen läßt, woran ich nicht gedacht habe.

Herr Klotz beliebe zu überlegen, daß es zwei ganz verschiedene
Dinge sind, Gegenstände malen, die Homer behandelt hat, und
diese Gegenstände so malen, wie sie Homer behandelt hat. Es
ist meine Schuld nicht, wenn er diesen Unterschied nicht begreift,
wenn er ihn in meinem Laokoon nicht gefunden hat. Alles be=
zieht sich darauf.

Daß die alten Artisten sehr gern Personen und Handlungen
aus der Trojanischen Epoche gemalt haben, das weiß ich, und
wer weiß es nicht? Will man alle solche Gemälde Homerische

Gemälde nennen, weil Homer die vornehmste Quelle der Bege-
benheiten dieser Epoche ist: meinetwegen. Aber was haben die
Homerischen Gemälde in diesem Verstande mit denen zu thun,
von welchen ich rede; mit denen, dergleichen der Graf von Caylus
den neuern Künstlern vorgeschlagen hat?

Die Beispiele, welche Herr Klotz mir vorhält, sind mir alle
so bekannt gewesen, daß ich mich würde geschämt haben, sie Herrn
Klotzen vorzuhalten. Ich würde mich geschämt haben, zu verstehen
zu geben, Herr Klotz habe sie entweder gar nicht, oder doch nicht
so gut gekannt, daß sie ihm da beifallen können, wo sie ihm so
nützlich gewesen wären.

Was das sonderbarste ist, ich habe diese Beispiele fast alle
selbst angeführt, und an dem nämlichen Orte meines Laokoon
angeführt, den Herr Klotz bestreitet. Er hätte sie aus meiner
eigenen Anführung lernen können, wenn er sie nicht schon gewußt hätte. Und gleichwohl — ich denke, das heißt, mit dem
Sprichworte zu reden, einen mit seinem eigenen Fette beträufeln
wollen.

Ich sage, daß ich sie fast alle selbst angeführt habe, und
füge hinzu: außer ihnen noch weit mehrere; indem ich
nämlich meine Leser auf den Fabricius[1] verwiesen. Denn ich
mache nicht gern zehn Allegata, wo ich mit einem davon kommen
kann.

Folglich, habe ich diese Beispiele und noch weit mehrere
ihrer Art gekannt, so ist es ja wohl deutlich, daß, wenn ich dem
ungeachtet gesagt, „es scheine nicht der Geschmack der alten Artisten gewesen zu seyn, Handlungen aus dem Homer zu malen,"
ich ganz etwas anders damit muß gemeint haben, als das, was
diese Beispiele widerlegen.

Ich habe damit gemeint, und meine es noch, daß so sehr
die alten Artisten den Homer auch genutzt, sie ihn doch nicht auf
die Weise genutzt haben, wie Caylus will, daß ihn unsere Artisten nutzen sollen. Caylus will, sie sollen nicht allein Handlungen aus dem Homer malen, sondern sie sollen sie auch vollkommen so malen, wie sie ihnen Homer vormalt; sie sollen nicht

---

[1] Bibl. Graec. Lib. II. c. VI. p. 345.

sowohl eben die Gegenstände malen, welche Homer malt, als vielmehr das Gemälde selbst nachmalen, welches Homer von diesen Gegenständen macht; mit Beibehaltung der Ordonnanz des Dichters, mit Beibehaltung aller von ihm angezeigten Localumstände u. f. w.

Das, sage ich, scheinen die alten Artisten nicht gethan zu haben, so viel oder so wenig Homerische Gegenstände sie auch sonst mögen gemalt haben. Ihre Gemälde waren Homerische Gemälde, weil sie den Stoff dazu aus dem Homer entlehnten, den sie nach den Bedürfnissen ihrer eignen Kunst, nicht nach dem Beispiele einer fremden, behandelten; aber es waren keine Gemälde zum Homer.

Hingegen die Gemälde, welche Caylus vorschlägt, sind mehr Gemälde zum Homer, als Homerische Gemälde, als Gemälde in dem Geiste des Homers und so angegeben, wie sie Homer selbst würde ausgeführt haben, wenn er anstatt mit Worten, mit dem Pinsel gemalt hätte.

Deutlicher kann ich mich nicht erklären. Wer das nicht begreift, für den ist der Laokoon nicht geschrieben. Wer es aber für falsch hält, dessen Widerlegung soll mir willkommen seyn; nur, sieht man wohl, muß sie von einer andern Art seyn, als die Klotzische.

Herr Klotz hat in seinem Buche mir viermal die Ehre erwiesen, mich anzuführen, um mich viermal eines Bessern zu belehren. Ich wollte nicht gern, daß ein Mensch in der Welt wäre, der sich lieber belehren ließe, als ich. Aber —

So viel ist gewiß, er streitet alle viermal nicht mit mir, sondern ich weiß selbst nicht mit wem. Mit einem, dem er meinen Namen giebt, den er zu einem großen Ignoranten und zugleich zu einem unsrer besten Kunstrichter macht.

Wahrhaftig, ich kenne mich zu gut, als daß ich mich für das eine oder für das andere halten sollte.

Zweiter Brief.

Sie meinen, es lohne sich allerdings der Mühe, auch von den übrigen Bestreitungen des Herrn Klotz ein Wort zu sagen, weil sie gar zu sonderbar sind, und Klotz ein gar zu berühmter Name geworden. Es sey so, wie Sie meinen!

Aber ich muß bei der ersten wieder anfangen. Herr Klotz fragt: „Erinnerte sich Lessing nicht an das große Homerische Gemälde des Polygnotus?"

In der Lesche zu Delphi waren zwei große Gemälde des Polygnotus. Welches meint Herr Klotz? das im Hereintreten rechter oder linker Hand? Nach seinem Allegate [1] muß er das erstere meinen, welches die Zerstörung von Troja und die Rückkehr der Griechen vorstellte. Beide Vorwürfe liegen außer dem Plane des Homer; von beiden hat er nur einzelne Züge in die Odyssee einstreuen können. Aber die Griechen besaßen eine Menge andere Dichter, welche diese Vorwürfe ausdrücklich behandelt hatten; und diesen, nicht dem Homer, ist Polygnotus in seinem Gemälde gefolgt; einem Lescheus, einem Stesichorus. Wie kann es also Herr Klotz ein Homerisches Gemälde nennen?

Doch er mag das zweite linker Hand gemeint haben, welches den opfernden Ulysses im Reiche der Schatten vorstellte. Das ist zwar der Stoff eines ganzen Buches der Odyssee; aber dennoch ist es klar, daß Polygnotus auch in Anordnung dieses Gemäldes nicht sowohl der Odyssee, als vielmehr den Gedichten Mynias und Nosti gefolgt ist. Denn er hat weder die Homerische Scene angenommen, noch sich mit den vom Homer eingeführten Personen begnügt. Folglich müßte auch dieses kein Homerisches Gemälde heißen; und ich könnte antworten, es wäre besser gewesen, Herr Klotz hätte sich gewisser Dinge gar nicht erinnert, als falsch.

In beiden Gemälden hat Polygnotus sich bald an diesen bald an jenen Dichter und Geschichtschreiber gehalten, ohne sich ein Gewissen zu machen, auch Dinge von seiner eigenen Erfindung mit einzumischen. Eine Freiheit, deren sich auch andere alte Artisten bedienten, wenn sie Vorstellungen aus der Trojanischen Epoche wählten!

Zwar habe ich schon gesagt, daß Herr Klotz diese Vorstellungen alle meinetwegen immerhin Homerische Vorstellungen und

---

1 Pausanias Lib. X. p. 859.

Gemälde nennen mag. Aber noch einmal: was haben diese Ge=
mälde, welche ihm Homerische zu nennen beliebt, weil ihre Vor=
würfe aus eben der Geschichte genommen sind, aus welcher Homer
die seinigen gewählt hatte, mit den Homerischen Gemälden zu
thun, wie sie Caylus haben will?

Ich dünke mich über den Gebrauch, den die alten Artisten
von dem Homer machten, verständlichere Dinge gesagt zu haben,
als irgend ein Schriftsteller über diese Materie. Ich habe mich
nicht mit den schwanken, nichts lehrenden Ausdrücken von Er=
hitzung der Einbildungskraft, von Begeisterung, begnügt: ich habe
in Beispielen gezeigt, was für malerische Bemerkungen die alten
Artisten schon in dem Homer gemacht fanden, ehe sie Zeit hatten,
sie in der Natur selbst zu machen. [1] Ich habe mich nicht begnügt,
sie bloß darum zu loben, daß sie ihre Vorwürfe aus ihm ent=
lehnten: — welcher Stümper kann das nicht? — ich habe an
Beispielen gewiesen, wie sie es anfingen, in den nämlichen Vor=
würfen mit ihm zu wetteifern, und mit ihm zu dem nämlichen
Ziele der Täuschung auf einem ganz verschiedenen Wege zu ge=
langen; [2] auf einem Wege, von dem sich Caylus nichts träumen
lassen. —

Nothwehr entschuldigt Selbstlob. —

Dritter Brief.

Ich komme also zu der zweiten Bestreitung des Herrn Klotz.
Er fährt fort: „Auch die Einwürfe, welche Herr Lessing von der
Schwierigkeit hernimmt, die Homerischen Fabeln zu malen, sind
leicht zu heben, obgleich diese Widerlegung deutlicher durch den
Pinsel selbst, als durch meine Feder werden würde."

Ich glaube es sehr gern, daß Herr Klotz vieles ungemein
leicht findet, was ich für ungemein schwer halte. Dieses kömmt
von der Verschiedenheit, entweder unserer beiderseitigen Kröfte,
oder unsers beiderseitigen Zutrauens auf uns selbst. Doch das
ist hier nicht die Sache.

---

1 Laokoon S. 227—231.
2 Laokoon S. 219—223.

Meine Einwürfe, von der Schwierigkeit hergenommen, die Homerischen Fabeln zu malen: was betreffen sie? Die Homerischen Fabeln überhaupt, oder nur einige derselben? Diese und jene einzeln genommen, oder alle zusammen in ihrer unzertrennlichen Folge bei dem Dichter?

Caylus schlug nicht bloß den neuern Artisten vor, ihren Stoff fleißiger aus dem Homer, mit Beibehaltung der dichterischen Umstände, zu entlehnen; er wünschte den ganzen Homer so gemalt zu wissen; wünschte, daß ein mächtiger Prinz eigene Gallerien dazu bauen wollte. 1

Das hätte er immer wünschen können! Weil er sich aber dabei einbildete, daß eine solche zusammenhängende Reihe von Gemälden ein wirkliches Heldengedicht in Gemälden seyn würde; daß sich der ganze malerische Geist des Dichters darin zeigen müsse; daß sie, statt des Probirsteins, zur Schätzung, in welchem Verhältnisse ein epischer Dichter vor dem andern das malerische Talent besitze, dienen könne: so glaubte ich einige Einwendungen dagegen machen zu dürfen.

Fürs erste wendete ich ein: 2 daß Homer eine doppelte Gattung von Wesen und Handlungen bearbeite, sichtbare und unsichtbare; daß aber die Malerei diesen Unterschied nicht angeben könne, daß bei ihr alles sichtbar und auf einerlei Art sichtbar sey; daß folglich — wenn in den Gemälden des Caylus das Sichtbare mit dem Unsichtbaren, ohne unterscheidende Abänderung mit einander wechsle, ohne eigenthümliche Merkmale sich mit einander vermische — nothwendig sowohl die ganze Reihe, als auch manches einzelne Stück, dadurch äußerst verwirrt, unbegreiflich und widersprechend werden müsse.

Was antwortet Herr Klotz auf diese Schwierigkeit? Wie schon angeführt: — daß sie leicht zu heben sey. — Wahrhaftig? Aber wie denn? Darüber hat Herr Klotz nicht Zeit, sich einzulassen; genug, daß meine Widerlegung deutlicher durch den Pinsel selbst, als durch seine Feder werden würde. —

Ewig Schade, daß Herr Klotz den Pinsel nicht führt! Er

---

1 Tableaux tirés de l'Iliade. Avert. p. 26. 27.
2 Laokoon XII.

würde ihn ohne Zweifel eben so meisterhaft führen, als die Feder. Oder vielmehr noch unendlich meisterhafter. Denn das geringste wäre, daß er Unmöglichkeiten damit möglich machte!

Bis er ihn führen lernt, bitte ich indeß seine Feder, mich in die Schule zu nehmen. Seine fertige Feder sey so gütig, und belehre mich — (wenn sie es schon nicht ganz deutlich kann; ich bin auch mit einer halbdeutlichen Belehrung zufrieden) — und belehre mich nur einigermaßen, wie man es einem Gemälde ansehen kann, daß das, was man darin sieht, nicht zu sehen seyn sollte; — und belehre mich, was für Mittel ungefähr der Pinsel brauchen könnte, um gewisse Personen in einem Gemälde mit sehenden Augen so blind, oder mit blinden Augen so sehend zu malen, daß sie von zwei oder mehrern Gegenständen, die sie alle gleich nahe, gleich deutlich vor oder neben sich haben, die einen zu sehen und die andern nicht zu sehen scheinen können. Sie belehre mich; nur beliebe sie unter diese Mittel keine Wolken zu rechnen, von welchen ich das Unmalerische erwiesen habe.

Sie wird mehr zu belehren bekommen. Denn zweitens wendete ich ein: daß, durch die Aufhebung des Unsichtbaren in den Homerischen Handlungen, zugleich alle die charakteristischen Züge verloren gehen müßten, durch welche sich bei dem Dichter die Götter über die Menschen auszeichnen.

Auch dieses ist leicht zu beantworten? Und am besten mit dem Pinsel? — Abermals Schade, daß Herr Klotz den Pinsel nicht führt; schweigend würde er ihn ergreifen, mit der Palette vor die Leinwand treten, und spielend meine Widerlegung dahin croquiren. Doch meine ganze Einbildungskraft ist zu seinen Diensten; er setze seine Feder dafür an; ich will mich bemühen, in den Beschreibungen derselben zu finden, was mir, leider, keine Gemälde von ihm zeigen können. — Indeß sinne ich bei mir selbst nach, welche Dimension seine Feder den Homerischen Göttern auf der Leinwand anweisen wird; sinne nach, welches das Verhältniß seyn dürfte, das sie dem Steine, mit dem Minerva den Mars zu Boden wirft, zur Statur der Göttin, oder der Statur zu diesem Steine, bestimmen wird, damit unser Erstaunen zwar erregt, gleichwohl aber über keine anscheinende Unmöglichkeit erregt werde; sinne nach, in welcher Größe sie entscheiden wird, daß der zu Boden geworfne Mars da liegen soll, um die Homerische Größe zu haben, und dennoch gegen die übrigen Aus= bildungen der Scene nicht ungeheuer und brobbingnakisch zu er= scheinen; sinne nach — Nein; ich würde mich zu Schanden sinnen; ich muß lediglich abwarten, was das Orakel unter den Federn mir darüber zu offenbaren belieben wird.

Drittens wende ich ein: daß die Gemälde, an welchen Homer am reichsten, in welchen Homer am meisten Homer sey, progressive Gemälde wären; die eigentliche Malerei aber auf das Progressive keinen Anspruch machen könne.

Ich Dummkopf, der ich noch jetzt diese Einwendung für unwidersprechlich halte, bloß weil sie auf das Wesen der ver= schiedenen Künste gegründet ist! Herr Klotz muß über mich lachen; und wenn Herr Klotz vollends den Pinsel führte! — Nichts würde ihm leichter seyn, als den Pandarus, von dem Ergreifen des Bogens bis zu dem Fluge des Pfeils, in jedem Augenblicke, auf einem und eben demselben Gemälde darzustellen. [1] — Seiner Feder dürfte es freilich schwerer werden, mich zu belehren, wie und wodurch dem Pinsel dieses Wunder gelingen müsse. Doch er versuch es nur; am Ende ist seiner Feder nichts zu schwer; ich kenne keine Feder, die alles so leicht, so deutlich zu machen weiß! —

Vierter Brief.

Sie haben Recht: mein voriger Brief fiel in das Höhnische. — Glauben Sie, daß es so leicht ist, sich gegen einen stolzen und kahlen Entscheider des höhnischen Tones zu enthalten?

Aber Sie urtheilen: daß ich zur Unzeit höhne; daß Herr Klotz unmöglich diese Einwendungen gegen die Homerischen Ge= mälde könne gemeint haben.

Und gleichwohl habe ich keine andere jemals gemacht.

Ja auch diese — merken Sie das wohl — habe ich keines= wegs gegen die Ausführung der vom Caylus vorgeschlagnen, oder in seinem Geiste vorzuschlagenden, Homerischen Gemälde gemacht;

---

[1] Laokoon XV.

habe ich keineswegs in der Meinung gemacht, daß diese Ausführung nothwendig mißlingen müsse.

Wenn dem Maler nicht jeder Gebrauch willkürlicher Zeichen untersagt ist; wenn er mit Recht von uns verlangen kann, daß wir ihm gewisse Voraussetzungen erlauben, gewisse Dinge ihm zu Gefallen annehmen, andere ihm zu Gefallen vergessen: warum sollte er nicht, wenn er sonst ein braver Meister ist, aus jenen Entwürfen zu Homerischen Gemälden sehr schätzbare Kunstwerke darstellen können?

Ich wüßte nicht, wo ich meinen Verstand müßte gehabt haben, wenn ich dieses jemals geläugnet hätte.

Meine Einwendungen sollten lediglich die Folgerungen entkräften oder einschränken, welche Caylus aus dem Malbaren der Dichter, aus ihrer größern oder geringern Schicklichkeit, in materielle Gemälde gebracht zu werden, wider einige dieser Dichter, zum Nachtheil der Dichtkunst selbst, macht.

Fünfter Brief.

Sie bestehen darauf, daß Herr Klotz diese Einwendungen nicht könne gemeint haben; das Beispiel, worauf er sich beziehe, zeige es deutlich.

Gut, daß Sie auf dieses Beispiel kommen. Lassen Sie uns den Mann hören.

„Nur Ein Beispiel, sagt Herr Klotz, anzuführen: so verwirft Lessing des Grafen Caylus Vorschlag, die Bewunderung der Trojanischen Greise über Helenens Schönheit, aus dem dritten Buche der Iliade, zu malen. Er nennt diese Episode einen eckeln Gegenstand. Ich frage hier alle, welche die von Rubens gemalte Susanna, nebst den beiden verliebten Alten gesehen, ob ihnen dieser Anblick eckelhaft gewesen, und widrige Empfindungen in ihrer Seele erzeugt habe. Kann man denn keinen alten Mann vorstellen, ohne ihm dürre Beine, einen kahlen Kopf, und ein eingefallenes Gesicht zu geben? Malt der Künstler einen solchen Greis verliebt, so ist das lächerliche Bild fertig. Aber Balthasar Denner und Bartholomäus van der Helst belehren uns, daß auch der Kopf eines alten Mannes gefallen könne. Ueberhaupt ist das, was Herr Lessing von den jugendlichen Begierden und Caylus von gierigen Blicken sagt, eine Idee, die sie dem Homer aufdringen. Ich finde keine Spur davon bei dem Griechen, und der alte Künstler würde sie ohne Zweifel auch nicht gefunden haben."

Vortrefflich! Wenn einem Unwahrheiten andichten, und diesen angedichteten Unwahrheiten die aller trivialsten Dinge entgegen setzen, einen widerlegen heißt: so versteht sich in der Welt niemand besser auf das Widerlegen, als Herr Klotz.

Es ist nicht wahr, daß ich jenen Vorschlag des Grafen Caylus verworfen habe.

Es ist nicht wahr, daß ich diese Episode einen eckeln Gegenstand genannt habe.

Es ist nicht wahr, daß ich dem Homer die Idee von jugendlichen Begierden aufgedrungen habe.

Nur drei Unwahrheiten in einer Stelle, die groß genug wäre, sieben zu enthalten: das ist bei alle dem doch nicht viel! Lassen Sie uns eine nach der andern vornehmen.

Es ist nicht wahr, daß ich jenen Vorschlag des Grafen Caylus verworfen habe. Denn verwirft man einen Vorschlag, wenn man bloß einige zugleich mit vorgeschlagene Mittel diesen Vorschlag auszuführen verwirft? Wo habe ich gesagt, daß der Eindruck, den die Schönheit der Helena auf die trojanischen Greise machte, gar nicht gemalt werden könne oder müsse? Ich habe bloß gemißbilligt, daß Caylus in einem solchen Gemälde der Helena noch ihren Schleier lassen, und uns ihre ganze Schönheit einzig und allein in den Wirkungen auf die sie betrachtenden Greise zeigen will. Ja auch so hab' ich nicht geläugnet, daß ein guter Meister noch immer ein schätzbares Stück daraus machen könne. Ich habe nur behauptet, daß dieses Stück nicht der Triumph der Schönheit seyn würde, so wie ihn Zeuxis in der Stelle des Homers erkannte. Ich habe nur behauptet, daß dieses Stück sich gegen das Gemälde des Zeuxis wie Pantomime zur erhabensten Poesie verhalten würde; weil wir dort erst aus Zeichen errathen müßten, was wir hier unmittelbar fühlen. Ich habe nur durch dieses Beispiel zeigen wollen, welcher Unterschied es sey, in dem Geiste des Homer malen und den Homer malen. Der Artist des Caylus hätte den Homer gemalt, aber Zeuxis

malte in dem Geiste des Homer. Jener wäre knechtisch inner=
halb den Schranken geblieben, welche dem Dichter das Wesen
seiner Kunst hier setzt, anstatt daß Zeuxis diese Schranken nicht
für seine Schranken erkannte und, indem er den höchsten Aus=
druck der Dichtkunst nicht bloß nachahmte, sondern in den höchsten
Ausdruck seiner Kunst verwandelte, eben durch diese Verwandlung
in dem höheren Verstande Homerisch ward.—Habe ich daran Recht,
oder Unrecht? Es entscheide, wer da will: aber er verstehe mich
nur erst. Ich will nichts außerordentliches gesagt haben: aber er
lasse mich nur auch nichts abgeschmacktes sagen. — Doch weiter. —

Es ist nicht wahr, daß ich diese Episode einen eckeln Gegen=
stand genannt habe. Nicht diese Episode, sondern die Art des
Ausdruckes, mit der Caylus sie gemalt wissen wollen, habe ich
eckel genannt. Caylus will, daß sich der Artist bestreben soll,
uns den Triumph der Schönheit in den gierigen Blicken und in
allen den Aeußerungen einer staunenden Bewunderung auf den
Gesichtern der kalten Greise empfinden zu lassen. Hierwider,
nicht wider den Homer, habe ich gesagt, daß ein gieriger Blick
auch das ehrwürdigste Gesicht lächerlich mache, und ein Greis,
der jugendliche Begierden verrathe, so gar ein eckler Gegenstand
sey. Ist er das nicht? Ich denke noch, daß er es ist; Herr
Klotz mag mir von einer Susanna des Rubens schwatzen, was
er will, die weder ich noch er gesehen haben. Aber ich habe
mehr Susannen gesehen; auch selbst eine vom Rubens in der
Gallerie zu Sans=Souci; und selten habe ich mich enthalten
können, bei Erblickung der verliebten Greise bei mir auszurufen:
o über die alten Böcke! Was war dieser Ausruf, als Eckel?
Ich weiß es, die Kunst kann diesen Eckel mindern; sie kann
durch Nebenschönheiten ihn fast unmerklich machen; aber ist ein
Ingrediens deßwegen gar nicht in einer Mischung, weil es nicht
vorschmeckt? Nicht die dürren Beine, nicht der kahle Kopf, nicht
das eingefallene Gesicht machen den verliebten Alten zu einem
eckeln Gegenstande; sondern die Liebe selbst. Man gebe ihm alle
Schönheiten, die mit seinem Alter bestehen können, aber man
male ihn verliebt, man lasse ihn jugendliche Begierden verrathen,
und er ist eckel, Trotz jenen Schönheiten allen.

Das sage ich von den trojanischen Greisen des Caylus; aber

wo habe ich es von den Greisen des Homer gesagt? Wo habe ich diesen jugendliche Begierden aufgedrungen? — Und das ist die dritte Unwahrheit, welche Herr Klotz sich auf meine Rechnung erlaubt. Vielmehr habe ich ausdrücklich gesagt:[1] „Den Homerischen Greisen ist dieser Vorwurf (nämlich des Lächerlichen und Eckelhaften) nicht zu machen, denn der Affekt, den sie empfinden, ist ein augenblicklicher Funke, den ihre Weisheit sogleich erstickt; nur bestimmt, der Helena Ehre zu machen, aber nicht sie selbst zu schänden."

Nun sagen Sie mir, mein Freund, was ich von dem Herrn Klotz denken soll? was er darunter suchen mag, daß ihm gerade mein Name gut genug ist, unter demselben sich einen Strohmann aufzustellen, an dem er seine Fechterstreiche zeigen könne? warum gerade ich der Blödsinnige seyn muß, dem er Dinge vordocirt, die das Auge von selbst lernt, die zu begreifen schlechterdings nicht mehr Menschenverstand erfordert wird, als um von eins bis auf drei zu zählen? „Kann man denn keinen alten Mann „vorstellen, ohne ihm dürre Beine, einen kahlen Kopf und ein „eingefallenes Gesicht zu geben?" Welch eine Frage! und in welchem Tone gethan! und in welchem Tone sich selbst beantwortet! „Aber „Balthasar Denner und Bartholomäus van der Helst belehren uns, „daß auch der Kopf eines alten Mannes gefallen könne." Also bis auf Balthasar Dennern, bis auf Bartholomäus van der Helst wußte das in der Welt niemand? Und wen es nicht dieser Balthasar und dieser Bartholomäus gelehrt hat, der weiß es noch nicht? Ich bin wirklich so eitel und glaube, daß ich es auch ohne diese Meister wissen würde; ja ohne alle Meister in der Welt.

Sechster Brief.

Sie entschuldigen den Herrn Klotz: er habe zu seinem Buche so vieles nachschlagen müssen, daß es kein Wunder sey, wenn er nicht alles auf das genaueste behalten; mein Laokoon sey auch das Werk nicht, das er verbunden gewesen, so eigentlich zu studiren; indeß zeigten seine Einwürfe selbst, daß er es zu lesen

[1] Laokoon S. 221.

gewürdigt; er habe es auch anderwärts mit Lobsprüchen über=
häuft.

So würde ich ihn gern selbst entschuldigen, wenn er nicht
in mehreren Stücken eine allzuausdrückliche Geflissenheit verriethe,
seine Leser wider mich einzunehmen.

In diesem Lichte sollen Sie sogleich auch seine übrigen Be=
streitungen erblicken, die ich in diesem Briefe zusammen fassen will.

An einem Orte schreibt Herr Klotz: [1] „Ich gebe es Herr
Lessingen gern zu, daß wenn Dichter und Künstler die Gegen=
stände, welche sie mit einander gemein haben, nicht selten aus dem
nämlichen Gesichtspuncte betrachten müssen, ihre Nachahmungen
oft in vielen Stücken übereinstimmen können, ohne daß zwischen
ihnen selbst die geringste Nachahmung oder Beeiferung gewesen.
Aber ich möchte diesen Satz nicht allzu sehr ausgedehnt haben.“
Bin ich's, der ihn allzu sehr ausgedehnt hat? Wozu mein Name
hier, wenn er dieses nicht zu verstehen geben will? Der Satz
enthält eine Bemerkung, die ich wahrlich nicht zuerst gemacht
habe, und auf die ich mich im Laokoon bloß gegen Spencen be=
zog, der das Gegentheil viel zu weit ausdehnt.

Doch ich will meinen Namen hier gar nicht gesehen haben.
Auch in der Anmerkung will ich ihn nicht gefunden haben, [2] wo
Herr Klotz sagt, daß er sich einer Münze des Antoninus Pius
gegen mich angenommen. Ich habe nie diese Münze, sondern
bloß die Erklärung bestritten, welche Addison von einer Zeile
des Juvenals aus ihr herholen wollen; und habe sie bestritten,
nicht um meine Erklärung dafür annehmlicher zu machen, sondern
lediglich das bescheidene Non liquet auch hier wiederum in seine
Rechte zu setzen.

Aber nicht genug wundern kann ich mich, wie ich zu der
Ehre komme, das Werk des Herrn Klotz durch mich gekrönt zu
sehen. Er hat einige Steine zu seinem Buche in Kupfer stechen
lassen, wovon der letzte meinem Unterrichte ganz besonders ge=
widmet ist. „Dieser Stein, schreibt er, ist gleichfalls aus der
Sammlung des Herrn Casanova und auch von ihm gezeichnet.

[1] S. 170.
[2] S. 203.

Er stellt eine Furie vor, und ich habe ihn meinem Buche bei=
gefügt, um Herr Lessingen zu überzeugen, daß die alten Künstler
wirklich Furien gebildet haben, welches er läugnet."

Welches er läugnet! Als ob ich es so schlechterdings, so
völlig ohne alle Ausnahme geläugnet hätte, daß ich durch das
erste das beste Beispiel widerlegt werden könnte!

Er stellt eine Furie vor, dieser Stein! — Ganz gewiß? Ich
erkenne bloß einen Kopf im Profil mit wildem, auffliegendem
Haare zweideutigen Geschlechts. Muß ein solcher Kopf noth=
wendig der Kopf einer Furie seyn? Der Ausdruck des Gesichts,
wird Herr Klotz sagen, macht ihn dazu. Auch dieser Ausdruck
ist sehr zweideutig; ich finde mehr Verachtung, als Wuth darin.

Doch es mag eine Furie seyn. Was mehr? Was liegt mir
daran? Wäre es doch eine Furie auf einem geschnittenen Steine;
und die geschnittenen Steine habe ich ausdrücklich ausgenommen.

Ausdrücklich ausgenommen? Ausdrücklich; denn es war mir
gar nichts Unbekanntes, daß man auf geschnittenen Steinen
Furien und Furienköpfe sehen wollen.

Sie können dieses kaum glauben, mein Freund, und fragen,
wie es bei dieser Ausnahme dem ungeachtet dem Herrn Klotz
einfallen können, mich mit einem geschnittenen Steine zu wider=
legen?

Ja das frag' ich Sie! Lesen Sie indeß nur die Stellen
meines Laokoon. —

Siebenter Brief.

Vergessen hatte Herr Klotz meine Einschränkungen wohl
nicht, aber er verschwieg sie seinem Leser mit Fleiß. Und er
mußte wohl; denn allerdings würde es ein wenig kindisch ge=
klungen haben, wenn er aufrichtig genug gewesen wäre zu schreiben:
"Ungeachtet Lessing, wenn er behauptet, daß die alten Artisten
keine Furien gebildet, die geschnittenen Steine ausnimmt, so will
ich ihn dennoch mit einem geschnittenen Steine augenscheinlich
hier widerlegen." Lieber also schlechtweg: Lessing läugnet ge=
bildete Furien; hier ist eine!

Ich weiß wohl, daß meine Assertion von den Furien mehrere

befremdet hat. Das Allgemeine scheint uns in allen Anmerkungen
anstößig zu seyn. Kaum hören wir eine Verneinung oder Be=
jahung dieser Art, sogleich zieht unsre Einbildungskraft dagegen
zu Felde; und selten oder nie wird es ihr mißlingen, einzelne
Fälle und Dinge dagegen aufzutreiben. Aber nur der Einfältigere
wird sich bereden, daß durch diese einzelne Ausnahmen der all=
gemeine Satz wahr zu seyn aufhöre. Der Verständigere unter=
sucht die Ausnahmen, und wenn er findet, daß sie aus der
Collision mit einem andern allgemeinen Satze entspringen, so
erkennt er sie für Bestätigungen beider.

Der Mythologist hatte es längst vor mir angemerkt, daß
man auf alten Denkmälern wenig oder nichts von Abbildungen
der Furien finde. Was der Mythologist aber dem bloßen Zufalle
zuschrieb, glaubte ich aus einem Grundsatze der Kunst herleiten
zu dürfen. Der Artist soll nur das Schöne zu bilden wählen;
folglich wird der alte Artist, der dem Schönen so vorzüglich treu
blieb, keine Furien zu bilden gewählt haben; und daher der
Mangel ihrer Abbildungen.

Aber eben der Artist, welcher nur das Schöne zu bilden
wählen sollte, muß alles bilden können. Wen verleitet sein
Können nicht öfters über sein Sollen hinaus? Zudem arbeitet
der Artist meistens für andere, von denen er nicht fordern kann,
daß sie seiner Geschicklichkeit sich nur zur höchsten Bestimmung
der Kunst bedienen sollen, so lange es noch mehr Dinge giebt,
zu welchen sie ihnen gleichfalls nützlich seyn kann. Und folglich?
Folglich ist es moralisch unmöglich, daß es keinem Menschen vor
Alters sollte eingefallen seyn, eine Furie zu bilden, oder sich
bilden zu lassen. Es hat vielen einfallen können, und ist vielen
eingefallen.

Läugne ich dieses, wenn ich jenes behaupte? Nur der Anti=
quar, der nichts als Antiquar ist, dem es an jedem Funken von
Philosophie fehlt, kann mich so verstehen.

Ich that alles, was ich thun konnte, diesem Mißverständ=
nisse vorzubauen. Ich schlug vor, den Namen der Kunstwerke
nicht allen Antiken ohne Unterschied zu geben, sondern nur
denen, in welchen sich der Künstler wirklich als Künstler zeigen
können, bei welchen die Schönheit seine erste und letzte Absicht

gewesen. „Macht man, schrieb ich,[1] keinen solchen Unterschied,
so werden der Kenner und der Antiquar beständig mit einander
im Streit liegen, weil sie einander nicht verstehen. Wenn jener
nach seiner Einsicht in die Bestimmung der Kunst behauptet, daß
dieses oder jenes der alte Künstler nie gemacht habe, nämlich
als Künstler nicht, freiwillig nicht: so wird dieser es dahin aus=
dehnen, daß es auch weder die Religion, noch sonst eine außer
dem Gebiete der Kunst liegende Ursache von dem Künstler habe
machen lassen, von dem Künstler als Handarbeiter. Er wird
also mit der ersten mit der besten Figur den Kenner widerlegen
zu können glauben u. s. w."

Das ist keine jetzt ersonnene Ausflucht, da ich mich in die
Enge getrieben sehe; das schrieb ich schon damals, als mir noch
niemand widersprach; das schrieb ich, um allen eiteln das rechte
Ziel verfehlenden Widersprüchen vorzukommen; aber was kümmert
das Herr Klotzen und seines gleichen? Er thut dennoch gerade
das, was ich verbeten; um zu zeigen, daß er ein paar armselige
Beispiele mehr weiß, als ich wissen mag. Ich gönne ihm diesen
Vorzug recht gern; es sey aber, daß ich sie gekannt oder nicht
gekannt habe, sie haben ihre Abfertigung mit der ganzen Classe
erhalten, in die sie gehören.

Welches Jucken, seine Belesenheit so sehr auf Unkosten seiner
Ueberlegung zu zeigen!

Wenn Herr Klotz noch erst den Unterschied bestritten hätte,
den ich unter den Antiken zu machen vorschlage! Aber stillschweigend
diesen Unterschied zugeben, und nur immer mit einzelnen Bei=
spielen auf mich einstürmen, die nach diesem Unterschiede von
gar keiner Folge für mich sind; wahrlich, das ist eine Art zu
streiten — eine Art, für die ich gar kein Beiwort weiß.

Als ich behauptete, daß die alten Artisten keine Furien ge=
bildet, fügte ich unmittelbar hinzu:[2] „Ich nehme diejenigen Fi=
guren aus, die mehr zur Bildersprache, als zur Kunst gehören,
dergleichen die auf den Münzen vornehmlich sind." Dem un=
geachtet kömmt Herr Klotz, mich zu widerlegen, mit ein paar

---

1 Laokoon S. 105.
2 Laokoon S. 16.

Münzen aufgezogen, auf welchen Caylus Furien bemerkt habe. Ich kannte dergleichen Münzen schon selbst; was liegt an der Mehrheit?

Die Figuren auf den Münzen, sagte ich, gehören vornehmlich zur Bildersprache. Aber nicht allein; die geschnittenen Steine gehören wegen ihres Gebrauchs als Siegel gleichfalls dahin. [1] Wenn wir also auf geschnittenen Steinen Furien zu sehen glauben, so sind wir berechtigt, sie mehr für eigensinnige Symbola der Besitzer, als für freiwillige Werke der Künstler zu halten. Ich kannte dergleichen Steine; aber Herr Klotz kennt einen mehr! Ei, welche Freude! So freut sich ein Kind, das bunte Kiesel am Ufer findet, und einen nach dem andern mit Jauchzen der Mutter in den Schooß bringt; die Mutter lächelt und schüttet sie, wenn das Kind nun müde ist, alle mit eins wieder in den Sand.

Achter Brief.

Noch hundert solche Steine, noch hundert solche Münzen und meine Meinung bleibt, wie sie war. Es ist vergebens, die Einschränkungen, die ich ihr selbst gesetzt, zu Widerlegungen machen zu wollen.

Aber Herr Riedel, wie Herr Klotz sagt, [2] soll bereits diese meine Meinung mit guten Gründen widerlegt haben.

Ich habe Herr Riedeln aus seinem Buche als einen jungen Mann kennen lernen, der einen trefflichen Denker verspricht; verspricht, indem er sich in vielen Stücken bereits als einen solchen zeigt. Ich traue ihm zu, daß er in den folgenden Theilen ganz Wort halten wird, wo er auf Materien stoßen muß, in welchen er weniger vorgearbeitet findet.

Doch hier habe ich ihn nicht zu loben, sondern auf seine Widerlegung zu merken.

Er gedenkt meiner Assertion von den Furien an zwei Orten. An dem ersteren [3] giebt er ihr völligen Beifall. Er nimmt sich

[1] Laokoon S. 108.
[2] S. 242.
[3] Theorie der schönen Künste und Wissenschaften S. 45.

sogar ihrer gegen den Herrn Klotz selbst an, indem er hinzusetzt: „Herr Klotz hat zwar unter den alten Denkmälern der Kunst Furien gefunden. [1] Allein Herr Lessing hat schon diejenigen Figuren ausgenommen, die mehr zur Bildersprache, als zur Kunst gehören, und von dieser Art scheinen die Beispiele des Herrn Klotz zu seyn."

Diese Stelle führt Herr Klotz sehr weislich nicht an. Er durfte sie vielleicht auch nicht anführen, wenn es wahr ist, daß Herr Riedel an der zweiten völlig anderes Sinnes geworden.

Sie lautet so: [2] „Hr. Lessing behauptet, daß die alten Künstler keine Furien gebildet, welches ich selbst oben zugegeben habe. Jetzt muß ich ihm, nachdem ich eine kleine Entdeckung gemacht habe, widersprechen, aber aus einem andern Grunde, als Herr Klotz. Es ist hier dem Herrn Lessing eben das begegnet, was er vom Hrn. Winkelmann sagt: er ist durch den Junius verführt worden. Vermuthlich hat er, in dem Register der alten Kunstwerke, unter dem Titel Furien gesucht und nichts gefunden. Ich schlage nach, Eumenides; und finde, daß Scopas deren zwei und Calos die dritte zu Athen gebildet. Man kann den Beweis im Clemens Alexandrinus selbst nachlesen."

Ich wundere mich nicht, daß Herr Riedeln die kleine Entdeckung, wie er sie selbst nennt, so glücklich geschienen, daß er geglaubt, seinen Beifall zurücknehmen zu müssen. Aber ich werde mich wundern, wenn er das, was ich dagegen zu sagen habe, nicht auch ein wenig glücklich findet.

Vorläufig muß ich ihn versichern, daß ich nicht durch den Junius verführt worden. Denn ich erinnere mich überhaupt nicht, den Junius der Furien wegen nachgeschlagen zu haben. Nicht weil in dieses Schriftstellers Verzeichnisse der alten Kunstwerke unter dem Titel Furien keiner Furien gedacht wird, sondern weil ich die schon erwähnte Bemerkung der Mythologisten, namentlich des Bannier, [3] im Kopfe hatte, daß sich gegenwärtig keine alte Abbildungen von diesen Göttinnen fänden: kam ich auf den

---

[1] S. Acta litter. Vol. III. p. 289.

[2] S. 136.

[3] Nous n'avons point à présent de figures antiques de ces Déesses. Mémoires de l'Acad. des Inscr. T. V. p. 43.

Gedanken, daß vielleicht die alten Artisten dergleichen nie gemacht, und ward in diesem Gedanken durch die Beispiele selbst bestärkt, die bei dem ersten Anblicke dagegen zu seyn scheinen.

Hätte ich den Junius nachgeschlagen, so hätte mir sehr leicht begegnen können, was Herr Riedel vermuthet, sehr leicht aber auch nicht; denn daß die Furien mehr als einen Namen haben, ist ja so gar unbekannt nicht. Und gesetzt, es wäre mir nicht begegnet; gesetzt, ich wäre auf die Furien gestoßen, die Herr Riedel darin gefunden: was mehr? Würde ich meine Meinung eben so geschwind zurückgenommen haben, als er seinen Beifall? Gewiß nicht.

Der ganze Zusammenhang beim Clemens Alexandrinus zeigt es, daß er von Statuen redet, die der Verehrung gewidmet waren, und in ihren Tempeln standen. Da nun Herr Riedel gegen meine Ausnahme aller mehr zur Bildersprache, als zur Kunst gehörigen Figuren nichts zu erinnern hatte; da er selbst urtheilte, daß eben wegen dieser Ausnahme die vom Herrn Klotz gegen mich angeführten Beispiele in keine Betrachtung kämen: wie konnte es Herr Riedeln nicht einfallen, daß keine Figuren gerade mehr zur Bildersprache gehören, als eben die, welche der Anbetung öffentlich aufgestellt waren?

Nicht genug, daß ich in einem eigenen Abschnitte meines Laokoon ausdrücklich hierauf dringe; ich gedenke sogar insbesondere der Statuen, welche die Furien in ihren Tempeln nicht anders als gehabt haben könnten; ich führe namentlich die in dem Tempel zu Cerynea an. Aber auch diese statt aller; denn was hätte es helfen können, wenn ich einen Tempel nach dem andern durch= gegangen wäre? Was ich von den Statuen des einen sagte, hätte ich von den Statuen aller sagen müssen.

Und also, dächte ich, wäre dem Einwurfe des Herrn Riedel genugsam begegnet, wenn ich ihm antwortete: die Furien, die Sie mir entgegen setzen, gehören zu den Kunstwerken nicht, von welchen ich rede; es sind Werke, wie sie die Religion befohlen hatte, die bei den sinnlichen Vorstellungen, welche sie der Kunst aufgiebt, mehr auf das Bedeutende, als auf das Schöne zu sehen pflegt.

Doch ich habe noch etwas wichtigeres zu erwiedern. Die

Furien vom Scopas und Calos, [1] die Junius Herr Riedeln bei dem Clemens Alexandrinus nachwies, sind unstreitig die, welche in ihrem Tempel zu Athen standen, und von welchen Pausanias ausdrücklich versichert, [2] daß sie durchaus nichts Schreckliches, $o\dot{v}\delta\varepsilon\nu$ $\varphi o\beta\varepsilon\varrho o\nu$, an sich gehabt. Nun sage mir Herr Riedel, ob Furien, welche nichts von Furien an sich haben, solche Furien sind, deren Abbildung ich auf die alten Artisten nicht will kommen lassen? Ich schreibe im Laokoon: „Wuth und Verzweiflung schändeten keines von ihren Werken; ich darf behaupten, daß sie nie eine Furie gebildet haben." Aus der unmittelbaren Verbindung dieser zwei Sätze ist es ja wohl klar, was für Furien ich meine; Furien, die in jedem Gesichtszuge, in Stellung und Gebärden verrathen, was sie seyn sollen. Waren die Furien des Scopas und Calos dieser Art? Es waren Furien und waren auch keine; sie stellten die Göttinnen der Rache vor, aber nicht so vor, wie wir sie jetzt bei dem Namen der Furien denken.

Sie bestärken also meinen Satz vielmehr, als daß sie ihn im geringsten zweifelhaft machen sollten. Denn wenn die Alten auch nicht einmal an ihren gottesdienstlichen Vorstellungen, da, wo das Bedeutende ihnen mehr galt, als das Schöne, wenn sie auch nicht einmal da duldeten, wenigstens nicht verlangten, daß die Göttinnen der Rache durch die häßlichen, schändenden Kennzeichen des menschlichen Affekts entstellt und erniedrigt würden: was sollte ihre Artisten, die in willkürlichen Werken den Ausdruck der Schönheit stets unterordneten, zu so scheußlichen Fratzengesichtern haben verleiten können? Selbst die Hetrurischen Künstler, die der Schönheit weit weniger opferten als die Griechischen, wenn sie Furien bilden mußten, bildeten sie nicht als Furien; wie ich an einer Urne beim Gorius gezeigt habe, von welcher

---

1 Bei Herr Riedeln heißt er Calas. Ein unstreitiger Druckfehler; so wie in der Citation des Clemens p. 47 anstatt 41. (Aber wenn Herr Klotz nicht bloß an einem Orte, nicht bloß in einem und eben demselben Buche, immer und ewig Zeures schreibt: so scheint es wohl etwas mehr als ein Druckfehler zu seyn, und er kann es nicht übel nehmen, wenn man ihn beiläufig erinnert, daß dieser Maler nicht Zeures, sondern Zeuris geheißen.)

2 Lib. I. cap. 28. p. 68. Edit. Kuh.

ich schon damals anmerkte, daß sie den Worten, aber nicht dem Geiste meiner Assertion widerspreche.

Ich darf es nicht bergen, daß es Herr Klotz selbst ist, welcher mir die unschrecklichen Furien zu Athen nachgewiesen. [1] Sie schwebten mir in den Gedanken, aber im Nachschlagen gerieth ich auf die zu Cerynea.

Und nun, was meinen Sie, mein Freund? Sie sehen, Herr Riedel widerlegt die Einwürfe des Herrn Klotz, und Herr Klotz giebt mir Waffen wider Herr Riedeln. Sie dringen von entgegengesetzten Seiten in mich; beide wollen mich umstürzen; aber da ich dem einen gerade dahin fallen soll, wo mich der andere nicht will hinfallen lassen, so heben sich ihre Kräfte gegen einander auf, und ich bleibe stehen. Ich dächte, ich schiebe gänzlich aus, so liegen sie einander selbst in den Haaren. Doch dafür werden sie sich wohl hüten. Vielmehr sehe ich sie schon im voraus in ihrer Deutschen Bibliothek so nahe zusammenrücken, daß ich doch küppen muß, ich mag wollen oder nicht; geben Sie nur Acht!

Neunter Brief.

Ich denke nicht, daß ich mir zu viel herausnehme, wenn ich mich auch noch an einem Orte von Herrn Klotz gemeint glaube, wo er mich nicht nennt; denn er nennt mich dafür anderwärts, wo er den nämlichen Kampf kämpft.

Er will durchaus nicht leiden, daß man den alten Artisten die Perspektiv abspricht.

Im Laokoon hatte ich es gethan, obschon gar nicht in der Absicht, wie Perrault und andere, denen es damit auf die Verkleinerung der Alten angesehen ist. Doch da Herr Klotz mich so selten verstanden, wie konnte ich verlangen, daß er mich hier errathen sollte? Er warf mich also mit den Perraults in eine Classe, und nahm sich in seinem Beitrage zur Geschichte des Geschmacks und der Kunst aus Münzen [2] der Alten gegen

1 Acta litt. Vol. III. Pars III. p. 289.
2 S. 179.

mich an, die es wahrhaftig nie nöthig haben, daß man sich ihrer
gegen mich annimmt.

Seitdem hat er neue Hülfsvölker angeworben, mit denen er
in seinem Buche von geschnittenen Steinen [1] zum zweiten
auf dem Plane erscheint. „Mein Eifer," sagt er, „für den Ruhm
der Alten, denen ich große Dankbarkeit schuldig zu seyn glaube,
erlaubt mir nicht, eine Anmerkung hier zu unterdrücken." Und
diese Anmerkung läuft dahin aus, daß nunmehr durch Einen
geschnittenen Stein aus Tausenden, durch eine gewisse Abhandlung des Grafen Caylus, und durch eine bisher unbemerkte
Stelle des Philostratus der Alten ihre Kenntniß und Ausübung
der Perspektiv außer allem Zweifel gesetzt sey.

Ich wünschte sehr, daß sich der Eifer des Herrn Klotz für
den Ruhm der Alten mehr auf Einsicht, als auf Dankbarkeit
gründen möchte! Die Dankbarkeit ist eine schöne Tugend, aber
ohne ein feines Gefühl dringt sie dem Wohlthäter oft Dinge auf,
die er nicht haben mag, und wobei er sich besser befindet, sie
nicht zu haben, als zu haben. Meinem Bedünken nach ist die
Dankbarkeit des Herrn Klotz gänzlich in diesem Falle. Doch davon an einem andern Orte. Jetzt lassen Sie uns sehen, was
Herr Klotz von der Perspektiv überhaupt weiß, und mit welchen
ihm eigenen Gründen er sie den Alten zusprechen zu müssen glaubt.

Herr Klotz erklärt die Perspektiv, in so fern sie in dem
Künstler ist, durch „die Geschicklichkeit, [2] die Gegenstände auf
einer Oberfläche so vorzustellen, wie sie sich unserm Auge in
einem gewissen Abstande zeigen." Diese Erklärung ist von Wort
zu Wort aus dem deutschen Pernety abgeschrieben, welches das
abgeschmackte Oberfläche beweist. Fläche ist für die Malerei
Fläche, sie mag oben, oder unten, oder auf der Seite seyn.

Doch abgeschrieben oder nicht abgeschrieben, wenn sie nur
richtig ist. — Richtig ist die Erklärung allerdings; aber dabei
viel zu weitläuftig, als daß sie bei Entscheidung der vorhabenden
Streitsache im geringsten zu brauchen sey.

Denn ist die Perspektiv weiter nichts als die Wissenschaft,

1 S. 92.
2 Beitrag zur Gesch. der Kunst aus Münzen S. 178.

Gegenstände auf einer Fläche so vorzustellen, wie sie sich in einem gewissen Abstande unserm Auge zeigen: so ist die Perspektiv kein Theil der Zeichenkunst, sondern die Zeichenkunst selbst. Was thut die Zeichenkunst anders, was thut sie im geringsten mehr, als was nach dieser Erklärung die Perspektiv thut? Auch sie stellt die Gegenstände auf einer Fläche vor; auch sie stellt sie vor, nicht wie sie sind, sondern wie sie dem Auge erscheinen, und ihm in einem gewissen Abstande erscheinen. Folglich kann sie nie ohne Perspektiv seyn, und das geringste, was der Zeich= ner vorstellt, kann er nicht anders als perspektivisch vorstellen.

Den Alten in diesem Verstande die Perspektiv absprechen, würde wahrer Unsinn seyn. Denn es würde ihnen nicht die Perspektiv, sondern die ganze Zeichenkunst absprechen heißen, in der sie so große Meister waren.

Das hat niemanden einkommen können. Sondern wenn man den Alten die Perspektiv streitig macht, so geschieht es in dem engern Verstande, in welchem die Künstler dieses Wort nehmen. Die Künstler aber verstehen darunter die Wissenschaft, mehrere Gegenstände mit einem Theile des Raums, in welchem sie sich befinden, so vorzustellen, wie diese Gegenstände, auf verschiedene Plane des Raums verstreut, mit sammt dem Raume dem Auge aus einem und ebendemselben Standorte erscheinen würden.

Diese Erklärung ist mit jener im Grunde eins, nur daß jene, die mathematische, sich auf einen einzelnen Gegenstand be= zieht, diese aber auf mehrere geht, welche zusammen aus dem nämlichen Gesichtspunkte, jedoch in verschiedener Entfernung von diesem gemeinschaftlichen Gesichtspunkte, betrachtet werden. Nach jener können einzelne Theile in einem Gemälde vollkommen per= spektivisch seyn, ohne daß es nach dieser das ganze Gemälde ist, indem es ihm an der Einheit des Gesichtspunkts fehlt und die verschiedenen Theile desselben verschiedene Gesichtspunkte haben.

Herr Klotz scheint von diesem Fehler gar nichts zu verstehen. Er spricht nur immer von der verhältnißmäßigen Verkleinerung der Figuren und der Verminderung der Tinten, und bildet sich ein, daß damit in der Perspektiv alles gethan sey. Aber er sollte wissen, daß ein Gemälde beide diese Stücke gut genug haben und dennoch sehr unperspektivisch seyn kann.

Die bloße Beobachtung der optischen Erfahrung, sage ich im Laokoon, [1] daß ein Ding in der Ferne kleiner erscheint, als in der Nähe, macht ein Gemälde noch lange nicht perspektivisch. Ich brauche also diese Beobachtung den alten Artisten gar nicht abzusprechen; die Natur lehrt sie; ja, es würde mir unbegreiflich seyn, wenn nicht gleich die allerersten darauf gefallen wären. Ob sie aber die mathematische Genauigkeit dabei angebracht, die wir bei unsern auch sehr mittelmäßigen Malern gewohnt sind, ob sie sich nicht mit einem ungefähren Augenmaße begnügt, das ist eine andere Frage, die durch bloße Schriftstellen zum Besten der Alten nicht entschieden werden kann, besonders da so unzählige alte Kunstwerke einer solchen Entscheidung keineswegs günstig sind.

Eben so natürlich ist eine etwanige Verminderung der Tinten; denn eben die tägliche Erfahrung, welche uns lehrt, daß ein Ding in der Entfernung kleiner erscheint, lehrt uns auch, daß die Farben der entfernten Dinge immer mehr und mehr ermatten und schwinden, in einander verfließen und in einander sich verwandeln. Folglich können und müssen die alten Gemälde auch hiervon gezeigt haben; und die, welche ungleich mehr als andere davon zeigten, werden mehr als andere deßhalb seyn gepriesen worden.

Dieses beantwortet die Frage des Herrn Klotz: „Konnten die alten Schriftsteller von einer Sache reden, die nicht da war, und eine Eigenschaft an einem Gemälde rühmen, die niemand sah?" Sie lobten was sie sahen; daß sie aber etwas sahen, was auch wir sehr lobenswürdig finden würden, beweiset ihr Lob nicht.

Doch indeß zugegeben, daß die alten Gemälde in beiden Stücken eben so vollkommen waren, als die besten Gemälde neuerer Zeit: waren sie darum auch eben so perspektivisch? Konnten sie den Fehler darum nicht haben, von dem ich sage, daß Herr Klotz nichts verstehen muß?

Er sieht es nicht gern, [2] daß man sich bei dieser Streitigkeit

1 S. 198.
2 S. 96.

immer auf die Herkulanischen Gemälde beruft. — In seinem Tone zu bleiben; ob er mir schon freilich so wohl nicht lassen wird, — ich sehe es auch nicht gern. Aber unser beider nicht gern Sehen hat ganz verschiedne Ursachen. Herr Klotz sieht es nicht gern, weil unstreitig der blühende Zeitpunkt der Kunst vorbei war, als die Herkulanischen Gemälde verfertigt wurden; und ich sehe es nicht gern, weil, obschon dieser Zeitpunkt vorbei war, dennoch die Meister der Herkulanischen Gemälde von der Perspektiv gar wohl mehr verstehen konnten, als die Meister aus jenem Zeitpunkte, an den wir vornehmlich denken, wenn wir von der Kunst der Alten sprechen. Denn die Perspektiv ist keine Sache des Genies; sie beruht auf Regeln und Handgriffen, die, wenn sie einmal festgesetzt und bekannt sind, der Stümper eben so leicht befolgen und ausüben kann, als das größte Genie.

Aber wenn es Herr Klotz nicht gern sieht, daß wir uns auf die Herkulanischen Gemälde berufen: auf welche will er denn, daß wir uns berufen sollen? Aus dem blühenden Zeitpunkte der Kunst ist schlechterdings kein einziges von den noch vorhandenen alten Gemälden. Wir müssen also diese überhaupt aufgeben, und uns auf die Beschreibungen einschränken, die wir in den Schriften der Alten von einigen der berühmtesten Stücke aus diesem Zeitpunkte finden.

Ich wählte hierzu im Laokoon die Beschreibungen des Pausanias von den zwei großen Gemälden des Polygnotus in der Lesche zu Delphi, und urtheilte, daß diese offenbar ohne alle Perspektiv gewesen. „Eines derselben," höre ich von Herr Klotzen, [1] „soll zu unsern Tagen gleichsam wieder neu seyn geschaffen worden." Ich weiß nicht, welches; von dem Werke, auf das er mich verweiset, habe ich nur die ersten Bände, und ich befinde mich gerade an einem Orte, wo ich wenig andere Bücher brauchen kann, als die ich selbst besitze. Aber es sey das eine oder das andere; wenn es in der neuen Schöpfung Perspektiv bekommen hat, so ist es sicherlich nicht das Gemälde des Polygnotus, sondern ein Gemälde ungefähr des nämlichen Vorwurfs.

Der Hauptfehler, welcher sich in diesen Gemälden des

[1] S. 140.

Polygnotus wider die Perspektiv fand, ist klar und unwidersprech= lich. Um sich Platz für so viele Figuren zu machen, hatte Polygno= tus einen sehr hohen Gesichtspunkt angenommen, aus welchem der ganze weite Raum vom Ufer, wo das Schiff des Menelaus liegt, bis hinein in die verheerte Stadt zu übersehen sey. Aber dieser Gesichtspunkt war bloß für die Grundfläche, ohne es zugleich mit für die Figuren zu seyn. Denn weil aus einem so hohen Ge= sichtspunkte besonders die Figuren des Vordergrundes von oben herab sehr verkürzt und verschoben hätten erscheinen müssen, wo= durch alle Schönheit und ein großer Theil des wahren Ausdrucks verloren gegangen wäre: so ging er davon ab, und zeichnete die Figuren aus dem natürlichen, ihrer Höhe ungefähr gleichen Ge= sichtspunkte. Ja auch diesen behielt er nicht, nach Maaßgebung der vordern Figuren, für alle die entfernten Figuren gleich und einerlei. Denn da, zu Folge der aus einem sehr hohen Gesichts= punkte genommenen Grundfläche, die Figuren, welche hinterein= ander stehen sollten, übereinander zu stehen kamen (welches beim Pausanias aus dem öftern $\dot{\alpha}\nu\omega\vartheta\epsilon\nu$, $\dot{\alpha}\nu\omega\tau\epsilon\rho\omega$ und dergleichen erhellt), so würden diese entfernter oder höher stehende Figuren, wenn er sie aus dem Gesichtspunkte der Figuren des Vorder= grundes hätte zeichnen wollen, von unten hinauf verschoben und verkürzt werden müssen, welches der Grundfläche das Ansehen einer Bergan laufenden Fläche gegeben hätte, da es doch nur eine perspektivisch verlängerte Fläche seyn sollte. Folglich mußte er für jede Figur, für jede Gruppe von Figuren einen neuen, ihrer besondern natürlichen Höhe gleichen Gesichtspunkt annehmen, das ist, er zeichnete sie alle so, als ob wir gerade vor ihnen stünden, da wir sie doch alle von oben herab sehen sollten.

Es ist schwer, sich in dergleichen Dingen verständlich aus= zudrücken, ohne wortreich zu werden. Man kann aber auch noch so wortreich seyn, und gewisse Leute werden uns doch nicht ver= stehen; solche nämlich, denen es an den ersten Begriffen der Sache, wovon die Rede ist, fehlt. Und an diesen fehlt es dem Herrn Klotz in der Perspektiv gänzlich, denn er versteht sich ja auch nicht einmal auf ihre Terminologie.

„Die gewöhnliche Perspektiv der Alten," sagt er, „ist die von uns so genannte Militarperspektiv von oben herein." — Nicht jede Perspektiv von oben herein ist Militarperspektiv. Bei dieser werden zugleich die wahren Maaße der Gegenstände überall bei= behalten, und nichts wird nach Erforderniß der Entfernung ver= kleinert. Folglich ist die Militarperspektiv eigentlich gar keine Perspektiv, sondern ein bloßes technisches Hülfsmittel, gewisse Dinge vors Auge zu bringen, die aus einem niedrigen Gesichts= punkt nicht zu sehen seyn würden, und sie so vors Auge zu bringen, wie sie wirklich sind, nicht wie sie ihm bloß erscheinen. In diesem Verstande also von den Alten sagen, daß ihre gewöhnliche Per= spektiv die Militarperspektiv gewesen, heißt ihnen in den gewöhn= lichen Fällen schlechterdings alle Perspektiv absprechen. Nur die= jenige Perspektiv aus einem hohen Gesichtspunkte ist wahre Perspektiv, die alles und jedes nach Maaßgebung der Höhe und Entfernung dieses Gesichtspunkts verkleinert, verkürzt und ver= schiebt, welches die Militarperspektiv aber nicht thut, und welches auch in den Gemälden des Polygnotus nicht geschehen war.

Eben so wenig wird es in den Münzen geschehen seyn, welche Herr Klotz zum Beweise anführt, wie gut sich die Alten auf die von ihm so genannte Militarperspektiv verstanden! Ich mag mir nicht einmal die Mühe nehmen, sie nachzusehen. Gleichwohl darf er in dem ihm eigenen Tone hinzusetzen: „Sollten diese Zeugnisse nicht einmal die ewigen Anklagen der Alten wegen der Unwissenheit der Perspektiv vermindern?" Allerdings sollten sie nicht, sondern Herr Klotz sollte erst lernen, was Perspektiv sey, ehe er einen so entscheidenden Ton sich anmaßt.

„Die Alten," fährt er fort, „haben zugleich den Plan von ihren Gebäuden gewiesen, und wenn sie den Augenpunkt sehr scharf hätten nehmen wollen, so würden sie ein allzu hohes Relief gebraucht haben. Hätten sie das Relief flach gehalten, so würde die Münze ohne Geschmack, gothisch oder nach der Art unserer neuen Münzen ausgefallen seyn."

O schön! o schön! Kauderwelscher könnte Crispin in der Komödie, wenn er sich für einen Maler ausgiebt, die Kunst= wörter nicht unter einander werfen, als hier geschehen ist. — „Die Alten haben zugleich den Plan von ihren Ge= bäuden gewiesen." Wie zugleich? Zugleich mit den Außen= seiten? Wie machten sie das? Zeichneten sie, wie wir in unsern architektonischen Rissen, etwa den Grundriß neben die Façade? Oder wie? — „Wenn sie den Augenpunkt zu scharf hätten nehmen wollen;" — Was heißt das, den Augenpunkt zu scharf nehmen? Heißt das, sich zu scharf an die Einheit des Augenpunkts halten? Oder was heißt es? — „so würden sie ein allzuhohes Relief gebraucht haben." Was hat der Augenpunkt mit dem Relief zu thun? Bestimmt der Augenpunkt, wie hoch oder wie flach das Relief seyn soll? — „Hätten sie das Relief flach gehalten;" — Nun, was denn? was wäre alsdann geworden? — „so würde die Münze ohne Geschmack, gothisch oder nach der Art unserer neuen Münzen ausgefallen seyn." O Logik und alle Musen! Ein Mann, der so schließen kann, untersteht sich von der Kunst zu schreiben? Also ist eine Münze von flachem Relief nothwendig ohne Geschmack und gothisch? Also ist es nicht möglich, daß wir in einem flachen Relief eben so viel erkennen können, als in einem hohen? Also kann in einem flachen Relief nicht eben so viel, ja wohl noch mehr Kunst seyn, als in einem hohen? O Logik und alle Musen! Der Mann hat läuten hören, aber nicht zusammen schlagen. Weil man das hohe Relief auf Münzen vorzieht, aus Ursache, daß es Münzen sind, daß es Werke sind, die sich sehr abnutzen; weil man aus dieser Ursache das flache Relief an cursirenden Münzen mißbilligt, daraus schließt er, daß das flache Relief überhaupt ohne Geschmack und gothisch ist? O Logik und alle Musen!

Zehnter Brief.

Ich sagte in meinem Vorigen, daß ein Gemälde die verhältnißmäßige Verkleinerung der Figuren und die Verminderung der Tinten gut genug haben, und dennoch nicht perspektivisch seyn könne, falls ihm die Einheit des Gesichtspunkts fehle.

Gut genug; Sie wissen was man gut genug heißt. Lassen Sie mich mit diesem gut genug ja nicht mehr sagen, als ich sagen will. Gut genug, wenn man das recht Gute dagegen stellt, ist nicht viel mehr als ziemlich schlecht.

Denn wie in der Natur alle Phänomene des Gesichts, die

Erscheinung der Größe, die Erscheinung der Formen, die Erscheinung des Lichts und der Farben, und die daraus entspringende Erscheinung der Entfernung, unzertrennlich verbunden sind: so auch in der Malerei. Man kann in keiner den geringsten Fehler begehen, ohne daß sie nicht zugleich alle zweideutig und falsch werden.

Hatte das Gemälde des Polygnotus einen vielfachen Gesichtspunkt: so hatte es nothwendig mehr Fehler gegen die Perspektiv, oder vielmehr kein Stück derselben konnte seine eigentliche Richtigkeit haben; es konnte von allen nur so etwas da seyn, als genug war ein ungelehrtes Auge zu befriedigen. Hier nenne ich es ein ungelehrtes Auge, an einem andern Orte werde ich es ein unverzärteltes Auge, ein Auge nennen, das noch nicht verwöhnt ist, sich durch den Mangel zufälliger Schönheiten in dem Genusse der wesentlichen stören zu lassen. Räthsel! wird Herr Klotz rufen. Ich mache keinen Anspruch mehr darauf, von ihm verstanden zu werden.

Ein vielfacher Gesichtspunkt hebt nicht allein die Einheit in der Erscheinung der Formen, sondern auch die Einheit der Beleuchtung schlechterdings auf. Was kann aber, ohne Einheit der Beleuchtung, für eine perspektivische Behandlung der Tinten stattfinden? Die wahre gewiß nicht; und jede andere als diese ist im Grunde so gut als keine, ob sie schon immer auf den einigen Eindruck machen kann, der die wahre nirgends gesehen. In einem etwanigen Abfalle von Farben, in Ansehung ihrer Lebhaftigkeit und Reinigkeit, mochte die ganze Luftperspektiv des Polygnotus bestehen.

Selbst die verhältnißmäßige Verkleinerung der Figuren kann in dem Gemälde des Polygnotus nicht gewesen seyn, sondern ungefähr so etwas ihr ähnliches. Denn man erwäge den Raum von dem Ufer, wo die Flotte der Griechen lag, bis hinein in die verheerte Stadt, und urtheile, von welcher kolossalischen Größe die Figuren des Vordergrundes angelegt seyn müßten, wenn, nach den wahren perspektivischen Verhältnissen, die Figuren des hintersten Grundes im Geringsten erkenntlich seyn sollten.

Eben das hätte sich Moor fragen müssen, und er würde lieber von gar keiner Perspektiv in dem allegorischen Gemälde des Cebes gesprochen haben. Ich biete dem größten Zeichner Trotz, etwas daraus zu machen, was die Probe halte. Alle bisherige Versuche sind gerade so gerathen, wie sie ungefähr Kinder befriedigen können. Der erträglichste ist der von dem jüngern Merian, welcher ganz von den Worten des Cebes abging, indem er die verschiedenen Umzäunungen in einen schroffen Felsen mit eben so vielen Absätzen verwandelte, und dennoch nichts Perspektivisches herausbringen konnte. Seine Figuren verjüngen sich von unten bis oben: aber perspektivisch? So wie sich die in dem Gemälde des Polygnotus mögen verjüngt haben, wo man, von dem Schiffe des Menelaus bis hinein in die Stadt, noch das Parderfell erkannte, welches Antenor über die Thüre seines Hauses zum Zeichen der Verschonung aufgehangen hatte.

Eilfter Brief.

Es würde eine sehr undankbare Arbeit seyn, alle Stellen und Beispiele zu prüfen, die Herr Klotz zum Behuf seiner guten Meinung von der Perspektiv der Alten dem Caylus abborgt, oder aus den Schätzen seiner eigenen Belesenheit beizubringen vorgiebt. Nur von einigen ein Wort.

Was für eine perspektivische Anordnung kann Caylus in der Aldobrandinischen Hochzeit gefunden haben? Sie hat höchstens keine Fehler gegen die Perspektiv, weil sich der Meister keine Gelegenheit gemacht hatte, dergleichen zu begehen. Er hat alle seine Personen nach der Schnur neben einander gestellt; sie stehen alle auf einem und eben demselben Grunde; wenigstens nicht auf so verschiedenen Gründen, daß die geringste Verjüngung unter ihnen möglich wäre.

Das, was Plinius von dem Ochsen des Pausias sagt, zu Perspektiv machen, heißt mit dem Worte tändeln. Es war Perspektiv in dem weitläufigen Verstande, in welchem sie, wie ich schon erinnert, kein Mensch den Alten abgesprochen hat, noch absprechen kann.

Lauter Wind, wenn Herr Klotz versichert, „daß Lucian von der perspektivischen Anordnung in einem Gemälde des Zeuxis so weitläufig rede, daß diese Stelle bei dieser Streitigkeit noth-

wenbig geprüft werden müsse!" Er nennt sie ungemein ent=
scheidend, und sie entscheidet schlechterdings nichts. $\dot{A}\pi o\tau\varepsilon\iota\nu\alpha\iota$
$\tau\alpha\varsigma$ $\gamma\rho\alpha\mu\mu\alpha\varsigma$ $\dot{\varepsilon}\varsigma$ τo $\dot{\varepsilon}\upsilon\vartheta\upsilon\tau\alpha\tau o\nu$, was ist es anders, als ein
correkter Contour? was die $\dot{\alpha}\varkappa\rho\iota\beta\eta\varsigma$ $\varkappa\rho\alpha\sigma\iota\varsigma$, die $\dot{\varepsilon}\upsilon\varkappa\alpha\iota\rho o\varsigma$ $\dot{\varepsilon}\pi\iota$-
$\beta o\lambda\eta$ $\tau\omega\nu$ $\chi\rho\omega\mu\alpha\tau\omega\nu$ anders, als die schickliche Verbindung
und fleißige Verschmelzung der Localfarben? Das $\sigma\varkappa\iota\alpha\sigma\alpha\iota$ $\dot{\varepsilon}\varsigma$
$\delta\varepsilon o\nu$ ist die gute Vertheilung von Licht und Schatten; mit
einem Worte, das Hellbunkle. Der $\lambda o\gamma o\varsigma$ $\tau o\upsilon$ $\mu\varepsilon\gamma\varepsilon\iota\vartheta o\upsilon\varsigma$ ist
nicht das Verhältniß der scheinbaren Größen, in Absicht der
Entfernung, sondern das Verhältniß an Größe wirklich verschie=
dener Körper; namentlich in dem Gemälde, wovon die Rede
ist, das Verhältniß der jungen Centauren gegen die alten. Die
$\iota\sigma o\tau\eta\varsigma$ $\tau\omega\nu$ $\mu\varepsilon\rho\omega\nu$ ¹ $\pi\rho o\varsigma$ τo $\dot{o}\lambda o\nu$, die $\dot{\alpha}\rho\mu o\nu\iota\alpha$, ist das
Ebenmaaß der Theile zu dem Ganzen, der Glieder zu dem Körper,
die Uebereinstimmung des Verschiednen. Und nun frage ich:
welches von diesen Stücken bezieht sich nothwendig auf die Per=
spektiv? Keines; jedes derselben ist ohne Unterschied allen Ge=
mälden, auch denen, in welchen gar keine Perspektiv angebracht
worden, den Gemälden eines einzelnen Gegenstandes, dem bloßen

---

¹ Herr Klotz muß sich einbilden, daß er seinen Lesern weiß machen
kann, was ihm beliebt, und daß sie ihm auf sein Wort glauben müssen,
was er will. „Einige Ausgaben, sagt er, haben $\tau\omega\nu$ $\mu\varepsilon\tau\rho\omega\nu$: welche
Lesart mir richtiger scheint, obgleich jene sich auch vertheidigen läßt."
Nicht einige, sondern die meisten Ausgaben und Handschriften lesen $\mu\varepsilon$-
$\tau\rho\omega\nu$; der Verstand aber duldet dieses $\mu\varepsilon\tau\rho\omega\nu$, wie Grävius erwiesen
hat, so wenig, daß es lächerlich ist zu sagen, es scheine die richtigere
Lesart zu seyn, wenn man sie noch dazu für die ungewöhnlichere aus=
giebt. Die Mehrheit der Handschriften und Ausgaben ist das einzige,
was sie für sich hat, und ich möchte doch wissen, wie sie Herr Klotz
sonst vertheidigen wollte. Er zieht sie bloß vor, um etwas von Men=
suren in der Stelle zu finden, die er auf die Verhältnisse der Perspektiv
deuten könnte. — Sonst muß ich noch erinnern, daß Lucian nicht in
seinem Herodotus, wie Herr Klotz citirt, sondern im Zeuxis dieses Ge=
mälde beschreibt; und daß, wenn Herr Klotz sagt: „die Copie desselben
sey in Rom gewesen, da das Original, welches Sulla nach Rom schicken
wollen, im Schiffbruch untergegangen," es das erstemal für Rom Athen
heißen muß. Von dergleichen Fehlern, welche die Eilfertigkeit des Schrei=
bers verrathen, wimmelt das Buch.

Porträt, wenn es schön und vollkommen seyn soll, unentbehrlich. Es sind Eigenschaften eines guten Gemäldes überhaupt, bei welchen das Perspektivische seyn und nicht seyn kann.

Mich dünkt sogar, es aus einem Zuge des Lucians selbst beweisen zu können, daß dieses Gemälde des Zeuxis von der Seite der Perspektiv sehr mangelhaft gewesen. Denn wenn er den alten Centaur beschreiben will, so sagt er: $\dot{\alpha}\nu\omega\ \delta\varepsilon\ \tau\eta\varsigma$ $\dot{\varepsilon}\iota\varkappa o\nu o\varsigma,\ o\iota o\nu\ \dot{\alpha}\pi o\ \tau\iota\nu o\varsigma\ \sigma\varkappa o\pi\eta\varsigma\ \dot{I}\pi\pi o\varkappa\varepsilon\nu\tau\alpha\upsilon\varrho o\varsigma\ \tau\iota\varsigma\ \dot{\varepsilon}\pi\iota$-$\varkappa\upsilon\pi\tau\varepsilon\iota\ \gamma\varepsilon\lambda\omega\nu$: er sey oben an dem Bilde zu sehen gewesen, und habe sich von da, gleichsam wie von einer Warte, gegen seine Jungen lachend herabgeneigt. Dieses gleichsam wie von einer Warte scheint mir nicht undeutlich anzuzeigen, daß Lucian selbst nicht gewiß gewesen, ob die Figur nur rückwärts oder auch zugleich höher gestanden. Ich glaube die Anordnungen der alten Basreliefs zu erkennen, wo die hintersten Figuren immer über die vordersten wegsehen, nicht weil sie wirklich höher stehen, sondern bloß, weil sie weiter hinten zu stehen scheinen sollen. Jedoch will ich damit nicht sagen, daß die Stellung der Figuren, so wie sie Lucian beschreibt, nicht einer völlig richtig perspektivischen Behandlung fähig wäre, sondern ich will nur sagen, daß wenn Lucian eine dergleichen Behandlung vor sich gehabt hätte, er sich schwerlich darüber so dürfte ausgedrückt haben.

Endlich auf die bisher unbemerkte Stelle des Philostratus zu kommen: so weiß ich nicht, welches die größere Armseligkeit ist, sie eine bisher unbemerkte Stelle zu nennen, oder Perspektiv in ihr finden zu wollen. Philostratus rühmt an den Gemälden des Zeuxis, des Polygnotus, des Euphranor, $\tau o\ \dot{\varepsilon}\upsilon\sigma\varkappa\iota o\nu$, die gute Schattirung, $\tau o\ \dot{\varepsilon}\upsilon\pi\nu o\upsilon\nu$, das Lebende, und $\tau o\ \dot{\varepsilon}\iota\sigma\varepsilon\chi o\nu$ $\varkappa\alpha\iota\ \dot{\varepsilon}\xi\varepsilon\chi o\nu$, das Herausspringende und Zurückweichende. Was haben diese Eigenschaften mit der Perspektiv zu thun? Sie können alle in einem Gemälde seyn, wo gar keine Perspektiv angebracht, wo sie mit den gröbsten Fehlern angebracht ist. Sie beziehen sich insgesammt auf die kräftige Wirkung des Schattens, durch welchen allein wir die tiefern Theile eines Körpers von den hervorragenden unterscheiden, welcher allein es macht, daß die Figur sich rundet, aus der Tafel oder dem Tuche gleichsam hervortritt, und nicht das bloße Bild des Dinges, sondern das Ding selbst zu seyn scheint. Mußte des Apelles Alexander, mit dem Blitze in der Hand, von welchem Plinius sagt: digiti eminere videbantur, et fulmen extra tabulam esse, mußte er darum, weil er das $\varepsilon\iota\sigma\varepsilon\chi o\nu$ und $\check{\varepsilon}\xi\varepsilon\chi o\nu$ in so hohem Grade hatte, nothwendig auch ein Werk seyn, welches Perspektiv, und eine richtige Perspektiv zeigte? Und dennoch darf Herr Klotz von der Stelle des Philo= stratus sagen: „sie kann von nichts anders handeln, 'als von der Kunst des Malers, gewisse Dinge auf dem Vordergrunde und andere auf dem Hintergrunde des Gemäldes erscheinen zu lassen, andere zu entfernen und andere dem Auge zu nähern." Nein, kahler und zugleich positiver kann sich kein Mensch ausdrücken, als Herr Klotz! Sie kann von nichts anders handeln? Und gleich= wohl handelt sie von etwas anderm. Wenn sie aber auch wirklich davon handelte, wovon Herr Klotz sagt; wäre dadurch die Perspektiv der alten Gemälde erwiesen? Wer hat denn in der Welt, indem er ihnen die Perspektiv abgesprochen, ihnen zugleich alle ver= schiedene Gründe, alle Entfernungen absprechen wollen? „Ist aber dieses Verschießen," fährt Herr Klotz fort, „diese Schwächung, oder stufenweise Verringerung des Lichts und der Farbe, nicht eine Folge einer wohlbeobachteten Perspektiv?" Was steht von alle dem in der Stelle des Philostratus? Kein Wort. Und wie schielend heißt es sich ausdrücken, das, wodurch eine Sache wirk= lich wird, zu einer Folge dieser Sache zu machen! Denn nicht die stufenweise Verringerung des Lichts und der Farbe ist eine Folge der wohlbeachteten Perspektiv, sondern diese ist vielmehr eine Folge von jener. Doch das Schielende ist der eigentliche Charakter des Klotzischen Styls, und es steht in keines Menschen Macht von einer Sache, die er nicht versteht, anders als schielend zu sprechen.

Wenn er denn nur bescheiden spricht, im Fall er sich ge= zwungen sieht, von einer solchen Sache zu sprechen! Aber zugleich den Ton eines Mannes annehmen, von dem man neue Ent= deckungen darin erwarten darf, ungefähr wie dieser: „Ich will noch eine andere bisher unbemerkte Stelle aus dem Philostratus herschreiben;" was dünkt Ihnen davon, mein Freund? Eine bisher unbemerkte und folglich von Herr Klotzen zuerst, von ihm allein bemerkte Stelle! Ist sie das, diese Stelle des Philostratus? Nichts weniger. Er selbst findet sie bereits vom Junius und Scheffer genutzt; aber freilich mag es weder Junius noch Scheffer seyn, dem er ihre erste Nachweisung zu danken hat. Ich denke, ich kenne den rechten, dem Herr Klotz seinen kleinen Dank hier schuldig bleibt. Es ist unstreitig Du Soul; denn als er in der Reitzischen Ausgabe des Lucians jene Beschreibung von dem Gemälde des Zeuxis nachlas, fand er in den Anmerkungen dieses Gelehrten bei dem σκιασαι ἐς δεον nicht allein einen Ausfall wider die Perraults, als Verächter der alten Malerei, sondern auch die nämliche Stelle des Philostratus dabei angeführt.[1] Nun schlug Herr Klotz selbst nach, und weil er das, was Du Soul nur der Seite nach citirt hatte, auch nach dem Capitel citiren zu können, für sich aufbehalten sah: so glaubte er Recht zu haben, etwas, das Er bisher noch nicht bemerkt hatte, überhaupt bisher unbemerkt nennen zu dürfen. Der Unterschied mag wohl so groß nicht seyn; ich fürchte nur, es wird ein dritter kommen, der auch Herr Klotzen die erste Bemerkung durch eine noch genauere Citation streitig macht. Denn so wie Herr Klotz die Anführung des Du Soul Philost. p. 71. durch Philost. Vit. Apollon. c. 20. p. 71. berichtigt, so läßt sich seine Anführung, durch Einschiebung Lib. II. gleichfalls noch mehr berichtigen. Denn das Leben des Apollonius hat acht Bücher, und es wäre schlimm, wenn der, welcher die Ausgabe des Olearius nicht hat, in allen acht Büchern darnach suchen müßte. —

Sie lachen über mich, daß ich mich bei solchen Kleinigkeiten aufhalten kann. — Ja wohl Kleinigkeiten! Wenn man denn nun aber einen Mann vor sich hat, der sich auf solche Kleinigkeiten brüstet? — Bisher unbemerkt! Von mir zuerst bemerkt! — Ist es nicht gut, daß man diesem Manne zum Zeitvertreibe einmal weiset, daß er auch in solchen Kleinigkeiten das nicht ist, was er sich zu seyn einbildet? —

Sogar Webb hat diese Stelle des Philostratus gebraucht.[2]

---

1 At, si Perraltos audias, hoc pictoribus antiquis ne in mentem quidem venerat. Vid. Philost. p. 71 et Junius de Pict. Vet. III. 3.

2 S. 100 deut. Uebers.

Zwölfter Brief.

Wahrhaftig, Sie haben Recht: das hätte ich bedenken sollen. Allerdings ist Herr Klotz der erste, welcher die Stelle des Philostratus bemerkt hat; nicht zwar nach ihren Worten, aber doch nach ihrem geheimen Sinne. Denn wem ist es vor ihm eingekommen, das geringste von Perspektiv darin zu finden? Junius, Scheffer, Du Soul, Webb, haben sie alle bloß von der Schattirung verstanden. Die guten Leute! Von der Perspektiv ist sie zu verstehen; Herr Klotz ist der erste, der dieses sagt, — und auch der letzte, hoff ich.

Aber lassen Sie mich nicht vergessen, bei welcher Gelegenheit Herr Klotz die Ausschweifung über die Perspektiv der Alten in seinem Buche macht. Ohne Zweifel bei der großen Menge geschnittener Steine, welche sie unwidersprechlich beweisen! Ja wohl: und wie viele meinen Sie, daß er deren anführt? In allen, Summa Summarum, richtig gerechnet — einen. Und dieser eine ist gerade der, von welchem Herr Lippert, aus dem er ihn anführt, ausdrücklich sagt: „daß er gewiß glaube, er sey der einzige in seiner Art; denn unter so vielen Tausenden, die er gesehen, hab er nichts ähnliches angetroffen, wo die Perspektiv so wäre beobachtet worden."

„Ueberhaupt, sagt Herr Lippert,[1] ist die Perspektiv bei den Alten sehr geringe. Es hat aber doch Leute gegeben, die solche als ein Wunderwerk an ihnen gelobt. Aber wie weit kann die Liebhaberei einen nicht treiben? Wenn ich die Beschreibung oder Erklärung eines alten Werks etwa in einem Buche gelesen, worinnen von dessen schöner Perspektiv etwas gesagt worden, habe ich auch allemal lachen müssen; denn das sonst accurate Kupfer hat mir allemal das Gegentheil gezeigt. Denn ich konnte an dem Bilde nicht einen einzigen Zug, der nach den Regeln dieser Wissenschaft gewesen wäre, erkennen, aber wohl solche Fehler, die man auch einem Anfänger in dieser Wissenschaft nicht vergeben würde. Die Alten ahmten die Dinge so ungefähr nach, wie sie sich dem Auge darstellten, ohne die Regeln und Ursachen zu

---

[1] Daktyl. Vorbericht. S. XVIII.

wissen, warum die entfernten Dinge im Auge verkürzt oder kleiner erscheinen. Es ist aber etwas sehr gemeines, daß man von Sachen urtheilt, wovon man doch nichts versteht."

Wie kömmt es, da Hr. Klotz sonst sich die Einsichten des Hrn. Lippert so frei zu Nutze gemacht, daß er es nicht auch in diesem Puncte gethan? Hr. Lippert sagt nichts mehr, als was alle Künstler sagen. Er nicht allein, sie alle lachen, wenn ihnen der Gelehrte in den alten Kunstwerken Perspektiv zeigen will. Aber Hr. Klotz hatte bereits seinen Entschluß genommen; seine Ehre war einmal verpfändet; er hält bei der Stange. Der Künstler, denkt er, sind so wenige; laß sie lachen! Sie können dich doch nicht um dein Ansehen lachen, das sich auf den Beifall ganz anderer Leute gründet! —

Und hat er nicht seinen Caylus zum Rückenhalter? Auch noch Einen solchen Mann möchte er sich gern dazu aussparen. Aber ich fürchte, daß ihn dieser im Stiche läßt, denn dieser fand in der Folge das Perspektivische in den Herkulanischen Gemälden nicht, welches er sich damals darin zu finden versprach, als er nicht so gar unverhörter Sache die Alten deßfalls verdammt wissen wollte. [1]

Daß solches auch mehr geschehen zu seyn schien, als wirklich geschehen war, zeigt sich nunmehr in den Nachrichten von Künstlern und Kunstsachen, [2] deren Verfasser gewiß nicht proletarische Kenntnisse von beiden besitzt. Ich hätte daher gern den Hrn. Klotz an diesen Schriftsteller verwiesen. Aber seine deutsche Bibliothek ist mir zuvor gekommen, [3] und hat diesen Schriftsteller bereits an Hr. Klotzen verwiesen. Diesen Schriftsteller an Hr. Klotzen! Nun das ist wahr: die deutsche Bibliothek versteht sich darauf, welcher Gelehrte von dem andern noch etwas lernen könnte. Welch ein unwissender Mann ist dieser Schriftsteller, der uns auf einen Daniel Barbaro, auf einen Lomazzo, auf einen Fonseca, ja gar auf den pedantischen Commentator eines wunderlichen Poeten wegen der Perspektiv der Alten ver-

---

1 Bibl. der sch. Wissensch. und der fr. K. B. VI. Stück 2. S. 676, verglichen mit S. 185 der Betrachtung über die Malerei.

2 S. 183.

3 Fünftes Stück S. 132.

weist, und gerade die beiden Hauptabhandlungen des Sallier und Caylus in den grundgelehrten Werken der französischen Akademie der Inschriften, aus welchen Hr. Klotz seine Weisheit, wie aus der Quelle, geschöpft, gar nicht zu kennen scheint!

Freilich ist das arg; aber doch, dächte ich, stellt sich die deutsche Bibliothek diesen Schriftsteller ein wenig gar zu unwissend vor. Weil er in das Verzeichniß der Kupferstiche nach dem Michel Angelo auch ein Blatt von dem so genannten Petschaftringe dieses Meisters bringt, so möchte sie lieber gar argwohnen: „er habe geglaubt, Michel Angelo sey der Verfertiger davon gewesen." Nein, das kann er wohl nicht geglaubt haben; denn drei Zeilen darauf führt er den Titel einer Schrift an, wo dieser Petschaftring ausdrücklich une Cornaline antique, nommée le cachet de Michelange, heißt. Und so viel Französisch mag er doch wohl verstehen!

Dreizehnter Brief.

Warum sollte der Liebhaber die Abbildung eines alten geschnittenen Steines, den Michel Angelo so werth hielt, der mit unter die Antiken gehört, nach welchen Michel Angelo studirte, aus welchem Michel Angelo sogar Figuren entlehnte, nicht in eben das Portefeuille mit legen dürfen, in welchem er die Kupfer nach diesem Meister aufhebt? Sind doch die Kupfer der ganzen ersten Classe, welche die Bildnisse desselben vorstellen, eben so wenig Kupfer nach Gemälden von ihm. Genug, daß sie eine so genaue Beziehung auf ihn haben.

Das fühlt jeder: nur ein Kritikaster wie F. will es nicht fühlen. Denn hier oder nirgends kann er einen Brocken Weisheit wieder auskramen, den er sich selbst erst gestern oder ehegestern einbettelte. „Wie kömmt, fragt er, unter das Verzeichniß der Arbeiten dieses Künstlers das berühmte Cachet de Michelange?" Hat der Schriftsteller, den er zu hofmeistern denkt, ein Verzeichniß der Arbeiten dieses Künstlers liefern wollen? Ich denke bloß ein Verzeichniß der Kupferstiche von verschiedenen Arbeiten desselben, und es fehlt viel, daß sie alle gestochen seyn sollten. „Der Verfasser, fährt er fort, wird doch nicht geglaubt haben, daß er der

Verfertiger desselben gewesen." Nun ja; ein Mann, der das Leben dieses Künstlers aus dem Condivi und Gori, aus dem Vasari und Bottari sich bekannt gemacht hat, kann freilich so viel nicht wissen, als Hr. F., der den Artikel im Füeßlin von ihm gelesen. Von so einem Manne kann man freilich ohne Bedenken schreiben: „Ueberhaupt muß er dieses berühmte Werk der Steinschneiderkunst gar nicht kennen." Und warum denn nicht? Hören Sie doch den schönen Grund! Weil er hinzugesetzt hat: „Die Abdrücke ohne Buchstaben sind schön und rar." — „Dieses versteh ich nicht!" ruft Hr. F. — Nicht? Hr. F. hat doch wohl nicht das auf die Abdrücke des Steins gezogen, was der Verfasser von den Abdrücken der Piccart'schen Platte sagt!

Und solches Zeug in den Tag hineinschreiben, nennen die Herren kritisiren. War es nicht auch eben dieser F., welcher in einem von den vorhergehenden Stücken der Bibliothek einem Schriftsteller, dem er doch ja von weitem erst möchte nachdenken lernen, ehe er das geringste an ihm aussetzt, Schuld gab, er habe nicht gewußt, was ein Torso sey?

Wie glauben Sie, daß dem armen Schriftsteller zu Muthe werden muß, wenn er sich so etwas gerade auf den Kopf zugesagt findet? Nur neulich ward es mir auch so gut, eine kleine Erfahrung davon zu machen.

Ich lese eine Recension von dem neuesten Werke des Herrn Winkelmanns, [1] und auf einmal stoße ich auf folgende Stelle: „Beim Laokoon gedenkt Herr Winkelmann Hrn. Lessings als eines einsichtsvollen und gelehrten Schriftstellers, bleibt aber dabei, es wahrscheinlicher zu finden, daß die Künstler des Laokoon in die schönsten Zeiten gehören; nicht zwar nach Widerlegung des Lessing'schen Grundes, der aus der Zusammenstellung dieser Künstler mit jüngern beim Plinius und aus dem ganzen Zusammenhange genommen ist, sondern durch Anführung zwo neuer Gründe, von denen der eine das Alter der Buchstabenzüge auf der zu Nettuno gefundenen Steinschrift, mit dem Namen des Athanodors, Agesanders Sohns, der andere die Arbeit an der Gruppe selbst ist. Denn diese kömmt an den Köpfen der beiden Söhne

---

1 Göttingische Anzeigen 22. und 23. Stück dieses Jahres.

vollkommen mit den beiden Ringern zu Florenz, in welchen Hr. W. Söhne der Niobe entdeckt hat, überein. Da hier Hr. W. seines Landsmannes Erwähnung thut, so dürfte es jemanden wundern, warum er nicht beim Borghesischen Fechter eben desselben Deutung dieses Fechters auf den Chabrias angeführt hat; allein diese Vorbeilassung gereicht dem Hrn. Winkelmann zur Ehre; er hätte Hr. Lessingen sagen müssen, daß er jenen Fechter mit einer Statue in Florenz verwechselt hat, welche im Museum Florent. Tab. 77 unter dem Namen Miles Veles steht, und einen ähnlichen Ausfall thut, aber doch nicht obnixo genu scuto."

Wer vom Himmel fiel, das war ich! Du hast nicht recht gelesen! sagt' ich mir. Ich las nochmals und nochmals; je öfter ich las, je betäubter ward ich. Noch jetzt weiß ich nicht, was ich anders aus der letzten Hälfte dieser Stelle machen soll, als ein christliches Präservativ, über den Anfang derselben nicht allzu stolz zu werden.

Verwechselt soll ich den Borghesischen Fechter und mit einer Statue in Florenz verwechselt haben? Aus Großmuth soll mir Hr. Winkelmann diese Verwechslung nicht aufgemutzt haben? Aber der Recensent ist so großmüthig nicht, er mutzt mir sie auf. Bei allem, was mir werth ist! ich wollte diesem für seine Aufrichtigkeit, so sehr sie mich auch beschämen möchte, unendlich verbundener seyn, als dem Hrn. Winkelmann für seine Großmuth, die mich lieber nicht belehren, als beschämen will! Aber wie kann ich?

Hr. Winkelmann konnte mich schlechterdings nicht beschämen, ohne sich selbst zu beschämen. Denn wenn ich den Borghesischen Fechter verwechselt habe, so hat auch Er ihn verwechselt. Ich habe keine andere Statue gemeint, als die Er unter diesem Namen meint; keine andere, als die Ihm der Herr v. Stosch für einen Discobulus einreden wollte; keine andere, als die Er eben so wenig für einen Fechter, als für einen Discobulus, sondern für einen Soldaten erkennt, der sich in einem gefährlichen Stande besonders verdient gemacht hatte. Diese, diese Statue habe ich auf den Chabrias gedeutet; und ist diese Statue nicht der Borghesische Fechter, ist sie der Miles Veles in dem Florentinischen Museo: wie gesagt, so hat beide diese Werke Hr. Winkelmann selbst und zuerst verwechselt; seine Verwechslung hat die meinige veranlaßt.

Kein Mensch wird das von Hr. Winkelmannen glauben wollen; aber dem ungeachtet wohl von mir. Denn ich, ich bin nicht in Italien gewesen; ich habe den Fechter nicht selbst gesehen! — Was thut das? Was kömmt hier auf das selbst Sehen an? Ich spreche ja nicht von der Kunst; ich nehme ja alles an, was die, die ihn selbst gesehen, an ihm bemerkt haben; ich gründe ja meine Deutung auf nichts, was ich allein daran bemerkt haben wollte.

Und habe ich denn nicht Kupfer vor mir gehabt, in welchen die ganze Welt den Borghesischen Fechter erkennt? Oder ist es nicht der Borghesische Fechter, welcher bei dem Perrier (Taf. 26, 27, 28, 29) von vier Seiten, bei dem Maffei (Taf. 75, 76) von zwei Seiten, und in dem lateinischen Sandrart (S. 68) gleichfalls von zwei Seiten erscheint? Diese Blätter, erinnere ich mich, vor mir gehabt zu haben, den Miles Veles in dem Florentinischen Museum hingegen nicht; wie ist es möglich, daß ich beide Figuren dem ungeachtet verwechseln können?

Endlich, worin habe ich sie denn verwechselt? Man verwechselt zwei Dinge, wenn man dem einen Eigenschaften beilegt, die nur dem andern zukommen. Welches ist denn das Eigene des Miles Veles, das ich dem Borghesischen Fechter angedichtet hätte? Weil beide einen ähnlichen Ausfall thun: so hätte ich sie verwechseln können; aber muß ich sie darum verwechselt haben?

Ich werde die erste Gelegenheit ergreifen, den göttingischen Gelehrten inständigst um eine nähere Erklärung zu bitten.

Was noch überhaupt gegen meine Deutung jenes sogenannten Fechters bisher erinnert worden, ist nicht von der geringsten Erheblichkeit. Man hätte mir etwas ganz anderes einwenden können, und die Wahrheit zu sagen, nur diese Einwendung erwarte ich, um sodann entweder das letzte Siegel auf meine Muthmaßung zu drücken, oder sie gänzlich zurück zu nehmen.

Vierzehnter Brief.

Und nun fragen Sie mich: was ich von dem Buche des Hrn. Klotz überhaupt urtheile?

Wollen Sie auch glauben, daß ich ohne Groll urtheile? daß ich nicht anders urtheilen würde, wenn er mich eben so oft darin gerühmt hätte, als er mich getadelt hat?

So urtheile ich, daß das Buch des Hrn. Klotz „über den Nutzen und Gebrauch der alten geschnittenen Steine und ihrer Abdrücke" ein ganz nützliches Buch für den seyn kann, welcher von der darin abgehandelten Materie ganz und gar nichts weiß, und sich in der Geschwindigkeit eine Menge Ideen davon machen will, ohne daß ihm an der Deutlichkeit und Richtigkeit dieser Ideen viel gelegen ist.

Wenn Mariette, wenn Caylus, wenn die Ausleger und Beschreiber der verschiedenen Daktyliotheken, wenn Winkelmann und Lippert das ihrige zurück nehmen, so steht die Krähe wieder da!

Hätte Hr. Klotz bloß aus fremden, seltenen Büchern zusammen getragen, so könnten wir ihm noch Dank wissen. Was ein Deutscher einem Ausländer abnimmt, sey immer gute Prise. Aber sollte er seine eigene Landsleute plündern? —

Erlauben Sie mir, Ihnen die näheren Erörterungen hierüber nach und nach zukommen zu lassen.

Fünfzehnter Brief.

Sie scheinen zur Entschuldigung des Hrn. Klotz zu glauben, daß man in dergleichen Dingen nichts anders thun könne, als zusammen tragen.

Doch wohl! — Und wenigstens kann man als ein denkender Kopf zusammen tragen. —

Hr. Klotz hat auch selbst geglaubt, daß sich etwas mehr dabei thun lasse, und hat sich sogar geschmeichelt, etwas mehr gethan zu haben. „Der Gebrauch der Quellen, sagt er, [1] die Anordnung der Sachen und einige eigene Bemerkungen werden diesen Aufsatz gegen den Vorwurf der Compilation schützen."

Einige eigene Bemerkungen? klingt bescheiden genug! Aber welches diese eigene Bemerkungen sind, kann man nicht eher

---

[1] S. 16.

sagen, als bis man die fremden und geborgten davon abgesondert hat. Was übrig bleibt, ist freilich sein!

Die Anordnung der Sachen? — Mit dieser ist es nicht bloß gethan, um aus einem Compilator ein Autor zu werden. Seine eigene Ordnung hat jeder Compilator.

Der Gebrauch der Quellen? — Auch der Compilator sollte diese wenigstens verificiren. —

Und ist es auch wahr, daß sie Hr. Klotz immer gebraucht hat? Lassen Sie uns doch eine Seite, wie sie mir in die Hand fällt, untersuchen.

„Die geschnittenen Steine, schreibt Hr. Klotz, [1] machten noch einen andern Theil des Schmuckes aus. Das Frauenzimmer suchte verschiedentlich ihrem Putze dadurch einen größeren Glanz zu verschaffen. Hierzu nahm man die erhaben geschnittenen Steine und eine gute Vereinigung dieser vortrefflichen Werke mit dem übrigen Schmucke mußte in den Augen der Zuschauer eine ungemein schöne Wirkung thun.‟

Hierüber führt Hr. Klotz den Bartholinus an. [2] Den Bartholinus! Ist Bartholinus eine Quelle? Er hätte die entscheidendste von den Stellen der Alten anführen sollen, auf die sich Bartholinus gründet.

Hr. Klotz fährt fort: „Auch das männliche Geschlecht besetzte die Kleidung mit Steinen;‟ und beruft sich deßfalls auf den Claudian. [3] Aber dort, bei dem Claudian, ist nicht die geringste Spur von geschnittenen Steinen; der Dichter redet bloß von Togen, von Harnischen, von Helmen, von Gehenken und Heften, von Kronen mit Edelsteinen besetzt; es kann wohl seyn, daß unter diesen auch geschnittene waren; aber das ist nur zu vermuthen, und von dieser Vermuthung muß Claudian nicht Gewähr leisten sollen.

„Caligula, fügt Hr. Klotz hinzu, ahmte in diesem Stücke der Verschwendung des weiblichen Geschlechts nach.‟ Und das soll Suetonius [4] versichern. Aber das Zeugniß des Suetonius

1 S. 22.
2 De Armillis veter. p. 13 et 35.
3 De Laudib. Stil. Lib. II. v. 89.
4 In Calig. c. 52.

ist hier gedoppelt gemißbraucht. Denn einmal redet Suetonius gleichfalls bloß von Edelsteinen, die Caligula sogar auf seinen Reise= und Regenkleidern getragen (gemmatas indutus pænulas), und daß es geschnittene Edelsteine gewesen, ist der Zusatz des Hrn. Klotz. Zweitens sagt auch Sueton nicht, daß Caligula hierin der Verschwendung des weiblichen Geschlechts nachgeahmt; denn er sagt weder, daß das weibliche Geschlecht sich einer solchen Verschwendung in geschnittenen Steinen schuldig gemacht, noch daß es Caligula ihm darin nachgethan. Der vestitus non virilis, den Sueton dem Caligula zur Last legt, bezieht sich nicht auf den Gebrauch der Edelsteine, sondern anderer Kleidungsstücke, die dem weiblichen Geschlechte eigen waren; auf die Cyklas, auf den Soccus.

Nun sagen Sie mir: heißt das Quellen brauchen? Ist es genug, um dieses von sich zu versichern, daß man den unter= sten Rand des Blattes mit Namen klassischer Schriftsteller um= zäunt? Oder muß man diese Schriftsteller auch selbst nachgesehen haben, und gewiß seyn, daß sie wirklich das sagen, was man sie sagen läßt?

Einige Seiten vorher schreibt Hr. Klotz: „um den Ring des Prometheus, von welchem man den Ursprung der in Ringe ge= faßten Steine hergeleitet hat, bekümmere ich mich nicht." Sehr wohl! Aber warum führt er dieses Rings wegen den Isidorus an? Man muß den Isidorus oft anführen, weil er nicht selten Bücher gebraucht hat, die hernach verloren gegangen. Aber warum hier? Hier ist Isidorus der wörtliche Ausschreiber des älteren Plinius; Plinius ist hier die Quelle, [1] und diesen hätte Hr. Klotz anführen müssen.

Es ist ein seltsamer Kniff mehrerer Gelehrten, über die be= kannteste Sache gerade den unbekanntesten Schriftsteller anzufüh= ren, damit sie ihre Nachrichten ja aus recht besondern Quellen zu haben scheinen.

Ein anderer ist dieser: daß sie, anstatt den Hauptort anzu= führen, wo von der Sache, die sie erörtern wollen, geflissentlich und umständlich gehandelt wird, sich auf Stellen beziehen, wo

[1] Libr. XXXIII. Sect. 4. et Libr. XXXVII. Sect. 1.

man dieser Sache nur im Vorbeigehen gedenkt, um ihre Scharf=
sichtigkeit bewundern zu lassen, der auch nicht der geringste Neben=
zug entwische.

Z. E. um zu beweisen, „daß man in Rom sogar die Bild=
säulen mit Ringen geziert," würde der gute einfältige Gelehrte
geradezu den Plinius anführen, [1] wo dieser ausdrücklich von den
Ringen handelt und sich wundert, daß unter den Bildsäulen der
römischen Könige im Capitol nur Numa und Servius Tullius
einen Ring habe. Aber nicht so Hr. Klotz und seines gleichen;
sie führen lieber eine Stelle des Cicero an, [2] wo unter ver=
schiedenen Merkmalen, aus welchen erhelle, daß eine gewisse
Statue eben so wohl die Statue des Scipio Africanus sey, als
eine andere dafür erkannte, auch mit des Ringes gedacht wird.

Doch Herr Klotz habe es hiemit halten können, wie er ge=
wollt: wenn ich nur sonst seinen Scharfsinn weniger dabei ver=
mißte! Weder die Stelle des Cicero, noch die ausdrücklichere des
Plinius beweisen, daß es wirkliche Ringe gewesen, welche diese
Bildsäulen gehabt; es werden, allem Ansehen nach, nur durch
die Sculptur angedeutete, und mit eines jeden Symbolo bemerkte
Ringe gewesen seyn. Waren es aber nur solche, so mußte sie
Herr Klotz gar nicht anführen, denn in der Sculptur bloß nach=
geahmte Ringe konnten die wirklichen Ringe weder nothwendiger
noch häufiger machen. Man bedenke, wie abstehend ein einzelner
Finger von den andern hätte müssen gearbeitet seyn, wenn man
einen wirklichen Ring daran hätte stecken wollen, und erinnere
sich, daß es der alten Meister ihre Sache nicht war, dergleichen
Extremitäten so zerbrechlich auszuführen.

Aber der Fehler des Herrn Klotz ist es überhaupt nicht, allzu
viel zu bedenken. Vielmehr weiß ich zuverlässig voraus, daß er
jeden feinern Unterschied, mit dem man seine Gelehrsamkeit auf
die Capelle bringt, für Sophisterei erklären wird.

---

[1] Libr. XXXIII. Sect. 4.

[2] Herr Klotz führt sie noch dazu mit einem Fehler an; denn sie
steht nicht in dem ersten Briefe des vierten, sondern des sechsten Buches
an den Atticus. Dergleichen Druckfehler sind bei Herrn Klotzen sehr
häufig, so daß besonders von seinen Anführungen der klassischen Schrift=
steller unter zwölfen gewiß immer achte uns zum April schicken.

Sechzehnter Brief.

Laufen Sie geschwind die ganze Schrift des Herrn Klotz mit mir durch. Es ist am besten, daß ich Ihnen in eben der Ordnung, in welcher Herr Klotz sein Buch geschrieben, mein Urtheil darüber erhärte. Mehrere Beweise, wie schlecht er die Quellen gebraucht hat, werden uns bei jedem Schritte aufstoßen.

Den Eingang (von Seite 1—16) lassen Sie uns überschlagen. Er enthält sehr viel gemeine, sehr viel schwanke, sehr viel falsche Gedanken, in einem sehr pompösen und dennoch sehr lendenlahmen Style. Das liebe Ich herrscht in allen Zeilen bis zum Eckel. „Ich will die Lehrer der Wissenschaften auf gewisse Dinge aufmerksamer machen! Möchten sie doch von mir lernen wollen! Ich will ihnen eine kleine Anweisung geben! Ich will sie gleichsam bei der Hand ergreifen, und sie zu den Werken berühmter Künstler des Alterthums führen! Ich will ihnen diese Werke zeigen ꝛc."

Endlich und endlich kömmt er, aber wiederum mit einem solchen Ich, zur Sache. „Ehe Ich, schreibt er, meine Leser von der Vortrefflichkeit der geschnittenen Steine und ihrem vielfachen Nutzen unterrichte, muß ich einige Anmerkungen von der Kunst in Stein zu schneiden und ihrer Geschichte, von den berühmtesten Künstlern, deren Werke wir noch bewundern, von dem mancherlei Gebrauche der geschnittenen Steine und ihren Abdrücken vorausschicken."

Sie wissen doch, was die französischen Taktiker Enfans perdus nennen? Wenn es die besten Soldaten sind, welche der General dazu aussucht, so kann ich ihren Namen hier nicht nutzen. Ist es aber Gesindel, an dem nicht viel gelegen, so glaube ich, wird ihre Benennung auf die vorausgeschickten Kenntnisse des Hrn. Klotz vortrefflich passen. Ich verspreche es Ihnen: was nicht ganz davon in die Pfanne gehauen wird, soll wenigstens nicht gesund nach Hause kommen.

Erst spricht er von dem hohen Alter der Kunst in Stein zu schneiden. Um den Ring des Prometheus, wie Sie schon gehört haben, will er sich nicht bekümmern. Was hätte er sich auch darum zu bekümmern? Hat jemand behauptet, daß in den

Stein desselben etwas geschnitten gewesen? Aber so vermengt er mit Fleiß das Alterthum und den Gebrauch der Ringe und Edelsteine überhaupt, mit dem Alterthume und dem Gebrauche der geschnittenen Steine insbesondere, um aus dem Kirchmann de annulis, und dergleichen Büchern, eine Menge Dinge abschreiben [1] zu können, die wenig oder gar nicht zur Sache gehören. Die gemißbrauchten Stellen des Claudian und Sueton, so wie den albernen Einfall von wirklichen Ringen an Statuen, habe ich in meinem Vorigen bereits gerügt, und wie vieles könnte ich noch gegen den übrigen Wust rügen!

Ich könnte z. E. Hr. Klotzen fragen, mit was für Recht er alle die Daktyliotheken, die er aus dem Plinius beibringt, [2] zu Sammlungen geschnittener Steine macht? Es waren Sammlungen von Edelsteinen, gefaßt oder ungefaßt; und wenn sich geschnittene darunter fanden, so war deren, aller Wahrscheinlichkeit nach, die kleinste Anzahl. Denn nur die minder kostbaren Steine wurden gewöhnlicher Weise geschnitten; die eigentlichen Edelsteine aber hatten, als bloße Steine, bei den Alten viele so eifrige Bewunderer, daß sie es für ein Verbrechen hielten, dergleichen Kleinode, in welchen die Natur sich ihnen in aller ihrer Herrlichkeit zeigte, durch die Kunst verletzen zu lassen. Tantum, sagt Plinius, [3] tribuunt varietati, coloribus, materiæ, decori: violari etiam signis gemmas nefas ducentes. Warum könnte also Scaurus, der die allererste Daktyliothek zu Rom hatte, nicht ein Liebhaber von dieser Art gewesen seyn? Warum muß ihn Hr. Klotz zu einem Kenner machen? „Wir lesen, versichert er, daß Scaurus, der Stiefsohn des Sylla, zuerst in Rom sich geschnittene Steine gesammelt habe." Wo lesen wir denn das? Plinius sagt von ihm bloß: gemmas plures primus omnium

---

1 Denn der ist doch wirklich ein bloßer Abschreiber, der auch die Druckfehler in den Allegaten mit abschreibt. Z. E. Auf der 19ten Seite citirt Herr Klotz Macrob. Saturn. VII. 18, weil er beim Kirchmann (de Annalis cap. XI. p. 59) diese Stelle so citirt fand. Aber es ist ein Druckfehler beim Kirchmann; das siebente Buch des Macrobius hat keine 18 Kapitel, es muß 13 heißen.

2 S. 23.

3 Libro XXXVII. Sect. 1.

habuit Romæ. Sind denn gemmæ nothwendig geschnittene Steine? Weil bei den neuen Antiquaren alte Gemmen so viel heißen, als alte geschnittene Steine, und Daktyliothek so viel als eine Sammlung solcher Steine: muß Hr. Klotz darum diese Bedeutung in die alten Autoren übertragen? Und was ich von der Daktyliothek des Scaurus sage, ist von den übrigen noch mit mehrerem Grunde zu vermuthen. Noch jetzt übersteigt es nicht das Vermögen eines wohlhabenden Privatmannes, ansehnliche Sammlungen von geschnittenen Steinen zu haben, und weiter nichts als solche Sammlungen sollten die Daktyliotheken gewesen seyn, welche Pompejus und Cäsar, und Marcellus aufs Capitol und in die Tempel schenkten?

„Auch von Mäcen, sagt Hr. Klotz,[1] wissen wir, daß er eine besondere Neigung zu den Edelsteinen gehabt habe. Er gesteht diese Neigung nicht allein selbst in einem Gedichte an den Horaz, sondern man sieht sie auch aus einem Briefe des Augustus an ihn." Er gesteht sie selbst? Ich habe die Anthologie seines Freundes, des Hrn. Burmanns, auf die er deßfalls verweiset, nicht bei der Hand; doch das Gedicht auf den Horaz, in welchem Mäcen seine Neigung selbst gestehen soll, werden ohne Zweifel die Verse seyn, die uns Isidorus aufbehalten hat, und sich anfangen:

> Lugent, o mea vita, te smaragdus,
> Beryllus quoque.

Aus diesen aber erhellet bloß die abgeschmackte Kakozelie des Mäcenas, und keinesweges seine Liebhaberei an Edelsteinen. Denn sonst würde man auch unsere Lohensteine und Hallmanne, die ihren Geliebten so gern Augen von Diamanten, Lippen von Rubin, Zähne von Perlen, eine Stirn von Helfenbein, und einen Hals von Alabaster gaben, für große Liebhaber und Kenner von dergleichen Kostbarkeiten erklären müssen. Selbst das Fragment von dem Briefe des Augustus, beim Macrobius, ist nichts als eine Verspottung dieser Kakozelie. Eher noch hätte sich Herr Klotz darauf berufen können, daß Mäcenas von Edelsteinen etwas

---

1 S. 24.

geschrieben zu haben scheine, weil Plinius ihn zu seinem sieben
und dreißigsten Buche genutzt zu haben bekennt. Doch wozu
auch das? Mäcenas mag ein noch so großer Liebhaber von Edelsteinen gewesen seyn; war er es darum von geschnittenen? Wenn
er sie der Pracht wegen liebte, wie von ihm zu vermuthen, so
zog er sicherlich die ungeschnittenen vor.

Um die Mannichfaltigkeit der Vorstellungen auf geschnittenen
Steinen zu begreifen, sagt Hr. Klotz, [1] müsse man erwägen, daß
die Alten keine den Geschlechtern eigenthümliche Wappen in den
Ringen geführt. Das schreibt er dem ehrlichen Kirchmann auf
Treu und Glauben nach. Indeß ist nur so viel davon wahr,
daß dergleichen Geschlechtssiegel nicht so gewöhnlich bei ihnen
waren, als sie bei uns sind. Wer sie ganz und gar läugnen
will, der ist bald widerlegt. Hatte nicht Galba ein solches
$\pi\rho o\gamma o\nu\iota\kappa o\nu$ $\sigma\varphi\rho\alpha\gamma\iota\sigma\mu\alpha$, wie es Dio [2] nennt? Bis auf ihn
hatten die Kaiser alle mit dem Kopfe des Augustus gesiegelt;
aber er behielt sein Geschlechtssiegel, welches ein Hund war, der
sich über das Vordertheil eines Schiffes herabbiegte. Die ganze
Familie der Macrianer führte den Alexander in ihren Ringen.
Hiervon bringt Kirchmann selbst die Stelle aus dem Trebellius
Pollio in dem nämlichen Capitel bei, in welchem er die Geschlechts=
siegel der Alten läugnet; aber welcher Compilator hat nicht auf
der andern Seite schon vergessen, was er auf der ersten geschrieben?

Und nun hören Sie doch, wie Hr. Klotz diese Materie
schließt! [3] „Wir würden also, sagt er, von der Steinschneider=
kunst ungefähr folgende chronologische Geschichte zu entwerfen
haben. Sie scheint im Orient entstanden zu seyn, wurde von
den meisten Völkern Asiens ausgeübt, und besonders von den
Aegyptern getrieben. Dann kam sie zu den Hetruriern, ward
den Griechen bekannt, und endlich in Rom aufgenommen." Sagen
Sie mir doch, was den Hrn. Klotz mag bewogen haben, den
Hetruriern eine frühere Kenntniß der Steinschneiderkunst bei=
zulegen, als den Griechen? Glaubt er wirklich, daß sie den

1 S. 20.
2 Libr. LI. p. 634, Edit. Reimari.
3 S. 26.

Hetruriern unmittelbar von den Aegyptern mitgetheilt worden? Ist es also mehr als eine leere Vermuthung des Buonarotti, daß die Hetrurier eine Colonie der Aegypter gewesen? Hat man, außer der Aehnlichkeit des Styls in den Zeichnungen beider Völker, historische Beweise davon, und welche sind es? Doch ich will diese Fragen nicht weiter fortsetzen. Hr. Klotz hat sicherlich an keine derselben gedacht, sondern, allem Ansehen nach, diese seine chronologische Geschichte lediglich nach der Folge der Capitel in Winkelmanns Geschichte der Kunst abgefaßt. Wie diese, mit Absicht auf die verschiedenen Stufen der Kunst, geordnet sind, läßt er die Kunst selbst wandern: aus Aegypten nach Hetrurien, aus Hetrurien nach Griechenland, und aus Griechenland nach Rom.

Siebzehnter Brief.

Was Hr. Klotz hierauf von dem verschiedenen Style der Aegyptischen, Hetrurischen und Griechischen Künstler beibringt, das gehört dem Hrn. Winkelmann, ob er es gleich vollkommen in dem Tone eines Mannes vorträgt, der alle diese Dinge sich selbst abstrahirt hat.

Eine Stelle fällt mir darunter in die Augen, die zur Probe dienen kann, in welchem hohen Grade Hr. Klotz die Geschicklichkeit besitzt, fremde Bemerkungen so zu verstümmeln, daß ihre Urheber alle Lust verlieren müssen, sich dieselben wiederum zuzueignen.

„Man hat, sagt er, [1] viele hohlgegrabene Steine der Aegypter. Allein der Graf Caylus erinnert sich nicht, einen erhaben ge=schnittnen Stein gesehen zu haben. Hatten die Aegypter keinen Geschmack an den letztern? oder hat ein ungefährer Zufall sie unsern Augen entzogen? oder was ist sonst die Ursache dieser Seltenheit?"

Wie? Caylus erinnerte sich keines einzigen Aegyptischen Cameo. Er besaß ja selbst einen, den er selbst beschrieben, und dessen ich mich bei ihm sehr wohl erinnere: einen Löwen auf einem Carneol. [2]

[1] S. 27.
[2] Samml. von Alterth. B. 1. Taf. 1 Nr. 3.

Nun sehe ich den Ort nach wo Hr. Klotz bei dem Caylus so etwas will gefunden haben, und sehe daß Caylus bloß sagt: „Ungeachtet wir eine große Menge Aegyptischer Steine kennen, welche in die Tiefe geschnitten sind, so haben wir doch beinahe gar keine, an denen die Figuren erhaben geschnitten sind, und die wir pierres camées nennen." — [1] Beinahe gar keine! Heißt das, keine? Vielmehr sagt Caylus damit, daß ihm einige bekannt gewesen.

Sonst hätte ich selbst ihm ein Paar nachweisen können. Der schönste Aegyptische Stein, den Natter jemals gesehen, und der an trefflicher Arbeit keinem Griechischen etwas nachgab, war ein Cameo. Er stellt den Kopf einer Isis vor, und gehörte dem Marchese Capponi zu Rom. Einen ähnlichen, aber größern, besaß D. Mead. [2]

Ich glaube gläserne Pasten von beiden in der Stoschischen, jetzt Königl. Preußischen Sammlung gesehen zu haben. Herr Winkelmann sagt zwar, [3] daß das Original des erstern sich in dem Collegium des h. Ignatius zu Rom befinde; allein es kann aus dem Besitze des Marchese Capponi dahin gekommen seyn. Wo das Original des zweiten sey, giebt Hr. Winkelmann gar nicht an; doch der Umstand, daß er eine ähnliche Isis, nur etwas größer vorstelle, läßt vermuthen, daß er in der Sammlung des D. Mead zu suchen gewesen. Irre ich mich; desto besser: so finden sich zwei vortreffliche erhabene Aegyptische Steine mehr, die dem Hrn. Klotz wohl hätten bekannt seyn sollen.

Die nämliche Stoschische Sammlung enthält noch verschiedene andere, sowohl alte als neue Aegyptische Pasten, die alle von erhabnen Steinen genommen worden, und deren Originale in den Cabinetten entweder verstreut sind, oder verloren gegangen.

Die Fragen, in welche Hr. Klotz über die vermeinte gänzliche Vermissung erhabener Aegyptischer Steine ausbricht, sind ebenfalls die verstümmelten Fragen des Caylus. Anstatt ihm so sonderbar nachzufragen, hätte er vielmehr die falsche Voraus-

---

1 Ebendas. S. 26 deutscher Uebers.
2 Traité de la Méthode antique etc. Préf. p. 7.
3 Descript. des Pier. gr. p. 9. 10.

setzung des Grafen rügen sollen. Weil die Kunst, die Steine tief zu arbeiten, und die ihr entsprechende Kunst, sie erhaben zu arbeiten, nicht wohl anders, als mit gleichen Schritten fortgehen können: so schließt Caylus, hätten sich auch die Steine von beiden Gattungen in gleicher Proportion vermehren müssen. Gewiß nicht; denn der Gebrauch damit zu siegeln, machte die von der einen Gattung nothwendiger, als die von der andern, und folglich auch häufiger. Daher sind, nicht bloß bei den Aegyptischen Steinen, der Cameen die wenigern: sondern bei allen. Der Luxus allein vermehrte die Cameen, und wenn bei den Aegyptern der Cameen gegen ihre vertieften Steine ungleich weniger waren, als bei den Griechen und Römern: so kam es nur daher, weil bei jenen der Luxus niemals so groß gewesen, als bei diesen. Das ist die Auflösung des Räthsels, die Caylus nicht erst von der Zeit hätte erwarten dürfen.

Ich könnte hinzufügen, daß die Aegypter diejenigen gewesen, welche beide Arten des Schneidens auf ihren Steinen angebracht. Ich meine die sogenannten Scarabäen, welche auf der flachen Seite tiefe Zeichen und Figuren, auf der hintern convexen Fläche aber einen erhaben geschnittenen Käfer zeigen. Hr. Klotz muß aus seinem Caylus wissen, [1] daß sich unter diesen Käfern Stücke von sehr schöner Arbeit finden. Wenn Aelianus aber sagt, [2] daß die Käfer, welche die Aegyptischen Soldaten in ihren Ringen getragen, eingegrabener Arbeit gewesen wären: so hat Aelian entweder sich geirrt, oder es hat sich mit diesen Käfern gerade das Gegentheil von dem zugetragen, was Hr. Klotz meint, daß mit den andern Aegyptischen Steinen geschehen. Die von erhabener Arbeit sind nur allein übrig geblieben; ich wenigstens habe nie von einem tief gegrabenen Käfer dieser Art gehört.

Achtzehnter Brief.

Mit einem andern Auge betrachtet Caylus, mit einem andern Winkelmann die Werke der Hetrurischen Künstler. Caylus neigt

---

[1] Erster Band, Taf. IX. Nr. 3.
[2] Hist. Animal. Libr. X. cap. 15. — Εγγεγλυμμενον κανθαρον.

sich noch immer gegen die Meinung des Buonarotti, welcher die Hetrurische Kunst Aegyptischen Ursprungs macht; Winkelmann hingegen will davon nichts wissen, sondern, wenn die Kunst durch Fremde nach Hetrurien gebracht worden, so waren es nach ihm die Pelasger, von welchen die Hetrurier den ersten Unterricht darin bekamen. Jenem ist es genug, daß ein Stein, den man für Hetrurisch hält, ein Scarabäus ist, um daraus auf die Verwandtschaft dieses Volkes mit den Aegyptern zurückzuschließen; dieser erkennt zwar in dem ältesten Hetrurischen Style die Aehnlichkeit mit dem Aegyptischen; aber auch der älteste griechische Styl hatte diese Aehnlichkeit, und das ist genug, sie in den Hetrurischen Werken zu erklären, ohne deßwegen zu einer unmittelbaren Abstammung von den Aegyptern seine Zuflucht nehmen zu dürfen.

Mit welchem von beiden hält es Herr Klotz? — O, Herr Klotz hält es mit beiden; desto flinker geht das Abschreiben von Statten. Denn so ungefähr eine Verbindung ist zwischen beiden bald gemacht. „An einigen ihrer Werke, sagt er,[1] kann man die Quelle wahrnehmen, woraus die Künste der Hetrurier geflossen: ich meine Aegypten. — Die Werke späterer Zeiten zeugen von einer Bekanntschaft mit Griechenland.“ Die Werke späterer Zeiten: sehen Sie, nun hat Caylus und Winkelmann Recht; einer so gut wie der andere. Aber fragen Sie ja nicht: warum nur die Werke späterer Zeiten? Fragen Sie ja nicht: welche ältere Hetrurische Steine Hr. Klotz kennt, als den mit den fünf Helden vor Theben? und wie er selbst eben diesen Stein, drei Zeilen vorher, wegen seines Alterthums rühmen und dennoch gleich darauf die Bekanntschaft der Hetrurischen Künstler mit der griechischen Geschichte und Fabel auf ihre Werke späterer Zeit einschränken können? Der Compilator kann sich widersprechen, so oft als er will.

Von den Hetruriern leitet Hr. Klotzen seine chronologische Ordnung auf die Griechen. „Zur höchsten Vollkommenheit, schreibt er,[2] ward die Steinschneiderkunst von den Griechen gebracht, welche dieselbe, nach der Meinung einiger Schriftsteller,

[1] S. 28.
[2] S. 29.

von den Aegyptern empfangen, aber durch die Größe ihres Geistes
erhoben hatten." Geben Sie wohl Acht! Nach der Meinung
einiger Schriftsteller von den Aegyptern: aber nach seiner, und
bessern, die sich auf die Chronologie gründet, von den Hetruriern!
Oder wollen wir Herr Klotzen diese gar zu große Ungereimtheit
lieber nicht behaupten lassen, ob er sie schon wirklich sagt? Gut,
sie mag nichts als Mangel an Präcision seyn, und wir wollen,
was er da vorbringt, von einer andern Seite betrachten.

Wer sind die einigen Schriftsteller, welche behaupten, daß
die Griechen die Steinschneiderkunst von den Aegyptern empfangen?
Herr Klotz, der die Quellen gebraucht zu haben versichert, verweist uns deßfalls auf Nattern. Natter ist keine Quelle; aber
die Quellen werden sich bei dem Natter finden: gut. Ich schlage
also Nattern nach, und finde, daß er allerdings sagt: J'en conclus
naturellement — que les Grecs et les autres Nations avoient
emprunté leur Méthode de graver des Egyptiens et l'avoient
perfectionnée, comme tant de savans l'ont déjà prouvé évi-
demment. Ein Stern verweist mich unter den Text, und da
stehen wirklich einige von diesen Gelehrten genannt: Plinius,
Stosch und Mariette. Aber Stosch und Mariette gelten eben so
viel als Natter und Klotz, und alles beruht folglich auf dem
Plinius, dessen Anführung buchstäblich nachgeschrieben so aus-
sieht: Plin. lib. 35. c. 3. p. m. 346. Anaglypho opere gemmis
insculpere populis illis (Egyptis) mos erat, etc.

Ich sage: Herr Klotz muß diese Anführung nicht nur nicht
nachgeschlagen, sondern auch nicht einmal gelesen haben.

Denn wenn er sie gelesen hätte, würde er sich ihrer doch
wohl da erinnert haben, wo er ganz und gar von keinen erhaben
geschnittenen Aegyptischen Steinen wissen will. Wenigstens würde
er seine Frage: „Hatten etwa die Aegypter keinen Geschmack an
solchen Steinen?" zurückbehalten haben, indem, nach den angeführten Worten des Plinius, sie gerade mehr Geschmack an erhaben, als an tief geschnittenen Steinen gehabt hätten; anaglypho
opere gemmis insculpere populis illis mos erat. — Doch ich
vergesse schon wiederum den Compilator, der sich schlechterdings
an nichts zu erinnern braucht.

Nachgeschlagen hat er die Stelle wenigstens gewiß nicht.

Denn wenn er sie nachgeschlagen hätte, würde er sie sicherlich — nicht gefunden haben, wenigstens da nicht gefunden haben, wo sie stehen soll. Sie steht nicht in dem dritten Capitel des fünfunddreißigsten Buchs; sie steht in dem ganzen fünfunddreißigsten Buche nicht; kurz, sie steht in dem ganzen Plinius nicht, und Gott mag wissen, wo sie Natter oder Herr Deschamps, dessen Feder sich Natter bediente, hergenommen hat.

Wie gefällt Ihnen das? Was sagen Sie zu einem solchen Quellenbraucher, der aus der ersten der besten Pfütze schöpft, ohne sich zu bekümmern, was für Unreinigkeiten auf dem Grunde liegen?

Neunzehnter Brief.

Von den Römern, in Absicht auf die Kunst, schwatzt Herr Klotz[1] nach dem alten, von Winkelmannen[2] genugsam widerlegten Vorurtheile, daß ihre Künstler einen eigenen Styl gehabt. „Wahre Kenner, sagt er, bemerken an den römischen Steinen eine trockene Zeichnung, ein ängstliches und plumpes Wesen, eine kalte Arbeit, und an den Köpfen weder Geist noch Charakter." Ueber die wahren Kenner! Wenn das den römischen Styl ausmacht, so arbeiten alle Stümper im römischen Style. Aber wer heißt denn diese wahre Kenner, alles was schlecht ist, für römisch ausgeben? Gab es unter den griechischen Künstlern keine Stümper?

Der letzte Stoß, mit dem Herr Klotz gegen die römische Kunst ausfällt, ist besonders merkwürdig. Auch ist er ganz von seiner eigenen Erfindung, und mit einer Behendigkeit und Stärke geführt, daß ich gar nicht absehe, wie er zu pariren ist. „Die Römer," versichert er, „hatten nicht einmal ein Wort in ihrer Sprache, einen Steinschneider anzudeuten."

Was eine so gering scheinende Anmerkung aus dem Wörterbuche mit eins für einen Aufschluß in die Geschichte der Künste geben kann!

Nun rede man mir ja nichts mehr von der Baukunst der

---

[1] S. 30 u. f.
[2] Gesch. der Kunst. S. 291 und 293.

Römer! Sie hatten ja nicht einmal ein Wort in ihrer Sprache, einen Baumeister anzudeuten.

Eben so wenig sage man mir von ihrer Dichtkunst! Sie hatten ja nicht einmal ein Wort in ihrer Sprache, einen Dichter anzudeuten.

Hingegen ist aus eben diesem Grunde klar, daß wir Deutsche ganz andere Architekten und Poeten haben müssen.

Nur fällt mir ein, — kaum getraue ich mir aber gegen einen Lateiner, wie Herr Klotz ist, einen solchen Einfall vorzubringen — ob es auch wirklich wahr ist, daß die Römer kein Wort in ihrer Sprache gehabt, einen Steinschneider anzudeuten?

Sigilliarius, worüber sich Herr Klotz in der Note allein ausläßt, mag es freilich nicht seyn; und besonders mag es, mit Flaturarius verbunden (nicht Flatuarius, wie Herr Klotz zweimal mit großen und mit kleinen Buchstaben drucken lassen), wohl etwas ganz anders heißen. „Herr Walch," sagt Herr Klotz, „erklärt es richtiger durch signorum statuarumque ex metallo fuso fabricator." Es kann seyn; aber warum denn eben Herr Walch? Schon in Fabers Thesauro war es durch χαλκευς ἀνδριαντοποιος erklärt. Ich für mein Theil möchte indeß die Meister großer Werke nicht anders darunter verstehen, als in so fern ein Künstler, der das Große zu fertigen weiß, auch das Kleinere dieser Art machen kann. Denn für jenen war das Wort Statuarius insbesondere; und der Sigilliarius, denke ich, beschäftigte sich allein mit den kleinen Kunst= und Spielwerken, welche die Römer zum Beschlusse der Saturnalien einander schickten, und welche nach dem Savot und Rink größtentheils aus Medaillen bestanden.

Aber was hat Herr Klotz gegen das Wort Scalptor? Ich sollte meinen, es wäre ausgemacht, daß es in dem eigentlichsten Verstande einen Steinschneider bedeute. ¹ Bei dem Plinius bedeutet es ihn gewiß, so oft es allein steht; und wenn er eine andere Art Künstler damit anzeigen will, so setzt er die besondere

---

1 Scalptores proprie qui gemmas cavant, hoc est, qui cavam faciunt in gemmis effigiem, quæ pro sigillo solet insculpi. Salmasius ad Solinum p. 1100. Edit. Par.

Materie, in der er arbeitet, hinzu. Er sagt: scalptores et pictores hoc cibo utuntur oculorum causa; er sagt: adamantis crustæ expetuntur a scalptoribus, ferroque includuntur; hingegen sagt er, wenn er von Bildhauern redet, hæc sint dicta de marmorum scalptoribus.

Auch kömmt in alten Inschriften und Glossen das Wort cavator und cavitarius vor, welches ganz und gar nichts anders als einen Steinschneider bedeutet, und von den neuern Griechen sogar in ihre Sprache übergenommen worden. [1]

Zwanzigster Brief.

Nun kömmt Herr Klotz auf die berühmtesten Steinschneider neuer und alter Zeit. [2] Mit jenen thut er, als ob er noch so bekannt sey; er läßt, die er für die vorzüglichsten hält, die Musterung passiren, und jeden mit einer kleinen Censur laufen. Seine Censuren aber sind lauter Scharwenzel, die man versetzen und vertauschen kann, wie man will, indem sie auf den einen eben so gut, wie auf den andern passen: „er hat sich mit Ruhm gezeigt; er erwarb sich allgemeine Hochachtung; er ist keinem Freunde der Kunst unbekannt." Was lernt man aus solchen Lobsprüchen? — Daß uns der Ertheiler nichts zu lehren gewußt!

Aber Herr Klotz will uns nun mit aller Gewalt belehren; er schreibt also ohne Wahl und Prüfung aus, und lehrt auf gut Glück, es mag wahr oder falsch seyn. „Philipp Christoph Beckern, sagt er, und Marcus Tuschern will ich das Lob des Fleißes nicht streitig machen." Marcus Tuschern, das Lob des Fleißes! das will ihm Herr Klotz nicht streitig machen! Herr Klotz kennt also wohl recht viel geschnittene Steine von Marcus Tuschern? O! das wird ihm Marcus Tuscher noch im Grabe danken. Denn Marcus Tuscher wollte gar zu gern ein Edelsteinschneider heißen, und war ganz und gar keiner. — Ganz und gar keiner? und Herr Klotz macht ihn zu einem der fleißigsten? — Der Ausschreiber müßte sich hüten, zu dem was er findet, auch nicht eine Sylbe

1 Salmasius l. c.

2 S. 33—80.

hinzu zu setzen! Herr Klotz fand Tuschern beim Mariette als Steinschneider angeführt, ob wohl nicht als einen fleißigen; der Fleiß ist sein Zusatz; und durch diesen Zusatz wird eine kleine Irrung des Mariette zu einer groben Unwahrheit. Lesen Sie nur folgende Stelle! Mr. Mariette, sagt Natter in seiner Vorrede, [1] se trompe encore au sujet de Mr. Marc Tuscher de Nuremberg, qui n'a jamais gravé en pierres fines. C'étoit un Peintre qui avoit le faible de vouloir passer aussi pour un Graveur. Il a modélé son propre Portrait en cire molle, fort en petit; il en a fait une empreinte en plâtre, et puis en pâte de différentes couleurs; entr'autres en couleur d'Aiguemarine, dont Mr. Ghinghi, qui étoit alors Graveur du Grand-Duc de Toscane, a retouché les cheveux, et poli la face. Il a gravé à la vérité la tête de Minerve en pierre Paragone, mais cela se peut faire avec une simple aiguille et un canif sur cette pierre, mais non sur des pierres fines.

Von den alten Meistern hat Herr Klotz so etwas hingeworfen, was weder halb noch ganz ist. Unter denen, die man in Schriften genannt findet, vergißt er den Cronius, dessen Plinius mit dem Pyrgoteles und Apollonides zugleich gedenkt, und von denen, deren Namen bloß auf Steinen vorkommen, bringt er keinen einzigen bei, den er nicht aus dem bekannten Stoschischen Werke genommen hätte. Er scheint nicht einmal gewußt zu haben, daß Stosch an einem zweiten Theile dieses Werks gesammelt; daß verschiedene dazu gesammelte Stücke in seiner von Winkelmann beschriebenen Daktyliothek anzutreffen, und daß sogar von einigen sehr schöne Kupfer, die Schweickart nach Marcus Tuschers Zeichnung gestochen, gewissen Exemplaren des Winkelmannischen Werkes einverleibt sind. Er hätte sonst den Phrygillus anführen müssen, dessen auf der Erde sitzender Cupido, mit einer offenen Muschel neben sich, unter allen bekannten griechischen Steinen einer der schätzbarsten ist, sowohl in Ansehung der Kunst und Arbeit, als des hohen Alters, an welchem ihm, nach dem Zuge der Buchstaben in dem Namen des Künstlers zu urtheilen, kein einziger von den beschriebenen

---

[1] Préf. XXXI.

Steinen beikömmt. [1] Er hätte sonst unter den Werken des Solons die Bacchantin auf einer alten Paste nicht vergessen müssen, die uns eine weit größere Idee von diesem Künstler macht, als uns die bisher von ihm bekannten Steine gewähren können. [2]

Der historischen Nachrichten von den alten Künstlern sind freilich wenige. Dieses hindert aber nicht, daß nicht über verschiedene dem ungeachtet vielerlei anzumerken seyn sollte. Ueber den Dioscorides z. E., oder wie wir ihn eigentlich schreiben sollten, Dioscurides; denn so hat er sich auf seinen Steinen selbst geschrieben; so hat ihn Torrentius in verschiedenen Handschriften des Sueton geschrieben gefunden. Von den Steinen, die seinen Namen führen, hat man nicht wenige für untergeschoben zu halten; und von denen, die man ihm nicht absprechen kann, werden verschiedene ganz falsch gedeutet. Die zwei Köpfe des Augustus beim Stosch können keine Köpfe des Augustus seyn; der sogenannte Diomedes mit dem Palladio stellt vielleicht ganz etwas anders vor u. s. w.

Doch mit den Unterlassungssünden des Herrn Klotz muß ich mich ja nicht abgeben. Ich würde kein Ende finden!

Einundzwanzigster Brief.

Lassen Sie sehen, was Herr Klotz von der Materie, in welche diese Künstler arbeiteten, von den Steinen als Steinen, weiß.

„Die alten Künstler, schreibt er, [3] gruben in alle Arten von kostbaren Steinen. Mariette sagt, daß er so gar schöne Smaragde und Rubinen gesehen habe, in welche der Steinschneider Figuren geschnitten. Aber dieses scheint mir seltener geschehen zu seyn, am seltensten mit dem Rubin, wegen seiner Härte und großem Werthe. Selten sind auch ihre Werke in Sapphir. Am häufigsten brauchten sie zu hohlgegrabenen Werken den Carneol und Agath, von einer Farbe, so wie sie sich bei erhabenen Werken der verschiedenen Agathonyche und Sardonyche bedienten."

---

1 Winkelmann, Descript. des pier. gr. p. 137.
2 Ibid. p. 251.
3 S. 40.

Wie vieles wäre hier zu erinnern! Wie manches müßte geändert und genauer ausgedrückt werden, ehe es von einem Manne geschrieben zu seyn scheinen könnte, der in diesen Dingen kein Fremdling ist!

Es sey, daß die alten Künstler so gut wie die neuern in alle Arten von Edelsteinen schneiden können; es sey, daß sie wirklich in alle geschnitten haben. Ihre Werke auf eigentliche Edelsteine waren darum doch eben so selten, als dergleichen zu unserer Zeit sind, und es ist bloße Declamation, wenn Herr Klotz an einem andern Orte [1] schreibt, „daß jene Neigung der Alten zu den Ringen mit geschnittenen Steinen einen bessern Geschmack anzeige, als man heut zu Tage habe, da man bloß geschliffene Steine, ohne daß die Erfindung oder Arbeit des Steinschneiders sich auf eine Art daran gezeigt hätte, die uns unterrichten oder ergötzen könnte, hochschätzt, und mit ungeheuren Summen bezahlt.“ Dergleichen Steine, die man jetzt mit ungeheuren Summen bezahlt, hielt auch das Alterthum, wie ich schon erinnert habe, für viel zu gut, sie von der Kunst verletzen zu lassen. Auch schon vor Alters dünkte es der Prachtliebe von besserem Geschmacke, dergleichen Steine als bloße Steine zu tragen; [2] und nur denen von geringerem Werthe ließ man durch die Kunst einen höheren Werth ertheilen, ut alibi ars, alibi materia esset in pretio. Und wahrlich so gehört es sich auch! Denn wenn die Kunst nicht ausdrücklich, zur leichteren und glücklicheren Behandlung, die kostbarere Materie erfordert: so ist es albern, und zeigt gerade von keinem Geschmacke, und zeigt von nichts, als einer barbarischen Verschwendung, diese kostbarere Materie dem ungeachtet, vorzüglich vor der weniger kostbaren, aber zur Behandlung mehr geschickten Materie, zu brauchen.

Wenn folglich die Alten auch schlechterdings nie in Diamant, oder Smaragd, oder Rubin geschnitten hätten; wir Neuern hingegen hätten in nichts als solche Steine geschnitten: so würde dieses doch auf keine Weise ein Vorzug für unsere Künstler seyn, gesetzt auch, daß ihre Arbeit vollkommen so gut, als die Arbeit

---

[1] S. 21.

[2] Alias deinde gemmas luxuria violari nefas putavit, ac ne quis signandi causam in annulis esse intelligeret, solidas induit. Plinius lib. XXXIII. sect. 6.

der alten Künstler wäre. Zwar gehört die Härte mit unter die Eigenschaften, welche den Werth eines Steines erhöhen, und derjenige Künstler, der einen ungleich härtern Stein bearbeitet, findet ungleich größere Schwierigkeiten zu übersteigen, als der, welcher einen geschmeidigeren unter Händen hat. Aber die überstiegene Schwierigkeit machte bei den Alten keine Schönheit mehr, und ihren Künstlern kam es nie ein, sich muthwillig Schwierigkeiten zu schaffen, um sie überwinden zu können.

Wenn ein Natter zwölfmal mehr Zeit braucht, einen Kopf in einen Diamant zu schneiden, als in einen andern orientalischen Stein, [1] warum soll Natter seiner Zeit und seiner Ehre so feind seyn, und für zwölf Kunstwerke nur eins machen? Was hilft es ihn, daß dieses Eine von Diamant ist? Der Diamant hat nicht gemacht, daß seiner Kunst ein einziger Schwung sanfter, ein einziger Druck kräftiger gerathen; aber die Kunst hat den Diamant verhunzt. Der Diamant hat von seiner Masse, hat von seinem Feuer verloren, und warum? wozu? Eben die Kunst, die uns diesen Verlust kaum kann vergessen machen, würde jeden geringern Stein in einen Diamant veredelt haben.

Und so wollte ich sicher annehmen, daß überall, wo in den alten Schriftstellern eines besonders kostbaren Ringes oder Steines gedacht wird, ein Stein ohne Figuren zu verstehen sey. Von dem, zu dessen freiwilligem Verluste sich Polykrates entschloß, um die neidische Gottheit zu versöhnen, die sein ununterbrochenes Glück leicht beleidigen dürfte, sagt es Plinius ausdrücklich; ja, seine Worte [2] scheinen sogar anzudeuten, daß dieser Stein nicht einmal geschliffen, sondern völlig so gewesen, wie er aus der Hand der Natur gekommen.

Hingegen bin ich völlig der Meinung, daß, wenn Eupolis den Cyrenäern nachsagte, [3] daß der geringste von ihnen einen Siegelring trage, der zehn Minen koste, dieser Vorwurf der Verschwendung mehr auf die zu theuren Steine ging, welche sie ungeschnitten in ihren Ringen trugen, oder geschnitten zu ihren

---

1 Préf. XVI.

2 Polycratis gemma, quæ demonstratur, illibata intactaque est. Libr. XXXV. sect. 4.

3 Aelianus Hist. var. lib. XII. cap. 30.

Siegeln mißbrauchten, als auf den zu großen Lohn, den sie dem Künstler für den Schnitt entrichteten.

Zweiundzwanzigster Brief.

Allerdings ist es ganz ohne Grund, wenn Herr Klotz in dem Ringe, welcher die Feindschaft zwischen dem Cäpio und Drusus veranlaßte, so wie in dem Opal, der dem Nonius die Verbannung zuzog, geschnittene Steine finden will. [1] Aber über den Ring des Polykrates, meinen Sie, dürfte dem Plinius weniger zu glauben seyn, als dem Herodotus und Strabo und Pausanias und Tzetzes, die nicht allein ausdrücklich sagen, daß der Stein desselben ein geschnittener Stein gewesen, sondern auch den Meister nennen, der ihn geschnitten habe.

Und doch halte ich es lieber mit dem Plinius! Nicht zwar deßwegen, weil Plinius sagt, daß dieser Stein des Polykrates, welcher ein Sardonyx gewesen, noch bei seiner Zeit zu Rom, in dem Tempel der Concordia, gezeigt worden, und er sich also mit seinen eigenen Augen belehren können; denn er selbst sagt das, weil er es sagen hören, nicht weil er es wirklich glaubt; [2] sondern ich gründe mich auf etwas anderes. Auf den Künstler nämlich, der ihn geschnitten haben soll.

[1] S. 21.

[1] Sardonychem, heißen die Worte des Plinius, eam gemmam fuisse constat: ostenduntque Romæ, si credimus, Concordiæ delubro, cornu aureo Augusti dono inclusam, et novissimum prope locum tot prælatis obtinentem. Dieses giebt unser deutscher Uebersetzer: „und man zeigt ihn, wo wir's glauben wollen, zu Rom in der Kapelle der Eintracht, wo er durch das Geschenk der Kaiserin in ein goldenes Horn eingeschlossen ist, und da ihm so viele vorgezogen sind, fast den letzten Ort behauptet." Ich zweifle, ob man daraus versteht, was Plinius sagen wollen, und was er für ein goldnes Horn gemeint, in welchem sich dieser Stein befand. Ich glaube, er meinte das Füllhorn, mit welchem die Göttin der Eintracht vorgestellt wird. Dieses war mit Edelsteinen besetzt, unter welchen sich auch der Sardonyx des Polykrates, wie man vorgab, befand; aber fast ganz unten, wo er so vielen andern nachstehen mußte, zum Beweise, wie sehr der Luxus in diesen Kostbarkeiten, seit den Zeiten des Polykrates, gestiegen.

Theodorus von Samos wird als dieser genannt. Nun aber sagt das ganze Alterthum, daß dieser Theodorus in Metall gearbeitet, und zugleich ein Baumeister gewesen. Wäre es fast nicht ein wenig zu viel, ihn auch zum Steinschneider zu machen? Und wie, wenn der Ring, von dem die Rede ist, sein Werk seyn könnte, wenn er auch kein Steinschneider gewesen wäre? wenn er ihn nämlich bloß gefaßt hätte? Ohne Zweifel paßt dieses zu seiner anderweitigen Kunst besser, und Herodotus scheint in der That auch nichts anders sagen zu wollen: $\eta\nu$ $o\iota$ $\sigma\varphi\varrho\eta\gamma\iota\varsigma$ $\tau\eta\nu$ $\varepsilon\varphi\varrho\varepsilon\varepsilon$ $\chi\varrho\upsilon\sigma\sigma\delta\varepsilon\tau\sigma\varsigma$ — $\eta\nu$ $\delta\varepsilon$ $\varepsilon\varrho\gamma\sigma\nu$ $\Theta\varepsilon\sigma\delta\omega\varrho\sigma\upsilon$ $\tau\sigma\upsilon$ $T\eta\lambda\varepsilon\kappa\lambda\varepsilon\sigma\varsigma$ $\Sigma\alpha\mu\iota\sigma\upsilon$. „Polykrates hatte einen in Gold gefaßten Stein, welcher ein Werk des Theodorus war." Ich verstehe, in so fern er gefaßt war, nicht aber, in so fern er irgend eine eingeschnittene Figur enthielt. Denn es ist falsch, was Kuhnius [1] und andere sagen, daß $\sigma\varphi\varrho\alpha\gamma\iota\varsigma$ nothwendig einen Ring mit einem geschnittenen Steine bedeute; es kann eben so wohl einen Ring mit einem bloßen ungeschnittenen Steine bedeuten. Denn Pollux sagt ausdrücklich: [2] $\sigma\upsilon\tau\omega$ $(\sigma\varphi\varrho\alpha\gamma\iota\delta\alpha\varsigma)$ $\tau\sigma\upsilon\varsigma$ $\varepsilon\pi\iota\sigma\eta\mu\sigma\upsilon\varsigma$ $\delta\alpha\kappa\tau\upsilon\lambda\iota\sigma\upsilon\varsigma$ $\omega\nu\sigma\mu\alpha\zeta\sigma\nu$, $\tau\sigma\upsilon\varsigma$ $\tau\alpha$ $\sigma\eta\mu\alpha\nu\tau\varrho\alpha$, η $\lambda\iota\vartheta\sigma\upsilon\varsigma$ $\varepsilon\nu$ $\alpha\upsilon\tau\sigma\iota\varsigma$ $\varepsilon\chi\sigma\nu\tau\alpha\varsigma$; und beim Theophrast heißen $\sigma\varphi\varrho\alpha\gamma\iota\delta\iota\alpha$ durchgängig alle Edelsteine überhaupt, wie man sie in Ringen zu tragen pflegt, ohne Absicht auf darein gegrabene Zeichen oder Bilder.

Indeß ist es auch nicht zu läugnen, daß $\sigma\varphi\varrho\alpha\gamma\iota\varsigma$ öfters im engern Verstande das $\varepsilon\kappa\mu\alpha\gamma\varepsilon\iota\sigma\nu$ das Bild, die Figur bedeute, welche auf den Stein geschnitten ist und sich in dem Wachse abdrückt. Ja, eben diese Zweideutigkeit scheint mir die Ursache zu seyn, warum man in der angeführten Stelle des Herodotus einen Steinschneider zu finden geglaubt, wo man nichts als einen Goldarbeiter sehen sollen. Was bei dem Herodotus $\sigma\varphi\varrho\eta\gamma\iota\varsigma$ $\sigma\mu\alpha\varrho\alpha\gamma\delta\sigma\upsilon$ $\lambda\iota\vartheta\sigma\upsilon$ $\varepsilon\sigma\upsilon\sigma\alpha$ heißt, heißt bei dem Pausanias: [3] $\varepsilon\pi\iota$ $\tau\sigma\upsilon$ $\lambda\iota\vartheta\sigma\upsilon$ $\tau\eta\varsigma$ $\sigma\mu\alpha\varrho\alpha\gamma\delta\sigma\upsilon$ $\sigma\varphi\varrho\alpha\gamma\iota\varsigma$; und man muß

---

[1] $\Sigma\varphi\varrho\alpha\gamma\iota\delta\varepsilon\varsigma$ differebant $\alpha\pi\sigma$ $\tau\omega\nu$ $\delta\alpha\kappa\tau\upsilon\lambda\iota\omega\nu$ in eo, quod signa quædam habebant insculpta in gemmis. In Indice ad Ael. Hist. var.

[2] Lib. V. segm. 100.

[3] Lib. VIII. p. 629. Edit Kuh.

sonach erst dieses wiederum in jenes übersetzen, wenn man sich nicht eine ganz falsche Vorstellung davon machen will.

Ich halte mich bei dieser Kleinigkeit auf, weil es mir vorkömmt, als habe uns Plinius die Epoche der erfundenen, oder in Griechenland wenigstens bekannter gewordenen Kunst in Stein zu schneiden, zwischen die Zeiten des Polykrates und Ismenias wollen vermuthen lassen. [1] Er sagt: Polycratis gemma, quæ demonstratur, illibata intactaque est: Ismeniæ ætate multos post annos, apparet scalpi etiam smaragdos solitos. „Der Edelstein des Polykrates war völlig unverletzt, und erst zu den Zeiten des Ismenias, viele Jahre nachher, zeigt es sich, daß man auch in Smaragd geschnitten.“ Ein geschnittener Stein aus den Zeiten vor dem Polykrates war dem Plinius also nicht vorgekommen; und der Smaragd des Ismenias war der erste geschnittene Stein, dessen er erwähnt gefunden.

Dieses Datum aber fiele weg, wenn man nothwendig zugeben müßte, daß Theodorus von Samos auch in Edelsteinen gearbeitet habe. Indeß hätte Hr. Winkelmann es immer als ausgemacht annehmen mögen, wenn er das Zeitalter dieses Künstlers nur nicht überhaupt so sehr unrichtig bestimmt hätte. „In Erz,“ [2] sagt er, „müßte man in Italien weit eher als in Griechenland gearbeitet haben, wenn man dem Pausanias folgen wollte. Dieser macht die ersten Künstler in dieser Art Bildhauerei, einen Rhöcus und Theodorus aus Samos, namhaft. Dieser letzte hatte den berühmten Stein des Polykrates geschnitten, welcher zur Zeit des Crösus, also etwa um die sechzigste Olympias, Herr von der Insel Samos war. Die Scribenten der römischen Geschichte aber berichten, daß bereits Romulus seine Statue, von dem Siege gekrönt, auf einem Wagen mit vier Pferden, alles von Erz, setzen lassen u. s. w.“

Es folgt nicht, weil Theodor den Stein des Polykrates geschnitten, weil er die große Vase von Silber gearbeitet hatte, welche Crösus in den Tempel zu Delphi schenkte, daß er darum ein Zeitverwandter des Polykrates und Crösus gewesen. Crösus

---

[1] Lib. XXXVII. Sect. 4.
[2] Geschichte der Kunst S. 16.

und Polykrates konnten im Besitze dieser Kunstwerke seyn, ohne sie dem Meister selbst aufgegeben zu haben. Dieser konnte längst vor ihnen gelebt haben, und muß auch. Denn Plinius sagt ausdrücklich: Plasticen invenisse Rhœcum et Theodorum tradunt, multo ante Bacchiadas Corintho pulsos. Diese Vertreibung der Bacchiaden geschah durch den Cypselus um die dreißigste Olympiade; und das multo ante des Plinius bringt das Zeitalter des Theodorus den Zeiten des Romulus ungleich näher, ja beide können gar wohl als völlig zeitverwandte Personen betrachtet werden.

Aus dem Clemens Alexandrinus lernen wir zwar, daß Polykrates mit einer Leyer gesiegelt, [1] und Junius vermuthet, daß diese eben das Sinnbild gewesen, welches Theodorus auf jenen Stein geschnitten. Aber wir wissen, daß man in den ältesten Zeiten auch mit Ringen von bloßem Metall siegelte, in welches die Namen oder Sinnbilder gegraben waren; und folglich kann die Nachricht des Clemens ihre Richtigkeit haben, ohne daß darum die Nachricht des Plinius falsch ist. Denn in dieser ist nicht von bloßen Siegelringen, sondern von Siegelringen mit geschnittenen Steinen die Rede; und es ist der Natur der Sache gemäß, daß jene längst im Gebrauche gewesen, ehe diese aufgekommen.

Dreiundzwanzigster Brief.

Zum Beweise, daß die Chrenäer von jeher als ein der Verschwendung und Wollust äußerst ergebenes Volk bekannt gewesen, führt Aelian aus dem Eupolis an, daß der geringste von ihnen einen Ring von zehn Minen getragen, ὅς τις αὐτων ἐντελεςατος σφραγιδας εἰχε δεκα μνων; und setzt hinzu: παρην δε θαυμαζεσθαι και τους διαγλυφοντας τους δακτυλιους; „denn man hatte Ursache, die, welche die Ringe gestochen hatten, zu bewundern."

Aber hier muß man den Zusatz des Aelian von dem Zeugniß des Eupolis unterscheiden. Es ist bloß die Auslegung des

---

1 Pædag. Lib. III. p. 289. Edit. Pott.

Aelian, daß diese Ringe wegen der Arbeit des Steinschneiders so kostbar gewesen. Denn σφραγιδες, wie schon erinnert, heißen nicht eben nothwendig Ringe mit geschnittenen Steinen; und wenn sie es auch hier hießen, so ist darum noch nicht ausgemacht, ob der Stein oder die Arbeit in dem Steine das mehrste gekostet.

Ich weiß wohl, auch Christ [1] hat das letztere angenommen, um daraus zu zeigen, wie hoch die Alten die Kunst des Steinschneidens geschätzt, und wie gut sich die Meister derselben bezahlen lassen. Er evaluirt die zehn Minen über hundert und sechs und sechzig Thaler jetzigen Geldes, und meint, daß dieses der ganz gewöhnliche Preis eines geschnittenen Steines gewesen. Aber ich finde, daß die geschnittenen Steine zu eben den alten Zeiten weit wohlfeiler gekauft wurden. Ismenias durfte für einen Smaragd, auf welchem eine Amymone gestochen war, nicht mehr als vier güldene Denare bezahlen, ob er gleich gern sechse dafür bezahlt hätte; und vier güldene Denare machen, nach eben dem Fuße evaluirt, welchen Christ angenommen, nicht viel mehr als sechzehn Thaler. Nun ist der Unterschied von sechzehn auf hundert und sechs und sechzig Thaler ohne Zweifel zu groß, als daß er bloß von der mehr oder weniger trefflichen Arbeit hätte entstehen sollen; und die Ringe der Cyrenäer müssen nicht bloß besser geschnittene, sondern auch an und für sich selbst ungleich theurere Steine gehabt haben.

Was Plinius von dem Smaragde des Ismenias erzählt, ist von Harduin und andern sehr falsch verstanden worden, so deutlich auch die Worte des Plinius sind. Erlauben Sie mir, sie herzusetzen! [2] Nec deinde alia, quæ tradatur, magnopere

---

[1] Comment. Lips. litt. Vol. 1. p. 325. Wenn Christ die Worte des Aelians daselbst anführt, so sagt er: Hæc autem sunt ejus verba, de Commentariis Eupolis petita, super moribus Cyrenensium. Aelian aber citirt den Eupolis bloß ἐν τῷ Μαρικᾳ; und Marikas war der Titel eines seiner Lustspiele, in welchem er der Verschwendung der Cyrenäer ohne Zweifel nur im Vorbeigehen gedachte. Wie hat Christ aus diesem Lustspiele eigene Commentarii super moribus Cyrenensium machen können?

[2] Lib. XXXVII. sect. 3.

Lessing, Werke. Auswahl. IV.   12

gemmarum claritas exstat apud auctores: præterquam Isme-
niam choraulem, multis fulgentibusque uti solitum, comitante
fabula vanitatem ejus, indicato in Cypro sex aureis denariis
smaragdo, in quo fuerat sculpta Amymone, jussisse numerari:
et cum duo relati essent, imminuto pretio, male hercules
curatum, dixisse: multum enim detractum gemmæ dignitati.
Ismenias erfährt, daß in Cypern ein geschnittener Smaragd für
sechs güldene Denare zu verkaufen sey; geschwind schickt er einen
hin, der solchen um diesen Preis für ihn kaufen soll. Der Be=
sitzer läßt mit sich handeln; Ismenias bekömmt den Stein für vier
Denare, und zwei Denare wieder zurück. Anstatt aber, daß er
hierüber vergnügt seyn sollte, ist er vielmehr ärgerlich. Der Stein,
sagt er zu dem Unterhändler, ist nun das nicht mehr, was er
gewesen; um so viel wohlfeiler du ihn bekommen, um so viel
schlechter hast du ihn gemacht. Die Worte, et cum duo relati
essent, beziehen sich offenbar auf denarios aureos. Harduin
aber nimmt es so, als ob bei duo zu verstehen wäre Smaragdi,
und glaubt, Ismenias hätte für seine sechs Denare zwei Smaragde
statt einem bekommen. Mercatorem, sagt er, puduit tanti æsti-
masse vel unicum: pretio persoluto duos emptori obtulit.
Eben so hat auch unser deutscher Uebersetzer den Plinius ver=
standen. „Es sey in Cyprus ein Smaragd für sechs goldene
Denare feil geboten worden, in welchem die Amymone einge=
graben war, und er habe das Geld dafür bezahlen lassen; als
man ihm nachher zwei dafür brachte, habe er gesagt, u. s. w.“
Relati kann nur auf etwas gehen, was Ismenias wieder bekam,
was er erst gegeben hatte; und das waren die zwei Denare.
Wie hätte auch der Verkäufer, statt einem solchen Steine, gleich
zwei geben können, da es kein bloßer, sondern ein geschnittener
Smaragd war? Die Sache spricht für sich selbst.

Ismenias war ein Zeitverwandter des Antisthenes, [1] welcher

---

[1] Plutarch merkt in dem Eingange zu dem Leben des Perikles an,
daß es Geschicklichkeiten gebe, die wir bewundern könnten, ohne die
welche sie besitzen, hoch zu schätzen; daß wir uns über ein Werk freuen
können, dessen Meister wir verachten. Antisthenes habe daher sehr wohl
gesagt, als er gehört, daß Ismenias ein sehr geschickter Flötenspieler
sey: „doch muß er ein schlechter Mensch seyn, sonst wäre er kein so

den Sokrates überlebte. Man kann annehmen, daß er gegen die neunzigste Olympiade geblüht. Ungefähr in eben diese Zeit muß die Comödie des Eupolis fallen, aus welcher Aelian sein obiges

guter Flötenspieler." Antisthenes liebte die Musik überhaupt nicht, die er zu den Weichlichkeiten des Lebens zählte, an welchen der Weise keinen Geschmack haben müsse. Als einst bei einem Gastmahle jemand zu ihm sagte: Singe! so antwortete er ihm: Und du, blase mir. $Ειπουτος$ $αντω$ $τινος$ $παρα$ $ποτον$, $ᾁσον$, $Συ$ $μοι$, $φησιν$, $αυλησον$. Die Antwort sagt gar nichts, wenn sie nicht eben das sagt, was wir bei den deutschen Worten verstehen würden! Ganz gewiß eine sehr unfläthige Grobheit; die sich aber ein Cyniker gar wohl erlaubte. Doch ich will hier nicht von dem Hasse des Antisthenes gegen die Musik, auch nicht von der Möglichkeit oder Unmöglichkeit reden, durch unablässige Uebung eine nichtswürdige Geschicklichkeit auf den höchsten Grad ihrer Vollkommenheit zu bringen, und dabei dennoch ein guter rechtschaffener Mann zu seyn; ich betrachte jetzt nur das Urtheil des Antisthenes als einen Beweis, daß Ismenias ein Zeitverwandter dieses Philosophen gewesen. Nun hatte Antisthenes selbst schon Schüler, als er sich zum Sokrates in die Schule begab, und kann diesen nicht viel überlebt haben. Folglich kann auch Ismenias, welcher bei Lebzeiten des Antisthenes schon ein vollkommener Meister war, nicht viel älter geworden seyn als dieser. Sokrates starb gegen den Anfang der 95sten Olympias; man lasse den Antisthenes zwanzig Jahre länger als den Sokrates, und den Ismenias zwanzig Jahre länger als den Antisthenes gelebt haben; so ist Ismenias doch in der 105ten Olympias schon todt gewesen. Gleichwohl lesen wir bei dem Plutarch ($Αποφθ. Βασ. και Στο$ Edit. Henr. Steph. in 8. p. 304) unter den denkwürdigen Sprüchen des Atheas folgendes: $Ισμηνιαν$, $τον$ $αριστον$ $αυλητην$, $λαβων$, $αιχμαλωτον$, $εκελευσεν$ $αυλησαι$. $Θαυμαζοντων$ $δε$ $των$ $αλλων$, $αυτος$ $ωμοσεν$ $ἡδιον$ $ακουειν$ $τον$ $ιππον$ $χρεμετιζοντος$. „Atheas, oder wie ihn Plutarch schreibt, Ateas, habe den berühmten Flötenspieler Ismenias gefangen bekommen, und ihn vor sich blasen lassen. Als ihn nun die andern sehr bewundert, habe Atheas geschworen, das Wiehern eines Pferdes sey ihm weit angenehmer." Dieser Atheas war der König der Scythen, mit welchen Philippus König von Macedonien Krieg führte; und dieser Krieg fällt in die 110te Olympiade. Wie ist es wahrscheinlich, daß dieser Ismenias unser Ismenias gewesen sey? Wenn er auch damals noch leben können, so wird ein Mann von seinem Alter doch nicht mehr in den Krieg gezogen seyn. Er lebte und lehrte zu Athen; wie wäre er unter das Heer des Königs von Macedonien gekommen? Hier ist nicht die geringste Wahrscheinlichkeit, und

Zeugniß von der Verschwendung der Cyrenäer entlehnte. Denn wir wissen aus dem Quintilian, daß Eupolis unter seinem Marikas den Hyperbolus verstanden habe, welcher in der zwei und neunzigsten Olympiade zu Samos umgebracht wurde. [1]

Dieser Synchronismus leitet zu verschiednen Schlüssen in der Geschichte der ältesten Kunst.

Als in Griechenland die geschnittenen und ungeschnittenen Steine nur erst ein eitler aber fast unentbehrlicher Putz für die Finger der Flötenspieler waren; als ein Ismenias von Athen bis nach Cypern schickte, um Einen, lieber theurer als wohlfeiler, für sich kaufen zu lassen: waren sie in Ländern von Afrika schon so gemein, daß der geringste Cyrenäer keinen schlechtern als für zehn Minen zu tragen pflegte. Zu den Cyrenäern war die Kunst ohne Zweifel von den Aegyptern gekommen; aber von der Ausbreitung der Kunst aus diesem ihrem Geburtslande gegen Afrika wissen wir sonst wenig oder nichts.

Der sechsjährige Krieg, welchen die Athenienser, in der acht und neunundsiebzigsten Olympiade, in Aegypten führten, machte die Griechen, dünkt mich, mit den Künsten der Aegypter bekannter, als sie es bisher durch Vermittelung verpflanzter Familien und

der Flötenspieler, welchen Atheas gefangen bekam, muß entweder ein ganz anderer Ismenias gewesen seyn, oder dieser Name ist selbst bei dem Plutarch verschrieben. Ich glaube das letztere. Denn obschon Plutarch das nämliche Histörchen noch an zwei andern Orten seiner Schriften wiederholt hat (nämlich einmal in der Abhandlung $Oτι$ $ουδε$ $ζην$ $εςιν$ $ηδεως$ $κατ'$ $Επικουρον$ p. m. 2010 und das anderemal in der zweiten Rede $περι$ $της$ $Αλεξανδρου$ $τυχης$ $η$ $αρετης$ p. m. 595), und obgleich an beiden Orten, nach der Ausgabe des Henricus Stephanus, deren ich mich bediene, so wie in den denkwürdigen Reden, $Ισμηνιας$ gelesen wird: so ist doch gewiß, daß nicht alle Ausgaben so lesen, folglich nicht alle Handschriften so gelesen haben, und man in verschiedenen $Αμεινιας$ anstatt $Ισμηνιας$ findet. Paulus Leopardus (Emendat. lib. XII. cap. 2) will zwar jenes in dieses verwandelt wissen, allein aus den von mir angeführten Gründen hätte er vielmehr grade das Gegentheil rathen sollen. Auch Xylander schreibt in seiner lateinischen Uebersetzung der Denksprüche Ameinias anstatt Ismenias; und Aminias ist endlich auch nichts weniger als ein ungewöhnlicher Name.

[1] Thucyd. lib. VIII. §. 13.

Völker, durch die Gemeinschaft des Handels, und durch Reisen einzelner Personen werden können. Ich erinnere mich aus dem Thucidides, [1] daß, als damals die Athenienser endlich von den Persern wieder aus Aegypten vertrieben wurden, der Rest von ihnen sich durch Lybien nach Cyrene retteten, und von da in ihr Vaterland zurück kamen. Und ohne Zweifel waren es diese, welche von der Pracht und Verschwendung der Cyrenäer so viel Aufhebens machten, daß die Comödienschreiber noch verschiedene Jahre nachher darauf anspielten.

Aus der Anmerkung des Plinius, [2] daß die Eitelkeit, sich mit vielen glänzenden Steinen zu schmücken, bei den Griechen Anfangs den Flötenspielern eigen gewesen, glaube ich eine Stelle des Aristophanes [3] besser zu verstehen, als sie von alten und neuen Auslegern verstanden worden. Wenn nämlich Sokrates den Strepsiades bereden will, daß die Wolken wirkliche Gottheiten wären, so macht er ihm eine Menge Personen namhaft, die alle durch sie lebten, Sophisten, Wahrsager, Aerzte, $\Sigma\varphi\varrho\alpha$-$\gamma\iota\delta o\nu\nu\chi\alpha\varrho\gamma o\varkappa o\mu\eta\tau\alpha\varsigma$ u. s. w. Dieses Wort bedeutet, nach seiner Zusammensetzung, Leute, welche ihre Finger bis an die weißen Nägel mit Steinringen bestecken, und man hat nichts als $\dot{\alpha}\sigma\omega\tau o\upsilon\varsigma$, Weichlinge darunter verstanden; wie es denn auch die Dacier bloß durch Effeminés übersetzte. Doch, wenn man erwägt, daß es unter Namen von Leuten steht, welche irgend eine windige, betrügerische, eitle Kunst treiben, und sich erinnert, was Plinius, in Rücksicht auf die damaligen Sitten, tibicinum gloria tumere nennt: so ist wohl kein Zweifel, daß Aristophanes mit dieser komischen Benennung die Flötenspieler anstechen wollen.

Auch davon, daß erst in den Zeiten des Peloponnesischen Krieges sich die Griechen der geschnittenen Steine zu Siegeln zu bedienen angefangen, glaube ich in dem Aristophanes die Spur gefunden zu haben. Denn unter andern Dingen, welche er die

1 Libr. I. §. 110.

2 Hic (Ismenias) videtur instituisse, ut omnes musicæ artis hac quoque ostentatione censerentur. — Sorte quadam his exemplis initio voluminis oblatis adversus istos, qui sibi hanc ostentationem arrogant, ut palam sit eos tibicinum gloria tumere l. c.

3 Nub. v. 331.

Weiber in seinen Thesmophoriazusen [1] dem Euripides zur
Last legen läßt, ist auch dieses, daß er die Männer gelehrt habe:

— ϑριπηδες' ἐχειν σφραγιδια
Εξαψαμενους. —

Vordem hätten die Männer sich nur ganzer schlechter Schlüssel
und Ringe bedient, wenn sie etwas verwahren wollen; die Weiber
hätten sich, für ein sehr weniges, dergleichen können nachmachen
lassen;

Προτου μεν ουν ἡν αλλ' ὑποιξαι την ϑυραν,
Ποιησαμεναισι δακτυλιον τριωβολον —

aber der verwünschte Euripides sey es, der ihnen die Laconischen
Schlüssel mit drei Zacken, und die σφραγιδια ϑριπηδεςα
bekannt gemacht habe. Wirkliches von Würmern gefressenes Holz,
dergleichen man sich in den allerersten Zeiten zu Siegeln soll bedient haben, kann eben darum hier nicht zu verstehen seyn. Es
müssen also entweder Steine verstanden werden, die nach Art
eines solchen Holzes geschnitten waren; oder das ϑριπηδεςα
ist bloß figürlich von der so besondern Kleinheit der in dem Steine
enthaltenen Figuren zu nehmen, daß sie eher von Würmern hinein genagt, als von Menschen hineingearbeitet scheinen sollten.
In beiden Fällen erhellt so viel, daß der Gebrauch mit geschnittenen Steinen zu siegeln unter den Griechen damals noch sehr
neu gewesen, weil ihn sonst die Weiber unmöglich zu einer Erfindung des Euripides hätten machen können.

Vierundzwanzigster Brief.

Wir haben über die Nachsuchung, zu welcher Zeit die Kunst
in Stein zu schneiden bei den Griechen in Schwung gekommen,
den Hrn. Klotz ganz aus dem Gesichte verloren. — Ich wollte
Sie von seiner Kenntniß der Edelsteine als Edelsteine unterhalten.

Wenn Hr. Klotz aus dem Mariette anführt, daß sich so gar
schöne Smaragde und Rubinen fänden, auf welchen alte Stein-

1 v. 435. 36.

schneider ihre Kunst gezeigt, so setzt er, wie Sie gesehen, hinzu: „aber dieses scheint mir selten geschehen zu seyn, am seltensten mit dem Rubin, wegen seiner Härte und großem Werthe."

Die erste Hälfte dieses Zusatzes versteht sich von selbst; zwar bei Hr. Klotzen sollte sie sich nicht von selbst verstehen, der kurz zuvor die Neigung der Alten zu geschnittenen Steinen so sehr übertrieben, und so sehr wider den vermeinten neuern Geschmack an bloßen Steinen gepredigt hatte: „die ungeheure Summen kosten, ohne daß die Erfindung oder Arbeit des Steinschneiders sich auf eine Art daran gezeigt hätte, die uns unterrichten oder ergötzen könnte." Denn bei einem solchen Eifer für das Schöne der Kunst, als er den Alten beilegt, hätte dem Liebhaber kein Stein zu kostbar, und dem Künstler keiner zu hart seyn müssen. Doch in diese Inconsequenz mußte Hr. Klotz fallen; also nichts weiter davon!

Nur hätte er sich die Ungereimtheit der andern Hälfte seines Zusatzes ersparen können: „am seltensten mit dem Rubin, wegen seiner Härte und großem Werthe." Denn das heißt, die Zeiten gewaltig verwechseln; das heißt, sich einbilden, daß eben der Rang, daß eben die Schätzung, die wir jetzt den Edelsteinen geben, ihnen auch von den Alten gegeben worden; das heißt, schlechterdings nicht wissen, was jeder wissen kann, der seinen Plinius fleißiger gelesen, als Hr. Klotz.

Wenn nämlich gleich jetziger Zeit der Rubin die nächste Stelle nach dem Diamante behauptet: so hat er sie doch nicht immer behauptet, sondern das Alterthum ertheilte sie dem Smaragde. Tertia auctoritas, sagt Plinius, nachdem er die erste Würde dem Diamante, und die zweite der Perle, nach dem einstimmigen Urtheile seines und aller vorigen Zeitalter, zuerkannt hatte, tertia auctoritas smaragdis perhibetur pluribus de causis. [1] Folglich hätte es Hr. Klotz gerade umkehren und sagen müssen, daß, wenn die Alten nur selten in Rubin und Smaragd geschnitten, sie es am aller seltensten in den letztern, und nicht in den erstern, dürften gethan haben; denn nicht den Rubin, sondern den Smaragd setzten sie, unter andern Ursachen auch

---

[1] XXXVII. sect. 16.

wegen seiner Härte, gleich nach dem Diamanten. Von derjenigen Gattung des Smaragds, welcher aus Scythien und Aegypten kam, sagt Plinius ausdrücklich: quorum duritia tanta est, ut nequeant vulnerari. Die Rubine hingegen scheinen ihm nur wenig bekannt gewesen zu seyn, und weder die Griechen wissen von ihrem Ανθραξ, noch die Römer von ihrem Carbunculus etwas zu sagen, was dem Smaragde im geringsten den Vorzug streitig machen könnte.

Hierzu kömmt noch dieses: der Smaragd war bei den Alten nicht allein in höherm Werthe, als der Rubin, sondern es war auch sogar verboten, ihn zu schneiden, wegen seiner wohlthätigen Wirkung auf das Auge. Auch dieses lehrt uns Plinius: quapropter decreto hominum iis parcitur, scalpi vetitis. [1]

Ich weiß zwar wohl, was Goguet [2] gegen dieses Vorgeben erinnert: „Man begreift nicht, sagt er, worauf sich Plinius gegründet, wenn er anmerkt, daß es überhaupt nicht erlaubt gewesen, in Smaragd zu schneiden. Die alte Geschichte belehrt uns von dem Gegentheile. Der Ring, welchen Polykrates ins Meer warf, und der in dem Bauche eines Fisches wieder gefunden ward, war ein Smaragd, den Theodorus, ein berühmter Künstler des Alterthums, geschnitten hatte. Desgleichen meldet Theophrast, daß viele Leute die Gewohnheit gehabt, Siegel von Smaragd zu führen, um sich durch ihren Anblick das Gesicht zu stärken. Ja, Plinius selbst hatte verschiedene Beispiele von dergleichen geschnittenen Steinen vor sich."

Doch, diesen Einwürfen ist zu begegnen. Fürs erste glaube ich nicht, daß Plinius sagen wollen, es sey ein positives, wirklich niedergeschriebenes und unter einer gewissen festgesetzten Strafe promulgirtes Verbot, in Smaragd zu schneiden, vorhanden gewesen. Dergleichen läßt sich kaum denken; und wo wäre es gewesen? Es hätte doch nur in einzelnen Ländern von Kraft seyn können, und in allen übrigen würden sich Künstler und Liebhaber darüber weggesetzt haben. Die Worte des Plinius (decreto hominum iis parcitur) scheinen weiter nichts anzudeuten,

[1] l. c.
[2] De l'Origine des Loix, des Arts etc. Tom. I. Part. II. p. 238.

als ein allgemeines aber stillschweigendes Uebereinkommen der Menschen, durch welches sich die Sache selbst verbot. Denn, da man den Smaragd nur seines lieblichen Anblicks wegen suchte, seiner Farbe wegen, welche das Auge so angenehm füllt, ohne es zu sättigen: so konnte es unmöglich eine Empfehlung für ihn seyn, sein Convolut durch die Kunst zu verringern. Jedermann liebte ihn wegen seiner Bestandtheile, und alles was diese verminderte, mußte nothwendig auch seinen Werth vermindern. Wer hätte also Lust haben können, ihn zu schneiden, da er ungeschnitten mehr gelten, mehr Käufer finden konnte, als noch so künstlich geschnitten?

Sollte indeß, was auf diese Weise unterblieb, wohl ohne alle Ausnahme unterblieben seyn? Wer kann sich das vorstellen? Vielmehr haben deren aus eben der Ursache, welche das allgemeine Gesetz veranlaßte, von dem sie die Ausnahmen sind, entspringen können und müssen. Die Ursache, warum man den Smaragd nicht schnitt, war, wie es Solinus ausdrückt: ne offensum decus imaginum lacunis corrumperetur. Wenn nun aber dem Künstler ein Smaragd in die Hände fiel, der irgend einen kleinen Fehler der Farbe oder des Körpers hatte, von welchem er sahe, daß er eben durch dergleichen imaginum lacunas heraus zu bringen sey: wird er ihn nicht eben darum geschnitten haben, warum er ihn ohne diesen Fehler nicht hätte schneiden müssen?

Und dieses wäre die Antwort überhaupt auf alle die einzelnen Beispiele von geschnittenen Smaragden, die man dem Plinius entgegen setzen könnte. Von denen aber, die Goguet anführt, läßt sich bei jedem noch etwas insbesondere anmerken.

Daß der Stein des Polykrates ein Smaragd gewesen, ist so ausgemacht nicht. Herodotus zwar sagt es; aber Plinius giebt ihn für einen Sardonyx aus. Wäre es aber auch wirklich ein Smaragd gewesen, so habe ich schon gezeigt, wie wenig es erwiesen, daß es ein geschnittener gewesen.

Das Zeugniß des Theophrast [1] beweiset vollends nichts. Denn Theophrast, wenn er anmerkt, daß der Smaragd für die

---

[1] S. 62 der Englischgriechischen Ausgabe von Hill.

Augen gut sey, sagt bloß: $\delta\iota o$ $\varkappa\alpha\iota$ $\tau\alpha$ $\sigma\varphi\varrho\alpha\gamma\iota\delta\iota\alpha$ $\varphi o\varrho o\upsilon\sigma\iota\nu$ $\dot{\epsilon}\xi$ $\alpha\dot{\upsilon}\tau\eta\varsigma$, $\dot{\omega}\varsigma\epsilon$ $\beta\lambda\epsilon\pi\epsilon\iota\nu$; welches weiter nichts bedeutet, als daß man ihn daher gern in Ringen geführt.

Was endlich die geschnittenen Smaragde anbelangt, die bei dem Plinius selbst vorkommen sollen, so erinnere ich mich nur des einzigen, bereits gedachten, den Ismenias in Cypern kaufen ließ. Dieser beweise, sagt Plinius, daß damals scalpi etiam smaragdos solitos. „Man schnitt damals auch sogar Smaragde." Das etiam ist deutlich mit Beziehung auf das streitige Verbot gesagt. Freilich wird man, zu Anfange der Kunst, die ersten die besten Steine geschnitten haben, die unter die Hände kamen. Das Verbot, oder die stillschweigende Uebereinstimmung der Menschen, die Smaragde nicht zu schneiden, kann nicht mit der Kunst zugleich entstanden seyn. Dabei mußten Erfahrungen vorausgesetzt werden, wie wenig der Schnitt dem Smaragde zuträglich sey; und sonach widerspricht sich Plinius auch hier so wenig, daß er sich vielmehr bestätigt.

Fünfundzwanzigster Brief.

Was ich aber zu so vielen geschnittenen Smaragden sage, die sich in den Cabinetten finden?

Daß es keine wahren Smaragde sind; daß es Steine von einer geringern Gattung sind, welche dem alten Smaragde mehr oder weniger beikommen.

Die meisten dürften vielleicht das seyn, was die Italiener Plasma di Smeraldo nennen. Plasma di Smeraldo, sagt Hr. Winkelmann, [1] ist die Mutter oder die äußere Rinde des Smaragds. Ich will ihm das hier nicht streitig machen; aber erlauben Sie mir eine etymologische Anmerkung über das Wort Plasma. Man würde sich sehr irren, wenn man es für das Griechische $\pi\lambda\alpha\sigma\mu\alpha$ halten wollte. Es ist weiter nichts, als das sanfter ausgesprochene Prasma; denn Zanetti, [2] und andere, schreiben allezeit Prasma, anstatt Plasma di Smeraldo; und

1 Anmerk. zu der Gesch. der K. S. 18.
2 Dactyl. Zanett. p. 17.

Hr. Lippert macht daher ohne Grund Plasma und Prasma zu zwei verschiedenen Steinen. [1] Er ist auch ganz falsch berichtet, daß die Italiener unter Plasma einen gräulich gesprengten Hornstein verstünden. Weder einen Hornstein, noch weniger einen gräulich gesprengten! Vielleicht zwar, daß das letztere bloß bei Hr. Lipperten verdruckt ist, und es anstatt gräulich, grünlich heißen soll. Was er Plasma heißt, muß eben der Stein seyn, den er anderwärts Prasma nennt, und an einem dritten Orte, Pras. [2] Denn kurz, Plasma und Prasma und Pras ist alles eins.

Aber wie das? Alle drei sind nichts als der Prasius, oder die gemma prasina der Alten. In Prasina war der Punkt verwischt, in ward für m gelesen, und so entstand das Prasma, oder Plasma, welches wir Deutsche jetzt in Pras verkürzen, nachdem das alte Präsem [3] aus dem Gebrauche gekommen.

Die Griechen und Römer scheinen, unter Prasius oder Prasites, alle Steine von einer unreinen grünen Farbe begriffen zu haben, indem das Wort selbst weiter nichts als eine solche Farbe andeutet. Da es aber unter diesen nothwendig einige geben mußte, welche dem schönen Grün des Smaragds näher kamen: so machten die neuern Steinkenner für sie den zusammengesetzten Namen: Prasma di Smeraldo, Smaraldpräsem, welches im lateinischen Smaragdoprasius heißen muß, und keinesweges vom Gori [4] durch Prasma Smaragdinea hätte übersetzt werden sollen. Denn das heißt Verstümmlungen der Unwissenheit autorisiren, und die Benennungen unnöthiger Weise häufen.

Die Alten kannten so vielerlei Arten von Pras, oder gemmis viridantibus, welche alle ihre besondere Namen hatten! Der alte geschnittene Stein, den man Smaragd nennt, wird also sicherlich eher von der einen oder der andern, als ein wahrer Smaragd seyn. Denn da es Plinius ausdrücklich sagt, daß dieser nicht geschnitten worden, so kann man es glauben und muß es glauben. Wie hätte sich Plinius so etwas können in den Kopf setzen lassen, wenn es nicht wahr gewesen wäre? Er

---

1 Dactyl. Erstes Tausend Nr. 178 und zweites Tausend Nr. 391.
2 Ebend. s. Erstes Tausend, Nr. 270.
3 Boetius de Boot ex recens. Adriani Toll. p. 203.
4 Dactyl. Zanett. l. c.

sollte uns eine falsche Nachricht hinterlassen haben, deren Wider=
legung ihm alle Tage hätte vor Augen kommen können?

Ich finde noch einen Umstand bei ihm, der dieses Vorgeben
bestätiget. Diesen nämlich, daß die Smaragde meistens hohl
geschliffen wurden: [1] iidem plerumque et concavi, ut visum
colligant, eine Form, welche sie zum Schneiden ganz ungeschickt
machte. — Doch von dieser concaven oder convexen Form der
alten Gemmen, einmal in einem besondern Briefe, wo es sich
zeigen wird, daß die Meinung des Salmasius, [2] welcher das
Verbot die Smaragde zu schneiden, nur auf die concav ge=
schliffenen einschränken will, nicht Statt haben kann.

Sechsundzwanzigster Brief.

„Selten, setzt Hr. Klotz hinzu, sind auch ihre Werke in
Sapphir.“

Was für einen Sapphir meint er? Den Sapphir der Alten,
oder unsern? Denn er wird wissen, daß dieses zwei ganz ver=
schiedene Steine sind. Von jenem wäre es kein Wunder, denn
Plinius nennt ihn ausdrücklich inutilem sculpturæ, interveni-
tibus crystallinis centris. [3] Ueber diesen aber wird noch ge=
stritten, ob er den Alten überhaupt bekannt gewesen. Und kannten
sie ihn ja, so kannten sie ihn doch nur als eine Art des Amethysts
oder Berylls. Er hatte den Werth nicht, den er bei uns hat;
und wenn sie ihn schnitten, so geschah es mehr von ungefähr,
als in der Meinung, einen kostbaren Stein zu schneiden.

„Am häufigsten, fährt Hr. Klotz fort, brauchten sie zu hohl
gegrabenen Werken den Carneol oder Agat von einer Farbe, so
wie sie sich bei erhobenen Werken der verschiedenen Agatonyche
und Sardonyche bedienten.“

Hier möchte ich erst eine orthographische Kleinigkeit fragen.
Warum schreibt Hr. Klotz beständig Agat? Der Stein und der
Fluß, von welchem der Stein den Namen hat, haben im

---

[1] Lib. XXXVII. sect. 16.
[2] Ad Solinum p. 196.
[3] Libr. XXXVII. sect. 39.

Griechischen ein χ; und nur die Franzosen müssen, wegen ihrer schischenden Aussprache des ch, dieses χ in ein g verwandeln. Aber warum wir? Daß es Hr. Klotz thut, ist also ein Beweis, mit welcher Oscitanz er seinen französischen Währmännern nachschreibt. Aus eben dieser Oscitanz schreibt er Berill und Amethift, anstatt daß er Beryll und Amethyst schreiben sollte.

Sodann möchte ich wissen, ob sich Hr. Klotz in dieser Stelle mehr als Antiquar oder als Naturkundiger, mehr in der Sprache der alten oder der neueren Steinkenner habe ausdrücken wollen? Denn gewiß ist es, daß er sich nur nach einer und eben derselben hätte ausdrücken, und nicht in der nämlichen Periode bald diese bald jene führen müssen.

Hat er mit den alten Steinkennern sprechen wollen, so hätte er sich des Wortes Carneol enthalten, und nicht von einfärbigen Achaten sprechen müssen. Die Achate der Alten waren lauter vielfärbige Steine.

$\Pi o\lambda\lambda\alpha$ $\mu\varepsilon\nu$ $o\upsilon\nu$ $\rho\varepsilon\alpha$ γ' $\varepsilon\varsigma\iota\nu$ $\alpha\chi\alpha\tau o\nu$ $\chi\rho\omega\mu\alpha\tau'$ $\iota\delta\varepsilon\sigma\vartheta\alpha\iota.$ [1] Nur nach der unter diesen verschiedenen Farben am meisten hervorstechenden, zum Grunde liegenden, herrschenden Farbe bekam er verschiedene Namen, und hieß bald Cerachates, bald Hämachates, bald Leukachates u. s. w. Ich weiß wohl, daß Plinius eines Achats gedenkt, [2] quæ unius coloris sit, und der, von Ringern getragen, sie unüberwindlich mache. Aber Salmasius hat sehr richtig angemerkt, [3] daß man anstatt unius coloris, minii coloris lesen müsse; nicht zwar aus dem Grunde, daß die Alten von keinem einfärbigen Achate gewußt: aber dieser Grund ist darum doch nichts minder wahr. Was bei den Alten Achat heißen sollte, mußte Streife oder Puncte von anderer Farbe haben, als die übrige Masse des Steines war; und alle einfärbige Steine, die ihrer übrigen Eigenschaften wegen zu den Achaten gehört hätten, hatten ihre eigene Namen.

Nur die neueren Steinkenner und Naturkundiger, die ihre Classen mehr nach den Bestandtheilen zu ordnen gesucht, sind es,

---

1 Orpheus de Lapidibus. v. 103.
2 Lib. c. sect. 54.
3 Ad Solinum p. 135.

welche den Namen Achat zu einem Geschlechtsnamen gemacht haben, unter welchem sie alle durchsichtigere Hornsteine begreifen, sie mögen eine oder mehrere Farben zeigen. Hat Hr. Klotz aber sich mit diesen ausdrücken wollen, so hätte er bedenken müssen, daß sonach der Carneol selbst mit zu den Achaten gehört. Er hätte nicht sagen müssen, daß die Alten zu hohlgegrabenen Werken am häufigsten den „Carneol und Achat von einer Farbe" gebraucht; denn wer wird erst eine einzelne Art nennen, und dann das Geschlecht? Sondern er hätte sagen müssen, daß sie gemeiniglich Achate von einer Farbe und unter diesen am häufigsten den Carneol dazu gebraucht haben, in so fern man unter Carneol, welche Benennung den Alten unbekannt war, den Sarder mit verstehen darf.

Mit einem Worte: die Steinkenntniß des Hrn. Klotz ist eine sehr ungelehrte Kenntniß. Sie ist lediglich aus den Namenverzeichnissen der verschiedenen Daktyliotheken und besonders der Lippert'schen zusammengestoppelt. Was wird uns aber in diesen Verzeichnissen nicht oft aufgeheftet! Was für Monstra von Namen kommen nicht da zum Vorschein!

Ein solches Monstrum ist der Achatonyx, dessen sich nach Hr. Klotzen die Alten zu erhobenen Werken verschiedentlich sollen bedient haben. Auch Hr. Lippert braucht diesen Namen sehr häufig. Aber er ist bei den Alten ganz unerhört, und selbst die späteren Schriftsteller Marbodus, Albertus Magnus, Camillus Leonardus, Baccius, Conrad Gesner, und wie sie alle heißen, kennen ihn nicht, so daß er aus einer ganz neuen Hecke seyn muß. Aber was sollen wir uns dabei denken? Es läßt sich schlechterdings nichts dabei denken. Der Onyx gehört unter die Achate; und wie läßt sich eine Zwittergattung aus dem Geschlechte und der Art zusammen setzen? Bloß die reguläre Lage der farbigen Streife macht den Achat zum Onyx; und ich verstehe nicht, wie diese Streife zugleich regulär und auch nicht regulär seyn können. Ganz anders ist es mit dem Sardonyx: hier ist Art und Art zusammengesetzt, und man hat für gut befunden, denjenigen Onyx, dessen Streife von der Farbe des Sarders sind, durch diesen Zwitternamen auszuzeichnen.

O des glücklichen Gelehrten, der so zahm und fromm alles

auf Treu und Glauben nachschreibt, und sich alle pedantische Discussionen erspart! Was schadet es ihm, wenn man auch manchmal über ihn lächeln muß? — Weil Hr. Lippert den Abdruck eines Kopfes beibringt, der in einen Diamant geschnitten seyn soll: [1] „so haben wir, nach dem Hrn. Klotz, nun nicht mehr nöthig, uns auf bloße Muthmaßungen zu verlassen, daß die Alten in Diamant gegraben haben." [2] Durch diesen einzigen Diamant ist Goguet, und wer es mit Goguet hält, auf einmal zum Stillschweigen gebracht. Er befindet sich in der Sammlung des Mylord Bedfort, dieser Diamant! Was für eine Kostbarkeit und Seltenheit kann man nicht einem Mylord zutrauen! — Es wäre sehr natürlich, aus dem Lächeln darüber ins Lachen zu fallen. —

Doch, ich will lieber ganz ernsthaft den Hrn. Lippert und den Hrn. Klotz bitten, mich zu belehren, woher sie es so gewiß wissen, daß dieser Stein des Mylord Bedfort ein wahrer Diamant ist? Welche Versuche sind damit angestellt worden? Wie, wenn es ein gebrannter Amethyst, oder Sapphir, oder Smaragd wäre, deren orientalische Gattungen, wenn sie durch das Feuer ihrer Farben beraubt worden, so viel von dem wahren Glanze und Wasser des Diamants haben, daß der erfahrenste Juwelier damit betrogen werden kann? [3] Hätte kein Antiquar diesen Betrug versuchen können? Wäre es aber auch ein wahrer Diamant, könnte die Arbeit darauf nicht das Werk eines neuen Künstlers seyn? Wer kann dafür stehen, daß sie es nicht ist?

Hier müssen Beweise aus Büchern mehr gelten, als der Augenschein. Wenn die Bücher der Alten keiner geschnittenen Diamante erwähnen; wenn hundert Umstände hingegen in ihnen vorkommen, die es schwer zu begreifen machen, daß sie deren gehabt, die es sogar zweifelhaft machen, ob sie auch nur geschliffene Diamante gehabt: so wäre es eine große Einfalt, jemanden in der Welt, er sey, wer er wolle, auf sein bloßes Wort zu glauben, daß sich da oder dort ein solcher alter Diamant wirklich befinde.

[1] Zweites Tausend. Nr. 387.
[2] S. 42.
[3] S. Hills Anmerkungen über den Theophrast, S. 83.

Siebenundzwanzigster Brief.

Aber Herr Klotz hat sich eine zu gute Entschuldigung ausgespart, warum er so kahle und verwirrte Kenntnisse von Edelsteinen zeigt, als daß ich mich länger bei dieser Materie verweilen darf.

Er sagt nämlich, [1] „daß in Ansehung der Benennungen, welche die alten Schriftsteller den Edelsteinen beigelegt haben, eine große Dunkelheit herrsche. Die Neueren hätten zwar die alten Namen beibehalten; allein sie hätten ganz andere Steine damit beschenkt, als die Alten."

Das ist nun zwar sehr selten geschehen, und es ist in diesem Theile der natürlichen Geschichte weit mehr Ungewißheit und Verwirrung daher entstanden, daß man anstatt der alten Namen ganz neue eingeführt (wie z. E. die Namen des Rubins mit seinen Abänderungen, Ballas, Rubinell, Spinell), als daher, daß man die alten Benennungen auf Steine, denen sie ehedem nicht zugekommen, übergetragen. Doch bei dem allem, es mag so seyn; wir wollen von Herr Klotzen nicht verlangen, daß er mehr wissen soll, als er versichert, daß man wissen kann.

Und so gingen wir weiter, und kämen auf die mechanische Ausübung der Kunst, von der er nur wenig sagen zu können sagt. Aber er sagt gar nichts davon, und das ist freilich sehr wenig; vielleicht auch ein wenig zu wenig, um in dem Folgenden allen seinen Lesern verständlich zu seyn.

Herr Klotz schreibt: [2] „die neue Entdeckung von dem Steinschneiden der Alten darf hier nicht wohl übergangen werden, welche Christ glaubte gemacht zu haben. Er überredete sich, daß die Alten mit Diamant allein geschnitten hätten, ohne sich des Rades dabei zu bedienen." —

Alles, was Herr Klotz wider diese Meinung sagt, hat er Herr Lipperten abgeborgt; nur daß dieser gerechter gegen Christen ist. Herr Lippert schreibt bloß, Christ (den er, wie ich sehe, gar nicht

[1] S. 44.
[2] S. 45.

einmal nennt),[1] habe geglaubt, „daß man vor Alters auch mit dem Diamant allein geschnitten habe." Auch! das wäre noch eher recht. Aber Hr. Klotz läßt dieses Auch aus, und stellt uns folglich Christen als den Mann vor, der es überhaupt nicht Wort haben wollen, daß die alten Steinschneider das Rad gekannt und gebraucht hätten. Davon war Christ weit entfernt.

Christ behauptete bloß, daß sich die alten Steinschneider des Rades seltener bedient, als die neueren;[2] daß sie mehr mit der Diamantspitze gearbeitet, als die neueren;[3] und daß besonders die sehr kleinen Steine nicht wohl mit jenem, sondern lediglich mit dieser von ihnen gefertigt werden können.[4] Dabei läugnete er keineswegs, daß man nicht Steine die Menge finde, auf welchen sich eben so wohl die Spuren des Rades, als der Diamantspitze zeigen.[5] Vielmehr gestand er selbst, daß auf einigen älteren, und besonders ägyptischen Steinen, ihm das Rad alles gethan zu haben scheine, und sich durchaus keine Spur der Diamantspitze äußere.[6]

Das war Christs Meinung, und diese Meinung nennt Herr

[1] Vorrede zur Daktyl. S. XXX.

[2] Ego vero non dubito, quin Græci præsertim artifices rarius hac machina, cujus certe ingenium compendiumque omne cognitum perspectumque habebant, in gemmis annularibus scalpendis usi fuerint. v. Comment. Lips. Litterarii T. I. sect. 3. p. 334.

[3] Sed, quamvis majore difficilioreque negotio, quod opus tamen acutius subtiliusque præstaret, adhibuisse eos puto crustas adamantis in acutissimum fastigiatas mucronem etc. ibid.

[4] Nam primum in minimis quibusdam gemulis potior soli mucroni adamantis et crustis acutissimis locus fuerat, non fere orbiculo terebræ ac rotarum. ibid. p. 336.

[5] — tanquam si in omni annulo sculpendo opus utrumque, terebræ ac mucronis adamantini adhibitum fuisset. In quibusdam sic veteres egisse, quomodo contendunt illi, dabimus; et conspectus exemplorum in dactyliothecis multorum, tanquam in re præsenti, istud fere probat. ibid.

[6] Deinde veteres aliquæ gemmæ, præsertim Aegyptiæ, arrosæ tantum harenis mihi quidem videntur, nullo mucronis adhibiti vestigio. ibid.

Klotz gerade zu eine lächerliche Meinung? Es ist ihm nicht möglich, ihr einen gelinderen Namen zu geben?

„Wer dieses glaubt, fährt er fort, muß niemals in Stein haben schneiden sehen, muß auch die Natur und Gestalte der Diamante gar nicht kennen. Wie stellt er sich wohl vor, daß der Diamant gefaßt werden könne, um die kleinen Tiefen auszugraben? oder wie glaubt er, daß man die kleinen Diamantkörner mit einer so großen Spitze, als hierzu erfordert wird, versehen können? Was muß er für Begriffe von der Größe und Kostbarkeit der Diamante haben, wenn er sich einbildet, daß man große Diamante so spitzig zuschleifen könne, als diese Arbeit erfordert? Kurz, die ganze Sache ist unmöglich, und wenn Christ oder andere sich in den Werkstätten umgesehen hätten, so würden sie niemals diese Meinung behauptet haben."

Im Vorbeigehen: Christ hatte sich sicherlich in den Werkstätten mehr umgesehen, als Herr Klotz. Ich habe Christen gekannt, und Christen gehört, und ihn über diese Sachen selbst gehört.

Ich habe schon gesagt, alle die Einwürfe, die Herr Klotz gegen Christs Meinung macht, sind Lipperts Einwürfe. Aber Herr Klotz drückt sie nach seiner Art aus, das ist, er mischt ein wenig Nonsens mit unter. — Er fragt z. E., „wie glaubte Christ, daß man die kleinen Diamantkörner mit einer so großen Spitze, als hierzu erfordert wird, versehen könne?" Freilich müßte Christ ein sehr lächerlicher Mann gewesen seyn, wenn er geglaubt hätte, daß man kleine Diamantkörner mit großen Spitzen versehen könne. Lippert hat so seltsam nicht gefragt.

Gleichwohl bin ich um Herr Lipperten besorgt, daß ihn sein Eifer zu weit geführt, wenn er ausruft: „lauter Unsinn, der aus einer verderbten Einbildungskraft, und aus grober Unwissenheit von den Möglichkeiten und den Vortheilen, die zu dieser Kunst gehören, entstanden ist!" Denn diesen Unsinn dichtet sich Herr Lippert zum größten Theil selbst. Christ verstand unter dem mucrone adamantino eben so wenig Diamantkörner, als größere spitzig zugeschliffene Diamante, sondern spitze Splitter von zerschlagenen Diamanten. Die Möglichkeit solcher Splitter giebt Herr Lippert selbst zu, und er ist nur verlegen, wie sie gehörig zu fassen. —

Doch man wird sagen: ist einem Künstler nicht in seiner Kunst zu glauben? Thut Herr Klotz also nicht besser, daß er Herr Lipperten folgt, als ich, der ich mich lieber an Christen halten will?

Nein; es ist nicht Christ, an den ich mich halte; auch bei mir gilt der Künstler in seiner Kunst alles. Aber Ein Künstler macht nicht alle aus, und wenn die Künstler selbst uneinig sind, muß es dem Gelehrten frei stehen, sich auf die Seite des einen oder des andern zu stellen, ohne zu fürchten, daß man ihn für unwissend, oder gar unsinnig schelten werde.

Kurz, Natter ist es, der mich kühn genug macht, an den Aussprüchen des Hrn. Lippert zu zweifeln.

Natter zeigte an einer dazu ausgesuchten Folge alter Steine die offenbaren Spuren des Rades, um zu beweisen, daß auch die alten Künstler das Rad gebraucht hätten, und folglich bei ihrer Arbeit überhaupt ungefähr eben so verfahren wären, als unsere Künstler. Für Christen durfte er eigentlich dieses nicht beweisen, denn Christ, wie ich schon gesagt, hatte den Alten den Gebrauch des Rades nichts weniger als abgesprochen. Er mag es aber bewiesen haben, für wen er will; wir sind ihm Dank schuldig, daß er es bewiesen, weil er uns dadurch vor mancherlei chimärischen Begriffen verwahrt hat, die wir uns sonst von dem Verfahren der alten Artisten machen könnten.

Aber, dieses den Alten vindicirten Rades ungeachtet, wo hat Natter jemals den Gebrauch der Diamantspitze so weit herabgesetzt, als ihn Hr. Klotz herabsetzt? „Allerdings, sagt Hr. Klotz, braucht man die Diamantspitze, aber alsdann erst, wenn durch das Rad das Gehörige verrichtet ist. Nämlich: man kann mit dieser eingefaßten Diamantspitze, wovon das Werkzeug beim Mariette abgebildet ist, die vom Rade noch übrig gebliebenen groben und nicht zart genug verarbeiteten Partien sanfter und verlaufend machen.“

Wer hat dem Hrn. Klotz das gesagt? In wie vielen Werkstätten hat er es gesehen, daß man die Diamantspitze nur dazu brauche? — Ich will ihm seine Widerlegung beim Natter fast auf allen Blättern zeigen.

Urtheilt nicht Natter ausdrücklich, daß an den Hetrurischen

Steinen Contur und Muskeln mit der Diamantspitze ausgegraben zu seyn scheinen?[1]

Schließt nicht Natter, daß verschiedenes mit dem Rade gemacht worden, weil es mit der Spitze des Diamants nicht so leicht und kühn zu machen gewesen?[2] — Nicht so leicht, nicht so kühn: aber doch zu machen.

Erkennt nicht Natter an den beiden Othryaden, daß, so wie an dem einen alles mit dem Rade geschnitten sey, so sey an dem andern das meiste mit der Diamantspitze gefertigt?[3] Sagt er nicht mit klaren Worten, daß in eben diesem Gebrauche der Diamantspitze die eigene Manier bestanden, welche der Meister des zweiten gehabt?

Aeußert sich nicht Natter von seinem Faune, auf einem außerordentlich kleinen Onyx, daß in Betrachtung der correkten Zeichnung auf einem so eingeschränkten Raume, er nothwendig glauben müsse, der Artist habe sich meistens der Diamantspitze dabei bedient?[4] Und was ist das viel anders, als was Christ von dergleichen kleinen Steinen überhaupt sagt?[5]

1 Ces sortes de gravures sont ordinairement en fort bas relief; le contour, et les muscles sont trop creusés et paroissent avoir été faits avec la pointe de Diamant. Traité de la Meth. ant. p. 10.

2 Il paroît aussi visiblement que le bouclier est fait au Touret, avec un Outil peu taillant, car on n'aurait pu l'exécuter avec autant de hardiesse, ni aussi facilement avec la pointe de Diamant. Ibid. p. 12.

3 Car celui-ci a réglé son dessein sur sa manière particulière de graver, c'est-à-dire, pour la plûpart avec la pointe de Diamant. — Ibid. p. 21.

4 Cette pièce est estimable par sa beauté, et par la correction du dessein, dans un espace si petit que l'on a de la peine à y rien distinguer à l'œil nud, quelque bon qu'il soit, et que l'on est forcé d'avoir recours au Microscope pour pouvoir bien l'examiner. C'est ce qui me fait croire que l'Artiste y a employé le plus souvent la pointe de Diamant, surtout pour le visage et les cheveux; car il est plus facile d'y réussir de cette façon-là qu'au Touret. — Ibid. p. 36.

5 Siehe oben S. 193 Note 4.

Alles das endlich zusammengenommen: ist es nicht unwider=
sprechlich, daß Natter einen weit ausgebreiteteren Gebrauch der
Diamantspitze an den alten Werken erkennt, als Hr. Klotz ein=
räumen will? daß er ebendenselben daran erkennt, welchen Christ
behauptet, wenn er von den alten Künstlern sagt, non modo
extremam operi manum scalpellis adamantinis adhibuisse, sed
prorsus rudimenta signi excavandi sic posuisse etiam? [1]

Ich möchte (um von der vorzüglichen Feinheit der Natter=
schen Werke, die unstreitig unter allen neuern Werken den besten
Griechischen mit am nächsten kommen, einen Grund mehr an=
geben zu können) ohne Bedenken hinzusetzen, daß Natter diesen
ausgebreiteten Gebrauch der Diamantspitze, den er an den alten
Werken erkannte, sich ohne Zweifel selbst werde eigen gemacht
haben, ohne sich in vieles Reden und Aufheben darüber einzu=
lassen. Denn es ist bekannt, daß Natter mit seinen Instru=
menten und Handgriffen ein wenig geheim war.

Doch, es sey mit dieser Vermuthung, wie es wolle: genug,
daß Natter, nach dem, was ich von ihm angeführt, nothwendig
für Christs Meinung seyn mußte, und es Christ also nicht ver=
dient hat, daß ihm Herr Klotz desfalls so verächtlich begegnet.

Müßte es Hr. Klotzen wohl einkommen, sich gegen diesen
Mann zu messen? Gleichwohl ergreift er jede Gelegenheit, ihn
zu mißhandeln. Ich mag noch von Christen lesen, was ich will,
ich lerne immer etwas. Es sollte mir lieb seyn, wenn ich das
auch von denen sagen könnte, die jetzt so verächtlich auf ihn
zurückschielen. Wie viel lieber wollte ich seine kleine Abhandlung
super Gemmis gedacht und geschrieben, als zehn solche Büchel=
chen, von dem Nutzen und Gebrauch der alten geschnittnen
Steine, zusammen gelesen haben.

Achtundzwanzigster Brief.

Nachdem ich mich Christs angenommen, kann ich nicht um=
hin, auch für den Plinius ein Wort zu sprechen.

Herr Klotz weiß sich mit den Stellen des Plinius, wo er

---

[1] l. c. p. 339.

des Steinschneidens erwähnt, nicht anders zu helfen, als daß er behauptet, Plinius sey von dieser Kunst nicht unterrichtet gewesen, er habe aus Unwissenheit, wie die Steinschneider in ihrer Kunst verfahren, so und so geschrieben.

„Freilich, fügt Hr. Klotz hinzu, [1] wird diese Kühnheit diejenigen beleidigen müssen, welche in den alten Schriftstellern keine Fehler finden wollen, und ehe sie diese zugeben, lieber auf Unkosten ihrer eigenen Ehre die seltsamsten Erklärungen und Vertheidigungen unternehmen. Aber unparteiische Kunstrichter, welche sich überzeugt halten, daß man an jemand Fehler finden, und seine Einsichten und Verdienste doch zugleich hochschätzen könne, werden wider diese Muthmaßung desto weniger aufgebracht werden, je mehr sie Bewegungsgründe, ein solches Urtheil zu fällen, und Entschuldigungen für den, welcher es ausspricht, auch bei dem Plinius, dessen große Gelehrsamkeit sie übrigens mit Recht verehren, gefunden haben.“

Geschwätz, das nur abzielen kann, nähern Untersuchungen vorzubauen! Die alten Schriftsteller haben fehlen können; aber mich zu überzeugen, daß sie wirklich gefehlt haben, dazu gehört mehr als die bloße Möglichkeit. Besonders wenn der vermeinte Fehler Sachen betrifft, die ihnen alle Tage vor Augen gewesen. Bei der unzähligen Menge von Steinen, bei dem Ueberflusse an Künstlern dieser Art, die sich bei den Römern, zu Folge jener Menge, finden müssen: sollte Plinius in der Unwissenheit von dem eigentlichen Verfahren derselben geblieben seyn?

Aber wenn es seine eigenen Worte beweisen? — Das sagt Hr. Klotz, und ich läugne es. Urtheilen Sie, mein Freund —

Vor allen Dingen aber bilden Sie sich wohl ein, daß Plinius nirgends von der Kunst des Steinschneidens ausdrücklich handeln wollen. Er gedenkt bloß, bei Gelegenheit der Steine, bei Gelegenheit der Mittel, sie zu bewältigen, etwas von dieser Kunst; und man muß dergleichen Stellen sorgfältig alle zusammen nehmen, ehe man entscheidet, ob er im Ganzen einen richtigen Begriff davon gehabt oder nicht. Und doch wäre es kein Wunder, wenn man dieses auch alsdann noch nicht entscheiden könnte,

---

1 S. 51.

weil er, wie gesagt, nur gewandtsweise von der Sache spricht. Findet man indeß nur, daß er nicht augenscheinliche Ungereimtheiten sagt, so ist es billig, daß wir das Beste, nicht das Schlimmste von ihm annehmen.

Nun zu den Stellen! — Ich fange bei der an, die den meisten Streit veranlaßt.

Plinius redet von dem Diamante, von der außerordentlichen Härte desselben, von dem sonderbaren Mittel über diese Härte dennoch zu siegen, und fügt hinzu:[1] cum feliciter rumpere contigit, in tam parvas frangitur crustas, ut cerni vix possint. Expetuntur a scalptoribus, ferroque includuntur, nullam non duritiam ex facili cavantes.

Diese Stelle, sagt Herr Klotz, habe Christen auf die lächerliche Meinung gebracht, daß die alten Steinschneider nur mit der Diamantspitze gearbeitet. Ich habe erwiesen, daß Christ diese lächerliche Meinung nicht gehabt hat. Christ schloß aus dieser Stelle, daß die Alten mit der Diamantspitze gearbeitet; aber keineswegen, daß sie einzig und allein damit gearbeitet.

Doch Hr. Lippert behauptet, daß hier überhaupt von keiner Diamantspitze die Rede sey; sondern von dem Diamantpulver, welches anstatt des Schmirgels an das Rad gestrichen worden. Dieses Rad werde vorne ein wenig ausgedreht, damit der Smirgel oder das Diamantpulver besser hafte, und daher das Wort includuntur.

Ich antworte Herr Lipperten: wenn sich auch schon das Wort includuntur so auslegen läßt, so braucht Plinius doch noch ein anderes, welches dieser Erklärung durchaus widerspricht. Plinius sagt: cum feliciter rumpere contigit. Herr Lippert merke auf das feliciter. Dieses zeigt auf eine glückliche Spaltung des Diamants, und paßt keineswegs auf seine eiserne Büchse, oder auf jede andere Weise der bloßen Zermalmung des Diamants in Pulver. Bei dieser ist weder ein feliciter noch inseliciter zu denken; wohl aber bei einer solchen Sprengung des Diamants, die eine gewisse Art von Splittern gewähren soll.

Auch Herr Klotz ist über dieses feliciter hingehuscht. Aber

_____
[1] Libr. XXXVII. sect. 15.

er hält sich an das includuntur; und weil er nicht zugeben kann, daß sich dieses Wort von dem bloßen Bestreichen verstehen lasse; was thut er? Er entscheidet, daß Plinius von einer Sache gesprochen, die er nicht verstanden.

Das ist nun freilich der kürzeste Weg, sich aus den Schwierigkeiten, die man bei den alten Schriftstellern findet, zu helfen.

Der ehrliche Künstler wollte den Plinius retten; der stolze Gelehrte verweist ihn in die Schule, in die Werkstätte, da erst zu lernen, wovon er schreiben wollen.

Herr Klotz hat Recht: das includuntur, und noch weniger das feliciter erlaubt, die Stelle des Plinius vom Diamantpulver zu erklären. Aber folgt daraus, daß Plinius nicht gewußt, was er schreibe?

Sagt nicht Solinus das nämliche? Und Isidorus? Und Marbodus? Hr. Klotz wird sagen, das sind Ausschreiber des Plinius. Ich gebe es zu: aber auch Ausschreiber hätten leicht so etwas besser wissen können, wenn Plinius wirklich so unwissend gewesen wäre, als er ihn machen will.

Und warum soll es, warum kann es denn nicht bei dem Verstande bleiben, den die Worte des Plinius nach ihrer eigentlichen Bedeutung geben? Warum soll denn nun mit Gewalt alle Erwähnung der Diamantspitze aus dieser Stelle verdrängt werden?

Hr. Klotz giebt ja zu, daß die Steinschneider die Diamantspitze brauchen, und wenn es auch wahr wäre, daß sie sie nur dazu brauchten, wozu er sagt; wenn es auch wahr wäre, daß die alten Künstler gleichfalls sie nicht weiter gebraucht hätten: würde sie dem ungeachtet nicht verdienen, unter den Werkzeugen der Steinschneider genannt zu werden?

Was will denn Plinius hier mehr, als ein solches Werkzeug nennen? Er spricht ja nicht von der Kunst überhaupt; er sagt ja nicht, daß dieses Werkzeug das einzige sey, welches die Kunst brauche; er merkt ja nur an, daß gewisse glückliche Splitter von zerschlagenen Diamanten von den Steinschneidern sehr gesucht würden, daß sie ihnen sehr zu Statten kämen, weil sie allen harten Steinen damit abgewinnen könnten.

Wie gesagt, wenn die Diamantspitze auch nur den Nutzen hätte, den ihr Herr Klotz giebt, warum sollte Plinius diesen

Nuzen nicht hier haben anmerken dürfen? Und hat sie gar einen noch größern, den Natter selbst, wie ich gezeigt habe, eingesteht, so begreife ich vollends nicht, warum man Schwierigkeit macht, ihn hier bei dem Plinius zu finden.

Neunundzwanzigster Brief.

Ich habe gesagt, Plinius erwähne in jener Stelle der Diamantspitze als eines einzelnen Werkzeuges, nicht aber als des einzigen; denn in andern Stellen erwähnt er anderer Werkzeuge.

Wo er lehrt, wie falsche Edelsteine zu erkennen, kömmt er auf die verschiedene Härte der wahren und sagt:[1] tanta differentia est, ut aliæ ferro scalpi non possint, aliæ non nisi retuso, verum omnes adamante. Plurimum vero in his terebrarum proficit fervor.

Diese Stelle hat Herr Klotz selbst angeführt; aber, wie es scheint, bloß, um den kindischen Fehler des Harduin aufzumutzen, welcher sich einbildete, daß die bohrenden Instrumente der Steinschneider erst warm gemacht werden müßten. Hr. Klotz hat sehr Recht, daß unter dem fervor der geschwinde Umlauf des Rades zu verstehen.

Also erkennt er doch hier das Rad? Also hat Plinius nicht behauptet, daß die alten Steinschneider bloß mit der Diamantspitze gearbeitet?

Und gleichwohl soll Plinius, wie Hr. Klotz sagt, die Sache nur halb verstanden haben?

Warum denn nur halb? Hier halb und dort halb; zwei Hälften machen ein Ganzes. Dort gedenkt Plinius der Diamantspitze, hier des Rades; was will denn Hr. Klotz noch mehr?

Ich wollte wetten, daß es Hr. Klotz sey, der die Sache nur halb verstehe. Denn sonst hätte er es uns wohl mit klaren dürren Worten gesagt, worin sich Plinius auch hier geirrt habe. „Auch hier," sagt er, „vermißt man eine genaue und richtige Kenntniß der Steinschneiderkunst." Wie denn? warum denn? Mit der Sprache heraus, wenn man tadeln will.

---

[1] Libr. XXXVII. sect. 76.

Wenn ihm diese Stelle nicht richtig, nicht genau genug scheint, so kann es nur daher kommen, daß er gar nicht einsieht, was Plinius sagen will, daß er nicht einmal die Ausdrücke des Plinius begreift. Besonders muß er gar nicht wissen, was Plinius unter dem stumpfen Eisen, ferro retuso, versteht, welches über gewisse Edelsteine mehr Gewalt habe, als das scharfe Eisen.

Denn wenn er es wüßte, würde er den Gebrauch des Rades in ihm nicht noch weit deutlicher gesehen haben, als in dem terebrarum fervor?

Ich bilde mir ein, den ganzen Vorrath der Werkzeuge der alten Steinschneider in dieser Stelle des Plinius zu finden. Ich glaube sogar eine ganze Gattung darunter zu bemerken, von welcher die neuern Steinschneider gar nichts wissen.

Doch ich will mich nicht verleiten lassen, mit dieser Meinung eher hervor zu treten, als bis ich sie durch Versuche bestätigen kann.

Sie ist genau mit einer eigenen Betrachtung über die Toreutik der Alten verbunden, von welcher ich glaube, daß wir Neuern sie nur zur Hälfte ausüben, und daß es, um mich so auszudrücken, ein gewisses $\alpha\nu\tau\iota\sigma\tau\varrho o\varphi o\nu$ von ihr geben könne, und wirklich gegeben habe, durch welches Dinge möglich zu machen, deren Bewirkung Salmasius ihr schlechterdings abspricht, und nur der Toreutik zuerkennen will.

Dreißigster Brief.

Hr. Klotz erkannte in der vorigen Stelle des Plinius das Rad. Das Rad muß man auch in der Stelle voraussetzen, wo Plinius von den verschiedenen Sandarten handelt, durch deren Hülfe die Marmor- und Edelsteine gesägt und geschnitten wurden. Denn was er von der Sägung des Marmors sagt:[1] arena hoc fit, et ferro videtur fieri, serra in prætenui linea premente arenas, versandoque tractu ipso secante, das gilt ebenfalls von den Instrumenten des Rades.

Verstehen wir uns auch über das Wort Rad? Bei der Beschreibung, die Hr. Lippert davon macht, könnten wir Gefahr

---

1 Libr. XXXVI. sect. 9.

laufen, uns nicht zu verstehen. Ich weiß nicht, warum Herr Lippert, und die deutschen Künstler, denen er hierin ohne Zweifel folgt, das, was er auf der zweiunddreißigsten Seite seines Vorberichts, neben der Büchse, uns vorgezeichnet hat, das Rad nennen. Es ist, so viel ich sehen kann, die Bouterolle: nicht also das Rad, sondern nur eines von den Instrumenten, welche in das Rad gesetzt werden. Was ich das Rad nenne, scheint er das Schlegezeug zu nennen. Doch, das sind Kleinigkeiten: wenn wir uns nur verstehen.

Genug, ich begreife unter dem Rade alle und jede eiserne oder kupferne Werkzeuge, welche nach Erforderniß der Wirkung, die sie hervorbringen sollen, in das Rad gesetzt, und von dem Rade herumgetrieben werden. Von diesen Werkzeugen ist es unstreitig, daß sie, eben wie die Marmorsäge, eigentlich selbst nicht schneiden, sondern nur zu schneiden scheinen, indem sie den Smirgel, oder was man sonst für eine feinere Sandart dazu braucht, dem Steine einreiben: arena hoc fit, et ferro videtur fieri. Wie aber dieses ohne Maschine zu bewerkstelligen gewesen, ist nicht abzusehen. Folglich muß man eine Maschine, ein Rad überall voraussetzen, wo von der Wirkung einer feinern Sandart auf Edelsteine die Rede ist, und diese Wirkung nicht das bloße Poliren seyn soll.

Nun lesen Sie die Stelle des Plinius: [1] Signis e marmore poliendis, gemmisque etiam scalpendis atque limandis, Naxium diu placuit ante alia: ita vocantur cotes in Cypro insula genitæ. Vicere postea ex Armenia vectæ.

Naxium hieß also das Pulver, welches die alten Steinschneider Anfangs anstatt unsers Smirgels brauchten, und ward aus Cyprischem Schleifsteine gemacht. In der Folge zog man das vor, welches aus Armenischem Schleifsteine verfertigt wurde.

Salmasius macht über diese Stelle einen trefflichen Wirrwarr. Weil Plinius an einem andern Orte, [2] wo er die verschiednen Arten der Diamante erzählt, auch eines Cyprischen Diamants gedenkt: so soll jener Cyprische Diamant und dieser

[1] Libr. XXXVI. sect. 10.
[2] Libr. XXXVII. sect. 15.

Cyprische Schleifstein, aus welchem das Naxium gemacht wurde, nur eins seyn. Er meint, Plinius habe irgendwo den Cyprischen Schleifstein wegen seiner Härte adamas genannt gefunden, so wie selbst das Eisen aus eben der Ursache diesen Namen führe. Dadurch sey Plinius verleitet worden, dort unter die wirklichen Diamante zu rechnen, was er hier einen bloßen Schleifstein nenne. Hæc tam varie, setzt er hinzu, [1] quia ex variis auctoribus sumpta. Auctori igitur vel judicium vel otium defuit componendi similia inter se, quæ apud diversos auctores invenerat, ac dissimilia secernendi. Kurz: Salmasius will von keinem Cyprischen Diamante wissen; sein Solinus muß es dasmal besser verstanden haben, als Plinius; was Plinius de insula Cypro meint, das soll de ære cyprio zu meinen seyn; [2] der Diamant, von dem Plinius sagt, daß er in Cypern gefunden werde, muß der Diamant heißen, den man in Kupferminen finde; und was man den Cyprischen Diamant genannt, das sey nichts als der Cyprische Schleifstein. Ueber den sonderbaren Mann! Wozu denn nun alle diese Verdrehungen? Kann denn nicht eben dieselbe Insel beides, Diamante und Schiefer, hervorbringen?

Doch, warum will ich bloße Möglichkeiten gegen ihn anführen? Cypern hat wirklich Diamante, und noch jetzt sind die Cyprischen Diamante unter dem Namen der Diamante von Baffa bekannt.

Ich weiß wohl, daß die Kenner diese Diamante nicht so recht für echte wollen gelten lassen. Aber eben dieses macht es um so viel wahrscheinlicher, daß Plinius die nämlichen gemeint habe. Denn auch die Cyprischen Diamante des Plinius sind ihm von der schlechteren Gattung, weder so hart noch so klar, als die Aethiopischen, Arabischen und Macedonischen.

Einunddreißigster Brief.

Ich wollte in meinem Vorigen von dem Cyprischen Schiefer sprechen (denn alle Schleif= und Probiersteine gehören unter die

---

1 Ad Solinum p. **1101**. Edit. Paris.
2 Ibid. **1094**.

Schieferarten, und nur ihr besonderer Gebrauch giebt ihnen den besondern Namen), und kam auf die Cyprischen Diamante. Ich wollte mir die Gelegenheit nicht entgehen lassen, den Salmasius zu widerlegen. Merken Sie unsere Weise? Wir widerlegen immer die am liebsten, aus denen wir das meiste lernen. Aus einem kleinen Stolze, meine ich, daß wir doch etwas besser wissen, als sie. Oder meinen Sie, vielmehr aus Dankbarkeit, damit sie wiederum etwas von uns lernen mögen? —

Mit dem Meursius, der einen andern Fehler in der Stelle des Plinius findet, dürfte ich nicht so bald fertig werden. Er sagt, das Naxium sey nicht von Cyprischen, sondern von Cretischen Schiefern gemacht worden; Plinius habe Creta für Cypern schreiben wollen; denn nicht auf Cypern, sondern auf Creta liege ein Naxus. [1] Und es ist allerdings wahr, daß bei andern Schriftstellern Naxischer Stein durch Schleifstein aus Creta erklärt wird. [2]

Harduin hatte den Einfall, anzunehmen, [3] daß dieser Naxische Schiefer zwar wirklich in Cypern gebrochen, aber in Naxus auf Creta vollends zurechte gemacht, und von da nach Rom gebracht worden, wodurch er seinen Beinamen erhalten.

Doch dieser Einfall empfiehlt sich durch nichts, als durch die Gutherzigkeit, auf seinen Schriftsteller durchaus keinen Fehler kommen zu lassen. Ehe wir den Alten einen so unnöthigen Transport von Cypern nach Creta verursachen, dächte ich doch, wir ließen den Plinius sich lieber verschrieben haben. Solche Fehler können die Menge im Plinius seyn, und sind wirklich darin, obschon gewiß die wenigsten von ihm selbst herkommen mögen. Ganz anders ist es mit Fehlern, wie sie ihm Herr Klotz aufheften will: mit Fehlern einer unbegreiflichen Unwissenheit, der er so leicht hätte abhelfen können. Warum hätten die Cyprischen Schiefer nicht gleich in Cypern in die Form der Schleifsteine gebracht, oder zum Gebrauche der Steinschneider in Pulver verwandelt werden können? Warum hätte man sie erst deßwegen nach Naxus auf Creta bringen müssen?

[1] Cypri lib. II. cap. 5.
[2] Id. Cretæ lib. I. cap. 12.
[3] Ad Plinii l. c.

Endlich, was liegt daran, ob man den Naxischen Stein in Cypern oder in Creta gebrochen? Ich will ihn ja unsern Stein=schneidern eben so wenig als den Armenischen statt des Smirgels empfehlen; ich habe eine ganz andere Absicht, warum ich seiner gedenke.

Genug, es war ein pulverisirter Schleifstein, dessen sich die Alten zum Ausarbeiten ihrer Gemmen bedienten. Ein Schleif=stein, wiederhole ich: um meine Verwunderung damit zu ver=binden, daß man den Alten einen so allgemeinen Gebrauch des Diamantpulvers, anstatt des Naxium, anstatt des Armenischen Schieferpulvers andichten will.

Hr. Lippert wenigstens scheint sich wirklich überredet zu haben, daß das Diamantpulver den alten Steinschneidern eben so ge=wöhnlich gewesen, als den unsrigen der Smirgel:[1] denn er ent=schuldigt diese, wegen des Gebrauchs des letztern, durch die Selten=heit und Kostbarkeit der Diamante; daher die wenigsten zum Gebrauche des Diamantpulvers angeführt werden könnten, und also, an den Smirgel einmal gewöhnt, wenn sie mit jenem schneiden sollten, oft zu viel von einem Orte wegnehmen würden, indem das Rad, mit Diamantpulver bestrichen, weit geschwinder und schärfer schneide, als mit Smirgel.

Ich bin gewiß, daß die Ersparung der Zeit, die Hr. Lippert den alten Künstlern machen will,[2] ihnen so nicht zu Statten gekommen. Ihr Naxium kann, in Betrachtung der Natur des Schiefers, weder geschwinder noch schärfer geschnitten haben, als der Smirgel, wohl aber feiner; so daß es ihnen einen großen Theil der Polirung ersparte.

Kurz; wenn ich schon nicht behaupten wollte, daß die Alten das Diamantpulver überhaupt nicht gekannt und gebraucht: so darf ich doch kühnlich läugnen, daß sie es zur Ausschleifung ge=ringerer Edelsteine angewendet haben. Denn Hr. Lippert mag von der jetzigen Kostbarkeit der Diamante sagen, was er will: so waren sie bei den Alten doch noch ungleich kostbarer, denn sie waren ungleich seltener. Die Alten wußten von keinen

---

1 Vorb. der Dakt. S. 34.
2 Vorb. der Dakt. S. 33.

Brasilischen Diamanten, die so neuerlich Europa überschwemmt haben. Unsere Künstler müßten den Aufwand, den das Diamantpulver erfordert, also weit eher machen können, als ihn die alten Künstler machen konnten.

Und wer sagt es denn, daß diese ihn gemacht? Plinius? wo denn? Da, wo er ausdrücklich des Mittelkörpers erwähnt, durch den die Instrumente des Rades in den Stein wirken, sehen wir ja, daß er das Naxium, daß er das Armenische Schieferpulver nennt. Konnten die Künstler seiner Zeit aber damit fertig werden, was für Grund hat man, ihnen noch den Gebrauch des Diamantpulvers zuzuschreiben? Weil Plinius ihnen anderwärts denselben zuschreibt? Wo anderwärts? —

Zweiunddreißigster Brief.

„Die Alten, sagt Hr. Klotz, [1] kannten die Kraft des Diamantstaubes, die feinen Steine anzugreifen, und sie bedienten sich, welches unläugbar ist, desselben."

Welches unläugbar ist! Warum wär es denn unläugbar? Weil es Hr. Klotz bei dem Goguet dafür ausgegeben fand? Und warum giebt es Goguet dafür aus? [2] „Weil es Plinius ausdrücklich sagt; und weil, wenn Plinius auch nichts sagte, die Meisterstücke der alten Steinschneiderkunst, welche wir noch vor Augen haben, es deutlich genug zeigen würden."

Aber diese Meisterstücke können das nicht zeigen: denn niemand läugnet, daß sie nicht auch mit Hülfe des Smirgels, des Naxiums, des Armenischen Schieferpulvers, oder eines jeden andern aus einem orientalischen Steine verfertigten Nagemittels

---

[1] S. 42.

[2] Il est constant que les Anciens ont parfaitement connû la propriété qu'a la poudre de Diamant pour mordre sur les pierres fines; ils en faisoient un grand usage, tant pour les graver, que pour les tailler. Pline le dit expressement, et quand il ne l'auroit pas dit, les chef-d'œuvres que les Anciens ont produits en ce genre, et que nous avons encore sous les yeux, le feroient assez connoître.

(Mordant) eben so gut, obschon nicht eben so geschwind, hätten gearbeitet werden können.

Alles beruht folglich auf dem Zeugnisse des Plinius; in welcher Absicht sich Goguet auf zwei Stellen desselben beruft.

Die erste ist die nämliche, welche ich in dem acht und zwanzigsten Briefe bereits untersucht habe, und die von parvis crustis eines glücklich zerschlagnen Diamants redet, deren sich die Steinschneider bedienten. Allein, ich habe eben da erwiesen, daß unter diesen crustis kein Staub, kein Pulver verstanden werden kann, sondern spitze schneidende Splitter zu verstehen sind, welche gefaßt werden können.

Die andere Stelle beweiset noch weniger, wo es nur über-haupt heißt, daß sich alle feine Steine ohne Unterschied mit dem Diamante graben ließen: verum omnes adamante scalpi possunt. [1] Denn können hier nicht eben so wohl jene parvæ crustæ des Diamants, jene kleine schneidende Splitter verstanden werden, als Diamantstaub?

Besonders muß Hr. Klotz auf den Beweis, der in der erstern Stelle liegen soll, gänzlich Verzicht thun, indem er selbst bekennt, daß das Wort includuntur nicht erlaube, etwas zu verstehen, welches dem Werkzeuge des Rades bloß angestrichen werde. Findet er nun aber da kein Diamantpulver, sondern Diamant-splitter, von welchen es sich Plinius bloß habe weiß machen lassen, daß man sie zum Steinschneiden brauche; wo findet er es denn?

Er wird es nirgends finden; und ich biete ihm Trotz, mir bei Griechen oder Römern sonst eine Stelle zu zeigen, die zu diesem Behufe angeführt werden könnte.

Und nun lassen Sie mich es gerade heraussagen: ich glaube, die Alten haben das Diamantpulver ganz und gar nicht gekannt.

Denn nicht genug, daß die zwei einzigen Stellen, wo man dessen Erwähnung finden wollen, seiner nicht erwähnen; daß diese Stellen nicht von dem Diamantpulver, sondern von Diamant-splittern reden: ich getraue mir, die eine sogar zu einem klaren Beweise gegen das Diamantpulver zu machen.

[1] Lib. XXXVII. sect. 76.

Plinius sagt: Adamas, cum feliciter rumpi contigit, in tam parvas frangitur crustas, ut cerni vix possint. Expetuntur a scalptoribus, ferroque includuntur, nullam non duritiam ex facili cavantas. Ich habe schon angemerkt, daß man auf das feliciter hier sehr schlecht geachtet. Man hat es so verstanden, als ob es zu contigit gehöre, als ob Plinius damit sagen wollen: „wenn es sich glücklicher Weise trifft, daß man den Diamant zerschlägt." So hat es auch Goguet verstanden, wenn er es als einen Beweis nimmt, qu'on regardoit comme un heureux hazard de pouvoir le rompre. Aber das ist falsch, das kann Plinius nicht haben sagen wollen, denn es war kein bloßer glücklicher Zufall mehr, wenn sich der Diamant in Stücken schlagen ließ; man wußte, nach dem Plinius, ein sicheres Mittel, daß er in Stücken springen mußte, ob schon mit Mühe, aber doch ganz unvermeidlich; hircino sanguine, eoque recenti calidoque, macerata. Folglich gehört das feliciter zu rumpere, und Plinius wollte sagen: „wenn es sich trifft, daß er glücklich springt," nämlich daß er in solche kleine schneidende Splitter springt, wie sie die Steinschneider suchen, und brauchen können. Es war kein Glück, daß er unter dem Hammer zersprang; es war ein Glück, wenn er so und so zersprang.

Ist aber das: nun so ist es auch klar, daß die Alten den Diamant nicht zu schleifen verstanden haben, daß sie nicht gewußt haben, der Diamant lasse sich durch seinen eigenen Staub schleifen. Denn hätten sie das gewußt, so hätte der Diamant mögen springen, wie er gewollt hätte; die Splitter hätten mögen von einer Art seyn, von welcher es sey: sie hätten ihnen immer nachhelfen, sie hätten ihnen immer durch das Schleifen die Spitze, die Schneide ertheilen können, welche der Künstler daran suchte. Aber das konnten sie nicht; und nur weil sie es nicht konnten, mußten sie es bloß auf einen glücklichen Zufall ankommen lassen, dergleichen Splitter zu erlangen.

Ich bin versichert, Goguet, wenn er noch lebte, würde dieser meiner Auslegung am ersten beitreten. Denn nur durch sie fällt ein Einwurf wider seine Meinung, daß die Kunst, die Diamante zu schleifen und zu brillantiren, dem Alterthume gänzlich unbekannt gewesen sey, weg, den er zwar selbst berührt, auf den er aber nur sehr obenhin antwortet. Wenn nämlich die Alten das Diamantpulver gekannt und gebraucht haben, wie Goguet zugestehen zu müssen glaubt: wie kam es, daß sie es nicht an dem Diamante selbst versuchten? „Dieses scheint," antwortet Goguet, „allerdings schwer zu begreifen; gleichwohl ist es nun nicht anders. Auch finden sich mehr solche Beispiele von Schranken, die sich der menschliche Geist gleichsam selbst zu setzen pflegt. Auf einmal bleibt er stehen, wenn er eben dem Ziele am nächsten gekommen, und ihm noch kaum ein Schritt fehlt, um es völlig zu erreichen."

Es ist wahr, diese wunderbare Erfahrung hat man. Gleichwohl möchte ich mich doch so selten als möglich darauf berufen; eben weil sie so wunderbar ist. Wenn wir ohne sie fertig werden können, desto besser. Und hier können wir es: die Alten versäumten das Diamantpulver an dem Diamante selbst zu versuchen, weil sie überhaupt das Diamantpulver nicht brauchten, nicht kannten.

Dreiunddreißigster Brief.

Wenn ich gesagt, daß die alten Künstler das Diamantpulver wohl nicht gebraucht haben dürften, weil die Diamante vor Alters noch weit seltner, weit kostbarer gewesen, als sie jetziger Zeit sind: so würde man diesen Grund freilich um so viel mehr auch gegen die Diamantsplitter anwenden können. Wie viele Diamante hätten sie oft zerschlagen müssen, ehe sich einer, wie sie ihn brauchten, fand!

Plinius scheint ihre Seltenheit durch das expetuntur a scalptoribus selbst anzudeuten. Sie waren so gemein nicht, daß sie jeder Artist leicht haben konnte. Vielleicht, daß manche sich ohne sie behelfen mußten.

Aber was thaten diese? Mußten sie folglich alles durch das Rad vollführen? Nach dem Plinius nicht. In Ermangelung des Diamants fand sich ein anderer Stein, dessen Splitter das nämliche verrichteten. Er sagt von dem Ostracitis: [1] duriori tanta inest vis, ut aliæ gemmæ scalpantur fragmentis ejus.

---

1 Lib. XXXVII. sect. 65.

Ich getraue mir nicht zu sagen, was dieses für ein Stein gewesen, wie er jetzt heiße, wo er zu finden; aber wird deßwegen das Vorgeben des Plinius ungewiß, oder gar falsch?

Was er dort crustas nannte, nennt er hier fragmenta; und dieses Wort kann eben so wenig als jenes, Pulver von genanntem Steine bedeuten. Das Nämliche also, mit so ähnlichen Worten, von zwei verschiedenen aber zu einerlei Zwecke dienlichen Dingen behauptet, zeigt, daß Plinius seiner Sache hierin sehr gewiß gewesen.

Er hat sich in das Mechanische keiner einzigen Kunst tiefer eingelassen; und, alles zusammen genommen, kann ich behaupten, daß er von der Steinschneiderkunst, die er am wenigsten soll verstanden haben, gerade die meisten und positivsten Data angegeben hat. Er gedenkt der verschiedenen Instrumente, nach Verschiedenheit der Härte der Steine; er gedenkt des Rades; er gedenkt der Diamantspitze; er gedenkt anderer scharfen Steinsplitter, welche bei gewissen Steinen die Stelle der Diamantspitze vertreten können; er gedenkt verschiedener Arten des Smirgels, um Smirgel hier für die allgemeine Benennung des Mittelkörpers bei dem Ausschleifen zu brauchen.

Was hat ein Mann mehr sagen können, der von dieser Kunst nicht ausdrücklich handeln wollen; der nur beiläufig ihrer erwähnt, indem er auf die Materialien kömmt, deren sie sich bedient?

Und dennoch soll er nur halbe Kenntniß davon gehabt haben? Das glaube Hr. Klotzen wer da will; mich hat er zu scheu gemacht, ihm irgend etwas auf sein bloßes Wort zu glauben. —

Von ungefähr sehe ich eben jetzt ein Wort bei ihm genauer an, von dem ich in einem meiner Vorigen anmerkte, daß er es unrecht schreibe. Ich sagte, er schreibe Agat, anstatt Achat, nach dem Franzosen oder Engländer, welcher seine Ursachen habe, das ch in ein g zu verwandeln. Aber nein; er schreibt nicht bloß Agat, sondern gar Agath. Bewundern Sie den gelehrten Mann, dem eben seine Kenntniß der griechischen Sprache so vortrefflich zu Statten kam! Als er bei dem Mariette, oder wer weiß wo, **Agate** las: so fiel ihm zwar nicht ein, welche Veränderung der Franzose mit ch mache; aber es fiel ihm ein, daß er oft das th in ein bloßes t verwandele, und dieses brachte ihn auf das Wörtlein $\alpha\gamma\alpha\vartheta o\varsigma$. Von diesem Wörtlein also leitete er die Benennung des Steins ab, und schrieb Agath, mit Vorbehaltung, ohne Zweifel, diese Ableitung einmal gegen den Theophrast und Plinius weitläufig zu erhärten. Wenn dieses ist: so will ich dem Herrn Klotz allenfalls einen Vorgänger nennen, den Andreas Baccius nämlich, welcher, wie ich vermuthe, auf eben diese Weise seine Kenntniß der Griechischen Sprache zeigen wollte. Lapis Achates, versichert er, sic dictus fuit, quasi sociabilis et gratiosissimus. Aber doch wollte er es nicht wagen, anstatt Achates, Agathes zu schreiben, und diese wichtige Neuerung war dem Herrn Klotz allein vorbehalten.

Vierunddreißigster Brief.

Sie fragen, worauf ich mich in einem meiner Vorigen gegründet, wenn ich von Nattern gesagt, daß er mit seinen Instrumenten und Handgriffen geheim gewesen?

Nicht bloß auf das Werkzeug Parallellinien zu schneiden, das er zwar dem Herrn Guay mittheilte, aber dem ungeachtet in seinem Werke weder mit stechen ließ, noch sonst beschrieb, weil es in Frankreich und Italien noch nicht bekannt sey.

Nicht bloß darauf: sondern noch auf einen ganz andern Umstand. Aber gedulden Sie sich. Herr Klotz hat uns Natters Leben versprochen. Wenn es wirklich das Leben des Künstlers wird; wenn es keine bloße Zusammenstoppelung topischer und chronischer Kleinigkeiten, kein kahles Verzeichniß seiner hinterlassenen Werke wird: so wird Herr Klotz diesen Umstand nicht bloß berühren, er wird sich weitläuftig darüber auslassen. Da werden wir sehen, wie bekannt er in den Werkstätten ist; wie offenherzig die Künstler gegen ihn gewesen!

Und Natter hatte nicht bloß seine Geheimnisse. Natter war überzeugt, daß auch die Alten die ihrigen gehabt hatten. — Geben Sie Acht, wie viel Wichtiges und Neues uns Herr Klotz von beiden diesen Punkten sagen wird! —

Briefe, antiquarischen Inhalts.

Zweiter Theil.

1769.

Fünfunddreißigster Brief.

Ich darf es wiederholen: „Was gegen meine Deutung des sogenannten Borghesischen Fechters zur Zeit noch erinnert worden, ist nicht von der geringsten Erheblichkeit."

Was besonders Herr Klotz dagegen eingewendet hat, könnte nicht kahler seyn. Ich schlug vor, die Worte des Nepos, obnixo genu scuto, nicht zusammen zu lesen, sie nicht zu übersetzen mit gegen das Knie gestemmtem Schilde; sondern nach genu ein Komma zu machen, und obnixo genu besonders, und scuto besonders zu lesen. Hierwider sagt Herr Klotz, ich weiß selbst nicht was. Er räumt mir ein, daß man obniti in dem Sinne finde, in welchem ich sage, daß es hier gebraucht sey, und räumt es auch wieder nicht ein. Er führt selbst noch eine Stelle aus dem Livius an, die ich hätte brauchen können, und doch soll mir auch die nicht zu Statten kommen. Er gesteht zwar, daß man sagen könne: obnixo pectore, obnixa fronte, ohne Zufügung der Sache, gegen welche sich die Brust oder die Stirne stemmt; aber er versichert, daß man nicht sagen könne, obnixo genu. Warum nicht? Die Ursache behält er für sich: ich muß mich mit einem pro autoritate gesprochenen alia ratio est, mit einem insolens dicendi ratio begnügen.

Sie meinen, daß Herr Klotz, wenn es auf die Latinität ankömmt, auch schon eher das Recht hat, ein Wort pro autoritate zu sprechen, als ich. Das mag seyn! Aber ich kann mich allenfalls auf Männer berufen, die auch ihr Bischen Latein verstanden haben. Denn ich bin nicht der erste, der obnixo genu von scuto trennt. Unter andern muß es auch Stewechius so zu trennen für gut befunden haben. Er schreibt in seinem

Commentar über den Vegetius: [1] Chabrias, Atheniensium dux rei bellicæ peritissimus, quo phalangis impetum sustineret, jussit suos in acie subsistere, docuitque obnixo genu, scuto, projectaque hasta, phalangem expectare et excipere.

Aber Herr Klotz weiß nicht, was obnixo genu heißen soll. Er fragt: quid vero est obnixo genu? an idem quod obnixo gradu? hunc certe sensum locus postulat. In Wahrheit, wenn das so recht gefragt ist, so muß sich das gute Latein zuweilen von dem gesunden Menschenverstande sehr weit entfernen. Denn obniti zeigt unstreitig eine Gegenwirkung an; das Bestreben eines Körpers, sich nicht aus dem Raume drängen zu lassen, den er einmal einnimmt. Es kömmt also mehr dem Körper selbst, als einer Veränderlichkeit desselben zu; und man würde berechtigt seyn, gerade umgekehrt zu fragen: quid vero est obnixo gradu? an idem quod obnixo genu? Denn sicherlich ist es der Fuß, und nicht der Schritt oder Tritt des Fußes, welcher entgegen gestemmt wird. Ich habe keine Autoren mit Erythräischen Registern zur Hand; aber dem ungeachtet wollte ich wohl wetten, daß Herr Klotz keine Parallelstelle für obnixo gradu finden dürfte. Denn gradus stabilis, gradus certus ist das noch lange nicht.

Auch die Handschriften des Nepos glaubt er gegen mich anziehen zu können. Wenn genu, sagt er, getrennt werden sollte, so müßte das folgende projecta hasta nothwendig eine Verbindungspartikel, ein et oder ein que haben; die meisten Handschriften aber lesen es ohne Verbindungspartikel: folglich u. s. w. — Die meisten! Hat sie Herr Klotz gezählt? Es sey: aber die meisten sind doch nicht alle. Und wenn es auch nur eine einzige wäre, welche projectaque hasta hätte, so wäre auch diese einzige für mich schon genug. Wie viele richtige Lesarten gründen sich bloß und allein auf eine einzige Handschrift; und welcher Criticus in der Welt hat die Güte einer Lesart nach der Menge der Handschriften bestimmen wollen, in welchen sie sich befindet?

Endlich merkt Herr Klotz noch an, daß die rechte Hand an dem Fechter neu sey, und folglich überhaupt nichts Gewisses von

---

[1] Ad Cap. 16. Lib. II.

ihm gesagt werden könne. Wenn es nur die Hand wäre, so würde es nicht viel zu bedeuten haben; die Richtung des übrigen Armes, die Lage der Muskeln und Nerven desselben würde deutlich genug zeigen, ob die angesetzte Hand anders seyn könnte oder nicht. Aber Winkelmann sagt gar: der Arm. Und das wäre freilich schon mehr. Doch auch so ist aus der Lage des Achselbeines, und aus der ganzen Ponderation des Körpers für den fehlenden Arm noch immer genug zu schließen.

Aber lesen Sie, bitte ich, den ganzen Ort bei dem Herrn Klotz selbst.[1] Es soll mir lieb seyn, wenn Sie mir mehr Bündiges darin zeigen können, als ich gefunden habe!

Sechsunddreißigster Brief.

Aber ich habe ja den Borghesischen Fechter mit dem Miles Veles zu Florenz verwechselt? Das ist doch wohl Einwurfs gegen meine Deutung genug? Und sehen Sie: Herr Klotz selbst versichert, diese Anmerkung gegen mich gemacht zu haben, noch ehe er sie in den Götting'schen Anzeigen gefunden.[2]

---

1 Acta Litt. Vol. III. pt. 3. p. 313. Neque de hac re me sibi assentientem habet V. cl. Primum non nego το obnixus hoc sensu occurrere, et potuisset Auctor locum Livii laudare (L. VI. 12. 8.): „ne procurri quidem ab acie velim, sed obnixos vos stabili gradu impetum hostium excipere." (Ich danke für die gelehrte Nachweisung! Eben sehe ich, daß ich sie auch von dem ehrlichen Faber hätte bekommen können, wenn es mir, wie Herrn Klotz, eingefallen wäre, ihn zu Rathe zu ziehen.) Sed insolens est dicendi ratio, obnixo genu, non addito nomine rei, cui obnititur. Alia ratio est exemplorum, ubi pectus et frons obniti dicitur. Quid vero est obnixo genu? an idem, quod obnixo gradu? Hunc certe sensum locus postulat. Porro plerorumque codicum lectio Viro cl. adversatur. Nam in iis legitur obnixoque genu scuto projectaque hasta i. e. h. d. Verbum que non posset deesse, si το scuto conjungi deberet cum τῳ hasta. Denique dextra manus statuæ, quæ projectam hastam tenet, ab artifice recentiore addita est. Inde nihil certi de hac statua dici potest.

2 Hamburger Corresp. Numer 154 d. v. J. (24. Sept. 1768.)

Ei, über den scharfsichtigen Mann! Ja, ja, was dessen Falkenaugen entgehen soll! — Und er hat mich bloß mit dem Vorwurfe dieses Fehlers verschont, weil er aus Freundschaft überhaupt keine Fehler in meinen Schriften rügen wollen. Nur jetzt erst, da ich diese Freundschaft nicht erwiedern will, sondern mich unterstanden habe, Fehler in seinen Schriften zu rügen, kömmt er gleichfalls damit angezogen.

Jämmerlich! — Denn was wird Herr Klotz nun sagen, wenn er hört, daß der Götting'sche Gelehrte seinen Vorwurf zurücknimmt, und bekennt, daß er weiter nichts damit sagen wollen, als daß meine Deutung noch eher auf den Miles Veles zu Florenz, als auf den Fechter in der Villa Borghese passen dürfte? Wird Herr Klotz sagen, daß er das auch gemeint habe? Oder wird er gar nichts sagen? Ich denke wohl, er wird gar nichts sagen, er wird sich ganz in der Stille schämen. — Schämen? Auch das wird er nicht!

Alle dem ungeachtet aber bin ich bei weitem nicht mehr so überzeugt, daß der Borghesische Fechter Chabrias ist, als ich es in meinem Laokoon gewesen zu seyn scheine. Ein Tag lehrt den andern. Laokoon war kaum gedruckt, als ich auf einen Umstand gerieth, der mich in dem Vergnügen über meine vermeinte Entdeckung sehr störte.

Zudem fand ich mich von Herrn Winkelmann selbst gewissermaßen irre gemacht. Denn es hat sich in die Beschreibung, welche er uns von dem Borghesischen Fechter giebt, ein Fehler eingeschlichen, der ganz sonderbar ist. Herr Winkelmann sagt: [1] „die ganze Figur ist vorwärts geworfen, und ruhet auf dem linken Schenkel, und das rechte Bein ist hinterwärts auf das äußerste ausgestreckt." Das aber ist nicht so: die Figur ruhet auf dem rechten Schenkel, und das linke Bein ist hinterwärts ausgestreckt.

Vielleicht mochte dasjenige Kupfer, welches mir aus denen, die ich vor mir gehabt hatte, am lebhaftesten in der Einbildung geblieben war, nach einem nicht umgezeichneten Bilde gemacht seyn. Es war durch den Abdruck links geworden, und bestärkte

---

1 Geschichte der Kunst S. 395.

folglich die Idee, die ich in der Winkelmann'schen Beschreibung fand. Ohne Zweifel mag auch ein dergleichen Kupfer den Fehler des Herrn Winkelmann selbst veranlaßt haben. Wahr ist's, der erste Blick, den ich auch in einem solchen Kupfer auf die Figur im Ganzen geworfen hätte, würde mich von diesem Fehler haben überzeugen können. Denn derjenige Arm, welcher das Schild trägt, muß der linke seyn, wenn er auch schon im Kupfer als der rechte erscheint; und der Fuß, diesem Arme gegenüber, muß der rechte seyn, wenn er schon in dem Kupfer der linke ist. Aber ich muß nur immer auf diesen allein mein Augenmerk gerichtet haben. Genug, ich bin mißgeleitet worden, und habe mich allzu sicher mißleiten lassen.

Doch kömmt denn so viel darauf an, ob es der rechte oder linke Fuß ist, welcher ausfällt? Allerdings. Vegetius sagt: [1] Sciendum præterea, cum missilibus agitur, sinistros pedes inante milites habere debere: ita enim vibrandis spiculis vehementior ictus est. Sed cum ad pila, ut appellant, venitur, et manu ad manum gladiis pugnatur, tunc dextros pedes inante milites habere debent: ut et latera eorum subducantur ab hostibus, ne possint vulnus accipere, et proximior dextra sit, quæ plagam possit inferre. So will es die Natur. Andere Bewegungen, andere Aeußerungen der Kraft verlangen den rechten, andere verlangen den linken Fuß des Körpers voraus. Bei dem Wurfe muß der linke vor stehen; deßgleichen wenn der Soldat mit gefälltem Spieße den anrückenden Feind erwarten soll. Denn der rechte Arm und der rechte Fuß müssen nachstoßen und nachtreten können. Der Hieb hingegen, und jeder Stoß in der Nähe, will den rechten Fuß voraus haben, um dem Feinde die wenigste Blöße zu geben, und ihm mit der Hand, welche den Hieb oder Stoß führt, so nahe zu seyn als möglich.

Folglich, wenn ich mir den Borghesischen Fechter mit vorliegendem linken Schenkel, den rechten Fuß rückwärts gestreckt, dachte: so konnte es gar wohl die Lage seyn, welche Chabrias seine Soldaten, nach dem Nepos, nehmen ließ. Denn sie sollten

---

[1] De re milit. lib. I. c. 20.

in einer festen Stellung, hinter ihren Schilden, mit gesenkten Lanzen, die anrückenden Spartaner erwarten; die Schildseite und der Fuß dieser Seite mußte also vorstehen; der Körper mußte auf diesem Fuße ruhen, damit sich der rechte Fuß heben, und der rechte Arm mit aller Kraft nachstoßen könne.

Hätte ich mir hingegen den rechte Schenkel des Fechters vorgeworfen, und den ganzen Körper auf diesem ruhend, lebhaft genug gedacht, so glaube ich nicht, — wenigstens glaube ich es jetzt nicht, — daß mir die Lage des Chabrias so leicht dabei würde eingefallen seyn. Der vorliegende rechte Schenkel zeigt unwider=sprechlich, daß die Figur im Handgemenge begriffen ist, daß sie einem nahen Feinde einen Hieb versetzen, nicht aber einen an=rückenden von sich abhalten will.

Sehen Sie, mein Freund; das hätte Herr Klotz gegen meine Deutung einwenden können, einwenden sollen, und so würde es noch geschienen haben, als ob er der Mann wäre, der sich über dergleichen Dinge zu urtheilen anmaßen darf.

Und gleichwohl ist auch dieses der Umstand nicht, von dem ich bekenne, daß er schlechterdings meine Muthmaßung mit eins vernichtet. Gegen diesen wüßte ich vielleicht noch Ausflüchte, aber nicht gegen den andern.

Siebenunddreißigster Brief.

Sie sollen ihn bald erfahren, den einzigen Umstand, gegen den ich es umsonst versucht habe, mich in dem süßen Traume von einer glücklichen Entdeckung zu erhalten. Denn eben hat ihn ein Gelehrter berührt.

Und zwar eben derselbe Gelehrte, um dessen nähere Erklärung über den Vorwurf der Verwechslung des Borghesischen Fechters mit dem Miles Veles zu Florenz ich mir in dem dreizehnten dieser Briefe die Freiheit nahm, zu bitten.

Er hat die Güte gehabt, mir sie zu ertheilen. Lesen Sie beiliegendes Blatt. [1]

---

[1] Götting'sche Anzeigen St. 130. S. 1058 vorigen Jahres.

„Herr Lessing ist mit dem Recensenten der Winkelmann'schen Monumenti inediti in unsern Anzeigen unzufrieden, daß er ihm Schuld giebt, als habe er den Borghesischen Fechter mit dem sogenannten Miles Veles im Museum Florentinum verwechselt. Herr Lessing hat Recht; der Recensent hätte allerdings dieses wenigstens durch ein: es scheinet ausdrücken sollen. Herr Lessing lehnt auch wirklich einen solchen Verdacht auf eine nachdrückliche Weise von sich ab. Hierzu kömmt in der That noch dieses, daß der Miles Veles den Schild eben so wenig vor sich an das Knie gestemmt hält, und daß also das obnixo genu scuto eben so wenig statt findet, obgleich sonst die Stellung eines Kriegers, der seinen Feind erwartet, und insonderheit das gebogene Knie, auf die beschriebene Stellung des Chabrias eher zu passen schien; in so fern man annehmen kann, daß des Chabrias Soldaten den Schild auf die Erde angesetzt, ein Knie gebogen und daran gestemmt, und auf diese Weise ihre Kraft verdoppelt haben. Eben diese Vorstellung hatte dem Recensenten Anlaß zu jener Vermuthung gegeben, welche freilich Herr Lessing mit Grund von sich abweist, und abweisen kann. Jene Stellung läßt sich vielleicht auch eben so gut und noch besser im Stehen denken, so daß der Soldat das Knie an den Schild anschließt, um dem andringenden Feinde mit Nachdruck zu widerstehen." —

Das ist alles, was ich verlange, das ist alles, was ich von einem rechtschaffenen Manne erwarten konnte! Er, dem es bloß um die Aufklärung der Wahrheit zu thun ist, kann wohl dann und wann ein Wort für das andere, eine Wendung für die andere ergreifen; aber sobald er sieht, daß dieses unrechte Wort, daß diese unrechte Wendung einen Eindruck machen, den sie nicht machen sollen, daß kleine hämische Kläffer dahinter her bellen, und die unwissende Schadenfreude den Wurf, der ihm entfuhr, für abgezielt ausschreit: so steht er keinen Augenblick an, das Mißverständniß zu heben, die Sache mag noch so geringschätzig scheinen.

Was wäre es denn nun, zwei Statuen verwechselt zu haben? — Freilich wäre es für die Welt weniger als nichts, aber für den, der sich einer solchen Nachlässigkeit schuldig machen könnte, und gleichwohl von dergleichen Dingen schreiben wollte, wäre es viel. Das Quid pro quo wäre zu grob, um das Zutrauen seiner Leser nicht dadurch zu verscherzen.

Ich will mich erklären, in wie fern ich auf dieses Zutrauen sehr eifersüchtig bin. Niemanden würde ich lächerlicher vorkommen, als mir selbst, wenn ich auch von dem aller eingeschränktesten unfähigsten Kopfe verlangen könnte, ein Urtheil, eine Meinung blindlings bloß darum anzunehmen, weil es mein Urtheil, weil es meine Meinung ist. Und wie könnte ich so ein verächtliches Zutrauen fordern, da ich es selbst gegen keinen Menschen in der Welt habe? Es ist ein weit anständigeres, worauf ich Anspruch mache. Nämlich: so oft ich für meine Meinung, für mein Urtheil Zeugnisse und Facta anziehe, wollte ich gern, daß niemand Grund zu haben glaubte, zu zweifeln, ob ich diese Zeugnisse auch wohl selbst möchte nachgesehen, ob ich diese Facta auch wohl aus ihren eigentlichen Quellen möchte geschöpft haben. Ich verlange nicht, mit dem Kaufmanne zu reden, für einen reichen Mann geachtet zu werden, aber ich verlange, daß man die Tratten, die ich gebe, für aufrichtig und sicher halte. Die Sachen, welche zum Grunde liegen, müssen so viel möglich ihre Richtigkeit haben; aber, ob auch die Schlüsse, die ich daraus ziehe? da traue mir niemand; da sehe jeder selbst zu.

Sonach: wenn man den Borghesischen Fechter, den ich für den Chabrias halte, nicht dafür erkennen will; was kann ich dawider haben? Und wenn man mich wirklich überführt, daß er es nicht seyn könne; was kann ich anders, als dem danken, der mir diesen Irrthum benommen, und verhindert hat, daß nicht auch andere darein verfallen? Aber wenn man sagt, der Borghesische Fechter, den ich zum Chabrias machen wolle, sey nicht der Borghesische Fechter: so ist das ganz ein anderes. Dort habe ich mich geirrt, indem ich die Wahrheit suchte; und hier hätte ich als ein Geck in die Luft gesprochen. Das möchte ich nicht gern!

Doch, wie gesagt, es ist nicht geschehen; der Götting'sche Gelehrte hat auch gar nicht sagen wollen, daß es geschehen sey; nur Herr Klotz hat unstreitig aus eigener Erfahrung einen solchen Plunder für möglich halten können; jener würdigere Widersacher hat bloß sagen wollen, daß meine Deutung besser auf eine andere Statue, als auf die, von der ich rede, passen dürfte.

Doch auch hierauf, wie Sie werden bemerkt haben, scheint er nicht bestehen zu wollen. Denn auf der einen Seite erklärt er sich, daß die Stellung des Miles Veles gleichfalls nicht vollkommen der Beschreibung des Nepos entspreche, indem das obnixo genu scuto, nach der gemeinen Auslegung, eben so wenig von ihm, als von dem Borghesischen Fechter gelte; und auf der andern räumt er ein, daß der stehende Stand des Borghesischen Fechters sich mit den Worten des Nepos eben so wohl zusammen reimen lasse, als der knieende des Miles Veles. Er hält sich auch in der Folge lediglich an meine Deutung selbst, und zeigt bloß umständlicher und genauer, warum diese nicht Statt haben könne, ohne sie weiter seiner Florentinischen Statue zueignen zu wollen. Denn lesen Sie nur:

„Nun bleiben aber doch gegen die andere von Herrn Lessing vorgebrachte Meinung, daß der Borghesische Fechter den Chabrias vorstellen solle, folgende Schwierigkeiten übrig, welche der Recensent damals freilich nicht beibringen konnte. Nepos beschreibt die Stellung der Soldaten des Chabrias, so daß sie einen Angriff des eindringenden und anprallenden Feindes haben aufhalten wollen: reliquam phalangem loco vetuit cedere, obnixoque genu scuto projectaque hasta impetum excipere hostium docuit. Der natürliche Verstand der Worte scheint der zu seyn, daß die Soldaten das Knie an den Schild anstemmen, und so den Spieß vorwärts halten mußten, daß der Feind nicht einbrechen konnte. Diese Erklärung wird durch die beiden Parallelstellen im Diodor und Polyän, und durch die Lage der Sache mit den übrigen Umständen selbst bestätigt; denn der Angriff der Lacedemonier geschah gegen die auf einer Anhöhe gestellten Thebaner. (Vergl. Xenoph. Rer. Gr. V. 4. 50.) Hiermit scheint der Borghesische Fechter nicht wohl überein zu kommen, dessen Stellung diese ist, daß er nicht sowohl den Angriff aufhält, als selbst im lebhaftesten Ausfalle begriffen ist; daß er den Kopf und die Augen nicht vor- oder herabwärts, sondern aufwärts richtet, und sich mit dem aufwärts gehaltenen Schilde vor etwas, das von oben herkömmt, zu verwahren scheint; wie nicht nur das Kupfer zeigt, sondern auch Herr Lessing im Laokoon selbst die Beschreibung mit Winkelmanns Worten anführt. Herr L., der diese Unähnlichkeiten gar wohl bemerkt hat, schlägt vor, die Stelle im Nepos durch eine andere Interpunction der Stellung des Borghesischen Fechters näher zu bringen. Dem sey also: aber auch dann wissen wir weder die Stelle im Diodor und Polyän, noch die Stellung beider Heere, noch das loco vetuit cedere, das projecta hasta, das impetum excipere hostium damit zu vereinigen. Doch alles dieses muß Herr L. nicht als Widerlegung, sondern als Schwierigkeiten ansehen, die er in der Folge seiner Briefe vielleicht aus dem Wege räumen wird. Denn sonst würden wir noch anführen, daß der ganze Körper des Borghesischen Fechters in unsern Augen den ganzen Wuchs und Bildung, die Haltung und Stellung eines Fechters, aber gar nicht das Ansehen eines athenienfischen Feldherrn hat. Aber nach Kupfern läßt sich so etwas nicht beurtheilen, und hiebei könnte die Vorstellungskraft sehr verschieden seyn. Noch müssen wir gedenken, daß wir vor einiger Zeit in Herrn Prof. Sachsens zu Utrecht Abhandlung de Dea Angerona p. 7 den Stein im Mus. Flor. T. II. tab. 26. n. 2. gleichfalls mit dem Chabrias verglichen gefunden haben."

Das nenne ich doch Einwürfe! Hier höre ich doch einen Mann, der mit Kenntniß der Sache spricht, der Gründe und Gegengründe abzuwägen weiß, gegen den man mit Ehren Unrecht haben kann! — Erlauben Sie mir, die ganze Stelle durchzugehen, und anzuzeigen, was ich für mehr oder weniger schließend, und was ich für völlig entscheidend darin halte.

Der Götting'sche Gelehrte erkennt in der Borghesischen Statue den ganzen Wuchs, die ganze Bildung eines Fechters; das Ansehen eines athenienfischen Feldherrn hat sie ihm gar nicht. — Gegen jenes hat Winkelmann schon erinnert: „daß den Fechtern in Schauspielen die Ehre einer Statue unter den Griechen wohl niemals widerfahren sey, und daß dieses Werk älter, als die Einführung der Fechter unter den Griechen zu seyn scheine." Auf dieses würde ich antworten, daß die Statue ikonisch sey. Es war eine größere Ehre bei den Griechen, eine ikonische Statue zu erhalten, als eine bloß idealische,[1] und Chabrias war der

---

[1] Laokoon S. 13.

größern Ehre wohl würdig. Folglich muß man das Ideal eines Feldherrn daran nicht suchen; sie ist nach der Wahrheit der Natur gebildet, und aus einem einzelnen Falle genommen, in welchem sich Chabrias selbst zugleich mit als den thätigen Soldaten zeigte, nachdem er sich als den denkenden Feldherrn erwiesen hatte. Wenn Winkelmann die erhabenern Statuen des Apollo und Laokoon mit dem Heldengedichte vergleicht, welches die Wahrscheinlichkeit über die Wahrheit hinaus bis zum Wunderbaren führt: so ist ihm unser Fechter wie die Geschichte, in welcher nur die Wahrheit, aber mit den ausgesuchtesten Gedanken und Worten vorgetragen wird. Er sieht in seiner Bildung einen Menschen, welcher nicht mehr in der Blüthe seiner Jahre steht, sondern das männliche Alter erreicht hat, und findet die Spuren von einem Leben darin, welches beständig beschäftigt gewesen und durch Arbeit abgehärtet worden. Alles das läßt sich eher von einem Krieger überhaupt, es sey ein befehlender oder gehorchender, als von einem abgerichteten feilen Fechter sagen.

Nach der Form, welche also wider meine Deutung eigentlich nicht wäre, lassen Sie uns die Stellung betrachten. Der Borghesische Fechter, sagt Winkelmann, hat den Kopf und die Augen aufwärts gerichtet, und scheint sich mit dem Schilde vor etwas zu verwahren, das von oben herkömmt. Aber der Soldat des Chabrias, sagt mein Gegner, mußte gerade vor sich hinsehen, um den anrückenden Feind zu empfangen; ja er mußte sogar herabwärts sehen, indem er auf einer Anhöhe stand, und der Feind gegen ihn bergan rückte. Hierauf könnte ich antworten: der Künstler hat sein Werk auf eine abhängende Fläche weder stellen können, noch wollen; sowohl zum Besten seiner Kunst, als zur Ehre der Athenienser, wollte er und mußte er den Vortheil des Bodens unangedeutet lassen, den diese gegen die Spartaner gehabt hatten; er zeigte die Stellung des Chabrias wie sie für sich, auf gleicher Ebene mit dem Feinde, seyn würde; und diese gleiche Ebene angenommen, würde der einhauende Feind unstreitig seinen Hieb von oben herein haben führen müssen; nicht zu gedenken, daß der Feind, wie Diodor ausdrücklich sagt, zum Theil auch aus Reiterei bestand, und der Soldat des Chabrias sich um so mehr von obenher zu decken hatte. Dieses, sage ich, könnte ich antworten, würde ich antworten, wenn ich sonst nichts zu antworten hätte, das näher zum Zwecke trifft. Aber wie ich schon erinnert habe, daß Winkelmann die Füße des Fechters verwechselt, so muß ich auch hier sagen, daß er die Lage des schildtragenden Armes ganz falsch erblickt, oder sich ihrer ganz unrichtig wieder erinnert hat. Und das ist der Umstand! Es ist mir schwer zu begreifen, wie so ein Mann in Beschreibung eines Kunstwerkes, das er unzähligemal muß betrachtet und wieder betrachtet haben, sich so mannichfaltig habe irren können; gleichwohl ist es geschehen, und ich kann weiter nichts als es bedauern, daß ich seinen Angaben, die ich nach dem eigenen Augenscheine ertheilt zu seyn glauben durfte, so sorglos gefolgt bin.

Nein, der Borghesische Fechter scheint sich nicht mit dem Schilde vor etwas zu verwahren, was von oben her kömmt; schlechterdings nicht. Denn wenn er dieses scheinen sollte, müßte nicht nothwendig der Schild auf dem Arme fast horizontal liegen, und die Knöchelseite der Hand nach oben gekehrt seyn? Aber das ist sie nicht; die Knöchel sind auswärts, und das Schild hat fast perpendikular an dem Arme gehangen, welches auch aus dem Polster des obern Schildriemen abzunehmen. Der Kopf und die Augen sind auch nicht höher gerichtet, als nöthig ist, hinter und über dem Schilde weg zu sehen, und aus der gestreckten niedrigen Lage dem Feinde ins Auge blicken zu können. In den meisten Kupfern geht der linke Arm viel zu hoch in die Luft; die Zeichner haben ihn aus einem viel tiefern Gesichtspuncte genommen, als den übrigen Körper. Die eingreifende Hand sollte mit der Stirne fast in gerader Linie liegen, dessen mich nicht nur verschiedene Abgüsse überzeugen, sondern auch Herr Anton Tischbein versichert, welcher in Rom diese Statue studirt, und sie mehr als zehnmal aus mehr als zehn verschiedenen Gesichtspuncten gezeichnet hat. Ich habe mir unter seinen Zeichnungen diejenige, die ich zu meiner Absicht hier für die bequemste halte, aussuchen dürfen, und lege sie Ihnen bei. In der Sammlung des Maffei ist es schon aus der Vergleichung beider Tafeln, die sich daselbst von dem Fechter befinden, augenscheinlich, wie falsch und um wie vieles zu hoch der linke Arm in der einen derselben gezeichnet ist.

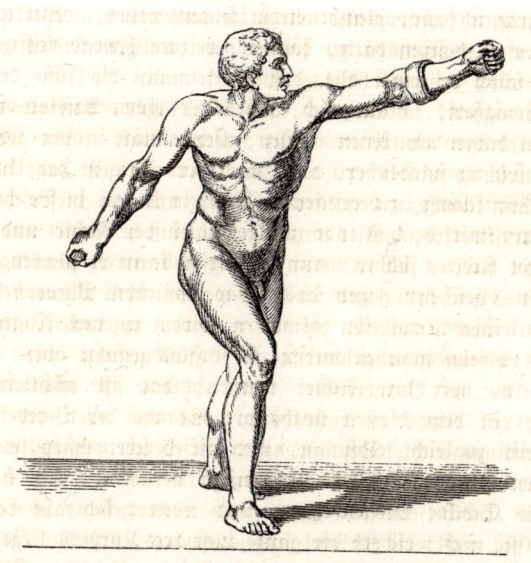

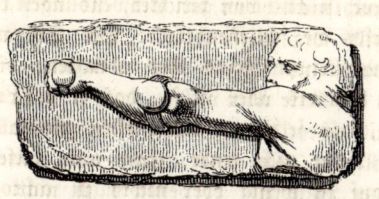

Ich habe es Winkelmannen zwar nachgeschrieben, daß sich der Fechter mit dem Schilde vor etwas zu verwahren scheine, was von oben her kömmt. Aber ich habe bei diesem von oben her weiter nichts gedacht, als in so fern es sich von jedem Hiebe sagen läßt, der von oben herein, höchstens von einem Pferde herab, geführt wird. Winkelmann aber scheint einen aus der Luft stürzenden Pfeil oder Stein dabei gedacht zu haben, welcher mit dem Schilde aufgefangen werde; denn anstatt daß er, in seiner Geschichte der Kunst, überhaupt nur in dem Fechter einen Soldaten erkennt, der sich in einem dergleichen Stande besonders hervorgethan habe, glaubt er in seinem neuesten Werke [1] sogar den Vorfall bestimmen zu können, bei welchem dieses geschehen sey, nämlich bei einer Belagerung.

Wenigstens, glaube ich, würde er einen Ausfall der Belagerten haben annehmen müssen, wenn man in ihn gedrungen wäre, sich umständlicher, auch nach der übrigen Lage der streitigen Vorstellung, zu erklären. Denn nur bei dieser kann der Belagerer mit dem Feinde zugleich aus der Ferne und in der Nähe zu streiten haben; nur bei dieser kann er genöthigt seyn, sich von oben her gegen das, was von den Mauern der belagerten Stadt auf ihn geworfen wird, zu decken, indem er zugleich handgemein geworden ist. Handgemein aber ist diese Figur, die wir den Fechter nennen; das ist offenbar. Sie ist nicht in dem bloßen unthätigen Stande der Vertheidigung; sie greift zugleich selbst an, und ist bereit, einen wohl abgepaßten Stoß aus allen Kräften zu versetzen. Sie hat eben mit dem Schilde ausgeschlagen, und wendet sich auf dem rechten Fuße, auf welchem die ganze Last des Körpers liegt, gegen die geschützte Seite, um da dem Feinde in seine Blöße zu fallen.

Bis hieher ist also von den Einwendungen des Götting'schen Gelehrten dieses die schließendere! „Der Soldat des Chabrias sollte den anprellenden Feind bloß abhalten; die Stellung des Borghesischen Fechters aber ist so, daß er nicht sowohl den Angriff aufhält, als selbst im lebhaftesten Ausfalle begriffen ist; folglich kann dieser nicht jener, jener nicht dieser seyn." Sehr richtig; hierauf ist wenig oder nichts zu antworten; ich habe mich in meinem vorigen Briefe auch schon erklärt, woher es gekommen, daß mich das Angreifende in der Figur so schwach gerührt hat: aus der Verwechslung der Füße nämlich, zu welcher mich Winkelmann wo nicht verleitet, in der er mich wenigstens bestärkt hat.

---

1 Monumenti antichi et inediti, Tratt. prel. p. 94 et Ind. IV. Il preteso Gladiatore sembra statua eretta in memoria d'un guerriero che si era segnalato nell' assedio di qualche città.

Achtunddreißigster Brief.

Aber noch war ich in meinem Vorigen nicht, wo ich seyn wollte. —

Der bildende Künstler hat eben das Recht, welches der Dichter hat; auch sein Werk soll kein bloßes Denkmal einer historischen Wahrheit seyn; beide dürfen von dem Einzelnen, so wie es existirt hat, abweichen, sobald ihnen diese Abweichung eine höhere Schönheit ihrer Kunst gewährt.

Wenn also der Agasias, dem es die Athenienser aufgaben, den Chabrias zu bilden, gefunden hätte, daß der unthätige Stand der Schutzwehr, den dieser Feldherr seinen Soldaten gebot, nicht die vortheilhafteste Stellung für ein permanentes Werk der Nachahmung seyn würde: was hätte ihn abhalten können, einen spätern Augenblick zu wählen, und uns den Helden in derjenigen Lage zu zeigen, in die er nothwendig hätte gerathen müssen, wenn der Feind nicht zurück gegangen, sondern wirklich mit ihm handgemein geworden wäre? Hätte nicht sodann nothwendig Angriff und Vertheidigung verbunden seyn müssen? Und hätten sie es ungefähr nicht eben so seyn können, wie sie es in der streitigen Statue sind?

Welche hartnäckige Spitzfindigkeiten! werden Sie sagen. — Ich denke nicht, mein Freund, daß man eine Schanze darum sogleich aufgiebt, weil man voraussieht, daß sie in die Länge doch nicht zu behaupten sey. Noch weniger muß man, wenn der tapfere Tydeus an dem einen Thore stürmt, die Stadt dem minder zu fürchtenden Parthenopäus, der vor dem andern lauert, überliefern wollen.

Beschuldigen Sie mich also nur keiner Sophisterei, daß, indem ich mein Unrecht schon erkenne, ich mich dennoch gegen schwächere Beweise verhärte. —

Das Wesentliche meiner Deutung beruhet auf der Trennung, welche ich in den Worten des Nepos, obnixo genu scuto, annehmen zu dürfen meinte. Wie sehr ist nicht schon über die Zweideutigkeit der lateinischen Sprache geklagt worden! Scuto kann eben sowohl zu obnixo gehören, als nicht gehören; das eine macht einen eben so guten Sinn als das andere; weder die

Grammatik, noch die Sache, können für dieses oder für jenes entscheiden; alle hermeneutische Mittel, die uns die Stelle selbst anbietet, sind vergebens. Ich durfte also unter beiden Auslegungen wählen; und was Wunder, daß ich die wählte, durch welche ich zugleich eine andere Dunkelheit aufklären zu können glaubte?

Aber gleichwohl habe ich mich übereilt. Ich hätte vorher nachforschen sollen, ob Nepos der einzige Schriftsteller sey, der dieses Vorfalles gedenkt. Da es eine griechische Begebenheit ist, so hätte mir einfallen sollen, daß, wenn auch ein Grieche sie erzählte, er schwerlich in seiner Sprache an dem nämlichen Orte die nämliche Zweideutigkeit haben werde, die uns bei dem lateinischen Scribenten verwirre. Und wenn ich dann gefunden hätte, daß das, was Nepos durch obnixo genu scuto so schwankend andeutet, von einem durch $\tau\alpha\varsigma\ \dot\alpha\sigma\pi\iota\delta\alpha\varsigma\ \pi\rho o\varsigma\ \tau o\ \gamma o\nu\nu\ \varkappa\lambda\iota\nu o\nu\tau\alpha\varsigma$, und von dem andern durch $\tau\alpha\varsigma\ \dot\alpha\sigma\pi\iota\delta\alpha\varsigma\ \dot\epsilon\varsigma\ \gamma o\nu\nu\ \pi\rho o\epsilon\rho\epsilon\iota\sigma\alpha\mu\epsilon\nu o\nu\varsigma$ ausgedrücket werde: würde ich wegen des eigentlichen Sinnes jener lateinischen Worte wohl noch einen Augenblick ungewiß geblieben seyn? Unmöglich.

Nun findet sich wirklich das eine bei dem Diodor, [1] und das andere bei dem Polyän. [2] Beider Ausdruck stimmt fast wörtlich überein, und geht dahin, uns die Schilde an, oder vor, oder auf dem Knie denken zu lassen. Der andere Sinn, den ich dem Nepos leihen konnte, ist in die Griechen nicht zu legen, und muß folglich der unrechte auch nothwendig bei dem Lateiner seyn.

Kurz: die Parallelstellen des Diodor und Polyän entscheiden alles, und entscheiden alles allein, obgleich der Götting'sche Gelehrte sie mehr unter seine Velites als Triarier zu ordnen scheint. Sie nur hatte ich im Sinne, als ich sagte, „daß man mir gegen meine Deutung ganz etwas anders einwenden können, als damals noch geschehen sey, und daß ich nur diese Einwendung erwarte, um sodann entweder das letzte Siegel auf meine Muthmaßung zu drucken, oder sie gänzlich zurück zu nehmen.“

---

1 Diod. Sic. Lib. XV. c. 32. Edit. Wessel. T. II. p. 27.
2 Strat. lib. II. cap. 1. 2.

Ich nehme sie gänzlich zurück: der Borghesische Fechter mag meinetwegen nun immer der Borghesische Fechter bleiben; Chabrias soll er mit meinem Willen nie werden.

In der künftigen Ausgabe des Laokoon fällt der ganze Abschnitt, der ihn betrifft, weg: so wie mehrere antiquarische Auswüchse, auf die ich ärgerlich bin, weil sie so mancher tiefgelehrte Kunstrichter für das Hauptwerk des Buches gehalten hat.

Neunundreißigster Brief.

Meinen Sie, daß es gleichwohl Schade um meinen Chabrias sey? Daß ich ihn doch wohl noch hätte retten können? — Und wie? Hätte ich etwa sagen sollen, daß Diodor und Polyän spätere Schriftsteller wären, als Nepos? Daß Nepos nicht sie, wohl aber sie ihn könnten vor Augen gehabt haben? Daß auch sie von der Zweideutigkeit des lateinischen Ausdrucks verführt worden? Ei nun ja, das wäre wahrscheinlich genug!

Doch ich merke Ihre Spötterei. Die Henne ward über ihr Ei so laut; und es war noch dazu ein Windei!

Freilich! Indeß, wenn Sie denken, daß ich mich meines Einfalls zu schämen habe, weil ich ihn selbst zurücknehmen müssen: so denken Sie es wenigstens nicht mit mir. — In dem antiquarischen Studium ist es öfters mehr Ehre, das Wahrscheinliche gefunden zu haben, als das Wahre. Bei Ausbildung des erstern war unsere ganze Seele geschäftig: bei Erkennung des andern kam uns vielleicht nur ein glücklicher Zufall zu Statten. Noch jetzt bilde ich mir mehr darauf ein, daß ich in den Worten des Nepos mehr, als darin ist, gesehen habe, als daß ich endlich beim Diodor und Polyän gefunden habe, was ein jeder da finden muß, der es zu suchen weiß.

Was wollen Sie auch? Hat meine Muthmaßung nicht wenigstens eine nähere Discussion veranlaßt, und zu verdienen geschienen? Und ob ich schon der streitigen Statue aus der Stelle des Nepos kein Licht verschaffen können; wie wenn wenigstens diese Stelle selbst ein größeres Licht durch jenen unglücklichen Versuch gewänne?

Ich will zeigen, daß sie dessen sehr bedarf. — So viel ich noch Ausleger und Uebersetzer des Nepos nachsehen können, alle ohne Ausnahme haben sich die Stellung des Chabrias als knieend vorgestellt. So muß sie auch der Götting'sche Gelehrte gedacht haben, weil er sie in dem Miles Veles zu Florenz zu finden glaubte, der auf dem rückwärts gestreckten linken Knie liegt, und das rechte Schienbein vorsetzt. So muß sie nicht weniger Herr Prof. Sachse annehmen, der eine Aehnlichkeit von ihr auf einem geschnittenen Steine, ebenfalls zu Florenz, in der Figur des verwundeten Achilles zu sehen meint, welche das linke Schienbein vorsetzend, auf dem rechten Knie liegt, und sich den Pfeil nächst dem Knöchel dieses Fußes herauszieht. Kurz, sie müssen alle geglaubt haben, daß das eine Knie nicht gegen das Schild gestemmt seyn können, ohne daß das andere zur Erde gelegen.

Aber haben sie hieran wohl Recht? — Wo ist ein Wort beim Nepos, das auch nur einen Argwohn von dieser knieenden Lage machen könne? Wo bei dem Diodor? Wo bei dem Polyän? Bei allen dreien befiehlt Chabrias seinen Soldaten weiter nichts, als 1) geschlossen in ihren Gliedern zu bleiben — loco vetuit cedere — $\tau\eta\ \tau\alpha\xi\epsilon\iota\ \mu\epsilon\nu o\nu\tau\alpha\varsigma$ — $\mu\eta\ \pi\rho o\delta\rho\alpha\mu\epsilon\iota\nu,\ \alpha\lambda\lambda\alpha$ $\mu\epsilon\nu\epsilon\iota\nu\ \eta\sigma\upsilon\chi\eta$; 2) die Spieße gerade vor zu halten — projecta hasta — $\epsilon\nu\ o\rho\vartheta\omega\ \tau\omega\ \delta o\rho\alpha\tau\iota\ \mu\epsilon\nu\epsilon\iota\nu$ — $\tau\alpha\ \delta o\rho\alpha\tau\alpha\ o\rho\vartheta\alpha$ $\pi\rho o\tau\epsilon\iota\nu\alpha\mu\epsilon\nu o\upsilon\varsigma$; 3) die Schilder gegen das Knie zu senken, oder an das Knie zu schließen — obnixo genu scuto — $\tau\alpha\varsigma$ $\dot\alpha\sigma\pi\iota\delta\alpha\varsigma\ \pi\rho o\varsigma\ \tau o\ \gamma o\nu\upsilon\ \varkappa\lambda\iota\nu o\nu\tau\alpha\varsigma$ — $\tau\alpha\varsigma\ \dot\alpha\sigma\pi\iota\delta\alpha\varsigma\ \dot\epsilon\varsigma$ $\gamma o\nu\upsilon\ \pi\rho o\ \epsilon\rho\epsilon\iota\sigma\alpha\mu\epsilon\nu o\upsilon\varsigma$. Da ist nichts vom Niederfallen; da ist nichts, was das Niederfallen im geringsten erfordern könnte! — Man erwäge ferner, wie ungeschickt sogar die knieende Lage zu der Wirkung gewesen wäre, die sich Chabrias versprach. Kann der Körper im Knieen wohl seine ganzen Kräfte anstrengen? Kann er den Spieß so gerade, so mächtig vorhalten, als im Stehen? Das $o\rho\vartheta\alpha\ \delta o\rho\alpha\tau\alpha$ will, daß die Spieße horizontal gesenkt worden. Sie sollten dem Feinde gerade wider die Brust gehen; und im Knieen würden sie ihm gerade gegen die Beine gegangen seyn. Noch weniger würde sich das Knieen zu einem Umstande schicken, der dem Diodor bei Beschreibung dieser Evolution eigen ist. Er sagt, Chabrias habe seinen Soldaten befohlen, δεχεσθαι τους πολεμιους καταπεφρονηκοτως, die Feinde ganz verächtlich zu empfangen; und der Feind habe sich wirklich durch diese καταφρονησιν abschrecken lassen. Die knieende Lage aber hat von diesem Verächtlichen wohl wenig oder nichts; sie verräth gerade mehr Furchtsames, als Verächtliches; man sieht seinen Gegner darin schon halb zu seinen Füßen.

Man wende mir nicht ein, daß noch jetzt das erste Glied des Fußvolks den Angriff der Reiterei auf dem Knie empfängt. Dieser Fall ist ganz etwas anders. Das erste Glied befindet sich bei Ertheilung der letzten Salve schon in dieser Lage: der Feind ist ihm schon zu nahe, sich erst wieder aufzurichten. Zudem ist wirklich die schiefe Richtung des aufgepflanzten und mit der Kolbe des Gewehrs gegen die Erde gesteiften Bajonets dem ansprengenden Pferde gefährlicher; es spießt sich von oben herein tiefer. Wenn aber Fußvolk, Fußvolk mit gesenktem Bajonete auf sich anrücken sieht, bleibt das erste Glied gewiß nicht auf den Knieen, sondern richtet sich auf, und empfängt seinen Feind stehend.

Eben das hatten die Triarier bei den Römern. So lange die vordern Treffen stritten und standen, lagen sie auf ihrem rechten Knie, das linke Bein vor, ihre Spieße neben sich in die Erde gesteckt, und deckten sich mit ihren Schildern, ne stantes, wie Vegetius sagt, venientibus telis vulnerarentur. Allein sie blieben nicht auf den Knieen, wenn die vordern Treffen geschmissen waren, und der Streit nunmehr an sie kam. Sondern sodann richteten sie sich auf, consurgebant, und gingen dem Feinde mit gefällten Spießen entgegen. Nicht also ihre Subsessio intra scuta, nicht ihre Bergung hinter dem Schilde auf dem Knie, in der sie noch keinen Feind vor sich hatten, und sich bloß gegen das Geschoß aus der Ferne, so wie es über die vordern Treffen flog, deckten: nicht die, sondern ihre aufgerichtete acies selbst, quæ hastis velut vallo septa inhorrebat, kann mit dem Stande der Soldaten des Chabrias verglichen werden. Nur daß diese den Feind bloß festen Fußes erwarteten, und ihm nicht entgegen rückten, um den Vortheil der Anhöhe nicht zu verlieren.

Das ist unwidersprechlich, sollt ich meinen; und ich habe sonach die Stelle des Nepos, da ich einen stehenden Krieger darin

erkannte, doch immer noch richtiger eingesehen, als alle die, welche
sich einen knieenden einfallen lassen. Ja es ist so wenig wahr,
daß Herr Sachsens verwundeter Achilles, in Betracht seiner Stellung, mit dem Chabrias könne verglichen werden; oder daß der
Miles Veles, wie ihn Gori genannt hat, eher noch Chabrias
seyn könne, als der Borghesische Fechter, wie der Götting'sche
Gelehrte will: daß vielmehr an jene beide auch gar nicht einmal
zu denken ist, wenn man unter den alten Kunstwerken eine Aehnlichkeit mit jener Stellung des Chabrias aufsuchen will. Sie
knieen; und die Statue des Chabrias kann schlechterdings nicht
gekniet haben.

Was ließe sich gegen den Miles Veles nicht noch besonders
erinnern! Er hat im geringsten nicht das Ansehen eines Kriegers, welcher seinen Feind erwartet: denn er liegt auf dem
linken Knie, und der nämliche Arm mit dem Schilde weicht zurück. Könnte man auch schon annehmen, daß „des Chabrias
Soldaten den Schild auf die Erde angesetzt, ein Knie gebogen
und daran gestemmet, und auf diese Weise ihre Kraft verdoppelt
hätten:" so müßte doch dieses eine gebogene Knie das linke gewesen seyn, das rechte hätte es unmöglich seyn können; von dem
Miles Veles aber liegt das linke zur Erde. Auch ist der rechte
Arm desselben gar nicht so, wie er seyn müßte, wenn er mit
demselben irgend ein Gewehr gegen den anrückenden Feind halten
sollte. Nicht zu gedenken, daß die Figur bekleidet, und die Arbeit römisch ist, ob sie gleich keinen Römer vorstellt, und noch
weniger einen Griechen vorstellen kann. Ich habe das Museum
Florentinum nicht vor mir, um mich in einen umständlichen Beweis hierüber einlassen zu können. Aber des Schildes erinnere
ich mich deutlich, das dieser vermeinte Miles Veles trägt. Es
hat Falten, welches zu erkennen giebt, daß es ein Schild von
bloßem Leder war; kein hölzernes mit Leder überzogen. Dergleichen δερματινοι θυρεοι aber waren den Karthaginensern
und andern afrikanischen Völkern eigenthümlich. [1]

Doch was halte ich mich bei einem Werke auf, das mich
so wenig angeht? Mein Gegner selbst gesteht, „daß sich die

1 V. Lipsius de Milit. Rom. lib. III. Dial. 1. p. m. 103.

Stellung des Chabrias vielleicht eben so gut und noch besser im Stehen denken lasse, so daß der Soldat das Knie an den Schild anschließt, um dem andringenden Feinde mit Nachdruck zu widerstehen." Und was ist das anders, als seine Vermuthung, daß jene knieende Figur Chabrias sey, mehr als um die Hälfte zurücknehmen? Ich schmeichle mir, wenn er meine Gründe in Erwägung ziehen will, daß er sie auch wohl ganz zurücknimmt, und sich überzeugt erkennt, daß die Stellung des Chabrias sich nicht bloß auch oder besser im Stehen denken lasse, sondern daß sie durchaus nicht anders gedacht werden könne, als im Stehen.

Nun aber, diese stehende Stellung als ausgemacht betrachtet: wie müssen wir uns die Haltung des Schildes selbst vorstellen, um das obnixum genu des Nepos, das $\varkappa\lambda\iota\nu\varepsilon\iota\nu\ \pi\rho\sigma\varsigma\ \tau\sigma\ \gamma\sigma\nu\nu$ des Diodorus, und das $\dot{\varepsilon}\varsigma\ \gamma\sigma\nu\nu\ \pi\rho\sigma\varepsilon\rho\varepsilon\iota\delta\varepsilon\sigma\vartheta\alpha\iota$ des Polyänus davon sagen zu können?

Ich denke so! — Sie wissen, ohne es erst von Herr Klotzen aus geschnittenen Steinen gelernt zu haben, [1] daß es an den Schilden der Alten innerhalb zwei Riemen gab, die zur Befestigung und Regierung des Schildes dienten. Durch den obern ward der Arm bis an das Gelenke gesteckt, und in den untersten griff die Hand. Herr Klotz nennt, so wie er überhaupt stark ist, sich von allen Dingen auf das eigentlichste und bestimmteste auszudrücken, beide diese Riemen Handhaben, und sagt, daß die Soldaten den Arm durch beide gesteckt. [2] Die Griechen haben ein doppeltes Wort für diese Riemen, $\dot{\sigma}\chi\alpha\nu\sigma\nu$ und $\pi\sigma\rho\pi\alpha\xi$; und ich meine, daß $\dot{\sigma}\chi\alpha\nu\sigma\nu$ eigentlich den obern Riemen, den Armriemen (wenn man sich dieses Wort dafür gefallen lassen will), $\pi\sigma\rho\pi\alpha\xi$ aber den untern Riemen bedeutet, der allein die Handhabe heißen kann. [3] An dem $\dot{\sigma}\chi\alpha\nu\alpha$ blieb das Schild

[1] S. 103.

[2] „Linguett hätte die Steine betrachten sollen, auf welchen man den doppelten Riemen am Schilde deutlich sieht, durch den die Soldaten den Arm steckten. Auf andern ist nur eine dergleichen Handhabe zu sehen. l. c.

[3] Lipsius (Anal. ad. Milit. p. m. XVII.) hat sich von diesem Unterschiede nichts einfallen lassen, und $\dot{\sigma}\chi\alpha\nu\sigma\nu$ und $\pi\sigma\rho\pi\alpha\xi$ für völlig

beständig fest, den $\pi o \rho \pi a \xi$ aber konnte der Soldat fahren lassen, und ließ ihn fahren, so oft er die linke Hand nöthiger brauchte. Dieses scheint Lipsius nicht erwogen zu haben, wenn er aus dem größern Schilde, welches die Triarier

gleichbedeutende Wörter genommen. Daß sie dieses aber nicht gewesen, zeigt selbst die Stelle beim Suidas, oder dem Scholiasten des Aristophanes, in der es ungewiß gelassen wird, ob $\pi o \rho \pi a \xi$ den Armriemen oder die Handhabe bedeute. $\Pi o \rho \pi a \xi \; \varkappa a \tau a \; \mu \varepsilon \nu \; \tau \iota \nu a \varsigma \; \dot{o} \; \dot{a} \nu a \varphi o \rho \varepsilon \nu \varsigma \; \tau \eta \varsigma \; \dot{a} \sigma \pi \iota$-$\delta o \varsigma. \; \dot{\omega} \varsigma \; \delta \varepsilon \; \tau \iota \nu \varepsilon \varsigma, \; \tau o \; \delta \iota \eta \varkappa o \nu \; \mu \varepsilon \sigma o \nu \; \tau \eta \varsigma \; \dot{a} \sigma \pi \iota \delta o \varsigma \; \sigma \iota \delta \eta \rho o \nu, \; \dot{\omega} \; \varkappa \rho a \tau \varepsilon \iota$ $\tau \eta \nu \; \dot{a} \sigma \pi \iota \delta a \; \dot{o} \; \varsigma \rho a \tau \iota \omega \tau \eta \varsigma.$ Ich sage also auch nicht, daß $\dot{o} \chi a \nu o \nu$ und $\pi o \rho \pi a \xi$ nie verwechselt worden, und daß es keine Fälle gegeben, wo man unter dem einen auch das andere verstanden. Sondern ich rede bloß von der eigenthümlichen Bedeutung eines jeden dieser Wörter, wenn sie so stehen, daß nur einer von beiden Tragriemen gemeint seyn kann. Alsdann, sage ich, heißt $\dot{o} \chi a \nu o \nu$ der Armriemen, welches mich die Stelle des Horodotus lehrt, wo er sagt, daß die $\dot{o} \chi a \nu a$ der Schilder von den Cariern erfunden worden, da man sie vorher bloß mit Riemen um den Hals gehangen, und so die linke Seite damit geschützt habe. Denn $\pi o \rho \pi a \varkappa \varepsilon \varsigma,$ Handhaben, mußten an den Schilden nothwendig auch damals schon seyn, um sie von dem Leibe abzuhalten und nach Befinden zu lenken. Die Carier erfunden bloß, daß es besser sey, die Schilde an dem Arme selbst zu befestigen, als um den Hals zu tragen. $\dot{O} \chi a \nu o \nu$ und $\pi o \rho \pi a \xi$ mußten in der Weite des Ellenbogens bis zur geballten Hand aus einander stehen. Daher saß jener mehr gegen den obern Rand des Schildes, und dieser gegen die Mitte desselben, damit ein großer Theil über die Hand hinaus reiche, und sich die Deckung desto weiter erstrecke. Jener war ein wirklicher Riemen, mit einem kleinen Polster an dem Orte, wo der Arm an dem Schilde anlag; dieser aber war öfters von Eisen, und ging durch das Schild durch. Dem $\pi o \rho \pi a \xi$ entspricht das lateinische ansa, und Lipsius (l. c.) hat Unrecht, wenn er bei Gelegenheit einer Stelle des Ammianus sagt: Unam ansam nominat, atqui duæ plerumque fuere in scuto grandiore. Denn diese Stelle selbst zeigt, daß nur die Handhabe, und nicht der Armriemen, ansa geheißen. — Wenn man auf alten Denkmälern Schilde bloß mit Einem Tragriemen, das ist, bloß mit dem Armriemen, ohne Handhabe findet: so können es dem Feinde abgenommene und geweihte Schilde seyn, die nicht anders als mit abgebrochenen Handhaben in den Tempeln aufgehangen wurden, damit sich ihrer niemand in der Geschwindigkeit bedienen könne.

geführt, fchließen will, daß ihre Spieße nicht allzu lang könn=
ten gewefen fehn, weil fie diefelben nur mit einer Hand führen
müffen. [1] Sie konnten die andere Hand dazu nehmen, und
nahmen fie wirklich dazu, wenn fie die Spieße mit größerer
Macht vorhalten, oder irgend einen kräftigern Stoß damit führen
wollten.

Und nun überlegen Sie, wenn der Soldat die Handhabe
des Schildes fahren ließ, um mit der Linken zugleich den Spieß
zu faffen, und das Schild nur bloß an dem Armriemen hangen
blieb, in welche Lage das Schild nothwendig fallen mußte? Da
der Armriemen mehr gegen den obern Theil befeftigt war, fo
konnte der übrige Theil nicht anders als herabfinken, gegen den
vorgefetzten linken Fuß herabfinken, und wenn es lang genug
war, das Knie deffelben bedecken. Das Knie konnte fich fodann
an das Schild stemmen, und kurz, es erfolgte der völlige Stand,
den Chabrias feinen Soldaten zu nehmen befahl. Er befahl
ihnen, in ihren Gliedern ftehen zu bleiben; die Handhabe des
Schildes fahren zu laffen, wodurch die Schilde auf das Knie
herab fanken, $\tau\alpha\varsigma$ $\dot{\alpha}\sigma\pi\iota\delta\alpha\varsigma$ $\pi\rho\circ\varsigma$ $\tau\circ$ $\gamma\circ\nu\nu$ $\varkappa\lambda\iota\nu\circ\nu\tau\alpha\varsigma$; zu=
gleich mit der Linken den Spieß zu ergreifen, und fo, $\dot{\varepsilon}\nu$ $\dot{\circ}\varrho\vartheta\omega$
$\tau\omega$ $\delta\circ\varrho\alpha\tau\iota$ $\mu\varepsilon\nu\varepsilon\iota\nu$, mit gefällten Spießen den Feind zu er=
warten. Das ift die ungezwungenfte Umfchreibung der Worte
des Diodor, und kann es eben fo wohl von den Worten des
Nepos und des Polhänus fehn.

Wollten Sie zweifeln, ob die Alten wirklich ihren Schild
bloß an dem Armriemen hangen laffen, um die linke Hand mit
zu Führung des Spießes zu brauchen: fo werfen Sie einen Blick
auf einen Stein beim Natter. Er ift, als ob ich ihn zum Behuf
meiner Meinung ausdrücklich hätte fchneiden laffen, und ich kann
mich daher nicht enthalten, Ihnen einen Abriß davon beizulegen
(fiehe folgende Seite). Betrachten Sie: hier hängt offenbar das
Schild des ftehenden Soldaten, der feinen verwundeten Gefährten

---

1 De M. R. lib. III. dial. 6 p. m. 135. Ne tamen erres, hastæ
istæ non nimis longæ, nec ut Macedonum sarissæ. Qui potuissent?
scutum majus sinistra Triarii gerebant; nec videntur nisi una manu
commode tractasse istas hastas.

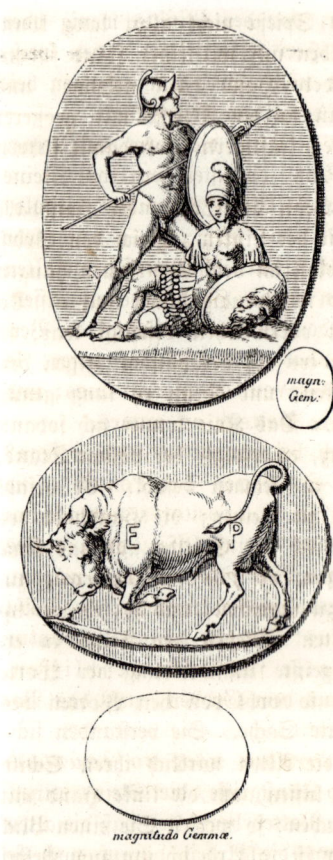

magn: Gem:

magnitudo Gemmæ.

vertheidigt, an dem bloßen Armriemen, und hängt so tief herab, daß es völlig das vorgesetzte Knie decken könnte, wenn der Spieß nicht so hoch, sondern mehr geradeaus geführt würde. Wundern Sie sich aber nicht, daß das Schild innerhalb dem Arme hängt; der Künstler wollte sich die Ausführung des linken Armes ersparen, und versteckte ihn hinter dem Schilde, da er eigentlich vor ihm liegen sollte. Vielleicht erlaubte es auch der Stein nicht, in den Schild oben tiefer hineinzugehen, und so den Arm herauszuholen, als unten der Kopf des liegenden Kriegers herausgeholt ist. Dergleichen Unrichtigkeiten finden sich auf alten geschnittenen Steinen die Menge, und müssen, der Billigkeit nach, als Mängel betrachtet werden, zu welchen die Beschaffenheit des Steines den Künstler gezwungen hat.

Vierzigster Brief.

Und nun wieder zu Herr Klotzen! Es wäre unartig, wenn wir ihm mitten aus dem Collegium wegbleiben wollten. Er lehrt uns zwar wenig; aber dem ungeachtet können wir viel bei ihm lernen. Wir dürfen nur an allem zweifeln, was er sagt, und uns weiter erkundigen.

Wo blieben wir? — Bei der Art, wie die alten Steinschneider in ihrer Kunst verfahren, von der Plinius wenig oder nichts gewußt haben soll. Daß Herr Klotz nichts davon weiß, haben wir gesehen. Doch will er noch „zwei Anmerkungen bei= fügen, die beide das Mechanische der Kunst betreffen." [1]

Die erste dieser Anmerkungen geht auf die Form der Steine. „Die alten Künstler," sagt Herr Klotz, „pflegten gern ihre Steine hoch und schildförmig zu schleifen." — Einen Augenblick Geduld! Die alten Künstler? Sie selbst? Das heißt, ihnen auch sehr viel zumuthen. So weit, sollte ich meinen, hätten sich die alten Künstler die Steine wohl können in die Hand arbeiten lassen. Es sind ja jetzt drei ganz verschiedene Leute, die sich in die Ver= arbeitung der Edelsteine getheilt haben: der Steinschleifer, le Lapidaire; der Steinschneider, le Graveur en pierres fines; und der Juwelier, le Jouaillier oder le Metteur en œuvre.

Warum sollte das nicht auch bei den Alten gewesen seyn? Und es ist allerdings gewesen. Sie hatten ihre Politores, sie hatten ihre Scalptores, sie hatten ihre Compositores gemmarum.

Politores gemmarum hießen die Steinschleifer, denn polire heißt nicht bloß, was wir im engen Verstande poliren nennen, welches man genauer durch lævigare ausdrückt; sondern es heißt auch zuschleifen. So sagt Plinius: Berylli omnes poliuntur sexangula figura; sie werden alle sechseckig geschliffen. Und nicht allein das Schleifen aus dem Groben, und das Po= liren, glaube ich, war dieser Leute Sache. Sie verstanden sich, ohne Zweifel, auf alle und jede $\varepsilon \rho \gamma \alpha \sigma \iota \alpha \ \pi \rho o \varsigma \ \tau o \ \lambda \alpha \mu \pi \rho o \nu$, auf alle und jede Hülfsmittel und Kunstgriffe, die Steine reiner, klärer und glänzender zu machen. Natter bemerkte, daß die alten Carneole und Onyche, auch wenn die Arbeit darauf noch so schlecht sey, dennoch sehr feine und lautere Steine wären; er schloß also, daß einige alte Künstler wohl das Geheimniß dürften gehabt haben, sie zu reinigen, und ihrem Glanze nachzuhelfen, indem man jetzt unter tausenden kaum einen finde, der das näm= liche Feuer habe. Es streiten, sagt er, für diese Muthmaßung noch andere stärkere und überzeugendere Gründe, die ich dem neugierigen Leser indeß zu errathen überlasse, bis ich sie ihm bei

---

1 S. 52.

einer andern Gelegenheit selbst mittheilen kann. [1] Natter hat
sehr richtig gemuthmaßt, wenn es anders bloße Muthmaßung
bei ihm war, was Plinius mit ausdrücklichen Zeugnissen be=
stätigt, der uns sogar eines von den Mitteln aufbehalten hat,
dessen sich die Steinschleifer zu dieser Absicht bedienten. Omnes
gemmæ, sagt er, [2] mellis decoctu nitescunt, præcipue Corsici:
in omni alio usu acrimoniam abhorrentes. Eine bloße Rei=
nigung der äußern Fläche kann nicht gemeint seyn; dieser de-
coctus mellis Corsici mußte tiefer dringen, und durch die ganze
Masse des Steines wirken. Die Schärfe des Corsischen Honigs,
die ihn hierzu vornehmlich geschickt machte, obgleich sonst die
Edelsteine scharfe Säfte nicht wohl vertragen können, schreibt
Plinius an einem andern Orte [3] der Blüthe des Buxbaumes zu,
welcher in Corsica sehr häufig wachse. Ich merke dieses an, um
in Ermangelung des Corsischen Honigs, unser gemeines Honig
mit zerquetschten Buxbaumblättern oder Blüthen abzureiben, falls
man einen Versuch damit machen wollte, für dessen Erfolg ich
jedoch nicht stehen mag.

Aus den Händen dieser Politorum gemmarum empfingen
also die Scalptores die Steine, in welchen sie ihre Kunst zeigen
wollten. Sie von ihnen selbst zuschleifen lassen, heißt den Bild=
hauer in die Kluft schicken, daß er den Marmorblock, den er
beleben will, auch selbst brechen soll.

Die Compositores gemmarum waren die, welche die geschlif=
fenen oder geschnittenen Steine faßten, und so, wie sie sich nach
ihren Farben am besten zusammen schickten, ordneten. Denn da

---

1 Zum Schlusse seiner Vorrede: Je suis dans l'opinion, que
quelques Graveurs anciens possédoient le secret de rafiner ou de
clarifier les Cornalines et les Onyx, vû la quantité prodigieuse de
Cornalines fines et mal gravées que les Anciens nous ont trans-
mises; tandis qu'à présent à peine en trouve-t-on une entre mille
qui ait le même feu. Il y a encore d'autres raisons plus fortes
et plus convaincantes en faveur de cette conjecture; mais je laisse
aux Curieux à les deviner, en attendant que je trouve une autre
occasion de les leur communiquer.

2 Lib. XXXVII. Sect. 74.

3 Lib. XVI. Sect. 18.

die Alten einen ganzen Schmuck von lauter Steinen einer und
eben derselben Farbe vielleicht nicht liebten, im Grunde auch
so leicht nicht zusammen bringen konnten, als es uns bei der
ungleich größeren Menge von Steinen jeder Art möglich ist: so
kam sehr viel darauf an, die Steine von verschiedenen Farben
so zu verbinden, daß keiner den andern schändete, und sie alle
zusammen eine gute Wirkung auf das Auge machten. Dieser
Compositorum gedenkt Plinius, wo er von dem Opale redet: [1]
Opali smaragdis tantum cedentes. India sola horum est
mater; atque ideo eis pretiosissimam gloriam Compositores
gemmarum et maxime inenarrabilem difficultatem dederunt.
So hieß es, wie ich glaube, in allen gedruckten Ausgaben des
Plinius, bis auf den Harduin, der ich weiß nicht welche Dunkelheit in den Worten des Plinius fand, und die letzte Periode
aus seinen Manuscripten folgender Gestalt zu lesen befahl: atque in pretiosissimarum gemmarum gloria compositi maxime
inenarrabilem difficultatem dederunt. Das ist, wie er es in
einer Note selbst erklärt, weil er ohne Zweifel voraussah, daß
diese Lesart hinwiederum andern nicht sehr deutlich seyn dürfte:
et cum pretiosissimis gemmis comparati maxime inenarrabilem dedere difficultatem, num gemmis aliis, quarum simi-
litudinem referunt, potiores eos haberi oporteret. Es ist
wahr, nun versteh' ich es recht wohl, was Harduin will; aber
eine solche unaussprechliche Schwierigkeit kömmt mir doch
auch sehr seltsam vor. Eine unaussprechliche Schwierigkeit, einem
Dinge einen Werth zu setzen, was keinen bestimmten Werth haben
kann! Es kam ja lediglich auf den Geschmack des Liebhabers
an. Meinetwegen mag also Harduins Verbesserung gefallen,
wem sie will; ich bleibe bei der alten Lesart, die doch wohl auch
Manuscripte muß für sich gehabt haben, und auf alle Weise dem
Zusammenhange gemäßer und des Plinius würdiger ist. Nur
weil Harduin, wie es scheint, nicht wußte, welche Idee er
sich eigentlich von den hier erwähnten Künstlern machen sollte,
kam ihm die ganze Stelle dunkel vor. Er bildete sich vielleicht
ein, daß Compositores gemmarum so viel als mangones,

[1] Libr. XXXVII. cap. 6.

adulteratores gemmarum seyn sollten; und sie waren das, was ich gesagt habe. Sie faßten und setzten; und bei dieser Arbeit erfuhren sie denn, daß der Opal, dem pretiosissima gloria als eines seltenen Steines zukomme, der nur in Indien gefunden werde, zugleich inenarrabilem difficultatem habe, nämlich in Ansehung seiner Verbindung mit andern Steinen. Denn da der Opal keine bestimmte Farbe hat, sondern mehr als eine zeigt, so wie man ihn wendet und die Lichtstrahlen sich durch ihn brechen: so muß ihm sein Platz bei andern farbigen Steinen sehr schwer anzuweisen seyn, die sich unmöglich nach allen seinen Ver= änderungen einmal so gut wie das andere zu ihm schicken können. — In Absicht der Fertigkeit und des guten Geschmacks in Ver= bindung der verträglichsten Farben, vergleicht Paschalius [1] die Compositores gemmarum sehr richtig mit den Winderinnen der Blumenkränze ($\Sigma\tau\varepsilon\varphi\alpha\nu\omega\pi\lambda\omega\kappa\omega\iota\varsigma$), dergleichen Glycera war, mit welcher Pausias wetteiferte.

Einundvierzigster Brief.

Also schliffen sie eben nicht gern, die alten Künstler, ihre Steine hoch und schildförmig, sondern sie bedienten sich nur gern so geschliffener Steine. Und warum? Das will uns nun Herr Klotz lehren.

„Hierdurch, sagt er, befreiten sie sich von dem Zwange, den ihnen der enge Raum des Steines anlegte, und sie konnten die äußern und vom Leibe abstehenden Theile der Arme und Beine ohne Verkürzung geschickt herausbringen. Die alten Steinschneider liebten die Verkürzungen nicht, und nur die unvermeidliche Noth= wendigkeit mußte sie antreiben, sie zu bilden. Man hat aber doch Beispiele."

Ich bitte Sie, mein Freund, lesen Sie das noch einmal; — und noch einmal. Denn nur Einmal, so obenhin gelesen, klingt es wirklich, als ob es etwas wäre. Und es ist nichts; nichts als Worte ohne Sinn!

Allerdings ist es wahr, daß der Raum einer convexen

---

1 Coronarum lib. II. cap. 12.

Fläche größer ist, als der Raum einer ganz ebenen, in der nämlichen Peripherie eingeschlossen. Aber wie dieser größere Raum dem Steinschneider könne zu Statten kommen, das ist über meinen Begriff. Denn das Relief der Figur, welche er einschneidet, wird ja nicht concav, sondern es muß so gleich oder ungleich erhaben seyn, als es die Form dieser Figur erfordert. Bloß in der glatten Area des Steines erkennt man noch seine Convexität. Der Künstler kann also schlechterdings weder größere noch mehrere Gegenstände auf eine schildförmige Fläche bringen, als sich auch auf eine ganz platte von gleicher Außenlinie bringen lassen. Ganz anders ist es, wenn man auf eine solche schildförmige oder sphärische Fläche zeichnet oder malt; auf der Fläche eines Hemisphärii z. E. lassen sich freilich mehrere Objecte, oder die nämlichen Objecte größer zeichnen, als auf einen ebenen Zirkel von gleichem Diameter gehen würden. Das macht, wir können das Hemisphärium wenden, oder uns um dasselbe herumbewegen, und in Gedanken jedes einzelne Stück desselben applaniren. Sollte aber dieses Hemisphärium aus dem Punkte seiner höchsten Erhöhung oder Vertiefung auf einmal übersehen werden, wie eine geschnittene Gemme: so würde für den Maler auch nicht mehr Raum darauf seyn, als auf dem platten Zirkel von gleicher Peripherie. Ja in diesem Falle wäre es so wenig wahr, daß ihm das Sphärische seiner Fläche dienlich wäre, die Glieder oder Theile seines Objects in ihren wahren völligen Maaßen zu zeichnen, daß vielmehr gerade keines so gezeichnet werden könnte, und er überall Verkürzungen oder Verlängerungen anbringen müßte, wenn er dem Auge glauben machen wollte, anstatt eines sphärischen Körpers, eine bloße zirkelrunde Fläche bemalt zu sehen.

Das alles sind bekannte Dinge! Können sie aber wohl Herrn Klotzen bekannt seyn, wenn er uns weiß machen will, daß sich die alten Künstler durch das Schildförmige von dem Zwange befreit, den ihnen der enge Raum des Steines anlegte, und daß sie das Räumlichere der schildförmigen Fläche dazu genutzt, um die vom Leibe abstehenden Theile der Arme und Beine ohne Verkürzung heraus zu bringen? Auch diese Theile müssen im Abdrucke so heraustreten, als ob sie gänzlich aus dem Vollen gearbeitet wären; und sie würden sehr krüpplig erscheinen, wenn

man ihnen im geringsten anmerkte, daß sie sich auf einer concaven Fläche herumzögen. Die Verkürzungen, die sich der Steinschneider auf der schildförmigen Fläche zu ersparen weiß, kann
er sich eben so wohl auf der platten ersparen; der Unterschied
des Raums zwischen dieser platten und dieser schildförmigen Fläche
von gleicher Peripherie kann ihm dazu nichts helfen.

Herr Klotz fährt fort: „Jene schildförmig geschliffenen Steine
waren zur Abwechslung in dem mehr oder weniger Erhabenen
bequem. Wir haben vortreffliche Steine von dieser Art, die wir
nicht genug bewundern können.“

Das soll doch wohl ein zweiter Nutzen seyn, den Herr Klotz
den geschnittenen Steinen beilegt? Als dieser hätte es die Deutlichkeit erfordert, ihn mit dem Vorhergehenden durch ein Auch zu
verbinden. Doch was Deutlichkeit! Die wollte ich ihm gern er-
lassen, wenn denn nur Wahrheit zum Grunde läge, die es der
Mühe lohnte, aus seiner verworrenen Schreibart heraus zu sitzen.

Also fand der alte Künstler auf dem schildförmigen Steine
nicht allein mehr Platz, sondern er war ihm auch zur „Abwechslung in dem mehr oder weniger Erhabenen bequem!“ Nur der
schildförmige hierzu bequem? Das versteh ich nicht. Sind denn
die flachen Steine nicht auch dazu bequem? Zeigen denn die
Werke der neuen Künstler, die in flache Steine arbeiten, keine
Abwechslung in dem mehr oder weniger Erhabenen? Oder soll
bequem hier nur so viel heißen, als bequemer? Aber wie
denn, warum denn bequemer? —

O, lassen Sie uns weiter gehen, mein Freund, damit ich
gelegentlich auf etwas komme, das erörtert zu werden verdient.
Herr Klotz weiß nicht, was er will; seine Fehler, die nur seine
Fehler sind, sind so armselige Fehler, daß sie auch nicht einmal
Anlaß geben, etwas Eigenes anzubringen. Um sie in ihr Licht
zu stellen, muß man fast eben so trivial und langweilig werden,
als er selbst ist.

Zweinndvierzigster Brief.

Nicht wahr? Nun glauben Sie mich ertappt zu haben! Wie
ungerecht ich doch bin; und zugleich wie unvorsichtig! Alles, was

ich in meinem Vorigen an Herrn Klotzen table, hat nicht Herr Klotz, sondern Herr Lippert gesagt. Herr Klotz hat, nach dem Rechte, das ihm als Commentator des Herrn Lipperts zustand, diesen bloß ausgeschrieben.

Das hat er freilich. Aber gleichwohl ist es falsch, daß ich in dem Ausschreiber den Ausgeschriebenen getadelt habe. Als Herr Klotz Lipperten plünderte, entwandte er nur Lippert'sche Worte und Redensarten; der Sinn darin war ihm zu schwer; den konnte er nicht mit fortbringen; den ließ er, wo er war.

Das soll sich gleich zeigen. Lassen Sie uns nur Herrn Lipperten selbst hören, wie er sich über den Nutzen der schildförmigen Steine erklärt.

Die Hauptstelle ist in seinem Vorberichte, [1] wo er von dem gänzlichen Mangel der Perspektiv auf alten Kunstwerken redet, dabei aber des Vortheils erwähnt, wodurch in erhabener Arbeit das Auge noch einigermaßen betrogen, und jenem Mangel in etwas abgeholfen werde. Dieser besteht, wie bekannt, darin, „daß die voranstehenden Figuren stärker und erhabner, oder bei geschnittenen Steinen tiefer herausgeholt, die hinteren aber flächer gearbeitet sind, so wie sie mehr oder weniger entfernt scheinen sollen." Und nun fährt er fort: „Ein anderer Vortheil that bei geschnittenen Steinen noch mehr; sie nahmen einen hohen und schildförmig geschliffenen Stein, in welchen sie auf oberzählte Art die Figuren einschnitten; die Fläche, welche nun im Abdruck hohl erschien, machte, daß die Nebenfiguren wie von der Seite oder herumgestellt und von der Hauptfigur entfernt aussahen, da diese, wie gesagt, stärker ausgedruckt war."

Die Anmerkung ist richtig und fein. Da die Theile einer concaven Fläche wirklich in verschiedener Entfernung von unserm Auge liegen; da sich wirklich nähere und tiefere Gründe darauf finden, so ist es gar wohl möglich und begreiflich, daß die Natur der zu kurz fallenden Kunst hier zu Statten kommen, und die Wirklichkeit an die Stelle der verfehlten Nachahmung treten kann. Das ist: es können und müssen Figuren, auch ohne nach den Regeln der Perspektiv behandelt zu seyn, mehr oder weniger

---

[1] S. XIX.

entfernt scheinen, — wenn sie wirklich mehr oder weniger entfernt sind. Da aber der Künstler zu seiner Täuschung nur den Schein und nie die Wahrheit selbst brauchen soll; da die Vermischung des Scheines und der Wahrheit auch einem ungelehrten Auge bald merklich wird, und es beleidigt; da das, was die einge- mischte Wahrheit leistet, noch weit von dem entfernt seyn kann, was nach den Gesetzen des Scheines geleistet werden sollte; da sogar das Wirkliche, welches in dem einen Falle der Nachahmung behülflich ist, in andern Fällen ihr vielleicht gerade zuwider laufen wird: so ist es wohl unstreitig, daß dieser angegebene Vortheil der schildförmigen Steine nur sehr zufällig, nur sehr mißlich, nur sehr gering seyn kann. Herr Lippert gesteht es selbst; denn er setzt hinzu: „Die Höhlung macht freilich einen Eindruck im Auge von einer ziemlichen Weite des Raumes, wodurch beim ersten Anblick der Verstand betrogen wird. Er wird aber auch bei genauer Betrachtung wegen der Möglichkeit und Wahrheit gar bald in Zweifel gesetzt, den man ohne Begriffe von Kunst- regeln nicht sogleich heben wird, und von der Schönheit des Werks gereizt, vergißt man leicht, was mancher, auch als ein Unwissender, nur für ein Nebenwerk hält, weil er nicht nach der Wahrheit und nach der Kunst zugleich urtheilt."

Es ist nicht zu läugnen, daß sich Herr Lippert hier nicht ein wenig bestimmter hätte ausdrücken können. Aber so ver- legen man auch in dem Style eines Künstlers um die Wort- fügung seyn mag: so leuchtet doch immer der Sinn hindurch, besonders für den, der nur einigermaßen im Stande ist, mit dem Künstler zu denken, und zu beurtheilen, was der Künstler ungefähr habe sagen können, und was er nach den Grundsätzen seiner Kunst schlechterdings nicht habe sagen können.

Kurz, es ist lediglich ein perspektivischer Vortheil, lediglich ein Vortheil, durch den der Stein ein augenblickliches Blendwerk von Perspektiv erhalten kann, ohne die geringste Perspektiv zu haben, den Herr Lippert der schildförmigen Fläche desselben bei- legt. Und nun sagen Sie mir, was Sie von diesem Vortheile bei Herrn Klotz finden? Nicht eine Sylbe. Aber wohl hat er diesen Vortheil in einen andern umgeschaffen, von dem sich weder Lippert noch ein Mensch in der Welt träumen lassen: in den

Vortheil der größern Räumlichkeit; in den Vortheil der Befreiung von dem Zwange, den der enge Raum des Steines dem Künstler anlegt. Kann man sich etwas lächerlicheres und sinnloseres denken?

Indeß begreife ich wohl, wie es mit dieser possierlichen Verwandlung zugegangen. Denn daß sie vorsetzlich seyn sollte; daß Herr Klotz dem Lippert'schen Nutzen, den er etwa für falsch erkannte, einen andern von seiner eigenen Bemerkung sollte substituirt haben: das müssen Sie sich auch gar nicht einfallen lassen. Sein Fehler ist nicht, daß er unrichtig, sondern daß er schlechterdings gar nicht gedacht hat, als sich Lippert'sche Worte in Klotzische Perioden fügen mußten.

Sehen Sie nur nach, wo Herr Lippert in dem Werke selbst den bemerkten Vortheil der schildförmigen Fläche an einzelnen Beispielen zeigen will! So sagt er z. E. bei einem Jupiter Ammon auf einem Jaspis: [1] „Der Stein ist erhaben und schildförmig geschliffen. Diesen Vortheil, die Steine hoch und schildförmig zu schleifen, brauchten die Alten, wie ich schon im Vorbericht erinnert habe, um die Figuren in allen Theilen flach zu schneiden, und doch auch die vom Leibe abstehenden Arme und Beine, ohne sie zu verkürzen, geschickt heraus zu bringen." Nun lesen Sie noch einmal, was Herr Klotz hieraus gemacht hat: „Durch das Schildförmige befreiten sich die alten Künstler von dem Zwange, den ihnen der enge Raum des Steines anlegte; und sie konnten die äußeren vom Leibe abstehenden Theile der Arme und Beine ohne Verkürzung geschickt herausbringen." Kann man wörtlicher und doch zugleich ungetreuer abschreiben? Herr Klotz behält ein jedes Wort, und ein jedes Wort sagt bei ihm etwas anderes, als es bei Herrn Lippert sagt.

Herrn Lipperts Meinung ist die! Da auf einer schildförmigen Fläche gewisse Theile wirklich dem Auge näher, und andere weiter von ihm entfernt liegen: so kann der Künstler seine darauf zu schneidende Figur so stellen, daß gewisse Glieder derselben uns näher oder weiter scheinen, ohne daß sie darum viel tiefer oder viel flacher geschnitten sind, als andere. Die ganze Figur kann gleich flach geschnitten seyn, und dennoch kann durch den Vortheil

---

[1] Erstes Tausend. Nr. 6.

der schildförmigen Fläche dieses Glied mehr vorzutreten und ein anderes mehr zurückzuweichen scheinen. Nämlich was zurückweichen soll, bringt der Künstler der Mitte der schildförmigen Fläche, als welche in dem Abdrucke die größte Entfernung erhält, so nahe als möglich; und was vortreten soll, entfernt er von der Mitte, und bringt es auf die im Steine abfallenden und im Abdrucke aufsteigenden Theile der Fläche.

An einem Beispiele läßt sich das am deutlichsten einsehen. Ich wähle eines aus dem Natter, wobei das Profil gezeichnet ist; die Jägerin Diana, auf der einunddreißigsten Tafel. — Wie glücklich kommt hier die concave Fläche der zurückweichenden linken, und der hervortretenden rechten Hand zu Statten! Die rechte Hand, durch die sich die Figur oben an dem Spieße heben will, ist mit ihrem Arme nur sehr flach geschnitten: gleichwohl tritt sie noch über das Gesicht hinaus. Wie könnte dieses aber möglich seyn, wenn sich die Fläche selbst, an der sie ruht, nicht hervorbiegte? Wie tief hätte der Künstler arbeiten müssen, um sie so aus einem platten Steine herauszuholen? Weit tiefer, als es der Umfang der Hand erlaubt, die nicht frei stehen kann, und einen Träger (Support) haben müßte. Was für einen Träger aber hätte er ihr geben können? Wenn er nicht auch hier eben den Fehler hätte begehen wollen, den er mit dem linken Knie begangen, (welches so weit vortritt, ohne daß der Raum hinter der Beugung desselben weiter eine Stütze oder Füllung hat, als in dem Abdrucke von dem Wachse von selbst zurückbleibt): so hätte er ihr keinen andern geben können, als ihren eigenen Arm, wonach aber nothwendig der ganze Arm weit mehr hätte verwendet, und folglich verkürzt werden müssen.

Und diese Verkürzung ist es, welche die schildförmige Fläche dem Künstler ersparte. Sie ersparte sie ihm aber nicht, weil sie geräumlicher als die platte Fläche ist, weil der völlige Arm auf ihm Raum hat, der auf der platten nicht Raum haben würde: deßwegen gar nicht; das ist die schülerhafteste Idee, die man haben kann. Sondern sie erspart sie ihm dadurch, weil sie ihm die Wirkung des Vortretens gewährt, die er sonst nicht anders als vermittelst einer gewaltsamen Verkürzung hätte erhalten können.

Das, und nur das kann Herr Lippert meinen, wenn er sagt: „daß sich auf einem schildförmigen Steine die von dem Leibe abstehenden Arme und Beine, ohne sie zu verkürzen, ohne sie merklich tiefer zu schneiden, geschickt herausbringen ließen." Ein Exempel mehr kann nichts verderben. Betrachten sie den Faun auf der zweiundzwanzigsten Tafel beim Natter. Beide Arme desselben sind ohne alle Verkürzung; besonders scheint der rechte dadurch, daß er nicht gegen uns zu verkürzt ist, so weit hinterwärts zu fallen, daß er in der Natur unmöglich so seyn könnte, ohne ganz aus dem Schulterknochen verrenkt zu seyn. Gleichwohl müßte sowohl seine Hand, als die Hand des linken Armes, wenn der Stein merklich schildförmiger wäre, als er vielleicht seyn mag, vorzutreten scheinen, ohne deßwegen viel tiefer geschnitten oder auf den verkürzten Arm gestützt zu seyn, bloß weil diese Hände in dem Abdrucke auf der concaven Fläche unserm Auge wirklich näher zu liegen kommen.

Auch Natter hatte diesen optischen Vortheil der convexen Steine vor Lipperten schon bemerkt. Lesen Sie nur nach, was er, bei der sechzehnten Tafel von den spitzen Ohren des Sirius, [1] und bei der siebzehnten von dem Schwanze des Löwen sagt. [2] Aber Natter war zu vorsichtig, dieses sehr zufälligen Vortheils wegen die convexen Steine überhaupt anzupreisen. Denn Herr Lippert mag auch noch so viel Beispiele anbringen, wo die Convexität der Fläche eine gute Wirkung hat: so wird er doch selbst nicht in Abrede seyn, daß sich nicht noch weit mehrere anführen lassen, wo eben diese Convexität die Erscheinungen gerade falscher macht. Und gesteht er es nicht selbst, daß auch in den Fällen, wo die Convexität der Täuschung des Auges zuträglich ist, dennoch „der Verstand bei genauer Betrachtung wegen der Möglichkeit und Wahrheit gar bald in Zweifel gesetzt werde?"

---

1 Cette convexité sert encore ici à relever d'avantage les extrémités des oreilles, et à les rendre plus fines, de façon qu'elles paroissent s'avancer jusqu'à la hauteur des yeux.

2 La queuë du Lion n'est pas profonde, mais il semble que son extrémité s'élève presque perpendiculairement à sa tête; ce qu'il auroit été impossible d'exprimer sur une pierre plate.

Dreiundvierzigster Brief.

Sollte nun das Büchelchen des Herrn Klotz ein Commentar über das Lippert'sche Werk seyn: was hätte der Commentator hier thun müssen?

Er hätte müssen erinnern, daß Herr Lippert aus dem Vor= theile der convexen Steine ein wenig zu viel mache; daß sie dieses Vortheils wegen nicht überhaupt empfohlen zu werden verdienten; daß diese Convexität eben so oft nachtheilig seyn könne; und daß es lediglich auf die zu schneidende Figur ankomme, ob der Künstler lieber einen platten oder einen convexen Stein zu wählen habe. Diese letzte Erinnerung hat auch schon Natter gegeben, [1] und dadurch den Vorzug der convexen Steine richtiger und genauer bestimmt, als man wohl sagen möchte, daß es von Herrn Lipperten geschehen sey.

Anstatt dessen aber, was hat er gethan, der treffliche Com= mentator? dieser stolze Scribent, der sich zutrauen durfte, sowohl dem Gelehrten, der die Künste kennt, als dem Künstler, der die Literatur liebt, nützlich zu werden? [2] was hat er gethan? Nicht genug, daß er eine Anmerkung, die nur auf wenig Steine paßt, indem sich auf weit mehrern gerade das Gegentheil, und auf den allermeisten weder dieses noch jenes äußert; nicht genug, sage ich, daß er eine solche Anmerkung noch allgemeiner ausdrückt, sie noch wichtiger, von noch weiterm Belange macht, als sie selbst der Urheber ausgiebt; er hat diese Anmerkung nicht einmal ver= standen. Und das habe ich doch wohl bewiesen!

Wahr ist es, auch die Worte des Herrn Klotz: „daß sich

---

[1] Meth. de gr. p. 45. Ce Mercure-ci n'auroit pas été propre à être gravé dans une pierre fort convexe, parce que le corps et le bras auroient été trop enfoncés, avant que l'on eût pû placer la tête sur la même ligne, et l'on auroit été obligé de faire la draperie plus forte ou differente, et par conséquent le tout seroit devenu trop grossier et pesant. Il paroit par-là que c'est sur la Figure que l'on se propose de graver, qu'il faut se regler pour choisir une surface ou plate ou convexe; et cela dépend du génie de l'artiste.

[2] S. 15.

die alten Künstler durch die schildförmige Fläche von dem Zwange befreit, den ihnen der enge Raum des Steines anlegte," sind gewissermaßen Worte des Herrn Lippert. Wenigstens bis auf das enge. Aber eben dieses einzige Wort, enge, welches Herr Klotz von dem Seinen hinzufügt, beweist auch unwidersprechlich, wie weit er von dem wahren Sinne seines Autors entfernt gewesen, und wie sehr er sich überhaupt hüten müßte, da, wo er gute Leute ausschreibt, das allergeringste von dem Seinen einzuflicken.

Herr Lippert kömmt nämlich, in seinem Werke selbst, verschiedentlich auf den Vortheil der schildförmigen Steine zu sprechen. Besonders erklärt er sich, bei Nr. 139 des ersten Tausend, fast noch umständlicher darüber, als er in der Vorrede gethan, indem er, außer dem dort angezeigten Nutzen, noch einen zweiten beibringt, den Herr Klotz gar nicht mitzunehmen beliebt hat. Ich will die ganze Stelle anführen, weil ich auch noch sonst eine Anmerkung darüber zu machen habe.

„Ich hätte, schreibt Herr Lippert, [1] schon längst etwas von den hohen Steinen sagen sollen, die sich zu unserer heutigen Art zu siegeln nun nicht mehr schicken, da wir uns, anstatt des bei den Alten gewöhnlichen Wachses, des Siegellacks bedienen. Man kann eine gedoppelte Ursache angeben, warum den Alten ein hoher und schildförmig geschliffener Stein gefiel. Erstlich um die äußern Theile einer Figur, des flachen Schnittes ungeachtet, dennoch ohne Verkürzung der Arme und Beine, womit sie sich ohnedieß nicht gern abgaben, geschickt herauszubringen, ohne sich wegen des Raums zwingen zu dürfen, wie es wohl hätte geschehen müssen, wenn der Stein wäre glatt geschliffen gewesen. Die zweite Ursache konnte diese seyn, weil, da das Wachs nicht so hart als unser Siegellack ist, das Bild leicht würde seyn gedrückt, und also verwischt worden; nachdem es aber auf diese Art zu stehen kam, so verhinderte der nunmehr durch den Abdruck entstandene hohe Rand, daß es nicht so leicht geschehen konnte, und dieses sieht man bei den besten und ältesten Steinen."

S. 59.

Ich habe schon gesagt: wenn man einen Künstler liest, der mit andern Werkzeugen umzugehen gewohnt ist, als mit der Feder, so muß man mehr darauf sehen, was er nach den Grund=sätzen seiner Kunst sagen kann, als was er zu sagen scheint. „Ohne sich wegen des Raums zwingen zu dürfen, wie es wohl hätte geschehen müssen, wenn der Stein wäre glatt geschliffen gewesen." Ich wünschte selbst das Wort Raum aus dieser Redensart weg. Doch wenn der um die Pro=prietät der Worte unbesorgte Künstler[1] bei dem Worte Raum nicht eben einzig und allein an das Engere und Weitere gedacht; wenn er überhaupt die ganze äußere Conformation der Masse des Steins darunter verstanden hat: so hat es mit dem Sinne noch immer seine gute Richtigkeit. Er will sagen: auf einem schildförmigen Steine lassen sich die äußern Theile einer Figur geschickt, d. i. mit einem Anscheine des Hervortretens, der Näherung, herausbringen, ohne daß man deßwegen nöthig hat, sie tiefer zu schneiden, oder gar die Arme oder Beine, an welchen diese äußeren Theile sind, zu verkürzen, als zu welchem letztern der Raum eines platten Steins den Künstler würde gezwungen haben: nicht in so fern dieser Raum des platten Steins enger ist, und das unverkürzte Glied weniger Platz darauf hätte, als auf der schildförmigen Fläche; sondern in so fern es dem platten Steine da an Masse fehlt, wo das äußere Theil hervortreten soll, und es also nicht anders zum Hervortreten zu bringen ist, als daß man es auf seinem verkürzten Gliede aus der Tiefe des Steins herausholt. Ich beziehe mich nochmals auf die Diana beim Natter. Die rechte Hand, dieser äußere Theil des unver=kürzten Armes, konnte nur vermittelst der schildförmigen Fläche des Steines bis über die Stirne herausgebracht werden; hätte der Künstler in einen platten Stein gearbeitet, so hätte er noth=wendig den ganzen Arm verwenden, und so verkürzen müssen, daß er die Hand auf dem verkürzten Arme aus der Tiefe heraus=holen und bis über die Stirne bringen können. —

---

[1] Wenn er es weniger wäre, würde er in eben dieser Stelle nicht auch glatt für platt gebraucht haben. Glatt kann auch ein schild=förmiger Stein geschliffen seyn, aber nicht platt.

Sind Sie noch zweifelhaft über das gedankenlose Aus=
schmieren des Herrn Klotz? — Nun wohl; Herr Lippert lebt ja.
So sage es Herr Lippert selbst, wer von uns beiden, ich oder
Herr Klotz, ihn richtiger verstanden? Ob schon Herr Lippert und
Herr Klotz Freunde sind; ob ich Herr Lipperten schon nicht kenne;
ob ich ihn schon nie mit ekeln Lobsprüchen zu bestechen, und mich
an ihn anzuketten gesucht: dennoch berufe ich mich getrost auf
seinen Ausspruch. Der älteste und theuerste Freund des Künstlers
ist ihm die Kunst. Er entscheide, wenn er es der Mühe werth
hält. Er sage es selbst, und alsdann muß ich es wohl glauben,
daß er das Räumlichere für das halte, warum die Alten die
schildförmigen Steine den platten vorgezogen. Er sage es selbst:
— aber auf allen Fall erlaube er mir auch, ihn um ein paar
Beispiele zu ersuchen. Er sey so gut, und weise mir die Gemmen
nach, auf welche der Künstler wegen der Convexität ihrer Fläche
mehrere oder größere Gegenstände bringen können, als ihm auf
platte Steine von der nämlichen Peripherie zu bringen
möglich gewesen wäre.

Vierundvierzigster Brief.

Und nun die Anmerkung, welche ich sonst über die in meinem
Vorigen angeführte Stelle des Herrn Lippert zu machen habe.

Also einen doppelten Nutzen hatten die schildförmigen Steine?
Einmal den, den Herr Klotz so lächerlich mißverstanden? und
zweitens den, daß unter dem hohen Rande, welchen die Con=
vexität bei dem Abdrucke im Wachse zurückließ, die Figur gleich=
sam gesichert lag, und sich nicht so leicht drücken konnte? Aber
nur diesen doppelten Nutzen hatten sie?

Es befremdet mich ein wenig, daß Herr Lippert einen dritten
vergessen, der vielleicht der wesentlichste war. Wenigstens hat
ihn Natter dafür erkannt, und ihm auf seiner ersten Tafel aus=
drücklich zwei Figuren gewidmet. Er besteht darin, daß bei einem
convexen Steine der Raum zwischen dem Werkzeuge und dem
Rande des Steines größer ist, als bei einem platten, und jenes
folglich in den convexen Stein weiter eindringen und einen

tiefern Schnitt verrichten kann, [1] als ihm in den platten zu verrichten möglich wäre, ohne den Stein schief zu wenden, wodurch
das Werkzeug zwar weiter eindringt, aber mit einem Sotto
Squadro, der dem Abdrucke nachtheilig wird. Nur daher läßt
sich denn auch behaupten, „daß die schildförmigen Steine zur
Abwechslung in dem mehr oder weniger Erhabenen bequemer
sind," als die platten, in so fern sie es nämlich gewissen Werkzeugen erleichtern, gegen die Mitte tiefer einzudringen, als sie
wohl auf den platten eindringen können. Doch muß auch der
Künstler seine Figur nach dieser Bequemlichkeit einrichten; er muß
sie so wählen oder ordnen, daß sie ihr höchstes Relief gegen die
Mitte bedürfen. Denn wählt oder ordnet er sie anders, bedürfen
sie ihr höchstes Relief mehr gegen den Rand: so ist ihm die Con-
verität des Steines gerade mehr nachtheilig, als vortheilhaft.
Ueberhaupt läßt sich von der Vorzüglichkeit dieser oder jener Art
Fläche nichts Allgemeines behaupten. Nach Beschaffenheit der
Figur, die darauf kommen soll, ist bald diese bald jene zuträg-
licher, und eben so gut, als Herr Klotz behaupten können, daß
die schildförmige Fläche zur Abwechslung in dem mehr oder weniger Erhabenen bequem sey, eben so gut kann man auch behaupten, daß sie nicht minder bequem sey, eine Figur durchaus flach
darauf zu schneiden, ohne daß darum alle Theile dieser Figur
gleich nahe oder gleich weit entfernt zu seyn scheinen. Ich will
ein ganz einfältiges Exempel geben, welches beide Fälle erläutern kann. Man nehme an, es solle ein rundes bauchichtes
Schild mitten auf einen sphärisch converen Stein geschnitten werden. So wie man verlangt, daß sich dieses Schild auf diesem
Steine zeigen soll, ob auch von seiner converen oder von seiner
concaven Seite: so wird auch der convere Stein sich bald mehr

---

[1] No 9. Ceci représente une pierre à surface convexe, avec
un Outil que l'on y applique, et c'est pour montrer l'avantage
qu'il y a de travailler ces sortes de pierres; car l'espace qui se
trouve entre la pierre et l'Outil étant plus considérable dans une
pierre convexe, que dans une pierre plate, il arrive de-là que
l'Outil peut pénétrer plus avant, et faire une gravure plus profonde dans la pierre convexe que dans l'autre. Voyés le No. 10,
ou le même Outil touche bien plûtot aux bords de la pierre plate

bald weniger dazu schicken. Soll das Schild seine convere Seite
zeigen, so ist klar, daß der Künstler aus dem convexen Steine
den Umbo des Schildes so tief herausholen kann, als er nur
will, ob schon auch mit viel unnöthiger Arbeit mehr, als er auf
einem platten Steine haben würde. Soll das Schild hingegen
seine concave Seite zeigen, so ist eben so klar, daß er das ganze
Schild, wenn er will, ziemlich gleich flach schneiden und doch mit
aller Täuschung vollenden kann, indem der höchste Punkt des
Steines im Abdrucke den tiefsten Punkt des concaven Schildes
von selbst giebt. —

Das freiere Spiel indeß, welches die Werkzeuge bei einem
convexen Steine haben, erinnert mich wieder an das Vorgeben
des Salmasius, welches ich in meinem fünfundzwanzigsten Briefe
berührte. Weil auch Salmasius die Nachricht des Plinius, daß
man sich ehedem enthalten, die Smaragde zu schneiden, nicht so
recht wahrscheinlich fand: so glaubte er den Plinius dadurch zu
retten, daß er annahm, es müsse diese Nachricht nur von einer
gewissen Art Smaragde verstanden werden. Da nämlich vor den
Worten, quapropter decreto hominum iis parcitur scalpi vetitis, gleich vorhergeht, iidem plerumque et concavi, ut visum
colligant: so will er, daß jenes iis auf dieses concavi, nicht
aber auf iidem gehe, und der Sinn dieser sey, daß nicht alle
Smaragde überhaupt, sondern nur die concav geschliffenen zu
schneiden verboten gewesen. [1] Doch nicht zu gedenken, daß dem

---

[1] In seiner Anmerkung über die Worte des Solinus: Nec aliam
ob causam placuit ut non scalperentur (Smaragdi), ne offensum
decus, imaginum lacunis corrumperetur. Ich setze sie ganz her, aus
Ursache, die sich gleich zeigen wird. De concavis hoc tantum dicit
Plinius: Iidem plerumque et concavi, ut visum colligant, quapropter decreto hominum iis parcitur scalpi
vetitis. Qui concavi sunt quod visum colligant, et colligendo
magis aciem recreent et juvent, ideo tales non scalpi placere. At
noster in universum smaragdos scalpi non solitos idcirco facit, ne
offensum decus imaginum, sculpturæ cavis corrumperetur. Quasi
ad hoc tantum expetiti fuerint smaragdi olim, ut imagines redde-
rent, quod specula melius faciunt. Præterea, qui concavi sunt,
imagines non recte reddunt, sed quorum planities extenta et

iis sonach Gewalt geschieht, wenn man es auf das nächststehende Subject zieht; auch ohne zu wiederholen, daß ich aus einer Parallelstelle des Plinius unwidersprechlich gezeigt habe, daß das streitige Verbot von den Smaragden überhaupt zu nehmen sey: will ich hier bloß auf dem Widerspruche, der in der Sache selbst liegt, bestehen. So bequem die convexen Steine zum Schneiden sind, so unbequem müssen nothwendig, aus der nämlichen Ursache, die concaven dazu seyn. Je weiter an jenen die Werkzeuge von dem Rande des Steins bleiben, desto geschwinder nahen sie sich ihm an diesen, und der Künstler ist alle Augenblicke genöthigt, um das Anstoßen zu vermeiden, den Stein zu wenden, und das Werkzeug mit einem Sotto Squadro hineingehen zu lassen. Endlich: sind es denn nur die concaven Smaragde, welche die Alten, weil es Smaragde waren, überhaupt zu reden, ungeschnitten gelassen? In was für concave Gemmen haben sie denn sonst zu schneiden, großes Belieben getragen?

Denn ich will eben nicht sagen, daß es durchaus ganz und gar keine geschnittene Steine von concaver Fläche gegeben. Es giebt deren noch. Von einigen habe ich, — wenn ich mich recht erinnere, — irgendwo bei dem Vettori gelesen, und ein Paar

resupina, ut idem Plinius ostendit. Hæc igitur ex æquo et a veritate et Plinii mente discedunt. Hier ist ein klares Exempel, daß Salmasius dem armen Solinus auch manchmal zu viel thut! Solinus sagt: ne offensum decus, imaginum lacunis corrumperetur, und so ließ Salmasius selbst den Text des Solinus abdrucken. In der Anmerkung aber nimmt er an, als ob das Komma zwischen decus und imaginum erst nach imaginum stehe, und man lesen müsse: ne offensum decus imaginum, lacunis corrumperetur. Solinus wollte sagen, man habe die Smaragde darum nicht geschnitten, damit ihr wohlthätiger Glanz nicht durch die Vertiefungen der darin gearbeiteten Bilder verdorben werde. Salmasius aber läßt ihn sagen, „damit die sich in ihnen spiegelnden Bilder der vorstehenden Objecte nicht durch die Vertiefungen des Schnittes vereitelt würden." Und mit welchem Rechte läßt er ihn das sagen? Wenn Solinus ja einen falschen Begriff von der Spiegelung auf concaver Fläche gehabt: so verdient er den Tadel deßwegen doch erst in dem Folgenden, wo er sagt: cum concavi sunt, inspectantium facies æmulantur, nicht aber hier, wo er von den Smaragden überhaupt, und nicht von den concav geschliffenen insbesondere redete.

habe ich selbst vor mir, da ich dieses schreibe. Aber das kann ich sagen, daß sie äußerst selten sind, und allem Ansehen nach bloß das Werk der Armuth oder des Eigensinns gewesen. Folglich konnte die Besorgniß, daß man die theuerste Art eines so theuren Steins, als der Smaragd war, allzu häufig durch den Schnitt verderben würde, auch nicht so groß seyn, daß man ihr mit einem ausdrücklichen Gesetze hätte vorbauen müssen.

Fünfundvierzigster Brief.

Aber eben dieser Vettori hat in der nämlichen Stelle des Plinius noch etwas ganz anders gefunden. Spuren des Vergrößerungsglases.

Denn da er selbst verschiedene alte geschnittene Steine von so außerordentlicher Kleinheit besaß, daß man mit bloßen Augen nur kaum erkennen konnte, daß sie geschnitten wären, aber durchaus nichts darauf zu unterscheiden vermochte: [1] so meinte er, daß sich dergleichen Steine auch nicht wohl, mit bloßen Augen gearbeitet zu seyn, denken ließen. Manni hatte schon geurtheilt, daß man den Alten das Vergrößerungsglas, oder so etwas ähnliches, nicht ganz absprechen könne; er hatte sich besonders auf die mit Wasser gefüllte gläserne Kugel, deren Seneca gedenkt, gestützt, und Vettori glaubte, durch das, was Plinius von den Smaragden sagt, iidem plerumque et concavi, ut visum colligant, diese Meinung noch mehr bestätigen zu können. Igitur, sagt er, si concavi plerumque erant apud veteres Smaragdi, ut facile visum colligere possent, sane non nisi arte optica illam cavitatem induissent, quam artem ideo perfecte scivisse præsumendum videtur. Et Neronis Smaragdum, quo ludos gladiatorios spectare consueverat, pari argumento, concavum fuisse, licet arguere.

---

[1] Dissert. Glyptogr. p. 107. Exstant in Museo Victorio gemmæ aliquæ ita parvulæ, ut lenticulæ granum illis duplo majus sit; et tamen in iis vel semiexsiantes figuræ, vel incisæ pariter spectantur: opere in area tam parvula sane admirando, quas oculo nudo vix incisas esse judicaveris.

Aber Vettori muß wenig von der Wissenschaft verstanden
haben, von der er glaubt, daß sie die Alten so vollkommen aus=
geübt. Sonst hätte er ja wohl gewußt, daß durch eine concave
Fläche die Dinge kleiner und nicht größer erscheinen; und daß
aller Vortheil, den Hohlgläser den Augen verschaffen, nur für
kurzsichtige Augen ist, für die sie die Strahlen auf eine gemäßere
Art brechen. Diese Brechung aber, wenn es auch wahr wäre,
daß sie die Alten gekannt hätten, würde durch visum colligere
gerade nicht ausgedrückt seyn, sondern visum colligere würde
sich eher von der Brechung der Strahlen durch convexe Gläser
sagen lassen. Denn der Presbyte, der sich convexer Gläser be=
dient, bedient sich ihrer nur deßwegen, damit die Strahlen, welche
in seinem Auge zu sehr zerstreut sind, mehr gebrochen, und da=
durch eher an dem gehörigen Orte zusammengebracht werden,
welches denn wohl visum colligere heißen möchte. Der Myops
hingegen, der zu concaven Gläsern seine Zuflucht nimmt, nimmt
sie nur deßwegen dazu, weil die Strahlen, welche in seinem Auge
zu früh zusammen treffen, durch sie erst zerstreut und sonach zu
einer spätern Vereinigung an dem rechten Orte geschickt gemacht
werden, welches gerade das Gegentheil von jenem ist, und schwer=
lich auch visum colligere heißen könnte.

Doch es ist ausgemacht, daß die Alten von diesem allem
nichts gewußt haben, und die Worte des Plinius müssen, nicht
von gebrochenen, sondern von zurückgeworfenen Strahlen verstan=
den werden. Sie müssen aus der Katoptrik, nicht aus der Diop=
trik erklärt werden. In jener aber lernen wir, daß, da die von
einer convexen Fläche reflectirte Strahlen divergiren, die von
einer concaven hingegen convergiren, nothwendig die concave
Fläche das stärkere Licht von sich strahlen muß. Und diese Ver=
stärkung des Lichts, wie folglich auch der Farbe, ist es, was
Plinius durch visum colligere meint, und warum er sagt, daß
man die Smaragde meistens concav geschliffen habe.

Der Smaragd des Nero beweist nichts. Nero kann den
Fechterspielen durch einen Smaragd zugesehen haben, und gleich=
wohl brauchte dieser Smaragd weder concav noch convex geschliffen
zu seyn. Denn Plinius sagt auch, daß man die Smaragde
ganz platt gehabt; und es kann ein solcher platter Smaragd

gewesen seyn, dessen sich Nero als eines Conservativglases, vor=
nehmlich wegen der dem Auge so zuträglichen grünen Farbe,
bediente. Man betrachte nur, wie die Worte bei dem Plinius
auf einander folgen, und man wird nicht in Abrede seyn, daß
dieses ihre natürlichste Erklärung ist. Iidem plerumque et concavi, ut visum colligant. Quapropter decreto hominum iis
parcitur, scalpi vetitis. Quanquam Scythicorum Aegyptio-
rumqne duritia tanta est, ut nequeant vulnerari. Quorum
vero corpus extensum est, eadem, qua specula, ratione su-
pini imagines rerum reddunt. Nero princeps gladiatorum
pugnas spectabat smaragdo. Wenn dieser Smaragd nothwen=
dig zu einer von den vorerwähnten Classen müßte gehört haben,
würde man ihn nicht weit eher zu denen, quorum corpus extensum est, als zu den concavis zählen dürfen? Doch Plinius
hat ihn sicherlich weder zu diesen, noch zu jenen, in so fern sie
als Spiegel zu brauchen waren, wollen gerechnet wissen. Denn
ein platter Smaragd, der zum Spiegel dient, kann eben daher
unmöglich auch zum Durchsehen dienen.

Gesetzt aber, daß er wirklich eine sphärische Fläche gehabt
hätte, dieser Smaragd des Nero; gesetzt, daß er dem Nero wirk=
lich die Dienste eines sphärischen Augenglases gethan hätte, daß
Nero deutlicher dadurch gesehen hätte, als mit bloßen Augen,
ohne zu wissen, wie oder warum, auch wohl gar sich einbildend,
daß das deutlichere Sehen lediglich dem Stoffe des Steines zu=
zuschreiben sey; das Alles, sage ich, gesetzt, so kann ich, von
einer andern Seite, gerade das Gegentheil von der Vermuthung
des Vettori beweisen. Der Smaragd des Nero kann schlechter=
dings nicht concav, er muß convex geschliffen gewesen seyn, denn,
mit einem Worte, Nero war ein Presbyte. Sueton beschreibt
ihn uns oculis caesiis et hebetioribus, [1] und Plinius sagt noch
ausdrücklicher: Neroni, nisi cum conniveret, ad prope admota
(oculi) hebetes. [2]

Es würde mir schwerlich eingefallen seyn, einen so puren
puten Antiquar, als Vettori, in solchen Dingen zu widerlegen,

[1] Cap. 51.
[2] Libr. XI. sect. 54. Edit. Hard.

wenn ich nicht gefunden hätte, daß noch jetzt Herr Lippert in die Fußstapfen desselben getreten. Auch Herr Lippert glaubt sich für die Vergrößerungsgläser der Alten erklären zu dürfen; und zwar aus Wahrscheinlichkeiten, die im Grunde die nämlichen sind, auf welche Vettori drang, nur daß er sie etwas richtiger entwickelt hat.

„Noch eine Anmerkung, schreibt er,[1] bei den so subtilen Werken der alten Steinschneider, verdient hier einen Platz. Dieses so feine hat mehr denn ein scharf sehend Auge erfodert. Die Augen der Alten haben aber deßwegen nicht schärfer als die unsrigen gesehen. Es ist also zu vermuthen, daß sie die Augen, so wie es unsere heutigen Künstler auch bei dem schärfsten Gesichte thun, manchmal bewaffnet, und sich mit Vergrößerungsgläsern und Brillen beholfen haben. Aber diese verfertigen zu können, gehört zur Dioptrik. Daß aber die Dioptrik bei den Alten im Gange gewesen, finde ich nicht, oder doch nur eine kleine Muthmaßung. Ich weiß wohl, daß Euklides, ungefähr dreihundert Jahr vor Christi Geburt, die Mathesis und auch die Optik gelehrt, und daß hernach aus ihm Abazen und Vitellio ihre Grundsätze zur Optik genommen; aber daß die Dioptrik besonders gelehrt worden, habe ich nirgends finden können. So viel könnte seyn, daß man sie zur Optik mitgerechnet, weil man den Namen Anaclastica einer Wissenschaft beilegt, die zur Optik mitgerechnet worden, welche es vermuthlich gewesen ist. Man hat aber viel ältere rundgeschliffene Steine, als Euklides ist, und die ein Alter von mehr als dreitausend Jahren zu erkennen geben. Es wäre denn, daß man aus der Schrift, die man auf den Steinen gar oft findet, und aus dem Charakter der Buchstaben ihr Alter sicher angeben könnte; aber auch da findet man, daß sie das Alter des Euklides sehr weit übersteigen. Indeß halte ich es für gar möglich, daß die Vergrößerungsgläser sehr zeitig, und nur zufälliger Weise können erfunden worden seyn. Ein einziger Tropfen Wasser, der von ungefähr auf einen kleinen Körper gefallen war, konnte hierzu Gelegenheit gegeben haben, ohne daß man dabei denken darf, daß solche nach den Regeln

---

1 Vorbericht S. XXXV.

der Dioptrik verfertigt worden. Denn viele alte Steine sind ganz rund und schildförmig, wie die Microscope, geschliffen; auch brauchten die Alten öfters Crystall, oder andere eben so reine und durchsichtige Edelsteine, besonders den Beryll. Es durfte nur ein Crystall von ungefähr linsenförmig geschliffen worden seyn, so war das Vergrößerungsglas entdeckt. Vom Nero weiß man, daß er einen geschliffenen Smaragd gebraucht, um dadurch die Zuschauer, wenn er aufs Theater kam, anzusehen." [1]

Das wird einem flüchtigen Leser annehmlich genug dünken. Urtheilen Sie aber aus folgenden Anmerkungen, wie weit es für den Untersucher Stich halten dürfte.

1. Aus dem Plinius habe ich erwiesen, daß Nero ein Presbyte war. Da er nun durch seinen Smaragd nach entfernten Gegenständen blickte (Herr Lippert sagt, nach den Zuschauern des Spektakels; Plinius nach dem Spektakel selbst), so geschah es nicht, um den Fehler seiner Augen dadurch zu verbessern, sondern bloß, um sie weniger anzustrengen, um sie, während der Anstrengung selbst, durch das angenehme Grün des Steines zu stärken. Die Fläche desselben brauchte nicht convex zu seyn, denn er wollte nicht nahe Gegenstände so dadurch sehen, als ob die Strahlen derselben von entfernten kämen; und concav durfte sie nicht seyn, denn sonst wären ihm die entfernten Gegenstände, nach welchen er damit sahe, eben so undeutlich geworden, als ihm die nahen für das bloße Auge waren. Sondern sie mußte platt seyn diese Fläche, und die Strahlen nach eben der Richtung durchlassen, nach welcher sie einfielen. Als ein platter durchsichtiger Körper aber hatte der Smaragd des Nero mit den Brillengläsern nichts weiter gemein, als in so fern man auch die bloßen Conservativgläser Brillengläser nennen will, ob sie schon zur Schärfung des Gesichts nichts beitragen, von welcher gleichwohl die Rede ist. Ich finde, daß selbst Baccius, den Herr Lippert anführt, den Plinius nicht anders verstanden hat. Smaragdus, schreibt er, Neronis quoque gemma appellatur, quem gladiatorum pugnas Smaragdo, tanquam speculo, spectasse ajunt: et mea quidem sententia, ut ejus aspectu oculorum

1 Baccius de Gemm. natura p. 49.

recrearet aciem, qua ratione nos quoque crystallo, vitrisque
viridibus, cum fructu utimur. Herr Lippert dürfte also den
Baccius für seine Meinung eben so wenig anführen, als er ihn
für das Factum selbst hätte anführen sollen. Nur hätte Baccius
auch die Worte tanquam speculo, weglassen müssen. Sie streiten
mit dem Durchsehen schlechterdings; und auch Plinius, wie ich
schon angemerkt, sagt nicht, daß der Gebrauch, den Nero von
seinem Smaragde gemacht, der nehmliche gewesen, den man von
dergleichen Steinen zu Spiegeln zu machen gepflegt. Er erwähnt
dieses doppelten Gebrauchs nur gleich auf einander; aber einen
durch den andern zu erklären, hat ihm unmöglich einkommen
können. Wenn Baccius erkannte, daß Nero durch seinen Smaragd gesehen: so hätte er nicht sagen müssen, daß dieses tanquam
speculo geschehen. Wollte er aber annehmen, daß Nero sich
seines Smaragds tanquam speculo bedient habe: so mußte jenes
wegfallen, denn er hatte sich den Stein, entweder als völlig un-
durchsichtig, oder wenigstens als auf der hintern Seite geblendet
zu denken.

2. Es würde wenig daran gelegen seyn, ob die Alten ihre
dioptrischen Kenntnisse zugleich mit der Optik oder besonders, ob
unter diesem oder unter einem andern Namen, gelehrt hätten:
wenn man ihnen nur überhaupt dergleichen einräumen könnte.
Und doch ist Herr Lippert auch darin falsch berichtet, daß sie
eine eigene Wissenschaft unter dem Namen der Anaklastik gehabt. Wenn ich nicht irre, so ist dieser Name noch neuer, als
selbst der Name Dioptrik, wenigstens ist gewiß, daß noch zu
den Zeiten des Proclus, im fünften Jahrhunderte n. Ch. Geb.,
keine eigene Wissenschaft weder unter diesem, noch unter jenem
Namen bekannt war. Die Alten wußten zwar, das die Strahlen, wenn sie durch Mittel von verschiedner Dichte gehen, eine
ἀνάκλασιν (Brechung) leiden; aber nach welchen Gesetzen
diese Brechung geschehe, davon wußten sie schlechterdings nichts.
Sie erklärten aus dieser Brechung überhaupt, so ungefähr
einige wenige Erscheinungen der durch verschiedene natürliche
Mittel gehenden Strahlen; aber mit dem künstlichen Mittel des
Glases hatten sie keine Versuche angestellt, und es blieb ein
tiefes Geheimniß für sie, wie sich durch die verschiedene Fläche

dieses künstlichen Mittels die Brechung in unsere Gewalt bringen lasse.

3. Doch Herr Lippert giebt die theoretischen Kenntnisse der Alten hievon endlich selbst auf, und meint nur, daß sie Vergrößerungsgläser könnten gehabt haben, auch ohne daß solche nach den Regeln der Dioptrik verfertigt worden. Das ist wahr: bediente man sich doch in den neuern Zeiten der Brillen schon an die dreihundert Jahre, ehe man eigentlich erklären konnte, wie sie der Undeutlichkeit abhelfen! [1] Aber die bloße Möglichkeit beweist nichts; auch selbst die Leichtigkeit, mit der diese Möglichkeit alle Augenblicke wirklich werden können, beweist nichts. Die leichtesten Entdeckungen müssen nicht eben die frühesten gewesen seyn. Im Grunde mochte diese Leichtigkeit auch wohl so groß nicht seyn, als sie Herr Lippert macht. Die Steine, welche die Alten am häufigsten schnitten, waren wenig oder gar nicht durchsichtig; und wenn auch der reinste Krystall von ungefähr linsenförmig geschliffen gewesen wäre, so war darum doch noch lange nicht das Vergrößerungsglas entdeckt. Denn ein von ungefähr linsenförmig geschliffener Krystall wird auch nur ungefähr linsenförmig seyn, und also die Figur des unterliegenden kleinen Körpers zwar vergrößern, aber auch verfälschen. Was konnte der, der die Vergrößerung bemerkte, also für besondern Nutzen daraus hoffen, wenn er noch von der Vermuthung so weit entfernt war, daß die Verfälschung aus der mindern Genauigkeit der sphärischen Fläche entstehe, und durch Berichtigung dieser jener abzuhelfen sey?

4. Endlich, wozu denn überhaupt dieser von ungefähr linsenförmig geschliffene Krystall? Weiß man denn nicht, daß die Alten dem Vergrößerungsglase noch näher waren, als ein solcher Krystall sie bringen konnte, und es dennoch nicht hatten? — Folgende Stelle in Smiths Optik hat mich daher ein wenig befremdet. [2] „Da die Alten die Wirkungen der Kugeln zu brennen gekannt haben, so ist zu verwundern, daß wir bei ihnen gar keine Spur finden, daß sie etwas von derselben Vergrößerung gewußt. Sollten

---

[1] S. Kästners Lehrbegriff der Optik S. 366.
[2] S. 381.

sie wohl niemals durch eine Kugel gesehen haben? Herr de la Hire erklärt dieses. Die Brennweite einer gläsernen Kugel ist der vierte Theil des Durchmessers, von der nächsten Fläche gerechnet. Hätten die Alten eine solche Kugel von 6 Zoll gehabt, und größer dürfen wir es nicht annehmen, so müßte eine Sache, die sie deutlich hätten dadurch sehen sollen, $1\frac{1}{2}$ Zoll von ihr gestanden haben. Natürlicher Weise haben sie dadurch nach entfernten Sachen gesehen, die ihnen nur undeutlich erschienen sind. Weite Sachen deutlich zu sehen, erfordert entweder eine größere Kugel, als sich verfertigen läßt, oder Abschnitte von großen Kugeln, die wir jetzo mit Vortheil gebrauchen. Die Alten wußten vermuthlich nicht das Glas zu schleifen, sie konnten es nur in Kugeln blasen." Ich glaube nicht, daß diese Erklärung des de la Hire sehr befriedigend seyn könnte, falls auch schon die Sache, die sie erklären soll, ihre Richtigkeit hätte. Wenn die Alten, durch ihre gläserne Kugel von 6 Zoll, nach entfernten Gegenständen sahen, mußten sie nicht nähern vorbei sehen? und wie leicht konnte sich nicht ein Gegenstand gerade in der Entfernung finden, den die Brennweite der Kugel erforderte? Wahrlich, es wäre ganz unbegreiflich, wenn eine solche Kugel niemals von ungefähr so gelegen hätte, niemals von ungefähr wäre so geführt und gehalten worden, daß das Auge einen Gegenstand durch sie, von ungefähr eben da erblickt hätte, wo sie ihn nach Maaßgebung ihres Diameters vergrößern kann. Es wäre unbegreiflich, sage ich: aber gut, daß wir diese Unbegreiflichkeit nicht zu glauben nöthig haben. Denn die Voraussetzung selbst ist falsch, und es finden sich allerdings Spuren, daß die Alten die Wirkung der gläsernen Kugel, zu vergrößern, eben so wohl gekannt haben, als die, zu brennen. Was Spuren! Das ausdrückliche Zeugniß des Seneca: [1] Litteræ quamvis minutæ et obscuræ, per vitream pilam aqua plenam majores clarioresque cernuntur, dieses, meine ich, ist ja wohl mehr als Spur; und es ist nur Schade, daß es Smithen so wohl als dem de la Hire unbekannt geblieben. Zwar hatte schon Petrarch, ohne Zweifel in Rücksicht auf die Stelle des Seneca, dieses Mittel,

---

1 Natural quæst. lib. I. cap. 6.

das Gesicht zu verstärken, den Alten zugestanden: doch glaube
ich, ist unter den neuern Schriftstellern Manni der erste, der in
seinem Traktate von Erfindung der Brillen, welcher erst 1738
herauskam, als De la Hire und Smith schon geschrieben hatten,
sich ausdrücklich darauf bezogen. Aber Manni war wohl der
nicht, der uns zugleich erklären konnte, wie es gekommen, daß
ungeachtet dieser Vergrößerungskugel, von welcher bis zu dem
eigentlichen Vergrößerungsglase nur so ein kleiner Schritt zu
seyn scheint, die Alten dennoch diesen kleinen Schritt nicht gethan. Daß sie das Glas nicht zu schleifen verstanden, möchte
ich mit dem De la Hire nicht gern annehmen. Ich weiß wohl,
er meint nicht das Schleifen überhaupt, sondern das Schleifen
in Schalen von gewissen Zirkelbögen. Wenn ihnen das aber
auch unbekannt gewesen wäre: wie hätten sie nicht darauf fallen
können, das Glas in dergleichen Schalen so fort zu gießen, und
es hernach aus freier Hand vollends fein zu schleifen? Ganz
gewiß würden sie darauf gefallen seyn, wenn sie nur im geringsten vermuthet hätten, daß die Sache überhaupt auf die
sphärische Fläche ankomme. Und hier meine ich, zeigt sich der
Aufschluß des ganzen Räthsels. Es währte nur darum noch so
viele Jahrhunderte, ehe man von der mit Wasser gefüllten gläsernen Vergrößerungskugel auf die Vergrößerungsgläser überhaupt
kam, weil man die Ursache der Vergrößerung nicht in der sphärischen Fläche des Glases, sondern in dem Wasser glaubte. Daß
dieses der allgemein angenommene Gedanke der Alten gewesen,
ist gewiß; und selbst die Worte, die vor der angeführten Stelle
des Seneca unmittelbar vorhergehen, bezeugen es: Omnia per
aquam videntibus longe esse majora. Auch darf man gar
nicht meinen, daß sie, besonders in diesem Falle, die Ursache der
Vergrößerung dem Wasser zuschrieben, in so fern es in der hohlen
sphärischen Kugel gleichfalls in eine sphärische Fläche zusammen
gehalten wird. Nein, an die sphärische Fläche dachten sie ganz
und gar nicht, sie dachten einzig an eine gewisse Schlüpfrigkeit
des Wassers, vermöge welcher die ungewissen Blicke so abgleiteten,
so — was weiß ich, wie und was? Mit einem Worte: diese
Schlüpfrigkeit war nicht viel anders als eine qualitas occulta,
durch die sie die ganze Erscheinung mit eins erklärten. — Und

so dünkt mich, ist es fast immer gegangen, wo wir die Alten in der Nähe einer Wahrheit oder Erfindung halten sehen, die wir ihnen gleichwohl absprechen müssen. Sie thaten den letzten Schritt zum Ziele nicht darum nicht, weil der letzte Schritt der schwerste ist, oder weil es eine unmittelbare Einrichtung der Vorsicht ist, daß sich gewisse Einsichten nicht eher als zu gewissen Zeiten ent= wickeln sollen; sondern sie thaten ihn darum nicht, weil sie, so zu reden, mit dem Rücken gegen das Ziel standen, und irgend ein Vorurtheil sie verleitete, nach diesem Ziele auf einer ganz falschen Seite zu sehen. Der Tag brach für sie an; aber sie suchten die aufgehende Sonne im Abend.

5. War sie nun einmal da, die gläserne Kugel des Seneca, durch welche man noch so kleine und unleserliche Buchstaben deut= licher und größer erblickte; warum hätte man sich ihrer nicht auch bei andern, wegen ihrer Kleinheit schwer zu unterscheidenden Gegenständen bedienen können? — Du Cange theilte dem Menage eine Stelle aus einem noch ungedruckten Gedichte des Procoprodomus mit, welcher um das Jahr 1150 lebte, wo es von den Aerzten des Kaisers Emanuel Comnenus heißt:

Ἔρχονται, βλεπουσιν ἐνϑυς, κρατουσι τον σφυγμον του.
Θωρουσι και τα σκυβαλα μετα του ὑελιου —

„sie kommen, betrachten ihn starr, fühlen ihm an den Puls und beschauen die Auswürfe mit dem Glase." Menage war Anfangs nicht ungeneigt, unter diesem Glase eine Brille, oder sonst ein Vergrößerungsglas zu verstehen; endlich aber hielt er es für wahrscheinlicher, daß bloß ein Glas darunter verstanden werde, welches über das Gefäß, worin die Auswürfe waren, gelegt wurde, um den übeln Geruch abzuhalten. Molineux und Smith stimmen dieser Auslegung bei, und letzterer mit dem Zusatze, daß sonach die Stelle auch wohl nur bloß von der Besichtigung des Harnes zu erklären sey. Ja Manni selbst sagt:[1] „dieß ist in der That auch der wahre Verstand, wie man eben diese Ge= wohnheit noch heutiges Tages an einigen Orten findet, oder man müßte das Glas für eine Art von lente erklären, wiewohl ich

[1] Nach der deutschen Uebersetzung, in dem 7ten Theile des Allge= meinen Magazins S. 9.

zweifle, daß die Alten dergleichen Gläser gehabt haben." Aber
wenn Manni hieran auch mehr als gezweifelt hätte, wenn er
völlig überzeugt gewesen wäre, daß die Alten dergleichen Gläser
schlechterdings nicht gehabt: folgte denn deßwegen nothwendig
jenes? Die Alten hatten keine linsenförmig geschliffenen Vergrößerungsgläser: folglich war das Glas, woburch die alten Aerzte
die Excremente ihrer Kranken betrachteten, „mehr die Nase zu
schützen, als den Augen zu helfen?" Ein Arzt, dächte ich, sollte
so eckel nicht seyn, und wenn er aus der genaueren Betrachtung
des Kothes etwas lernen kann, sich lieber die Nase zuhalten, als
den Koth weniger genau betrachten wollen. Das $\mu\varepsilon\tau\alpha$ $\tau o v$
$\dot{v}\varepsilon\lambda\iota o v$ sagt also wohl etwas mehr; und warum könnte denn
auch nicht eben die gläserne Kugel des Seneca darunter verstan-
den werden, die Manni selbst so wohl kannte? Es befremdet mich,
daß Manni auf diesen so natürlichen Gedanken nicht fiel. Aber
er würde ohne Zweifel darauf gefallen seyn, wenn er gewußt
oder sich eben erinnert hätte, daß es den alten Aerzten gewöhnlich gewesen, sich einer vollkommen ähnlich gläsernen Kugel zu
einer verwandten Absicht zu bedienen. Invenio Medicos, sagt
Plinius, [1] quæ sunt urenda corporum, non aliter utilius id
fieri putare, quam crystallina pila adversis posita solis radiis.
Hier ist dem Plinius diese Kugel von Krystall; an einem andern
Orte ist es ebenfalls eine gläserne, mit Wasser gefüllte Kugel. [2]
Sie sey aber von Krystall oder von Glas, mit oder ohne Wasser
gewesen: genug, daß die nämliche durchsichtige Kugel, welche
brennt, nothwendig auch vergrößern muß, und daß es schwer
zu begreifen ist, wie man sich ihrer lange zu der einen Absicht
bedienen kann, ohne die andere gewahr zu werden. — Ein Umstand nur dürfte hierbei auffallen. Dieser nämlich: wenn die
Kugel, womit die Aerzte brannten, durch die sie folglich auch die
Dinge vergrößert erblicken mußten, nicht von Glas, nicht hohl,
nicht mit Wasser gefüllt, sondern durch und durch Krystall war:
so müßte ja wohl das falsche, die Alten nach meiner Meinung

---

1 Libr. XXXVII. Sect. 10.
2 Libr. XXXVI. Sect. 67. Addita aqua vitreæ pilæ sole adverso
in tantum excandescunt, ut vestes exurant.

von Entdeckung der eigentlichen Vergrößerungsgläser entfernende
Raisonnement, als liege der Grund der Vergrößerung in den
Bestandtheilen des Wassers, wegfallen; und was hinderte die
Alten sodann, die Wahrheit, die ihnen unmöglich näher liegen
konnte, zu ergreifen? Hierauf könnte man antworten: das Zeug=
niß des Plinius ist später, als das Zeugniß des Seneca; zu
den Zeiten des Seneca brannte und vergrößerte man nur noch
durch gläserne, mit Wasser gefüllte Kugeln; zu den Zeiten des
Plinius wußte man, daß sich beides auch durch dichte krystallene
Kugeln thun lasse; und das war eben der Schritt, welchen die
Kenntniß der Alten in diesem Zeitraume gethan hatte. Oder
man könnte eben das antworten, was Salmasius [1] bei Gelegen=
heit einer andern Stelle des Plinius sagt: Vitrum pro crystallo
accepit Plinius; $το\ κρυσαλλοφανες\ αντι\ της\ κρυσαλλου$.
Die Kugel, von der er gelesen hatte, daß sie die Aerzte zum
Brennen brauchten, war von Krystallglase, und nicht von wirk=
lichem Krystalle; es war die nämliche Kugel, die er an der andern
Stelle beschreibt; also die nämliche Kugel, mit der Seneca ver=
größerte. Auch ist es überhaupt den Schriftstellern damaliger
Zeit gewöhnlich, alle Körper in candido translucentes, es mochten
Producte der Natur oder der Kunst seyn, das reine Glas sowohl
als die edlern farblosen Steine, crystalla zu nennen. Doch
wozu nur so halb befriedigende Antworten? Die volle Antwort,
dünkt mich, ist diese: es sey die Brennkugel des Plinius immer
von wirklichem Krystall gewesen; wer sagt uns denn, daß sie
dichte durch Krystall gewesen? Krystall läßt sich hohl drehen, und
die Alten haben es hohl zu drehen verstanden. Was hinderte
also, daß die wirklich krystallene Kugel, durch welche die Alten
brannten und vergrößerten, nicht auch mit Wasser gefüllt gewesen?
Nichts hinderte; vielmehr fand sich die nämliche Ursache, warum
sie die Kugel von Glas mit Wasser füllen zu müssen glaubten,
vollkommen auch bei der Kugel von Krystall. Sie füllten die
Kugel von Glas mit Wasser, weil sie sich einbildeten, daß ohne
die dazu kommende Kühlung des Wassers das Glas die erforder=
liche Erhitzung durch die Sonnenstrahlen nicht aushalten könne,

---

1 Ad Solinum p. 1092. Edit. Paris.

daß es ohne Wasser springen müßte. Das sagt Plinius selbst
ausdrücklich: Est autem caloris impatiens (vitrum,) ni præcedat
frigidus liquor: cum addita aqua vitreæ pilæ sole adverso in
tantum excandescant, ut vestes exurant. Nun aber glaubten
sie auch von dem wirklichen Krystalle, daß es die Hitze eben so
wenig vertragen könne, und mußten es, vermöge der seltsamen
Meinung, die sie von der Entstehung des Krystalles hatten, um
so vielmehr glauben. [1] Folglich konnte gleiche Besorgniß nicht
wohl anders, als gleiche Vorsicht veranlassen: füllten sie die
gläserne Brennkugel mit Wasser, so mußten sie auch die krystallene
damit füllen.

6. Und nun, dem Herrn Lippert wieder näher zu treten:
was ist es, was er eigentlich mit seiner Muthmaßung, die Brillen
und Vergrößerungsgläser der Alten betreffend, will? Warum
trägt er sie vor? warum trägt er sie eben hier vor? Er trägt
sie vor, ohne Zweifel, weil er sie für neu hielt, wenigstens den
Grund für neu hielt, den er von den durchsichtigen, bauchicht
geschliffenen Steinen für sie hernahm. Aber warum hier? hier,
wo die Rede von den so bewundernswürdig kleinen Werken der
alten Steinschneider war? Glaubt Herr Lippert wirklich, daß
dergleichen Werke durch ein Vergrößerungsglas leichter und besser
zu machen sind, als mit bloßem Auge? Ich habe mir das Gegentheil sagen lassen, und außerordentliche Künstler im Kleinen,
deren ich mehr als einen kenne, haben mich alle versichert, daß
ihnen ein Vergrößerungsglas bei der Arbeit schlechterdings zu
nichts dienen könne, da es Stein und Instrument und Hand,
alles gleich sehr vergrößere. Es ist wahr, sie können durch das
Vergrößerungsglas erkennen, wie viel ihrer Arbeit an der Voll-
endung noch fehlen würde, wenn sie bestimmt wäre, dadurch
betrachtet zu werden. Aber da es lächerlich wäre, nur deßwegen
kleine Kunstwerke zu machen, um das Vergnügen zu haben, sie
durch das Glas vergrößert zu sehen: so sind alle Mängel, die
man nur durch das Glas erblickt, keine Mängel, und der Künstler

---

[1] Plinius lib. XXXVII. sect. 9. Crystallum glaciem esse
certum est — ideo caloris impatiens non nisi frigido potui addi-
citur.

braucht nur denen abzuhelfen, die ein gesundes unbewaffnetes
Auge zu unterscheiden vermag. Aber auch hierbei muß er die
größere Schärfe seines Gesichts, so zu reden, in der Hand haben;
er muß mehr fühlen, was er thut, als daß er sehen könnte, wie
er es thut. Wenn also auch schon die alten Steinschneider, es
sey die gläserne Vergrößerungskugel des Seneca, oder einen
durchsichtigen, sphärisch geschliffenen Stein, zu brauchen gewußt
hätten: wozu hätten sie ihn eben brauchen müssen? Und nur
daher begreif' ich, wie jene gläserne Vergrößerungskugel zu den
Zeiten des Plinius bekannt seyn konnte, ohne daß er ihrer jemals,
bei so vielfältiger Erwähnung mikrotechnischer Werke, gedenkt,
da er im Gegentheil verschiedene Mittel, deren sich besonders die
Steinschneider bedienten, die natürliche Schärfe ihres Gesichts
zu erhalten und zu stärken, sorgfältig anmerkt. [1] Andere alte
Schriftsteller gedenken noch anderer solcher Mittel, die man alle
jetziger Zeit, da der Gebrauch der Vergrößerungsgläser so allge=
mein geworden, unstreitig zu sehr vernachlässigt, so daß die Frage,
ob der Sinn des Gesichts bei den Alten, oder bei den Neueren
der schärfere? eine Unterscheidung erfordert. Wir sehen mehr,
als die Alten; und doch dürften vielleicht unsere Augen schlechter
seyn, als die Augen der Alten; die Alten sahen weniger, wie
wir, aber ihre Augen, überhaupt zu reden, möchten leicht schärfer
gewesen seyn, als unsere. — Ich fürchte, daß die ganze Ver=
gleichung der Alten und Neueren hierauf hinauslaufen dürfte.

Sechsundvierzigster Brief.

Ich habe mich bei der ersten Klotzischen Anmerkung über
das Mechanische der Steinschneiderkunst etwas lange verweilt.
Bei der zweiten werde ich um so viel kürzer seyn können. Sie
lautet so: [2]

„Die natürlichen Adern und Flecken eines Steines dienten
den Alten bei erhaben geschnittenen Werken oft zur Erreichung
ihres Endzwecks, die jedem Dinge eigenen Farben zu geben

---

1 Lib. XX. sect. 51. et lib. XXXVII. sect. 16.
2 S. 53.

und die schönste Malerei zuwege zu bringen. Sie wußten hier=
durch ihren Werken eine Lebhaftigkeit zu geben, die sich der Natur
näherte, und machten dem Maler seinen Vorzug zweifelhaft. Die
Farben sind so gebraucht, daß die Farbe, welche zu einer Sache
angewandt worden, sich nicht auf eine andere zugleich mit er=
streckt, und alle Unordnung ist vermieden."

Welch schielendes Wortgepränge! welche abgeschmackte Ueber=
treibung von der etwanigen Wirkung eines glücklichen Zufalls,
oder einer ängstlichen Tändelei! Also war es, bei erhaben ge=
schnittenen Werken, der Endzweck der Alten, „jedem Dinge die
ihm eigene Farbe zu geben?" Der Endzweck! Kann man sich
ungereimter ausdrücken? Und diesen Endzweck halfen ihnen die
natürlichen Adern und Flecken des Steines erreichen? und so er=
reichen, daß die schönste Malerei daraus entstand? Die s ch ö n s t e
Malerei! Eine Malerei, die dem Maler seinen Vorzug zweifel=
haft macht! Kann man kindischer hyperbolisiren? Gerade so würde
ein spielendes Mädchen, das Kupferstiche ausschneidet, und sie
mit bunten, seidenen Fleckchen auslegt, dem Maler seinen Vor=
zug zweifelhaft machen.

Was kann ich mehr von der ganzen Anmerkung sagen, als
was bereits ein Gelehrter davon gesagt hat, welcher gleichfalls
sein freimüthiges Urtheil über die Schrift des Herrn Klotz fällen
wollen, ohne sich vor dem Kothe zu fürchten, den Lotterbuben
dafür auf ihn werfen würden? „Ich habe," sagt Herr Raspe, [1]
„viele geschnittene Steine dieser Art gesehen. Sie kommen mir
vor, als die Akrosticha und Chronodisticha in der Poesie. Viel
Zwang und etwas Farbe ist gemeiniglich ihr ganzes Verdienst."
Auch Herr Lippert erkennt diesen Zwang fast an allen so malerisch
geschnittenen Steinen, die er seiner Daktyliothek dem ungeachtet
einverleiben wollen. Wozu also in einem Büchelchen so viel Auf=
hebens davon, das die Gemmen hauptsächlich zu Bildung des
Kunstauges und des Geschmackes empfiehlt? Hier würde vielmehr
gerade der Ort gewesen seyn, die Liebhaber vor dergleichen After=
werken der Kunst zu warnen.

Setzen Sie noch hinzu, daß die besten unter diesen After=

---

[1] Anmerkungen 2c. S. 31. (Caffel 1768 in 12.)

werken der Kunst, diejenigen, meine ich, welche die richtigste un=
gezwungenste Zeichnung und Anordnung zeigen, vielleicht Betrug
sind? ich will sagen, daß sie nicht aus Einem Steine bestehen,
dessen Streife von verschiedener Farbe so kunstreich genutzet,
sondern daß es verschiedene Steine sind, die man so unmerklich
auf einander zu setzen verstanden. Sardonyches, sagt Plinius, [1]
e ternis glutinantur gemmis, ita ut deprehendi ars non possit:
aliunde nigro, aliunde candido, aliunde minio, sumptis omnibus in suo genere probatissimis.

Schlimm! und Betrug bleibt Betrug, er mag noch so fein
seyn. — Aber doch ist auch so viel wahr, daß es einem Künstler
weit anständiger ist, den Stoff, in den er arbeitet, seinen Ge=
danken, als seine Gedanken dem Stoffe zu unterwerfen.

Siebenundvierzigster Brief.

Es versteht sich, daß ich unter dem Tadel meines vorigen
Briefes nicht die eigentlichen Cameen mit begreife.

Sie werden mich fragen, was ich eigentliche Cameen nenne?
Solche erhaben geschnittene Steine, die allein diesen Namen führen
sollten. Ich weiß wohl, daß man jetzt einen jeden erhaben ge=
schnittenen Stein eine Camee nennt. Ich weiß aber auch, daß
dieses weder immer geschehen, noch jetzt von uns geschehen müßte,
wenn wir genuin und bestimmt sprechen wollten.

Eigentlich heißt ein Camee nur ein solcher erhaben ge=
schnittener Stein, welcher zwei Schichten von verschiedener Farbe
hat, deren eine die erhabene Figur geworden, und die andere
der Grund derselben geblieben. Dieses bekräftigt für mich Boot: [2]

---

[1] Libr. XXXVII. sect. 75.

[2] Libr. II. cap. 84. p. 234. Edit. Adr. Tollii. Ich citire hier
den Boot, weil sein Werk, mit den Anmerkungen und Zusätzen des
Tollius und Laet unstreitig das vollständigste und gewöhnlichste Hand=
buch in dieser Art von Kenntnissen ist. Denn sonst hätte ich eben so
wohl andere, als z. E. den Cäsalpinus, citiren können, welcher libr. II.
de Metallicis cap. 36 das nämliche, fast mit den nämlichen Worten, sagt:
scalpunt gemmarii has (Onychas) vario modo. Si enim crusta alba
alteri nigræ superposita sit, aut secundum alios colores, ut rubens,

Dum crusta unius coloris scalpitur, ac alterius coloris pro strato relinquitur, tum gemmarii Camehujam vel Cameum vocant, sive Onyx, sive Sardonyx sit. Es ist gleichviel, welche von den Schichten der Künstler zu der Figur nimmt, ob die lichtere, oder die dunklere; aber freilich, wenn ihm die Wahl frei steht, wird er lieber die dazu nehmen, deren Farbe für die Figur die natürlichste oder schicklichste ist; wenn er einen Mohrenkopf z. E. auf einen Onyx schneiden soll, der eine gleich hohe weiße und schwarze Schichte hat, so wäre es wohl sehr ungereimt, wenn er die weiße zum Kopfe und die schwarze zum Grunde nehmen wollte. Hier muß er der Farbe nachgehen, weil er ihr nachgehen kann, ohne seiner Kunst den geringsten Zwang

albæ aut nigræ, aut e converso, scalpunt in superiori imaginem, ut inferior veluti stratum sit, has vulgo cameos vocant. Es ist bekannt, daß Cäsalpinus einige Jahre früher als Boot schrieb; und aus solchen gleichlautenden Stellen hat daher Caylus den Boot zum Plagiarius des Cäsalpinus zu machen, kein Bedenken getragen. „Dieser Schriftsteller,“ schreibt Caylus (in seiner Abhandlung vom Obsidianischen Steine S. 31 deut. Ueb.), „hat oft ganze Stücke aus dem Texte des Cäsalpinus abgeschrieben, indem er nur einige Ausdrücke daran verändert, oder hinzugesetzt. Er ist nicht zu entschuldigen, daß er hiervon gar nichts gedenkt und den Cäsalpinus unter der Zahl der Schriftsteller, deren er sich bei Verfertigung seines Werks bediente, nicht einmal genennt hat.“ Diese Anklage ist hart; aber Boot hat ein Verzeichniß so vieler andern Schriftsteller, die er gebraucht, seinem Werke vorgesetzt; warum sollte er nun eben den Cäsalpinus ausgelassen haben, wenn er ihn wirklich gebraucht hätte? Er hätte ihn doch wahrhaftig nicht mehr gebraucht, als irgend einen andern. Folglich kann es gar wohl seyn, daß Boot mit seinem Buche, das 1609 zuerst gedruckt ward, längst fertig war, als das Buch des Cäsalpinus zu Rom herauskam, oder in Deutschland durch den Nürnberger Nachdruck von 1602 bekannter ward. Ich wüßte auch wirklich nicht, was Boot nur aus dem Cäsalpinus hätte nehmen können, was er nicht eben so gut schon in ältern Schriftstellern hätte finden können. Wo er daher mit dem Cäsalpinus, mehr als von ungefähr geschehen könnte, zusammen zu treffen scheint, dürfen sie beide nur eine Quelle gebraucht haben. Ja, ich wollte es wohl selbst auf mich nehmen, bei den mehrsten Stellen, wo Caylus den Boot für den Ausschreiber des Cäsalpinus halten können, diese beiden gemeinschaftliche Quelle nachzuweisen.

anzuthun: und von diefem Malerifchen des Steinfchneiders, fehen
Sie wohl, habe ich nicht reden wollen.

Uebrigens kann es jedoch bei dem jetzigen Sprachgebrauche
nur bleiben, und es mag immerhin ein jeder erhaben gefchnittener
Stein ein Camee heißen, obfchon die von einer Farbe fo nicht
heißen follten. Aber das Wort Camee felbft? — Ich bekenne
Ihnen meine Schwäche: mir ift es felten genug, daß ich ein
Ding kenne, und weiß, wie diefes Ding heißt; ich möchte fehr
oft auch gern wiffen, warum diefes Ding fo und nicht anders
heißt. Kurz, ich bin einer von den entfchloffenften Wortgrüblern;
und fo lächerlich als vielen das etymologifche Studium vorkommt,
fo geringfügig mir es felbft mit dem Studium der Dinge verglichen erfcheint, fo erpicht bin ich gleichwohl darauf. Der Geift
ift dabei in einer fo faulen Thätigkeit; er ift fo gefchäftig und
zugleich fo ruhig, daß ich mir für eine gemächliche Neugierde
keine wollüftigere Arbeit denken kann. Man fchmeichelt fich mit
dem Suchen, ohne an den Werth des Dinges zu denken, das
man fucht; man freut fich über das Finden, ohne fich darüber
zu ärgern, daß es ein Nichts ift, was man nun endlich nach
vieler Mühe gefunden hat.

Aber jede Freude theilt fich auch gern mit, und fo müffen
Sie fich fchon das Wort Camee von mir erklären laffen.

Wir neuern Deutfche haben Camee unftreitig geradezu von
dem Italienifchen Cameo entlehnt. Meine Unterfuchung muß
alfo auf diefes, oder auf das ihm entfprechende Französifche
Camayeu gehen. Nun laffen Sie uns fürs erfte den Menage [1]
unter Camayeu, nachfchlagen, und die dafelbft gefammelten Ableitungen erwägen. Gaffarel und Huet machen es urfprünglich
zu einem hebräifchen, Menage felbft aber zu einem griechifchen
Worte.

Gaffarel fagt, Camayeux hießen in Frankreich figurirte
Achate, und weil man wäffrichte oder gewäfferte Achate habe,
welche vollkommen wie Waffer ausfähen, [2] fo hätten die Juden,

_____

1 Dict. Etym. de la Langue Fr.

2 A cause qu'on voit des Achates ondées, représentant parfaitement de l'eau.

die seit langer Zeit in Frankreich gewohnt und in deren Händen der Steinhandel größtentheils gewesen, das Wort vielleicht von dem Hebräischen Chemaija gemacht, welches so viel heiße als Himmlische Wasser, oder nach dem eigenen Ausdrucke dieser Sprache, sehr schöne Wasser. — Aber was sind wässrichte oder gewässerte Achate? Was sind Achate, die vollkommen wie Wasser aussehen? Sind das Achate, die so klar sind als das reinste Wasser? Oder Achate, deren vielfarbige Flecken den Wellen des Wassers gleichen? Und waren die figurirten Steine denn nur solche Achate, solche seltene Achate? Gab es denn nicht eben so viele, nicht unendlich mehrere, die mit dem Wasser durchaus nichts ähnliches hatten? Kaum daß ein so seichter Einfall eine ernstliche Widerlegung verdient.

Gründlicher wäre noch der Einfall des Huet. Auch Huet leitete Camayeu aus dem Hebräischen her, aber von Kamia, welches etwas bedeute, das man an den Hals hängt, um dem Gifte oder andern Schädlichkeiten zu widerstehen; mit einem Worte, ein Amulet. Denn, sagt er, man legte dergleichen Steinen, auf die von Natur irgend eine Figur geprägt ist, sehr große Tugenden bei. [1] Doch Huet hätte wissen sollen, daß Kamia nicht eigentlich ein hebräisches, sondern ein rabbinisches Wort ist, das ist ein solches, welches die Juden selbst aus einer fremden Sprache entlehnt haben. Und so fragt sich: aus welcher? und was bedeutet dieses Wort in der Sprache, aus der sie es entlehnt haben?

Menage würde uns deßfalls zu dem Griechischen verwiesen haben. Denn er sagt, Camayeu komme her von $\chi\alpha\mu\alpha\iota$ tief, weil sie tief gegraben wurden. [2] Aber wie? es sind ja gerade nicht die tief, sondern die erhaben geschnittenen Steine, die man vorzüglich Camayeux nennt.

Außer diesen Ableitungen ist mir weiter keine bekannt, als die von $\kappa\alpha\upsilon\mu\alpha$, die Cerutus [3] (nach dem Camillus Leonardus

[1] Parce qu'on attribuoit de grandes vertus à ces pierres, qui sont empreintes naturellement de quelques figures.

[2] A cause du creux ou ces pierres sont taillées.

[3] Mus. Calceolar. Sect. III. p. 212. Camæ a nonnullis vocantur, sumpta denominatione a voce græca $\kappa\alpha\upsilon\mu\alpha$, quod est idem quod incendium: dicunt namque in locis sulphureis et calidis inveniri.

glaub ich) angiebt. $Kαυμα$ heißt Brand; und daher sey Camæ gemacht, weil diese Art Steine an sulphurischen und heißen Orten gefunden würden. Cerutus versteht die Onyxe darunter; aber woher beweist er, daß die Onyxe nur an solchen Orten erzeugt würden? Und gesetzt, er bewiese es; wie hat man den Namen Camee in diesem Verstande gleichwohl nur den geschnittenen Onyxen beigelegt? Was hatten diese vor den ungeschnittenen Onyxen voraus, daß man sie allein nach ihrem Erzeugungsorte benannte?

Noch kahler werden Ihnen alle diese Grillen, gegen die wahre Abstammung gestellt, erscheinen. Ich will Ihnen sagen, wie ich auf diese gekommen bin. Die mineralogischen Schriftsteller des sechzehnten und siebzehnten Jahrhunderts haben mich darauf gebracht, und Sie wissen von selbst, daß die frühesten und besten derselben fast lauter Deutsche waren. Bei ihnen fand ich nämlich das Italienische Cameo, das Französische Camayeu, das Lateinische Camehuja, wie es Boot nennt, [1] bald Gemohuidas, bald Gammenhü, bald Gemmahuja, auch wohl gar getrennt, als zwei Worte Gemma huja geschrieben. [2] Was ich

---

1 Nicht, wie es die alten Römer genannt haben. Diese kannten das Wort Camehuja zuverlässig nicht, welches ich wider den Hrn. Cronstedt erinnere. S. dessen Versuch einer neuen Mineralogie, deut. Uebers. S. 61.

2 Gemohuidas schreibt es Erasmus Stella, dessen Interpretamentum gemmarum, das zu Nürnberg 1517 zuerst gedruckt worden, Brückmann 1736 wieder auflegen lassen. Parte III. cap. 5. Gemmas ad Ectypam eruditi dixere, quæ ad imagines in eis scalpendas aptæ sunt; harum quanquam multæ numero sunt, Peantides tamen, quæ et Gemohuidas nuncupatur, quo nomine prægnantes ac plenæ significantur, sese principem offert, quod usu vulgatior est, dicitur mederi parturientibus et etiam parere.

Gammenhü schreibt es Conrad Geßner: (de Figuris lapidum p. 98. Tiguri 1565.) Gemmarii vero seu scalptores gemmarum gemmas minus duras ad hoc diligunt: ut quas Germani vulgo, à leni mollitie puto, Speckstein appellant, et Gammenhü.

Gemmahuia schreibt es Joh. Kentmann: Nomenclatura rerum fossilium p. 32.

Gemma huja schreibt es Agricola (beim Geßner l. c.): Lapis,

aber daraus schließen mußte, ist klar: folglich sind die ersten Sylben von Camayeu oder Cameo, das lateinische Gemma; und die ganze Schwierigkeit ist nur noch, was die letzten Sylben in Camehuja oder Gemmahuja bedeuten sollen.

Aus den Worten des Stella, die ich in der Note angeführt, dürfte man fast auf die Vermuthung kommen, daß huja so viel als das deutsche hoch, aufgeschwollen, trächtig, heißen solle. Doch wer würde sich einen solchen lateinisch-deutschen Hybrida, den Franzosen und Italiäner von uns angenommen hätten, leicht einreden lassen? Und damit Sie auch nicht weiter lange herum= rathen: so mache ich es kurz, und sage Ihnen, daß huja so viel ist, als onychia; und Gemmahuja folglich nichts mehr und nichts weniger, als das zusammengezogene und verstümmelte Gemma onychia. Aus Gemma onychia ward Gemmahuja; aus Gemmahuja ward Camehuja: aus Camehuja ward Cama= yeu: so wie wiederum aus Gemmahuja, Gammenhü, Cameo; ja allem Ansehen nach auch das rabbinische Kamia.

Ich halte dafür, diese Ableitung ist an sich so einleuchtend, daß ich nicht nöthig habe, mich viel nach andern Beweisgründen umzusehen. Der vornehmste indeß würde dieser seyn, daß, vom Cäsalpinus an, es durchgängig von allen mineralogischen Schrift= stellern angenommen wird, daß der Camehuja oder Cameo nicht eine besondere Art Stein, sondern nur ein besonderer Name eines unter einem andern Namen bekannteren Steines sey, näm= lich des Onyx. Onyx, oder Onickel, oder Niccolo, sagen sie alle, heißt dieser Stein, wenn er nur geschliffen, oder so ist, wie er von Natur ist; Cameo aber heißt er alsdann, wenn er geschnitten ist, und zwar so geschnitten, daß Figur und Grund von verschiedener Farbe sind.[1] Ist nun aber jeder Cameo ein

quem, quia ejus color candidus, pinguior videtur esse, Germani ex lardo nominaverunt, (quidam vocant gemmam hujam) limes albus distinguit modo nigram, modo cineream materiam. Ejus pars potissimum candida latior, et Sarda nostris temporibus om- nium maxime aptatur ad ectypas sculpturas.

[1] Caesalpinus de Metallicis lib. II. cap. 122. Hos omnes hodie Niccolos vocant, cum solum perpoliti sunt: exsculptos autem, ut substratum alterius coloris sit, Cameos.

Onyx; bezeichnen beide Namen den nämlichen Stein: warum sollen die Namen selbst nicht auch ursprünglich die nämlichen Worte seyn, wenn sie es so leicht und natürlich seyn können, als ich gezeigt habe?

Vor dem Cäsalpinus wurde der Camehuja bald für diesen, bald für jenen Stein ausgegeben, auch wohl zu einem eigenen besondern Steine gemacht. Würde dieses aber wohl geschehen seyn, wenn man sich um die Abstammung des Worts bekümmert hätte? Und hieraus lernen Sie denn auch, mein Freund, ein wenig Achtung für meine liebe Etymologie überhaupt! Es ist nicht so gar ohne Grund, daß oft, wer das Wort nur recht versteht, die Sache schon mehr als halb kennt.

Zu einem besondern Steine machte den Camehuja, Kentmann.[1] Auch wohl, vor diesem, Camillus Leonardus. Denn der Stein, den Leonardus Kamam nennt, kann wohl nichts anders als der Cameo, die gemma onychia seyn, wie aus den Kennzeichen, die er selbst angiebt, erhellt.[2] Aus dem Leonardus hat Boot diesen Kamam in sein Verzeichniß unbekannter Edelsteine übergetragen; und nun wissen Sie doch ungefähr, was Sie von dem Kaman, wie ihn Boot daselbst schreibt, denken müssen. Sie glauben kaum, wie sehr ich in diesem Verzeichnisse mit meiner Etymologie aufräumen könnte!

---

[1] Nomencl. Rer. foss. l. c.

[2] Kamam seu Kakamam, est albus variis coloribus distinctus et a Kaumate dicitur, quod incendium importat: reperitur in locis sulphureis, ac calidis; et frequentissime onixæ (Onychi) admixtus. Ejus determinata virtus nulla est, sed virtutem ex sculpturis seu imaginibus, quæ in ipso sculptæ sunt, accipit. (De Lapid. lib. II. p. 89. Edit. Hamb.) Diese Stelle hatte ich im Sinne, als ich oben sagte, daß es wohl Leonardus seyn möchte, aus dem Cerutus die Etymologie von Cameo genommen. Wenigstens zeigt diese nämliche Etymologie, und die nämliche Angabe der Erzeugungsorte, daß der Cameo des Cerutus und der Kamam des Leonardus nur ein und eben derselbe Stein seyn können. Dazu kommen noch die übrigen Merkmale des Leonardus, daß der Kamam an dem Onyx öfters anwachse, und daß er seine ganze Kraft von den darauf geschnittenen Figuren erhalte, welches alles den Cameo verräth.

Hingegen zu irgend einem andern Steine, als dem Onyx, machten den Gemmahuja, Stella und Agricola. Und zwar Stella zur Päantis der Alten. Ich habe kurz vorher gesagt, zu welchem Irrthume die Worte des Stella, Peantides, quæ et Gemohuidas nuncupatur, quo nomine prægnantes ac plenæ significantur, wohl verführen könnten; nämlich in den letzten Sylben von Gemmahuja, unser deutsches h o ch zu finden. Aber hier kann ich Ihnen nun genauer sagen, was Stella eigentlich will. Er fand in seinem Plinius: Pæantides, quas quidem Gemonidas vocant, prægnantes fieri et parere dicuntur mederique parturientibus. Dieses Gemonidas fiel ihm auf; es hatte ihm mit dem Worte Gemmahuja so viel ähnliches, daß er glaubte, beide könnten auch nur das nämliche Ding bezeichnen; er formte also sein Gemohuidas vollends darnach, und so ward der Gemmahuja zur Päantis, zu dem Steine, von welchem die Alten glaubten, daß er für Gebährerinnen heilsam sey, weil er selbst seines gleichen gebähre. Aber Harduin versichert, daß er in allen seinen Handschriften des Plinius, anstatt Gemonidas, Gæanidas gefunden: und nun denke man, wie viel auf eine so zweifelhafte Lesart zu bauen. Hätte Stella in seinem Plinius auch Gæanidas gelesen, so wäre sicherlich der Gemmahuja nie zur Päantis geworden. [1]

Auch mißbilligte schon Agricola diese Meinung gänzlich, der den Gemmahuja für den Speckstein ausgab. [2] Doch das ist wider allen Augenschein; unter hundert alten geschnittenen Steinen, sowohl

---

[1] Indeß läßt sich freilich von Gæanidas eben so wenig Rechenschaft geben, als von Gemonidas, nur daß man aus jenem leichter abnehmen kann, daß Plinius ohne Zweifel ein von $\gamma \varepsilon \nu \nu \alpha \omega$ oder von $\gamma \nu \nu \eta$ abgeleitetes Wort dürfte geschrieben haben. Vielleicht $\gamma \nu \nu \alpha \iota \varkappa \iota \zeta o \nu \tau \alpha \varsigma$, welches sodann Marbodus ausgedrückt hätte, wenn er von der Päantis, oder wie er das Wort schreibt, Peanites, sagt:

Feminei sexus referens imitando labores.

[2] (Apud Gesnerum l. c.) Lapidis, quem, quia ejus color candidus pinguior videtur esse, Germani ex lardo nominaverunt (quidam vocant Gemmam hujam), limes albus distinguit modo nigram, modo cineream materiam. — Erasmus Stella Gemohuidas nominans, easdem veterum Pæantides non recte facit.

erhabnen als tiefen, wird man nicht einen so thonichten finden. Denn wenn die thonichten Steine schon gut zu schneiden sind, so waren sie doch den Alten desto untauglicher zum Abdrucke: es wäre denn — Aber von dieser Vermuthung an einem andern Orte.

Unter den Neuern kenne ich nur den Herrn D. Vogel, von dem man sagen könnte, daß er mit dem Agricola den Gemma-huja zum Speckfteine mache,[1] wenn es nicht billiger wäre, von ihm anzunehmen, daß er nur zum Verständnisse derjenigen seiner Vorgänger, die es wirklich gethan, unter die verschiedenen Namen des Specksteins auch den Namen Gemmahuja setzen wollen.

Einem kleinen Einwurfe will ich noch zuvorkommen, den man mir gegen meine Auflösung des Camehuja in Gemma onychia machen könnte. Man dürfte sagen: warum sollten die Alten mit zwei Worten ausgedrückt haben, was sie mit zwei Sylben sagen konnten? warum gemma onychia, da sie kürzer mit Onyx dazu kommen konnten? Darum, antworte ich: weil Onyx bei den Alten nicht allein der Name eines Edelsteines, sondern auch einer Marmorart war; ja sogar der Edelstein diesen seinen Namen von dem Marmor bekommen hatte.[2] Zum Unter-

[1] Pract. Mineralsystem S. 100.

[2] Plinius (Libr. XXXVII. sect 24.). Exponenda est et Onychis ipsius natura, propter nominis societatem: hoc in gemmam transilit ex lapide Carmaniae. An der andern Stelle, wo Plinius des Marmors dieses Namens gedenkt (Lib. XXXVI. sect. 6), steht anstatt Carmania, welches eine Provinz in Persien war, Germania. Aber Salmasius hat schon angemerkt (ad Solinum p. 558), daß dieses ein bloßer Schreib-fehler sey, und Harduin hätte daher nur immer Carmania, anstatt Germania, dort in den Text nehmen sollen. Er hat diese Ehre wohl streitigern Lesarten erwiesen. Indeß giebt mir das, was er daselbst in der Note hinzusetzt, Gelegenheit zu einer andern Anmerkung. Cave porro, schreibt Harduin, onychem hoc loco putes a Plinio pro gemma ea accipi, quam nostri vocant Cassidoine, ut plerisque visum. Ich frage, was ist das für ein Wort, Cassidoine, und wie kömmt der Onyx dazu, von den Franzosen so genannt zu werden? Beim Richelet wird Cassidoine durch Murrha erklärt und hinzugesetzt: Manière de pierre précieuse, embellie de veines, de diverses couleurs. Sehr gründlich! Aber in einem Wörterbuche möchte man auch gern lernen, wo das Wort selbst herkomme; und davon findet sich nichts. Ich will es kurz machen:

schiede also, und wenn ein großer Theil des Werths von diesem Unterschiede abhing, mußte man ja wohl gemma onychia oder onychina sagen.

Und nun noch ein paar Anmerkungen, die ungefähr eben so wichtig sind, als der ganze Brast, mit dem ich diesen Brief vollgepfropft habe.

Wenn ein Cameo, oder Camayeu, nur ein solcher erhaben geschnittener Stein geheißen hat und eigentlich heißen sollte, dessen Grundlage von einer andern Farbe ist, als die darauf geschnittene Figur, der also zuverlässig ein Onyx seyn wird, weil unter den Edelsteinen nur die Onyxe dergleichen reguläre Lagen von verschiedener Farbe haben: so wird man leicht daraus er= rathen können, von welcher Beschaffenheit diejenigen Gemälde seyn müssen, welche die Franzosen gleichfalls Camayeux nennen, und einsehen, warum dergleichen Gemälden dieser Name beige= legt worden. Nicht weil sie das Basrelief nachahmen, heißen sie Camayeux, wie sich Pernety [1] und andere einbilden: denn ich

Cassidoine ist nichts als ein alberner Schreibfehler, den die Unwissen= heit fortgepflanzt, und nun fast gültig gemacht hat. Es soll Calcedoine heißen: Quæ hodie Chalcedonia audit, et corrupte Cassidonia, sagt Laet. Denn der milchfarbene trübe Achat, den wir jetzt Chalcedon nennen, hieß in spätern Zeiten weißer Onyx. Wie er aber zu dem Namen Chalcedon gekommen, ist schwer zu sagen, da er mit allen den Steinen, welche bei den Alten von Karchedon, oder Kalchedon, ihren Beinamen haben, nicht das geringste ähnliches hat. So viel weiß ich nur, daß er diesen Namen nach den Zeiten des Marbodus muß be= kommen haben. Denn der Chalcedon des Marbodus ist weder unser Chalcedon, noch sonst ein onyxartiger Stein, sondern der kalchedonische Smaragd des Plinius, vermengt mit eben desselben smaragdartigem Jaspis, Grammatias oder Polygrammos genannt, wie aus dem Zusatze, daß er den Rednern und Sachwaltern dienlich sey, erhellt. Weder die Ausleger des Marbodus, noch Salmasius, der den Chalcedon des Mar= bodus bloß für des Plinius turbida Jaspis, quam Calchedon mittebat, hielt, haben dieses gehörig bemerkt.

[1] Dict. de Peint. Ce mot ne devroit servir que pour les bas- reliefs puisqu'il tire son nom du mot grec χαμαι, qui signifie bas à terre. Mariette, und aus ihm Richelet, nebst andern Wörter= büchern, sagen eben das.

wüßte nicht was $\chi\alpha\mu\alpha\iota$, wovon er das Wort mit dem Menage ableitet, mit dem Basrelief gemein hätte? Sondern sie heißen so, weil sie ganz aus Einer Farbe auf einen Grund von einer andern Farbe gemalt sind, und hierin die geschnittene gemma onychia nachahmen. Ueberhaupt will ich hier noch hinzusetzen, daß das Erhabene so wenig das Wesentliche des Cameo ausmacht, daß auch sogar tief geschnittene Steine (Onyxe versteht sich) Cameen heißen können und heißen sollten, sobald sie durch die obere ein= farbige Schichte bis auf die untere Schichte von einer andern Farbe geschnitten worden, und also die Area von dieser, und das Bild von jener Farbe erscheinen. Es ist noch nicht so gar lange her, daß die Franzosen selbst das Wort Camayeu eben so wohl von tiefer, als von erhabner Arbeit brauchten. Les Jouaillers et les Lapidaires, schrieb Felibien in seinem Diction- naire des Arts, nomment Camayeux les Onyces, Sardoines et autres pierres taillées en relief ou en creux. Nur die Worte et autres pierres taillées hätte er sollen weglassen. Denn höchstens können nur die Sardonyxe noch dazu gerechnet werden, als welche von den Alten mit unter dem allgemeinen Namen der Onyxe begriffen wurden, und allein einer ähnlichen Bear= beitung fähig sind.

Vielleicht auch ist dieser ältere und weitere Gebrauch des Französischen Camayeu die Ursache, warum die neuern Schrift= steller dieser Nation, wenn sie erhaben geschnittene Steine durch ein Kunstwort ausdrücken wollen, lieber pierre camée, als ca- mayeu sagen. Wir Deutsche wenigstens wollen, zu dieser Absicht, nur immer das fremde und neue Camee lieber fortbrauchen, als das alte Gemmenhü erneuern. Es wäre denn, daß wir es ganz in seinem lautersten Verstande erneuern, und nicht alle und jede erhaben geschnittene Steine, auch nicht nur allein erhaben, sondern auch tief geschnittene Steine, an welchen das Bild eine andere Farbe als die obere Fläche zeigt, damit belegen wollten. Wenn wir sodann diesen genuinen Begriff wiederum damit ver= binden lernten, so sehe ich nicht, warum wir nicht, eben so gut als die Franzosen, auch die einfarbigen Gemälde auf einem Grunde von einer andern Farbe, Gemmenhüe, oder Gemälde auf Gemmenhüart, nennen könnten.

Achtundvierzigster Brief.

Noch finde ich bei den Exempeln, welche Herr Klotz zur Erläuterung seiner zweiten Anmerkung über das Mechanische der Kunst beibringt, einiges zu erinnern, welches ich freilich übergehen müßte, wenn mir nur um Herrn Klotzen zu thun wäre. Ich will es also nur gegen seine Währmänner erinnert haben, und Herr Klotz hat sich von dem Tadel mehr nicht anzunehmen, als davon auf die Rechnung des zahmen Nachschreibers fallen kann.

„Herr Winkelmann, sind seine Worte, gedenkt eines Sardonych, welcher aus vier Lagen, einer über der andern, besteht, und auf welchen der vierspännige Wagen der Aurora erhaben geschnitten ist." Erst, mit Erlaubniß des Herrn Klotz: Winkelmann gedenkt keines Sardonych, sondern eines Sardonyx. Warum man in der mehrern Zahl noch wohl, wenn man will, Sardonyche sagen darf, das weiß ich; aber wie man auch in der einfachen Zahl Sardonych sagen könne, das ist mir zu hoch. Vielleicht zwar ist einem lateinischen Gelehrten, der sich herabläßt, deutsch zu schreiben, ein solcher Schnitzer allein erlaubt. Und so habe er denn seine Schnitzer, oder Druckfehler, wie er sie nennen will, für sich! Was ich eigentlich hier anmerken will, ist gegen Winkelmann. Winkelmann hatte Unrecht, einen Stein, von dem er selbst sagt, daß er vier Lagen von vier verschiedenen Farben habe, einen Sardonyx zu nennen. Der Sardonyx muß schlechterdings nur drei Lagen von drei Farben zeigen; [1] zwei, die er als Onyx haben muß, und eine dritte, welche dem Sarder oder

---

[1] Plinius (Lib. XXXVII. sect. 75.) Sardoniches e ternis glutinantur gemmis — aliunde nigro, aliunde candido, aliunde minio, sumptis omnibus in suo genere probatissimis. Vor dem Harduin las man zwar in dieser Stelle anstatt e ternis, e cerauniis, und diese alte Lesart hat auch der deutsche Uebersetzer beibehalten, bei dem es sonderbar genug klingt, „aus Donnerkeilen zusammen geküttet." Doch Harduins Verbesserung ist unwidersprechlich, wie man bei ihm selbst nachsehen mag. Außer dem Isidorus hätte er auch noch den Marbodus für sich anführen können, der eben so ausdrücklich von dem Sardonyx sagt:

    Tres capit ex binis unus lapis iste colores;

    Albus et hinc niger est, rubeus supereminet albo.

Carneol gleicht, und wodurch er eben der Sardonyx wird. Plinius, Isidorus, Marbodus nennen diese drei Farben, schwarz, weiß, roth. Aber die erste ist so unveränderlich nicht; denn sie kann eben so wohl grau oder braun, als schwarz seyn. Nur die zweite und dritte sind unumgänglich; denn ohne die zweite könnte er kein Onyx, und ohne die dritte kein Sardonyx heißen. [1] Nun aber ist unter den vier Farben des von Winkelmann sogenannten Sardonyx, die dritte gerade nicht; und das ist sonach der zweite Grund, warum ihm dieser Name abzusprechen. Meinem Bedünken nach hätte ihn Winkelmann schlechtweg Onyx, höchstens einen vielstreifigen Onyx nennen sollen. Denn ob man dem Onyx schon nur zwei Schichten von zwei Farben beilegt, so ist dieses doch nur von dem Onyx, wie er in kleine Stücken gebrochen, nicht aber, wie er wächset, zu verstehen. Ich will sagen: da diese zweifarbigte Schichten wechselsweise parallel laufen, so kann jede mehr als einmal, und die dunklere auch mit verschiedenen Schattirungen wieder kommen, wenn man dem Steine Dicke genug läßt. Da aber eine solche Dicke zu Ring= und Siegelsteinen eben nicht die bequemste ist: so wird er freilich aus der Hand des Steinschleifers selten anders als mit zwei Schichten kommen. Nur wenn diese Schichten dünne genug sind, oder das Kunstwerk, zu welchem er bestimmt wird, eine größere Dicke erfordert, wird er, wie gesagt, jede der zwei Schichten mehr als einmal, und die dunklere nach verschiedenen Schattirungen haben können. Und das ist hier der Fall. Die vier Lagen des Winkelmannischen Steines sind in ihrer Folge, schwarzbraun, braungelb, weiß und aschgrau. Alle diese Farben und Schichten kommen ihm als Onyx zu; und besonders, sieht man wohl, sind die zwei ersten nichts als Verlauf der nämlichen Schichte ins Hellere; so

---

[1] Salmasius will zwar (ad Solinum p. 563), daß die arabischen Sardonyxe nichts von der rothen Farbe gehabt; allein in der Stelle des Plinius, worin er das finden will, finde ich es nicht. Eben so wenig kann ich mir mit ihm einbilden, daß Plinius geglaubt, Sardonyx soll so viel heißen, als Sarkonyx, oder daß er auch nur andeuten wollen, als sey dieses von einigen geglaubt worden. Denn Plinius sagt zu ausdrücklich: Sardonyches olim, ut ex nomine ipso apparet, intelligebantur candore in Sarda.

wie die vierte, die aschgraue, (wenn sie ihm anders hier nicht
aufgesetzt ist,) nichts als allmälige Verdunkelung der weißen
Schichte in die natürlicher Weise wiederum angränzende schwarz=
braune oder braungelbe, seyn dürfte. Freilich ist die rothe Farbe,
die den Sardonyx zum Onyx macht, im Grunde auch nichts als
eine Variation der braunen; denn beide sind, ihren Bestandtheilen
nach, auch vollkommen der nämliche Stein; aber wenn denn nun
einmal für diese Variation ein besonderer Name bestimmt ist,
warum will man ihn einer andern beilegen? —

Ein zweites Exempel nimmt Herr Klotz aus der Daktylio=
thek des Zanetti. „In der Zanettischen Sammlung, sagt er,
wird ein Tiger aus dem orientalischen Steine, Maco, bewundert,
wo sich der Künstler der Flecken des Steins bedient hat, um die
Flecken des Tigers auszudrücken." Maco? Wer hat jemals von
einem solchen Steine gehört? Da wird sich ganz gewiß wieder
der Setzer versetzt, oder der Schreiber verschrieben haben. So ist
es: denn Gori, von dem die Auslegungen dieser Daktyliothek
sind, sagt: exsculptum lapillo orientali, quem vulgo appellant
Moco. Moco also; nicht Maco: und nun errathe ich es unge=
fähr, daß Gori einen Mokhastein meint, einen Stein, den jetzt
fast jeder kleine Galanteriekrämer kennt, da er häufig in Ringe
verarbeitet wird. Gleichwohl muß ihn, — ich will nicht sagen,
Herr Klotz; wer wird von dem das anders erwarten? — sondern
Gori selbst nicht gekannt haben. Denn sonst hätte er ihn uns
gewiß bei seinem alten wahren Namen, der zugleich die Defini=
tion ist, und nicht bloß bei diesem so viel als nichts sagenden
Juweliernamen genannt. Der Mokhastein ist ein Dendrachat,
und hat in den neuern Zeiten diesen Namen bekommen, nicht
weil er eben um Mokha gefunden, sondern aus andern östlichen
Ländern nach diesem Hafen gebracht, und von da in Menge nach
Europa geführt wird. [1]

[1] Hill, in seinen Anmerkungen über den Theophrast S. 86. Agates,
with the Resemblance of Trees and Shrubs on them, they call'd,
for that Reason, Dendrachates. These are what our Jewellers
at this Time call Mochostones, but improperly; for they are not the
Product of that Kingdom, but are only used to be brought from
other Countries and shipp'd there for the Use of our Merchants.

Neunundvierzigster Brief.

Gori zeigt sich überhaupt, in seiner Daktyliothek des Zanetti, nicht eben als einen besondern Steinkenner. Er schrieb den Namen hin, wie er ihn hörte, unbekümmert, ob seine Leser etwas dabei würden denken können, oder nicht. Mochte er doch wohl öfters selbst nichts dabei denken.

Sie erinnern sich, was ich bereits in meinem fünf und zwanzigsten Briefe wegen der Prasma Smaragdinea wider ihn angemerkt habe. Einer solchen Prasma fand er den Stein sehr ähnlich, auf welchem er den Kopf des jungen Tiberius erkannte: [1] und wie sagt er, daß man diesen Stein nenne? Quem Igiadam appellant: oder mit den Worten seines Uebersetzers, Igiada molto bella, che al Prasma di Smeraldo assai si avvicina. Sie sollen zwanzig Naturalisten aufschlagen, ehe Sie dieser Igiada auf die Spur kommen. Und werden Sie wohl glauben, daß es weiter nichts, als der verstümmelte spanische Name eines sehr bekannten Steines ist? Die Spanier nennen Piedra de hijada, einen lapidem nephriticum, einen Nierenstein, den sie häufig aus ihren amerikanischen Provinzen bringen. [2] Dieser hat auch wirklich die Farbe eines Prasius oder Präsem, aber bei weitem nicht dessen Härte, und kann folglich auch dessen Politur nicht haben. Dazu ist der Name Igiada bei dem Gori um so viel unschicklicher, weil, wenn es eine wirkliche Piedra de hijada wäre, die Arbeit darauf unmöglich alt seyn könnte.

Sollte ein Gelehrter dem unwissenden Pöbel die Worte so aus dem Munde nehmen, wenn es nur an ihm liegt, sich von dem nämlichen Dinge ohne sie, eben so richtig als allgemein verständlich, auszudrücken? Sollte er, einen Stein zu benennen, lieber mit dem Juwelier und Seefahrer, als mit dem Griechen und Römer, als mit dem Naturforscher sprechen? Gleichwohl ist es in den spätern Zeiten fast immer geschehen; und nur dadurch sind in diesem Theile der Naturgeschichte der Dunkelheiten und Verwirrungen so viel geworden, die sich nothwendig auch je

1 Tab. IX. p. 17.
2 Laet Libr. I. cap. 23.

länger je mehr häufen müffen, wenn fich ein jeder nach eigenem
Gutdünken, oder mit dem erften dem beften Worte, das er ge=
hört, darin ausdrücken darf. Schon der ehrliche Stella, vor
mehr als zweihundert Jahren, eiferte wider diefe Unart: aber
was half es? Seine Worte find der Beifpiele wegen merkwürdig.
Se non parum admirari, fchreibt er, [1] viros alioquin doctos,
in his rebus, quæ natura tanta ornasset pulchritudine, bar-
bara ac plebeia uti nuncupatione, ut scil. Carbunculos Ru-
binos, Lychnites Amandinos, Sandaresios Granatos,
Chrysolithos Citrinos, dicerent et plerasque alias ineptissi-
mis vocabulis appellarent, quæ tamen elegantissimis nomini-
bus apud scriptores, tum Græcos, tum Latinos celebrarentur.
Den Rubin ausgenommen, über den man durchgängig einig ift,
wird man die übrigen neugeprägten Namen, von nachherigen
Schriftftellern auf ganz andere alte zurückgeführt finden. Sie
mögen darin auch leicht eben fo viel Recht haben, als Stella,
nur wegen des Amandins möchte ich es lieber mit diefem halten.
Ein Wort hierüber.

Die Lychnis und der Carbunculus Alabandicus ift bei
dem Plinius ein und eben derfelbe Stein, einmal nach einer ihm
befonders zukommenden Eigenfchaft, und einmal nach der Gegend,
wo er vornehmlich gefunden ward, fo genannt. Denn beide find
dem Plinius aus dem genere ardentium, beide find ihm ni-
griores oder remissiores carbunculi, und von den beiden fagt
er, daß fie in Orthosia caute oder circa Orthosiam gefunden
würden. Wenn alfo Stella den Amandin der Neuern zu der
Lychnis der Alten macht: fo macht er ihn zugleich zum carbun-
culo alabandico, das ift, zu einem dunkelrothen Rubin. Cäfal=
pinus hingegen, Boot, Laet und die ganze Heerde ihrer Nach=
folger, machen den Amandin zum Trœzenius des Plinius, das
ift, zu einem Rubin mit weißen Flecken. Doch unterfcheiden
eben diefe den Amandin von dem Almandin, welchen letztern fie
für den carbunculum alabandicum ausgeben, obfchon ohne im
geringften zu vermuthen, daß diefer und die Lychnis ein und
eben derfelbe Stein fey. Ich habe aber nicht finden können, mit

[1] Præf. Interpret. Gem.

welchem Grunde sie den Almandin und Amandin zu zwei ver=
schiedenen Steinen machen; beide Namen scheinen nur Ein Wort,
beide nichts als das verstümmelte Alabandicus zu seyn. Dazu
kömmt eben dieses Zeugniß des Stella, welcher hundert Jahr
früher geschrieben als sie alle, und dem zu Folge eben darum
der Amandin kein weiß gesprengter Rubin seyn kann, weil er
ihn zur Lychnis macht. Stella gedenkt auch an einem andern
Orte, wo er ausdrücklich alle die neubenannten Arten des Carbunculus herrechnet, nur des Amandin, und keines Almandin. [1]
Kurz, die Wesen sind hier ohne Noth vermehrt worden; und
mich wundert nur, daß selbst Hill sich diesen chimärischen Unter=
schied noch gefallen lassen. [2]

Ich erinnere mich hier noch über einen andern seltsamen
Namen eines Edelsteines den eigentlichen Aufschluß bei dem
Stella gefunden zu haben. Unsere Vorältern, wie Sie wissen,
nannten einen Opal einen Wayse, oder wie sie es schrieben,
Wese, Wehse, Weise. Woher diesem Steine dieser Name?
Boot will, er habe ihn vermittelst des Pæderos erhalten, eines
Beinamens, den man, wie Plinius meldet, gemeiniglich dem
schönsten Opal wegen seiner besondern Lieblichkeit gab. Olim
Pæderos, schreibt Boot, [3] hæc gemma vocata est, a puero
et amore, quod pueri pulcherrimi et innocentissimi instar
omni amore digna sit. Ab hoc nomine forte deductum est
nomen illud Germanicum, quo appellatur ein Wehse; id est,
pupillus, quod nomen pueris tantum convenit. Aber ich möchte
es Booten nicht auf sein Wort glauben, daß Wayse ehedem nur
von Knaben gebraucht worden; warum denn nicht auch von
Mädchen? Jetzt wenigstens wird es von beiden gebraucht, und
zwar von beiden als ein Wort weiblichen Geschlechts: wir sagen,
„dieser Knabe ist eine Waise, er ward sehr jung zur Waise.“
Doch das war ehedem allerdings anders; und man brauchte das
Wort im männlichen Geschlechte, ob schon nicht bloß für das
männliche Geschlecht. Wenn jedoch auch dieses gewesen wäre:

[1] Parte III. cap. 1.
[2] Theophrastus' History of Stones, p. 44.
[3] Lib. II. cap. 46.

sind denn nur Knaben, welche Waisen sind, liebenswürdige Knaben? Boot hätte so sinnreich nicht seyn dürfen; das deutsche Waise ist nichts als das übersetzte Orphanus; Orphanus aber war zu den Zeiten des Stella der allgemein angenommene Name des Opals, und war es wahrscheinlich durch nichts als durch einen Fehler der Copisten in den Schriften des Albertus Magnus geworden. [1] Hätte Boot bei dem Stella dieses gelesen, so würde er nicht umgekehrt geglaubt haben, daß Orphanus die Ueber- setzung von Waise sey, auch würde er den Orphanus nicht bloß zu einer geringern Art des Opals gemacht haben, da aus den Worten des Stella erhellt, daß damals alle Opale Orphane hießen, und man kaum jenen alten echten Namen mehr dafür erkennen wollte. Auch Frischen muß der Ursprung des Wese unbekannt geblieben seyn; er führt das Wort, das er nach dem Peucer durch Asterios und Eristalis erklärt, in seinem Wörter- buche nur kaum an; und wenn er aus eben demselben beibringt, daß die Deutschen diesen Namen mehrern Edelsteinen beilegten, so hätte er, zu Vermeidung der Mißdeutung, wohl hinzusetzen mögen, was für mehrern? Keinen andern als solchen, die, so wie sie gewendet werden, in verschiedene Farben spielen, und folglich insgesammt unter das Geschlecht der Opale gehören.

Funfzigster Brief.

Auch finden sich die die nichtsbedeutenden Namen, Achatonyx, Achatsardonyx, zum öftern bei dem Gori, und er ohne Zweifel ist es, der dem Herrn Lippert damit vorgegangen.

Wenn es indeß keiner Ungereimtheit an einem Vertheidiger fehlen soll, so hat der Achatonyx den seinigen an einem Jenaischen Recensenten des ersten Theiles dieser Briefe bereits bekommen. [2]

---

[1] Quænam hæc gemma foret, quam tantopere et ad insaniam Nonius adamasset, quam ego Opalum quum dixissem, convivæ cæteri Orphanum me dicere debere clamitabant. — Vitio librario- rum, qui Opali loco Orphani nomen substituere, id venisse, ob id elimandum obeliscoque expugnandum in Alberti codicillo hoc voca- bulum, Opalumque ejus loco inscribendum fore.

[2] St. 96 Jahr 1768.

Dieser läugnet, daß man heut zu Tage unter dem Namen Achat, als einem Geschlechtsnamen, alle edlere Hornsteine begreife, und sagt: „wir haben noch nie gehört, daß man den Chalcedon einen „Achat genannt." Wir! So muß dieses Wir überhaupt nicht viel von dergleichen Dingen gehört haben. Brückmann sagt: [1] „Der Achat wird von den mehrsten Schriftstellern, die „von Edelsteinen geschrieben haben, für das Hauptgeschlecht aller „dieser Steine ausgegeben, welche wir in diesem Abschnitte be= „schrieben haben." Und was hatte er in diesem Abschnitte für Steine beschrieben? „Quarzartige, im Anbruch glatte oder glän= „zende, halb durchsichtige und undurchsichtige Edelsteine, die auch „von einigen hornartige, der Aehnlichkeit zufolge, genennt „werden." Ja er setzt ausdrücklich hinzu: „Z. E. von halb durch= „sichtigen Steinen wird der Chalcedon, der Carneol u. s. w., von „undurchsichtigen der Onyx für Achatarten angenommen." — Aus welchen Büchern hat denn nun das Jenaische Wir, viel wissenden Tones, seine Mineralogie gelernt, daß es so bekannte Dinge theils läugnet, theils nie gehört hat? Und so, wie die mehrsten Schriftsteller vor Brückmann den Achat zum Geschlechts= namen aller edlern Hornsteine, den Chalcedon nicht ausgeschlossen, gemacht: so haben dieses auch noch viele nach ihm gethan, von welchen ich Vogeln statt aller nennen will. [2]

„Der Name, Achatonyx," fährt der Jenenser fort, „ist kein Monstrum, wie Lessing glaubt, wenn gleich Achat und Onyx zu einem Geschlechte gehören. Auf solche Art müßte der Chalcedonyx auch ein Monstrum seyn." Mit Erlaubniß: ich habe ihn ein Monstrum genannt, nicht in sofern Achat und Onyx zu einem Geschlechte gehören, und nur verschiedene Arten des nämlichen Geschlechts sind, die sich allerdings componiren lassen, wie ich bei dem Sardonyx zugestanden habe, und aus dem Chalcedonyx nicht erst zu lernen brauche; sondern in sofern, als Achat das Geschlecht und Onyx die Art ist, und alle Composita aus Ge= schlecht und Art widersinnige Composita sind. Gleichwohl möchte man sich auch den Chalcedonyx verbitten; denn nicht einmal

[1] Abhandlung von Edelsteinen S. 85.
[2] Mineralsystem S. 132.

unsern Chalcedon kannten die Alten unter diesem Namen, ge=
schweige den Chalcedonyx. Und was will man denn damit? Die
weiße Schichte des Onyx ist jederzeit Chalcedon: nämlich was
wir jetzt Chalcedon nennen, ein milchfarbener Achat. Wenn eine
dunklere Schichte dazu kömmt, so heißt der Stein Onyx; aber
wann und warum soll er Chalcedonyx heißen? Wenn er durch=
sichtiger ist? Schon der Onyx ist ja nicht immer ganz undurch=
sichtig; und es muß daher wohl eine sehr mißliche Sache seyn,
mit Brückmannen [1] den ganzen Unterschied zwischen ihm und dem
Chalcedon auf dem Mehr oder Wenigern beruhen zu lassen. Ich
begreife zwar, warum man für die weiße Schichte des Onyx, die
gar wohl allein seyn kann, die man zu kleinen tief gegrabenen
Werken auch allein brauchen kann, einen besondern Namen für
nöthig erachtet; und da einmal der Name Chalcedon hierzu ge=
nommen worden, so mag er es nur immer bleiben. Aber wozu
man aus diesem Chalcedon nun wiederum einen Chalcedonyx
machen soll, das kann ich nicht begreifen.

Es ist freilich bloß willkürlich, ob man den Namen Achat,
oder einen andern zum Geschlechtsnamen der edlern Hornsteine
machen will. Brückmann hielt es darum nicht für thunlich, [2]
weil der Achat nichts als eine Zusammensetzung mehrerer solcher
an Farbe und Durchsichtigkeit verschiedener Hornsteine sey, gegen
die er sich gleichsam wie die Glockenspeise zu den Ingredienzen
derselben verhielte. So ungereimt es nun herauskommen würde,
Messing oder Blei zu einer Art Glockenspeise zu machen: eben
so ungereimt sey es, den Carneol oder Chalcedon oder Onyx für
einen Achat auszugeben. Das mag seyn und, wenn man will,
mag man daher auch lieber mit Brückmannen den Chalcedon,
anstatt des Achats, zum Geschlechtsnamen aller dieser Steine
aussondern. Soviel bleibt doch immer unstreitig, daß sie alle
zu einem Geschlechte gehören, und daß, wenn man auch schon
den Onyx nicht zu einem Achate machen sollte, dennoch beider
Bestandtheile die nämlichen sind, und sie sich folglich nur nach
den Farben, oder der Lage dieser Farben unterscheiden können.

1 S. 71 und 80.
2 S. 86.

Aber auch das sollen sie nicht, zu Folge dem Jenaischen Recen=
senten; denn er sagt: „daß die reguläre Lage der farbigen Streife
den Achat zum Onyx mache, müsse er darum bezweifeln, weil
die Streife keine nothwendige Eigenschaft des Onyx wären, und
es auch genug Achate gäbe, die eine reguläre Lage von farbigen
Streifen hätten, und gleichwohl darum noch nicht zu Onyxen
würden." Daß doch solche Herren meistentheils das Beste in
petto behalten! Ich wäre wohl begierig, einige von dergleichen
Achaten, die eine reguläre Lage von farbigen Streifen haben,
und gleichwohl keine Onyxe sind, von ihm kennen zu lernen.
Ich will ihm Dank für seine Belehrung wissen. Nur muß er
mir nicht mit den sogenannten Bandsteinen aufgezogen kommen.
Denn es ist zwar wahr, daß die Bandsteine eine reguläre Lage
von farbigen Streifen haben, und doch keine Onyxe sind; aber
sie sind auch keine Achate. Sondern es sind Jaspisarten; wie
sie denn auch bei Kennern Bänderjaspis heißen, und nur von
ganz Unwissenden Bänderachat genannt werden. Schon Theophrast
hat die reguläre Lage der farbigen Streifen mit für ein Haupt=
kennzeichen des Onyx angegeben; das ist sie auch beständig ge=
wesen und ist es noch jetzt, da man sich an die Farben selbst,
welche Theophrast angab, nicht mehr bindet. [1]

Wahrlich, es verlohnt sich der Mühe, die ausgemachtesten
Sachen zu bezweifeln, die angenommensten Systeme zu ver=
werfen und überall das Oberste zum Untersten zu kehren, um
nur den Herrn Klotz nicht Unrecht haben zu lassen!

Der einzige Sinn, den man noch allenfalls mit dem Namen,

---

1 Theophrast sagt, daß das Weiße und Braune, aus welchem der
Onyx bestehe, parallel liegen müsse. Das Uebrige will ich mit den
Worten seines englischen Commentators bekräftigen. The Zones, sagt
Hill, are laid in perfect Regularity, and do not, according to the
Judgment of the nicest Distinguishers of the present Times, ex-
clude it from the Onyx Class, of whatsoever Colour they are,
except red; in which case it takes the Name of Sardonyx. The
Colour of the Ground and Regularity of the Zones are therefore
the distinguishing Characteristics of this Stone: and in the last,
particularly, it differs from the Agate, which often has same Co-
lours, but placed in irregular Clouds, Veins, or Spots.

Achatonyx, verbinden könnte, wäre dieser, daß man einen Onyx darunter verstünde, der an Achat angewachsen, oder noch nicht ganz von dem Achat getrennt worden, in welchem er gewachsen. In diesem Sinne kann sich auch wohl der Naturalist dieses Namens bedienen, um ein dergleichen Stück in seinem Cabinete zu bemerken, so wie er noch tausend solcher Namen machen kann, ähnliche Verbindungen verschiedener Körper anzudeuten. Aber diese Namen zu Benennungen besonderer Arten machen, und von ihnen etwas sagen, was sich nur von eignen Arten sagen läßt (wie z. E. mit Herr Klotzen, daß sich die Alten zu erhabenen Werken am häufigsten der Achatonyxe bedient), das ist eine große Ungereimtheit, die sich durch nichts, als durch ein aufrichtiges Geständniß der Unwissenheit entschuldigen läßt.

Das nämliche gilt von dem Achatsardonyx und allen den Compositis, die ohne Beispiel der Alten gemacht worden. Herr Lippert ist daran sehr reich. Er hat nicht allein Achatonyxe und Achatsardonyxe, sondern auch Achatchalcedonier, Sapphirachate, und wie die Raritäten alle heißen. Gleichwohl zweifle ich, ob er einen von diesen Namen in dem Sinne will verstanden wissen, von dem ich gesagt, daß man ihn allenfalls noch könne gelten lassen. Ich zweifle, ob er z. E. unter seinem Sapphirachat einen Sapphir versteht, der an einen Achat angewachsen, oder nicht vielmehr einen etwas durchsichtigern Achat von der Farbe des Sapphir. Und diese Zweideutigkeit allein hätte ihn bewegen sollen, dergleichen eigenmächtige Composita zu vermeiden.

Einundfunfzigster Brief.

Sie wundern sich, daß ich eines Jenaischen Recensenten meiner Briefe gedenke, ohne Ihnen noch gemeldet zu haben, was denn Herr Klotz selbst dazu sagt.

Ich habe lange bei mir angestanden, ob ich Sie davon unterhalten soll. Die Ränke schlechter Schriftsteller, wenn sie sich in die Enge getrieben fühlen, sind Ihnen ja wohl schon aus andern Beispielen bekannt. Neue hat Herr Klotz deren eben nicht erfunden. Trotz meiner Erwartung, ihn wenigstens hier Original zu sehen, hat er es bei den alten bewenden lassen, die er jedoch treulich alle durch verfucht, ohne fich daran zu kehren, daß die letztern immer die erftern wieder aufheben.

Als er nur noch den Anfang der Briefe in den öffentlichen Blättern gefehen hatte, gab er fich alle Mühe, in der feierlichen Kälte einer Standesperfon davon zu fprechen. Es befremdete ihn, daß ich über einige Zweifel, die er mit aller Befcheidenheit vorgetragen, fo empfindlich werden können; er verficherte, daß ihm fein Bewußtfehn der untadelhafteften Abfichten nicht erlaube, jemandes Unwillen, am wenigften meinen Zorn zu befürchten; er erklärte, daß unfer Zwift das Publicum, in deffen Angefichte ich, ihn zu belehren, auftrete, wenig intereffire, daß er nicht einfehe, welchen Nutzen Künfte und Wiffenfchaften davon haben würden; er fprach von feinem verewigten Freunde, dem Grafen Caylus; er bezeigte feine Dankbarkeit gegen die Herren Hagedorn, Lippert und Winkelmann, denen er das Wenige, was er von der Kunft wiffe, fchuldig feh; er gab es zu, daß er mich nicht könne verftanden haben, merkte aber zugleich an, daß ich ihn über einen gewiffen Punkt ja auch nicht verftanden, und führte mir fchlüßlich zu Gemüthe, daß ich ihn wohl ehedem einen Gelehrten von fehr richtigem und feinem Gefchmacke genannt hätte. [1]

Was ich auf alles diefes damals antwortete, — oder antworten hätte können, — war, wie folgt.

Herr Klotz fagt, „unfer Zwift intereffire das Publicum wenig.“ — Wenn ich mir nun aber das Publicum als Richter denke? Ein Richter muß alle Zwifte anhören, und über alle erkennen, auch über die geringfchätzigften, fie mögen ihn intereffiren, oder nicht. Zudem, wer find denn die Schriftfteller? wer find wir beide, Herr Klotz und ich, denn unter den Schriftftellern, daß wir das Publicum zu intereffiren verlangen können? Alle Lefer, auf die wir rechnen dürfen, find hier und da, und dann und wann, irgend ein ftudirter Müßiggänger, dem es gleich viel ift, mit welchem Wifche er fich die lange Weile vertreibt, irgend ein

---

[1] Man fehe den bündigen Auffatz des Herrn Klotz, im 133ften Stücke des Hamburg. Corresp. vorigen Jahres (19. Auguft 1768). Das Wefentlichfte von meiner nachftehenden Antwort war dem 135ften Stücke der Hamburgifchen Neuen Zeitung eingefchaltet (25. Auguft 1768).

neugieriger ober fchabenfroher Pebant, irgenb ein fich erholen
ober fich zerftreuen wollender Gelehrte, irgend ein junger Menfch,
ber von uns, ober mit uns, ober an uns, zu lernen benkt. Und
biefe Handvoll Inbividuen haben wir bie Impertinenz, bas Publicum zu nennen? Doch wohl, wohl; wenn bie bas Publicum
find: fo intereffiren wir bas Publicum gewiß!

Aber Herr Klotz fagt zugleich, „er fehe nicht ein, baß bie
Künfte unb Wiffenfchaften einigen Nutzen aus unferm Zwifte
haben würben." Das wäre nun befto fchlimmer für ihn, ber
einen folchen Zwift erregt hat! Doch follte nicht bie Kritik einigen
Nutzen bavon haben können? Vielleicht zwar, baß bie Kritik bei
Herr Klotzen weber eine Kunft noch eine Wiffenfchaft ift.

Herr Klotz fpricht von Anmerkungen und Zweifeln, bie er
mit aller Befcheibenheit vorgetragen. Wenn bie Befcheibenheit
barin befteht, baß man einem keine Zubringlichkeit erweift, ohne
einen Bückling bazu zu machen: fo mag feine Befcheibenheit ihre
gute Richtigkeit haben.

Aber mich bebünkt, bie wahre Befcheibenheit eines Gelehrten
beftehe in etwas ganz anberm: fie beftehe nämlich barin, baß er
genau bie Schranken feiner Kenntniffe unb feines Geiftes kennt,
innerhalb welchen er fich zu halten hat; baß er für jeben Schriftfteller fo viel Achtung hegt, ihm nicht eher zu wiberfprechen, als
bis er ihn verftanben; baß er nicht verlangt, ber mißverftanbene
Schriftfteller folle es bei feinem Wiberfpruche bewenben laffen;
baß er ihn keiner Empfinblichkeit befchulbigt, wenn er es nicht
babei bewenben läßt; baß er in ben Streitigkeiten, bie er fich
felbft zuzieht, rund zu Werke geht, nicht tergiverfirt, nicht in einem
fauerfüßen Tone, mit einer fchnöben Miene, ftatt aller Antwort
vorwenbet, „bas Publicum intereffire bergleichen nicht, er fehe
nicht ein, was für Nutzen Künfte unb Wiffenfchaften bavon
haben könnten! u. f. w."

Mit folchen Wendungen macht fich nur bie beleibigte Eitelkeit aus bem Staube; und ein eitler Mann ift zwar höflich,
aber nie befcheiben.

Schlimm genug, baß Höflichkeit fo leicht für Befcheibenheit
gehalten wirb! Aber noch fchlimmer, wenn bie kleinfte Freimüthigkeit Unwille und Zorn heißen foll!

„Mein Bewußtfeyn, fagt Herr Klotz, daß ich niemanden in der Welt beleidigen wollte —"

Beleidigen! vorfätzlich beleidigen! Wer in der Welt wird Herr Klotzen das zutrauen? Einem vorfätzlich eine unangenehme Stunde machen, das kann er wohl, das hält fich fein edles Herz wohl für erlaubt, wie er es mit der liebenswürdigften Frei- müthigkeit felbft bekennt. [1] Aber ift denn, einem eine unange- nehme Stunde machen, eben fo viel, als einen beleidigen?

„Diefes Bewußtfeyn, fagt er, erlaubt mir nicht jemandes Unwillen, am wenigften Herrn Leffings Zorn zu befürchten." — Meinen Zorn! mein Zorn! O, der Herr Geheimderath haben mich zum beften!

Und feine Lefer ein wenig mit zugleich. Denn nun foll ich es für gut befunden haben, Herr Klotzen im Angefichte des Pu- blicum zu belehren. Ich, ihn? Nicht doch; ich habe es bloß für gut befunden, mich feinen ewigen Belehrungen einmal zu ent- ziehen. Aus Urfache, weil fie mich leider nie belehrten. Und gefchahen diefe Belehrungen nicht auch im Angefichte des Publi- cum? oder gefchieht das nicht im Angefichte des Publicum, was Herr Klotz in feinen Schriften thut? Es könnte feyn.

Ich gebe es zu, daß jeder ehrliche Mann der Gefahr aus- gefetzt ift, die Meinung eines andern nicht zu faffen. — Nur, wenn der ehrliche Mann ein Schriftfteller ift, könnte er fich Zeit nehmen, fie zu faffen. Und wie, wenn er durchaus keine recht faßt, diefer ehrliche Schriftfteller?

Sehen Sie nur; felbft da verfteht mich Herr Klotz nicht, wo er behauptet, daß ich ihn nicht verftanden habe. Er fagt, „ich gäbe ihm in meinem Laokoon Schuld, daß er die homerifche Epifode vom Therfites um deßwillen table, weil Therfites eine häßliche Perfon fey; diefes fey ihm nie eingefallen; er habe ihn deßwegen weggewünfcht, weil er eine lächerliche Perfon fey, und durch feine Gegenwart die feierliche Harmonie des epifchen Ge- dichts zerftöre."

O ich habe ihn alfo recht gut verftanden; denn ich habe ihn gerade fo verftanden, wie er fich hier erklärt.

[1] Allgem. Bibliothek B. VIII. St. II. Vorr. S. 21.

Eigentlich zwar erwähne ich der Ursache, warum Herr Klotz den Thersites aus dem Homer wegwünscht, mit keiner Sylbe. Aber wie hätte ich die Häßlichkeit zu dieser Ursache machen können, da ich behaupte, daß die Häßlichkeit in der Poesie Häßlichkeit zu seyn aufhöre, und entweder lächerlich oder schrecklich werde?

Vielmehr, wenn Thersites in dem Homer bloß eine häßliche Person wäre, so hätte Herr Klotz nach meiner Meinung sehr Recht, ihn wegzuwünschen. Aber er ist nicht sowohl häßlich, als lächerlich; und aus eben dieser Ursache, aus welcher ihn Herr Klotz wegwünscht, sage ich, daß er bleiben muß.

Die feierliche Harmonie des epischen Gedichts ist eine Grille. Eustathius rechnet das Lächerliche ausdrücklich unter die Mittel, deren sich Homer bedient, wieder einzulenken, wenn das Feuer und der Tumult der Handlung zu stürmisch geworden. Wenn Thersites, weil er lächerlich ist, weg müßte, so müßten mehr Episoden aus gleichem Grunde weg. Das Lächerliche ist dem Homer nicht entwischt, sondern er hat es mit großem Fleiße und Verstande gesucht.

Das ist es, was ich an einem andern Orte weitläuftiger zu erklären im Laokoon versprach. Das ist es, wovon mir damals Herr Klotz ganz und gar keine Idee zu haben schien, ob ich ihn schon für einen Gelehrten von sonst sehr richtigem und feinem Geschmacke erkannte.

Aber ein richtiger und feiner Geschmack ist nicht immer ein allgemeiner und großer. Auch ist ein Mann von Geschmack noch lange kein Kunstrichter. Zu diesem finde ich in Herr Klotzen jetzt noch eben so wenig Anlage, als damals. Und auch für jenen würde ich ihn nicht erkannt haben, wenn er schon damals die deutsche Bibliothek dirigirt hätte: ein Werk, worin ich sehr gelobt worden, und welches ich ganz gewiß wieder loben würde, wenn ich Lust hätte, weiter darin gelobt zu werden. —

Auf diese Antwort, und nachdem Herr Klotz den Verfolg meiner Briefe erhalten hatte, erschien ein zweiter Aufsatz von ihm in dem nämlichen Correspondenten. [1] Er merkte, daß es mit der vornehmen, abweisenden Miene nicht ganz gethan seyn

---

[1] St. 154. 155 vor. Jahr (24. und 27. September 1768).

dürfte; er ließ sich also auf die Rechtfertigung seines Tadels ein, und hören Sie doch, was er diesem Tadel überhaupt für eine Beschönigung giebt! „Wenn Herr Lessing, lauten die Worte, über die Zweifel, die ich gegen seinen Laokoon auf die bescheidenste Art gemacht habe, mir so deutlich seinen Unwillen bezeugt, so kann mich dieses nicht anders, als sehr befremden. Herr Lessing verlangte in einem Briefe vom 9. Juni 1766 meine Widersprüche ohne allen Rückhalt, und er bezeugte mir in so gefälligen und höflichen Ausdrücken sein Verlangen über mein Urtheil von seinem Laokoon, daß ich es sogar für meine Schuldigkeit hielt, ihm meine Meinung über einiges zu sagen. Ich habe auch dieses, wie ich glaube, auf eine Art gethan, die der Höflichkeit, welche mir Herr Lessing erwies, gemäß war. Es war mir bloß um die Liebe zur Wahrheit zu thun; nie habe ich den Willen gehabt, etwan Fehler aufzusuchen, und dadurch Herrn Lessing beschwerlich zu werden. Wäre dieses meine Absicht gewesen, so würde ich gewiß seine Hypothese vom Borghesischen Fechter zuerst angegriffen haben. Ehe noch in den Götting'schen Anzeigen (1768 S. 176) diese Erinnerung gemacht wurde, hatte ich bemerkt, daß Herr Lessing zwei Statuen mit einander verwechselt habe. Denn die Stellung des Fechters (s. Villa Borghese S. 217) kann ganz und gar nicht dem Chabrias beigelegt werden."

O des unschuldigen, friedlichen, mit dem Mantel der christlichen Liebe alle Mängel bedeckenden, nur aus Gefälligkeit widersprechenden Mannes! Wie unleidlich, wie zänkisch, wie mir selbst ungleich muß ich gegen ihn nicht erscheinen! — Wenigstens legt er es darauf an, daß ich so erscheinen soll.

Seinen bis jetzt so freundschaftlich versparten Vorwurf, den Borghesischen Fechter betreffend, haben wir schon vorgehabt.[1] Wenn es wahr ist, daß auch Er, und Er noch früher als der Götting'sche Gelehrte, meine Verwechselung dieses Fechters mit einer andern Statue bemerkt hat, so mache er sein Wort nunmehr gut. Er zeige, wie und worin diese Verwechselung geschehen; es liegt seiner Ehre daran, dieses zu zeigen. Denn zeigt

---

1 Brf. 36.

er es nicht, kann er es nicht zeigen: so war er auch hier nicht
bloß der kahle Nachbeter, sondern der plagiarische Nachbeter,
der bei allem seinem Nachbeten immer noch selbst gelesen, selbst
gedacht haben will. Er merke aber wohl, es ist von der Ver=
wechselung, nicht von der Deutung der Statue die Rede!

Von den besondern Rechtfertigungen seines Tadels, führe ich
nichts an. Er hat getadelt, und ich habe mich verantwortet: er
besteht auf seinem Tadel, und ich schweige. Mich selbst wieder=
holen, ist mir noch eckelhafter, als es dem Leser seyn würde;
neue Erläuterungen aber sehe ich nicht hinzu zu setzen. Das
letzte Wort will ich ihm gern lassen. Nur die Einbildung kann
ich ihm nicht lassen, jemanden in der Welt überredet zu haben,
daß ich ihn um sein Urtheil über meinen Laokoon gebeten.

Und das hätte ich nicht gethan? Gewiß nicht. Aber er be=
ruft sich ja auf eine Zuschrift von mir? Sie sollen bald hören,
was es damit für eine Bewandtniß hat.

Denn nun war der erste Theil dieser Briefe erschienen; und
kaum war er erschienen, so war er auch schon in dem siebenten
Stücke der deutschen Bibliothek des Herrn Klotz — wie soll ich
es nennen? wie würden Sie es nennen, was Sie da von S. 465
bis 78 gelesen haben, oder geschwind noch lesen müssen?

Zweiundfunfzigster Brief.

Herr Klotz sah, daß ich es nicht bei der Schutzwehr wolle
bewenden lassen; er sah, daß ich ihm den Krieg in sein eigenes
Land spiele: und das war ihm zu arg! Nach diesem Hochverrathe
war weiter an keine Schonung zu denken, und er brach mit
seiner ganzen Artillerie von Voraussetzungen, Verdrehungen, Ver=
leumdungen und Vergiftungen wider mich auf. Hatte ich es doch
gedacht!

Indeß, meinen Sie, müsse es damit wohl seine Richtigkeit
haben, daß ich den Herrn Klotz um sein Urtheil über meinen
Laokoon ersucht. Denn er erzähle ja die ganze Geschichte, wie
er auf die Prüfung desselben gekommen, und diese fange er mit
einem Briefe an, den ich aus Berlin, unterm 9. Juni 1766, an
ihn geschrieben.

Schlimm genug, daß er sie damit anfängt. Ich habe also wohl zuerst an ihn geschrieben? Nicht Er ist es, sondern ich bin es also wohl, der die Correspondenz zwischen uns eröffnet hat? Oder hat er es im Ernst vergessen, daß mein Brief vom 9. Juni nichts als eine Antwort auf seine Zuschrift vom 9. Mai war? Hat er es im Ernst vergessen, daß er mich in dieser seiner frühern, seiner ersten Zuschrift, um Erlaubniß bat, mir seine Zweifel über den Laokoon in den Actis litter. mittheilen zu dürfen?

Wenn das ist, so bin ich genöthigt, ihm sein Gedächtniß aufzufrischen; und er kann es nicht übel deuten, daß ich in der Art, es zu thun, seinem Beispiele folge. Wenn ihm erlaubt war, eine Stelle aus meinem Briefe drucken zu lassen, so kann mir nicht anders als vergönnt seyn, eben das mit seinem ganzen Briefe zu thun. Hier ist er, von Wort zu Wort!

„Ich erinnere mich, mein werthester Herr, Sie in meinem zartesten Alter bei meinem Vater in Bischofswerde gesehen zu haben, wohin Sie ein gewisser Herr Lindner, wo ich nicht irre, begleitet hatte. Sie können nicht glauben, wie sehr ich mich freue, so oft ich meinen Freunden sagen kann, daß ich Sie von Person zu kennen das Glück habe. Warum ich es für ein Glück halte, würde ich Ihnen erzählen, wenn ich glaubte, daß man Ihre Freundschaft durch eine Sprache verdienen könnte, welche Ihnen verdächtig scheinen möchte, da sie so oft von der Verstellung ge= braucht worden. Aber erzeigen Sie mir immer die Wohlthat und glauben Sie mir auf mein Wort, daß ich es allezeit für meine Pflicht gehalten, einer Ihrer aufrichtigsten Verehrer zu seyn, und daß vielleicht wenige Sie so zärtlich, so ohne alle Nebenabsichten geliebt haben, als ich."

„Wie viel Vergnügen macht mir nicht Ihr Laokoon! Ich bin Ihnen es schuldig, daß ich einmal an einem Orte, wo Barbarei und Unwissenheit herrscht und wo ich nur verdrießliche Geschäfte habe, auf einige Tage aufgeheitert worden. Ein Mann von Ihrer Denkungsart nimmt mein Geständniß nicht übel, daß ich nicht überall mit Ihren Meinungen zufrieden bin. Ja ich bin so frei zu glauben, daß Sie mir erlauben, wenn ich meinen Zweifeln weiter nachgedacht habe, solche in den Actis litt. Ihnen mitzutheilen.

Ich thue es, um noch mehr von Ihnen zu lernen. Denn wie viel habe ich nicht schon in Ihrem Buche gelesen, das ich zuvor nicht wußte!"

„Ich habe mir vorgenommen, eine neue Ausgabe der Epp. Homeric. zu machen. Es sind mir verschiedene geschnittene Steine und andere Monumente vorgekommen, woraus ein ziemlicher Zuwachs von Anmerkungen entstanden. Das Gedicht des Sadolets über den Laokoon hatte ich aus Joh. Matthæi Toscani Carmin. Poetar. illust. Italorum (Lutetiæ 1577), wo es im 2. Thle. S. 132 steht, mir gleichfalls angemerkt. Nun sehe ich, daß Sie mir zuvorgekommen sind."

„Vielleicht ist dem Lieblinge der Griechischen Muse es nicht unangenehm, wenn ich noch hinzusetze, daß die noch nicht bekannte Anthologie des Strato nun völlig in meinen Händen sey. Ich habe einen Theil dieser kleinen Gedichte meinem Commentar über den Tyrtäus eingewebt, welchen Richter jetzt mit einer vielleicht übertriebenen Pracht druckt. Ein großer Theil aber ist zu frei, als daß er wenigstens von mir bekannt gemacht werden könne. — Doch ich trage Bedenken, weiter mit Ihnen zu reden, bis ich die Versicherung habe, daß Sie mir erlauben, Ihr Freund zu seyn. Unterdessen bin ich doch allezeit

Ihr

Halle, den 9. Mai 1766.   gehorsamster Diener

Klotz."

Diesen Brief erhielt ich, als mir ein Brief von dem Manne aus dem Monde gerade nicht mehr und nicht weniger erwartet gewesen wäre. Aber beantwortet mußte er doch werden. Und wie? Der Ton war angegeben, in welchen es die ungesittetste Kälte gewesen wäre, nicht einstimmen zu wollen. Herr Klotz erinnert sich, mich in seinem zartesten Alter in dem Hause seines Vaters gesehen zu haben; ich werde mich dessen auch erinnern müssen. Herr Klotz versichert mich, allezeit einer der aufrichtigsten Verehrer von mir gewesen zu seyn: von mir als Schriftsteller, versteht sich, und Herr Klotz war auch Schriftsteller. Herr Klotz bekennt, vieles aus meinem Buche gelernt zu haben, was er vorher nicht wußte; das will sagen, wenn man vieles nicht weiß, kann man aus dem ersten dem besten Buche, oder richtiger zu reden, aus dem ersten dem schlechtesten, vieles lernen, und also auch dieses Compliment kann ich ihm in aller Demuth zurück= geben. Endlich: Herr Klotz ist nicht überall meiner Meinung; er hat Zweifel über mein Buch; er will diesen Zweifeln weiter nachdenken; er glaubt, daß ich ihm sodann erlauben werde, mir sie öffentlich mittheilen zu dürfen: erlauben! und wenn ich es ihm nun nicht erlauben wollte? Was für Ungereimtheiten man nicht alles aus lieber Höflichkeit zu schreiben pflegt! Also nicht bloß erlauben muß ich ihm das: ich muß ihm wenigstens ver= sichern, mich darauf zu freuen.

Allein diese Versicherung — ich frage Sie, mein Freund; ich frage einen jeden, der Lust hätte, mir darauf zu antworten — ist diese Versicherung, daß mir das Urtheil, die Anmerkungen, die Zweifel, die mir Herr Klotz zuerst anbietet, willkommen seyn werden, ist diese Versicherung eine eigentliche von mir herstammende Bitte um dieses Urtheil, um diese Anmerkungen und Zweifel? Kann man sagen, daß ich ihn um das ersucht habe, was ich von ihm anzunehmen mich nicht weigern durfte? Gleichwohl sagt es Herr Klotz; gleichwohl darf er sich unterstehen, es mit meinen eigenen Worten beweisen zu wollen.

Meine eigene Worte sollen diese gewesen seyn: „Ich ver= spreche meinem Laokoon wenige Leser, und ich weiß, daß er noch wenigere gültige Richter haben kann. Wenn ich Bedenken trug, den einen davon in Ihnen zu bestechen, so geschah es gewiß weniger aus Stolz, als aus Lehrbegierde. Ich habe Ihnen zuerst widersprochen; und ich würde sagen, es sey bloß in der Absicht geschehen, mir Ihre Widersprüche ohne allen Rückhalt zu versichern, wenn ich glaubte, daß ein rechtschaffener Mann erst gereizt werden müßte, wenn er nach Ueberzeugung sprechen sollte. Der häßliche Thersites soll unter uns eben so wenig Unheil stiften, als ihm vor Troja zu stiften gelang. Schreibt man denn nur darum, um immer Recht zu haben? Ich meine mich um die Wahrheit eben so verdient gemacht zu haben, wenn ich sie verfehle, mein Fehler aber die Ursache ist, daß sie ein anderer entdeckt, als wenn ich sie selbst entdecke. Mit diesen Gesinnungen kann ich mich auf Ihr ausführliches Urtheil in den Actis litter. nicht anders als freuen."

Ich erkenne in diesen Worten meine Denkungsart; es mögen also gar wohl meine eigenen Worte gewesen seyn. Aber was folgt daraus für Herr Klotzen? Es waren, wie Sie gesehen, erwiedernde Worte, nicht auffodernde Worte. Ja so wenig auffodernd, daß sie ihn vielmehr hätten stutzig machen müssen. Ich lasse ihm merken, daß ich über meinen Laokoon nur sehr wenige Richter für gültige Richter erkennen dürfte, und wenn ich ihn jetzt einen Augenblick für diesen annehme, so geschieht es nur, weil er sich so zuversichtlich für jenen aufwirft. Er will Richter seyn; und daraus schließe ich, daß er sich aus der kleinen Zahl der gültigen zu seyn fühlen müsse. Konnte ich ihn damals schon besser kennen, als er sich kannte? —

Aber ein Wort von dieser so stolz klingenden Aeußerung selbst! Sie klingt es bloß; sie ist es gar nicht. Nicht darum meinte ich, könne mein Laokoon nur sehr wenige gültige Richter haben, weil ganz außerordentliche Kenntnisse, ein ganz besonderer Scharfsinn dazu erfodert würden: wahrlich nicht darum. Ich müßte ein großer Geck seyn, wenn ich das gemeint hätte. Der Männer, die unendlich mehr Kenntnisse von dahin einschlagenden Dingen besitzen, als ich; der Männer, die unendlich mehr Scharfsinn haben, als ich, — giebt es überall die Menge. Aber deren, die beides, Kenntnisse und Scharfsinn, auch nur in einem leidlichen Grade in sich vereinigen, giebt es so viele schon nicht. Unter diesen wenigern giebt es noch wenigere, welche diesen Scharfsinn, den sie haben, auf dergleichen Kenntnisse, die ihnen auch nicht fehlen, anwenden zu können oder zu dürfen glauben. Die mehrsten von ihnen halten Scharfsinn auf solche Kenntnisse angewandt für eine unfruchtbare Spitzfindigkeit, die selbst dem Vergnügen, das sie aus diesen Kenntnissen ziehen, nachtheilig werden müsse. Nur hier und da wagt es einer dann und wann, dieses sein Vergnügen auf das Spiel zu setzen, um in der Beschauung und Musterung und Läuterung desselben Vergnügen zu finden. Und so wie diese höchst seltenen Grübler nur meine Leser seyn werden, so können nur die geübtesten derselben meine Richter seyn. Aber Tausend gegen Eines, daß sich unter diesen kein Dichter, kein Maler finden wird. Es hat daher nie meine Absicht seyn können, unmittelbar für den Dichter, oder für den

Maler zu schreiben. Ich schreibe über sie, nicht für sie. Sie können mich, ich aber nicht sie entbehren. Um mich in einem Gleichnisse auszudrücken: ich wickle das Gespinnste der Seidenwürmer ab, nicht um die Seidenwürmer spinnen zu lehren, sondern aus der Seide für mich und meines gleichen Beutel zu machen; Beutel, um das Gleichniß fortzusetzen, in welchen ich die kleine Münze einzelner Empfindungen so lange sammle, bis ich sie in gute wichtige Goldstücke allgemeiner Anmerkungen umsetzen, und diese zu dem Capitale selbstgedachter Wahrheiten schlagen kann. —

Dreiundfunfzigster Brief.

Das also ist erwiesen, daß ich den Herrn Klotz um sein Urtheil nicht gebeten habe. Ich habe es bloß nicht verbeten.

Ich war nie begierig darnach gewesen, ehe mich seine Zuschrift begierig darnach machte. Aber ich erinnerte mich, daß ich ihn zu dem öffentlichen Widerspruche, zu welchem er sich aufwarf, wohl könne gereizt haben. Gereizt! denn ich hatte ihm selbst gelegentlich widersprochen. Doch mußte ich ihn auch nicht glauben lassen, daß ich ihn für gereizt hielte, oder mußte es ihm nur durch die Versicherung, daß ich ihn nicht dafür hielt, merken lassen. Kurz, ich sehe noch nicht, wie ich ihm damals hätte anders antworten können, als ich ihm geantwortet habe.

Aber hören Sie weiter. — Nach Verlauf von fünf Monaten erschien das Stück von den Actis litt.,[1] in welchem Herr Klotz Wort hielt; und er hatte die Güte, es mir mit einem zweiten Schreiben selbst zuzuschicken. Ich theile auch dieses ganz mit; denn da Herr Klotz es einmal für gut befunden, unser Publicum in einen Privatbrief gucken zu lassen, so mag diesem Publicum nun lieber gar nichts verhalten bleiben, was unter uns vorgefallen. Es lautet so:

„Nachdem ich einen ganzen Sommer auf Ihre Ankunft in Halle, mein werthester Herr, gewartet, und mit dieser Hoffnung mir alles das Unangenehme, welches mein Professoramt bei sich führt, versüßt hatte, bringt mir mein Freund, Herr Hausen, die

1 Voluminis III. Pars III.

Nachricht, daß Sie in Berlin sind. Es bleibt mir also nichts übrig, als, um mir das Vergnügen, Sie zu umarmen, zu verschaffen, selbst nach Berlin zu reisen, und ich hoffe gewiß, daß ich auf Ostern meinem Verlangen werde ein Genüge leisten können. Unter die Vortheile, die ich mir von dem Warschauer Antrage versprach, rechnete ich immer auch den, daß ich Sie einige Wochen genießen würde."

"Sie haben mir die Erlaubniß gegeben, das nieder zu schreiben, was ich bei dem Lesen Ihres vortrefflichen Laokoons gedacht. Wenn Sie einige Augenblicke beigelegter Schrift gönnen wollen, so werden Sie sehen, daß ich mich derselben bedient habe. Ein Mann von gegründetem Ruhme und edlem Bewußtseyn seiner Verdienste erlaubt dem andern gern seine schwachen Bemühungen, ihm nachzuahmen, zeigen zu dürfen, und wenn er auch gleich einsieht, daß er ihn nicht erreicht, so verzeiht er ihm doch den Mangel an Kräften, und liebt ihn wegen seines guten Willens. Dieser Gedanke verspricht mir eine freundschaftliche Aufnahme meiner Einfälle von Ihnen."

"Es war mir genug, daß Herr Hausen mir sagte, daß einige Berlinische Gelehrte sich über meinen Auszug aus der allgemeinen Welthistorie gewundert hätten, um die ganze Arbeit wieder aufzugeben. Die Umstände, in welchen ich mich befand, da sie mir angetragen wurde, nöthigten mich eine Sache zu unternehmen, bei der ich bloß den Fleiß eines Taglöhners anzuwenden brauchte. Allein, schon der Wink eines einsichtsvollen Kunstrichters zwingt mich zu erröthen, und lieber alles einzubüßen, als Vertrauen und Gunst der Männer, gegen deren Urtheil ich nicht gleichgültig seyn kann."

"Ich hoffe nun bald durch Bücher und andern Vorrath mich in den Stand zu setzen, ein Buch von der alten Steinschneiderkunst zu verfertigen, wozu ich den Plan seit einigen Jahren gemacht, und an dessen Ausführung mich die allhier herrschende Barbarei und der Mangel an Hülfsmitteln gehindert."

"Mit einer Hochachtung und Ergebenheit, in deren Aufrichtigkeit ich niemanden in der Welt nachgeben werde, habe ich die Ehre zu seyn   Ihr

Halle, den 11. Oct.   gehorsamster Diener
1766.   Klotz."

Was sagen Sie zu diesem Briefe, mein Freund? Ist es nicht ein feiner, artiger, süßer, liebkosender Brief; voller Freundschaft, voller Vertraulichkeit, voller Demuth, voller Hochachtung? O gewiß! — Und die Schrift erst, die dabei lag! Das nenne ich eine Recension! Das ist ein Mann, der zu loben versteht! O, wie schwoll mir mein Herz! Nun wußte ich doch, wer ich war! Ich war elegantissimi ingenii vir; ich war verus Gratiarum alumnus; mir hatten die Musen dudum principem inter Germaniæ ornamenta locum zuerkannt; ich war es, der nicht anders als cognitis optimis fere omnium populorum libris, artium natura perspecta, conjunctaque antiquarum litterarum scientia cum recentiorum auctorum lectione, die Feder ergriffen. Nun war mir mein Buch erst lieb! Denn es war dem Herrn Klotz ein aureolus libellus, und er rief einem jeden, der es in die Hand nehmen wolle, mit den Worten des Plato zu, vorher den Grazien zu opfern!

Was werde ich auf diesen Brief und auf diese Recension dem allerliebsten Verfasser nicht alles geantwortet haben! Mit welcher entzückenden Dankbarkeit werde ich ihm ein ewiges Schutz- und Trutzbündniß gelobt haben! Nicht wahr? —

Ich ersuche den Herrn Klotz, meine Antwort auf dieses sein zweites Schreiben, auf diese seine Recension, drucken zu lassen. Sie wird mich freilich jetzt beschämen, wenn sie so ausgefallen ist, wie ich glauben muß, daß er sie erwartet hat. Aber er schone mich nur nicht; ich muß gedemüthigt seyn: und was könnte mich mehr demüthigen, als mit ihm das Mulus mulum gespielt zu haben?

Vierundfunfzigster Brief.

Die Wahrheit, mein Freund, ist, daß ich dem Herrn Klotz auf sein zweites Schreiben, auf seine Recension — ganz und gar nicht geantwortet habe; daß ich ihm noch heute darauf antworten soll. Ich hatte an seinem zweiten Briefe genug: meine Antwort würde nur vielleicht einen dritten nach sich gezogen haben; und was wäre es, ob ich erst bei dem dritten oder bei dem vierten abgebrochen hätte? Abbrechen hätte ich doch einmal müssen:

und ich denke, je früher eine solche Unhöflichkeit erfolgt, desto kleiner ist sie.

Auf den ersten Brief konnte ich dem Herrn Klotz verbindlich, aber doch noch mit Bestande der Wahrheit antworten. Ich nahm den Mann vorläufig so an, als ich ihn zu finden wünschte; und wer hat es je für Beleidigung der Aufrichtigkeit gehalten, die Anrede eines Unbekannten mit guter Freund zu erwiedern, weil sich endlich findet, daß dieser Unbekannte weder gut, noch Freund ist? — Mit dem zweiten Briefe hingegen war es anders. Ihm verbindlich darauf zu antworten, hätte ich schlechterdings gegen meine Ueberzeugung sprechen müssen, und nach meiner Ueberzeugung mit ihm zu reden, das hätte ihm leicht empfindlicher fallen mögen, als ich von dem bloßen Stillschweigen befürchten durfte, von welchem er sich noch immer eine Ursache denken konnte, wie sie seiner Eitelkeit am wenigsten auffiel.

Und zwar hatte diese Alternative, gegen Herrn Klotzen entweder den Schmeichler zu spielen, oder ihm unangenehme Dinge zu sagen, einen doppelten Grund. Seine Lobsprüche waren mir äußerst eckel, weil sie äußerst übertrieben waren, und seine Einwürfe fand ich höchst nüchtern, so ein gelehrtes Maul er auch dabei immer zog.

Ueber jenes hätte ich ihm sagen müssen: „Mein werthester Herr, ein anderes ist, einem Weihrauch streuen, und ein anderes, einem, mit Wernicken zu reden, das Rauchfaß um den Kopf schmeißen. Ich will glauben, daß Sie das erste thun wollen, aber das andere haben Sie gethan. Ich will glauben, daß es Ihre bloße Ungeschicklichkeit in Schwenkung des Rauchfasses ist, aber ich habe dem ungeachtet die Beulen, und fühle sie. Daß ich ein ziemlich gutes Büchelchen geschrieben, kitzelt mich freilich, selbst von Ihnen zu vernehmen. Es kitzelt mich freilich, mich von Ihnen unter die Zierden Deutschlands gezählt zu sehen, denn wer will nicht seinem Vaterlande wenigstens gern keine Schande machen? Aber nun genug mit dem Kitzeln, denn sehen Sie, ich muß mich schon mehr krümmen, als ich lachen kann. Oder denken Sie, daß meine Haut Elephantenleder ist? Das müssen Sie wohl denken, denn Sie machen es immer ärger, und Sie werden mich todt kitzeln. Sie ertheilen mir unter den Zierden Deutsch-

lands nicht allein eine Stelle, Sie ertheilen mir eine von den
erften, wo nicht gar die erfte. Ja, nicht Sie bloß ertheilen fie
mir; Sie laffen fie mir von den Mufen ertheilen, und laffen fie
mir von den Mufen damals fchon längft ertheilt haben. Cui
dudum principem inter Germaniæ ornamenta locum Musæ
tribuerunt! Mein werthefter, werthefter Herr, mir wird bange
um Sie. Wenn Sie im Ernfte fo denken, fo haben Sie das
Pulver wohl nicht erfunden. Sagen Sie es aber nur, ohne felbft
ein Wort davon zu glauben, bloß um mich zum Beften zu haben:
fo find Sie ein fchlimmer Mann. Doch Sie mögen leicht weder
fo fchlimm, noch fo einfältig feyn, Sie preifen die Felfenkluft
wohl nur des Widerhalls wegen. Sie fchneiden den Biffen nicht
für meine, fondern für Ihre Kehle; was mir Würgen verurfacht,
geht bei Ihnen glatt herunter. Wenn das ift, mein werthefter
Herr: fo bedaure ich Sie, daß Sie an den unrechten gekommen.
Den Ball, den ich nicht fangen mag, mag ich auch nicht zurück-
werfen. Sie find zuverläffig gelehrter, als ich; aber Sie darum
unter die Zierden Deutfchlands einzufchreiben, Sie hinzuftellen,
wo Sie mich hinftellen wollen, das kann ich nicht, und wenn
es mir das Leben koftete! Haben es die Mufen bereits gethan:
fo weiß ich nichts davon, und ohne fichern Grund möchte ich den
Mufen fo was nicht gern nachfagen. Wollen es die Mufen noch
thun, das foll mich freuen; aber laffen Sie uns fleißig feyn,
und warten. Die Ehre ift am Ziele, und von dem Ziele läuft
man nicht aus." —

Ueber den zweiten Punct hätte ich dem Herr Klotz fagen
müffen: „Mein werthefter Herr, ich finde, daß Sie ein fehr be-
lefener Mann find, oder fich wenigftens trefflich darauf verftehen,
wie man es zu feyn fcheinen kann. Sie mögen auch wohl hübfche
Collectaneen haben. Ich habe dergleichen nicht; ich mag auch
nicht ein Blatt mehr gelefen zu haben fcheinen, als ich wirklich
gelefen habe; ich finde manchmal fogar, daß ich für meinen gefunden Verftand fchon viel zu viel gelefen habe. Mein halbes
Leben ift vergangen, um zu lernen, was andere gedacht haben.
Nun wäre es bald Zeit, felbft zu denken; oder, wenn es damit
zu fpät feyn follte, wenigftens das, wovon ich gelernt habe, daß
es andere gedacht, mir fo zu ordnen, mir fo zu berichtigen und

aufzuhellen, daß es zur Noth für meine eigene Gedanken gelten
kann. Es scheint nicht, daß Sie schon da halten, wo ich halte;
es scheint nicht, daß Sie das Bedürfniß, in Ihrem Kopfe auf=
zuräumen, schon so dringend fühlen, als ich es fühle; Sie sam=
meln noch, und ich werfe schon wieder weg. Ich erkenne es mit
Dank, daß Sie so geschäftig und dienstfertig um mich seyn wol=
len; aber bemerken Sie doch nur, mein werthester Herr, daß Sie
mir fast lauter Dinge in die Hand geben, die ich dort schon in
den Winkel gestellt habe. Vieles geben Sie mir auch für etwas
ganz anders in die Hand, als es ist. Ueberhaupt aber verkennen
Sie meine Absicht; Sie halten sich bei den beiläufigen Erläute=
rungen auf, und über die Hauptsache fahren Sie dahin. Ich
möchte Sie wohl um mich haben, um Sie als ein lebendiges
Register zu nutzen; an Seitenzahlen würden Sie mich nicht
Mangel leiden lassen, nur für die Gedanken müßte ich selbst
sorgen. Wohl zu behalten, daß ich Ihnen auch noch die Seiten=
zahlen nachzuberichtigen, nicht versäumte! Denn oft sagt das
Register etwas ganz anders, als das Buch. Ich versprach mir
an Ihnen einen Mann, der mit mir denken würde; und ich finde
einen, der für mich nachschlagen, und in den Kupferbüchern für
mich bildern will. Wenn Ihnen ein Gefallen damit geschieht,
so sollen Sie mit jeder Ihrer Erinnerungen völlig Recht haben;
was mein Buch beweisen und erläutern soll, beweist und erläu=
tert es darum nicht ein Haar weniger." —

So, und nur so, hätte ich dem Herrn Klotz antworten kön=
nen, ohne meiner Freimüthigkeit Gewalt zu thun. Aber wenn
ich mich fragte: wozu diese Gewalt? so fragte ich mich auch zu=
gleich: wozu diese Freimüthigkeit? Was wird sie nutzen, als daß
du dir aus einem ungewissen Freunde einen gewissen Feind
machst? Wähle das Mittel, erspare deiner Freimüthigkeit die
Gewalt, indem du dir die Freimüthigkeit selbst ersparst; schweig!
— Und ich schwieg.

Fünfundfunfzigster Brief.

Ich schwieg in das zweite Jahr; und ich würde sicherlich
noch schweigen —

„Wenn Herr Nicolai mit seiner Allgemeinen Bibliothek nicht wäre."

So sagt Herr Klotz! „Damals," sagt er, [1] „als ich noch an keine Deutsche Bibliothek gedacht (als meine Deutsche Bibliothek noch nicht Schuld war, daß Herr Nicolai von seiner Allgemeinen Bibliothek weniger Exemplare auf der Messe verkaufte), [2] stand ich bei Herr Nicolai und seinen Freunden noch in Gnaden. Aber sobald ich mich an die Spitze der über den kritischen Despotismus Unzufriedenen stellte, so sah man mich auch mit andern Augen an; dann schrieb der jüngere Herr Candidat Lessing in Berlin wider mich Zeitungsartikel, wovon der eine so ehrenrührig war, daß er auf Befehl eines großen Ministers unterdrückt wurde; dann ergriff Herr Magister Lessing die Feder; dann ward ich selbst in der Allgemeinen Bibliothek gemißhandelt." —

Dieser Magister Lessing soll ich seyn, und dieser Candidat Lessing soll mein Bruder seyn, und wir beide sollen bloß und allein wider den Herrn Magister Klotz die Feder ergriffen haben, um die Nahrung des Herrn Buchhändler Nicolai aufrecht zu erhalten!

Ich kann mich rühmen, daß ich schon manche tüchtige Lüge von mir und wider mich zu lesen das Vergnügen gehabt habe; aber so eine grobe, aus der Luft gegriffene, hämtückische ist mir doch lange nicht vorgekommen, als diese Klotzische! Mein Bruder mag sich selbst rechtfertigen, wenn er es der Mühe werth hält. Ob er Zeitungsartikel wider Herr Klotzen gemacht hat, das weiß ich nicht; daß er ehrenrührige gemacht haben sollte, das glaub ich nicht; und gewiß ist es, daß ein solcher ehrenrühriger Artikel von ihm, auf Befehl eines großen Ministers nicht kann seyn unterdrückt worden, weil in Berlin kein Minister, sondern nur ein Geheimderath die Zeitungen censirt. Ein Geheimderath kann ja wohl einem andern Geheimdenrathe auch einen bloß empfindlichen Artikel haben ersparen wollen, und ein empfindlicher Artikel ist noch lange kein ehrenrühriger. Ich möchte

---

[1] S. 468.
[2] Hällische Zeitung 1768, St. 81.

Herr Klotzen wohl fragen, ob er diesen ehrenrührigen Artikel selbst gelesen? und ob er es ganz gewiß weiß, daß mein Bruder, und niemand anders, ihn geschrieben? Hat er ihn nicht selbst gelesen, weiß er dieses nicht ganz gewiß: so denke er doch einen Augenblick nach, welche Grausamkeit es ist, einen jungen unbekannten Menschen auf Gerathewohl der Welt damit zuerst bekannt zu machen, daß man ihm nachsagt, er sey fähig, ehrenrührige Dinge zu schreiben? Eine solche Beschuldigung ist ehrenrührig; und wenn sie Herr Klotz nicht unwidersprechlich erweisen kann: so ist Er der ehrenrührige Schreiber, zu dem er hier meinen Bruder machen will.

Doch wie gesagt, ich will nur meine Thüre rein halten; und was braucht es dazu mehr, als eine Erklärung, die ich vielleicht schon längst hätte thun sollen?

Diese nämlich: Herr Nicolai ist mein Freund; aber mit seiner Allgemeinen Bibliothek habe ich nichts zu schaffen. Sie ist bereits bis auf die Hälfte des neunten Bandes angewachsen, und noch soll ich die Feder für sie ansetzen. Da ist nicht eine einzige Recension, nicht eine einzige kleine Nachricht, welche sich von mir herschriebe! Da ist kein einziges Urtheil, auf welches ich, mir wissentlich, den geringsten Einfluß gehabt hätte!

In dem fünften Bande waren gewisse Psalmen und Threnodieen, die ich noch lesen soll, anders angezeigt worden, als es sich der Verfasser und dessen Freunde versehen hatten. Sogleich erschien ein langes Sendschreiben an mich, [1] in welchem ich auf die bitterste und verächtlichste Weise darüber zur Rede gestellt ward. Ich möchte nun, hieß es, jene hündische, eselhafte Kritik selbst gemacht haben, oder nicht: so sey es doch immer gut, mir den Kopf dafür zu waschen! Denn es sey doch einmal weltkundig, daß ich einer der vornehmsten Mitarbeiter an der Allgemeinen Bibliothek sey; es geschehe doch unter meinem Namen, daß ein so entsetzlicher Mensch einem der größten Dichter unserer Zeit ein so himmelschreiendes Unrecht zufüge; ich müsse also einem solchen Unwesen steuern, oder wenigstens, wenn mir an der Hochachtung der Welt noch das geringste gelegen sey, öffentlich meinen

---

[1] In Leipzig bei Hilschern, 1768.

Abscheu dagegen bezeigen und erklären, daß ich ihm nicht zu
steuern vermöge.

Wie man gewisse Dinge gerade deßwegen nicht thut, weil
gewisse Leute behaupten, daß man sie thun müsse: so bezeigte
und erklärte ich von allem, was der Sendschreiber meinte, daß
ich nothwendig bezeigen und erklären müsse, schlechterdings nichts.
Dieser Elende, dacht' ich, der fähig ist, einen bei sich nieder=
fallenden Stein in der Wuth aufzugreifen, und ihn dem ersten,
den er in die Augen faßt, an den Kopf zu werfen, — dieser
Elende mag von dir glauben was er will! Wer wird es ihm
nachglauben?

Aber hierin betrog ich mich. Denn ich habe nachher nur
allzuoft die nämliche Sprache wider mich führen hören. Selbst
in diesem Augenblicke lege ich ein Zeitungsblatt des Herrn Riedels
aus der Hand, [1] in welchem er von dem letzten Stücke der All=
gemeinen Bibliothek anmerkt, „daß in zwei Recensionen die
Parteilichkeit gar zu sichtbar sey; in der von den Reliquien und
in der, welche die Nachricht von Künstlern und Kunstsachen be=
trifft.“ „Der bittere Tadel des Herrn von Heineke, setzt er
hinzu, und das Lob, welches ihm neulich Herr Lessing ertheilte,
machen einen Gegensatz aus, bei welchem wir nicht wissen, was
wir denken sollen.“ Nicht wissen, was wir denken sollen! Und
warum denn nicht? Unstreitig, weil Herr Riedel das simpelste
und natürlichste nicht denken will! Oder wäre es das simpelste
und natürlichste etwa nicht, auch schon aus diesem einzigen
Exempel zu schließen, wie wenig ich mit der Allgemeinen Biblio=
thek colludire? Was geht es mich an, wie die Allgemeine Bibliothek
urtheilt? Warum muß ich ihr Urtheil nothwendig zu meinem
machen? Warum sie mein Urtheil zu ihrem? Das Einverständniß,
das Herr Riedel zwischen ihr und mir voraussetzt, worauf gründet
es sich? Was für Beweise kann er davon geben?

Doch Er und sein theuerster Freund, Herr Klotz, haben es
sich nun einmal vorgenommen, der Welt eine Berlinische Literatur=
schule aufzuheften, und mich zu einem von den Stiftern derselben
zu machen. Diese Schule soll in den Journalen, welche Herr

---

1 Erfurtische gelehrte Zeitung, 34stes Stück.

Nicolai seit zwölf Jahren besorgt, leiben und leben und den unerträglichsten Despotismus üben. Der Mißvergnügten über diesen Despotismus sollen in Deutschland unzählige seyn, und Herr Klotz will sich endlich an die Spitze derselben gestellt haben.

Viel Glück zu diesen Erscheinungen und zu allen daraus folgenden Ritterthaten! Aber möchte ein freundlicher Genius die Augen dieser Helden wenigstens nur in Absicht auf mich erleuchten. Ich bin wahrlich nur eine Mühle und kein Riese. Da stehe ich auf meinem Platze ganz außer dem Dorfe auf einem Sandhügel allein, und komme zu niemanden, und helfe niemanden, und lasse mir von niemanden helfen. Wenn ich meinen Steinen etwas aufzuschütten habe, so mahle ich es ab, es mag seyn mit welchem Winde es will. Alle zweiunddreißig Winde sind meine Freunde. Von der ganzen weiten Atmosphäre verlange ich nicht einen Fingerbreit mehr, als gerade meine Flügel zu ihrem Umlaufe brauchen. Nur diesen Umlauf lasse man ihnen frei. Mücken können dazwischen hin schwärmen, aber muthwillige Buben müssen nicht alle Augenblicke sich darunter durchjagen wollen; noch weniger muß sie eine Hand hemmen wollen, die nicht stärker ist, als der Wind, der mich umtreibt. Wen meine Flügel mit in die Luft schleudern, der hat es sich selbst zuzuschreiben, auch kann ich ihn nicht sanfter niedersetzen, als er fällt. —

Seit dem Jahre 61 habe ich für die Journale des Herrn Nicolai gerade einen kleinen Octavbogen geliefert, welcher die Anpreisung eines Werkes enthält, über dessen Güte wir alle einig sind. Dennoch darf Herr Klotz mich zum geschworenen Vorfechter des Herrn Nicolai machen. Dennoch darf —

Doch genug hiervon. Schon wird meine eigene Rechtfertigung mir selbst zum Eckel.

Sechsundfunfzigster Brief.

Aber wenn es nicht Herr Nicolai war, wer war es denn, der mich gegen Herr Klotzen aufbrachte? — Denn aufgebracht soll ich doch nun einmal seyn.

Ich weiß nicht, was ich bin, oder zu seyn scheinen mag. So viel weiß ich, daß ich das, was ich bin, mit sehr kaltem

Blute bin. Es ist nicht Hitze, nicht Uebereilung, die mich auf
den Ton gestimmt, in welchem man mich mit Herr Klotzen hört.
Es ist der ruhigste Vorbedacht, die langsamste Ueberlegung, mit
der ich jedes Wort gegen ihn niederschreibe. Wo man ein
spöttisches, bitteres, hartes findet, da glaube man nur ja nicht,
daß es mir entfahren sey. Ich hatte nach meiner besten Einsicht
geurtheilt, daß ihm dieses spöttische, bittere, harte Wort gehöre,
und daß ich es ihm auf keine Weise ersparen könne, ohne an
der Sache, die ich gegen ihn vertheidige, zum Verräther zu
werden.

Was war Herr Klotz? Was wollte er auf einmal seyn?
Was ist er?

Herr Klotz war, bis in das Jahr 66, ein Mann, der Ein
lateinisches Büchelchen über das andere drucken lassen. Die
ersten und meisten dieser Büchelchen sollten Satyren seyn, und
waren ihm zu Pasquillen gerathen. Das Verdienst der besten
war zusammengestoppelte Gelehrsamkeit, Alltagswitz und Schul=
blümchen. Bei solchen Talenten konnte er seinen Beruf zum
Journalisten von Profession nicht lange verkennen. Er ward es,
doch auch nur erst auf Latein. Man lernte aus seinen Actis
litterariis, daß er manch gutes Buch zu Gesicht bekomme; aber
daß er über ein gutes Buch selbst etwas Gutes zu sagen wisse,
davon sollen uns diese Acta noch den ersten Beweis geben.
Wovon sie uns die häufigsten Beweise gaben, war der unglück=
liche Hang des Verfassers, in seine Urtheile die diffamirendsten
Persönlichkeiten einzuflechten. Wenn z. E. ein Gelehrter, der,
nach Herr Klotzens eigenem Geständnisse, sich in seinen ersten
Schriften mit Ruhm gezeigt hatte, in seinen letztern allmählig
sinkt, oder einen Wisch mit unterlaufen läßt, in welchem man
ihn gänzlich verkennt: was thut da Herr Klotz? Ist es ihm
genug, den Verfall dieses Mannes anzumerken? die Nachlässig=
keiten desselben ins Licht zu stellen? über die anscheinende Un=
wissenheit zu spotten? Ist es ihm genug, auf die Zerstreuungen
von weitem anzuspielen, aus welchen jene Nachlässigkeiten vielleicht
entspringen? Zwar wäre auch dieser Schritt schon viel zu ver=
messen, schon viel zu weit über die Gränze der Kritik. Und doch
wie unschuldig wäre er gegen den, den sich Herr Klotz erlauben

dürfen. Lesen Sie, wie er dem D. Conradi mitgespielt, und erstaunen Sie! [1] Aber erstaunen Sie, nicht sowohl über die Frechheit, als darüber, daß ihm eine solche Frechheit ungenossen ausgegangen. Um seinen Lesern begreiflich zu machen, wie die neuesten Schriften dieses Gelehrten so schlecht ausfallen können; um zu verhüten, — o des wahren Frelons, der sich einbildet, alle Menschen müßten, wie er, [2] lieber an ihrer Rechtschaffenheit als an ihrer Gelehrsamkeit zweifeln lassen! — um zu verhüten, daß man nicht nach diesen neuesten Schriften die Wissenschaft ihres Verfassers schätze, ut Conradi doctrinam ab eorum forte judicio vindicet, qui eum non nisi ex postremis scriptis noverunt, — o des kritischen Biedermannes! — erzählt er uns: „D. Conradi habe sich seit einiger Zeit auf den Weinhandel und aufs Saufen gelegt, habe seine Creditores, man versteht nicht recht, ob betrogen? oder mit anderer Schaden bereichert? bis er endlich, um bei Ehren zu bleiben und sich des Hungers zu er= wehren, von Leipzig nach Marburg entweichen müssen." [3] —

[1] Act. Litt. Vol. II. P. IV. p. 465.

[2] Der sich ruhig Fripon nennen läßt, aber sobald er sich mauvais auteur nennen hört, erbittert ausruft: Arrêtez, s'il vous plaît; on peut attaquer mes moeurs; mais pour ma réputation d'auteur, je ne le souffrirai jamais.

[3] Hier ist die ganze Stelle: Est haud raro doctissimorum ingeniorum hæc fortuna, ut, dum genio suo nimis indulgent, rebus a libris plane alienis facile distrahantur. Talem quoque expertus est juris civilis apprime peritus Conradus, qui, dum Lipsiæ jurisprudentiam docuit, editis initio libris egregiis, eruditi ICti nomen sibi paraverat, at postea cum ad bibendi studium et vinarium commercium, quod non sine aliorum invidia, et insigni creditorum commodo exercebat, se convertisset, acceptam jam laudem adeo deseruit, ut aut nihil plane scriberet, aut, quando suo nomine aliquid edere debebat, vel amici cujusdam, his in litteris minime versati, opera uteretur, vel ipse, quicquid in mentem venisset, in chartam conjiceret. Quod quidem non malevolo animo, aut calumniae causa scribimus, sed ut Conradi doctrinam ab eorum forte judicio vindicemus, qui eum non nisi ex postremis scriptis noverunt. Tandem, quo fami famæque consuleret, Lipsia abiit in patriam suam, Marburgum etc.

Abscheulicher Recensent, wer verlangt das zu wissen? Sag' uns, ob das Buch schlecht oder gut ist, und von dem übrigen schweig! Auch wenn alles wahr ist, schweig, denn die Gerechtigkeit hat dir es nicht aufgetragen, solche Brandmale auf die Stirne des Unglücklichen zu drücken! — Zwar hat Herr Klotz diesem Schand= urthel die Buchstaben F. S. A. untersetzen lassen, ohne Zweifel, um uns damit zu sagen, daß er es nicht selbst abgefaßt habe. Aber selbst, oder nicht selbst: es ist darum nicht weniger sein Werk. Denn der allgemeine Titel: Acta litteraria scripsit Klotzius, macht es dazu; und der Wirth, der in seiner Kneip= schenke wissentlich morden läßt, ist nicht ein Haar besser, als der Mörder.

Dieses und unzähliger ähnlicher Frevel ungeachtet, deren ein einziger hinreichend seyn müßte, auch den besten Criticus der öffentlichen Verachtung so auszusetzen, daß er sich in seinem Leben nicht wieder unterstünde, seine Stimme hören zu lassen, gelang es Herr Klotzen, sich einen Anhang zu erschimpfen, und einen noch größeren sich zu erloben. Besonders hatte er einen Schwarm junger aufschießender Scribler sich zinsbar zu machen gewußt, die ihn gegen alle vier Theile der Welt als den größten, außerordentlichsten Mann ausposaunten, und ihn in eine solche Wolke von Weihrauch verhüllten, daß es kein Wunder war, wenn er endlich Augen und Kopf durch den narkotischen Dampf verlor. In dieser Betäubung wurde ihm das Reich der lateinischen Sprache zu enge, und er beschloß, seine Eroberungen auch über das Reich der deutschen zu verbreiten. Die ersten Streifereien dahin wagte er in ein paar Werklein, die, höchst arm an Ge= danken und Sachen, mit deutschen Worten, aber wahrlich nicht deutsch geschrieben waren. Dennoch wurden auch diese bis in den Himmel erhoben; ihr Verfasser hieß: in utroque Cæsar; und der gute Mann vergaß es in vollem Ernste, daß alle diese Zu= jauchzungen nichts, als der vervielfältigte Wiederhall seiner eigenen Bewunderung waren.

Auch das hätte mögen hingehen! Unverdiente Lobsprüche kann man jedem gönnen, und wer sich deren selbst ertheilt, ist damit bestraft genug, daß er sie schwerlich von andern erwar= ten dürfen. Nur wenn ein so precario, so dolose berühmt gewordener Mann sich mit dem stillen Besitze seiner erschlichenen Ehre nicht begnügen will; wenn der Irrwisch, den man zum Meteor aufsteigen lassen, nunmehr auch lieber sengen und brennen möchte, wenigstens überall um sich her giftige Dämpfe verbreitet: wer kann sich des Unwillens enthalten? und welcher Gelehrte, dessen Umstände es erlauben, ist nicht verbunden, seinen Unwillen öffentlich zu bezeigen?

Von einem Manne, der nur eben versucht hatte, über einen Kohl, den er zum siebenundsiebzigsten male aufwärmte, eine deutsche Brühe zu gießen, ward Herr Klotz urplötzlich zum allgemeinen Kunstrichter der schönen Wissenschaften — und der deutschen schönen Wissenschaften! Unter dem Vorwande, daß er und seine Freunde mit verschiedenen Urtheilen, die bisher von Werken des Genies gefällt worden, nicht zufrieden wären, langte er nicht bloß seine Läuterungen deßfalls bei dem Publicum ein, sondern errichtete selbst ein Tribunal, und welch ein Tribunal!

Er das Haupt! Er namentlich! und nicht ohne seinen bürgerlichen Titel! — Wer ist der Herr Klotz, der sich aufwirft, über einen Klopstock und Moses und Ramler und Gerstenberg Gericht zu halten? — Es ist Herr Klotz, der Geheimderath. — Sehr wohl; damit muß sich die Schildwache in einer preußischen Vestung begnügen, aber auch der Leser? Wenn der Leser fragt: wer ist der Herr Klotz? so will er wissen, was dieser Herr Klotz geschrieben hat, und worauf sich sein Recht gründet, über solche Männer laut urtheilen zu dürfen. Nicht diese Männer nehmen ihn wegen dieses Rechts in Anspruch, sondern das Publicum. Die Nachsicht, die das Publicum hierin gegen einen ungenannten kritischen Schriftsteller hat, kann es gegen ihn nicht haben. Der ungenannte Kunstrichter will nichts als eine Stimme aus dem Publicum seyn, und so lange er ungenannt bleibt, läßt ihn das Publicum dafür gelten. Aber der Kunstrichter, der sich nennt, will nicht eine Stimme des Publicum seyn, sondern will das Publicum stimmen. Seine Urtheile sollen nicht bloß durch sich so viel Glück machen, als sie machen können; sie sollen es zugleich mit durch seinen Namen machen; denn wozu sonst dieser Name? Daher aber auch von unserer Seite das Verlangen, diesen Namen bewährt zu wissen; daher die Frage, ob es verdienter

Name, ob es verdienter Name in diesem Bezirke ist! Jeder andere Name ist noch mehr Betrug, als Bestechung. Und wenn Herr Klotz Staatsminister wäre, und wenn er der größte lateinische Stylist, der erste Philolog von Europa wäre, was geht uns das hier an? Hier wollen wir seine Verdienste um die deutschen schönen Wissenschaften kennen, und welche sind die? Was hat unsere Sprache von ihm erhalten, worauf sie gegen andere Sprachen stolz seyn könnte? Stolz? was sie sich nur nicht schämen dürfte, aufzuweisen!

So steht es mit dem Haupte; wie mit den Gliedern? — Ich frage nicht, wer die Freunde des Herrn Klotz sind. Sie wollen unbekannt seyn; und ich denke, sie werden es bleiben. Weder ihren Namen, noch ihren Stand verlange ich zu wissen. Es mögen sich mehr Geheimderäthe unter ihnen finden, oder nicht; sie mögen Professoren oder Studenten, Candidaten oder Pastoren seyn; sie mögen auf dem Dorfe, oder in der Stadt wohnen; sie mögen von ihrer Schreiberei leben oder nicht; alles das ist eines wie das andere. Nicht aus dem, was sie sind, laßt uns beurtheilen, was sie schreiben, sondern aus dem was sie schreiben, laßt uns urtheilen, was sie seyn sollten.

Wahrlich, keiner von ihnen sollte Professor seyn, wenigstens nicht Professor in den schönen Wissenschaften. Alle sollten sie noch Studenten, und fleißige, bescheidene Studenten seyn. Denn welcher von ihnen verräth im geringsten mehr Kenntnisse, gründlichere Einsichten, als jeder angehende Student haben sollte? Was ist in ihrer ganzen Bibliothek, das nur ein Mann hätte schreiben können; nur ein Mann, der sich in seinem Fache fühlte? Welches ist die Gattung des Vortrags oder der Dichtung, sie sey so klein als sie wolle, worüber einer von diesen Großsprechern nur eine einzige neue und gute Anmerkung gemacht hätte? Schale, platte Wäscher sind sie alle; keiner hat auch nicht einmal seinen eigenen Ton; alle schreiben sie ein Deutsch, das nicht kraftloser, dissoluter seyn kann. Sie mögen sich zum Theil darauf verstehen, einer Uebersetzung aus alten Sprachen an den Puls zu fühlen, oder einer aus den neuern Sprachen das Wasser zu besehen; das müßte aber alles seyn, womit sie sich, zu ihrer Uebung, abgeben könnten. Nicht einmal über Schriftsteller, von dem Maaße ihrer eigenen Talente, sollten sie urtheilen wollen, denn es ist ein eckler Anblick, wenn man eine Spinne die andere fressen sieht, und meistens ergiebt es sich zu deutlich, daß sie das getadelte Werk noch lange so gut nicht selbst hervorgebracht haben würden. Aber wenn sie vollends an die wenigen Verfasser sich wagen, denen es Deutschland allein zu danken hat, daß seine Litteratur gegen die Litteratur anderer Völker in Anschlag kömmt, so ist das eine Vermessenheit, von der ich nicht weiß, ob sie lächerlicher oder ärgerlicher ist. Was sollen diese von ihnen lernen? Soll Klopstock von ihnen etwa lernen, in seine Elegien mehr Fiktion zu bringen? und Ramler, in seine Oden weniger? So hirnlos dergleichen Urtheile sind, so viel Schaden stiften sie gleichwohl in einem Publicum, das sich zum größten Theil noch erst bildet. Der schwächere Leser kann sich nicht entwehren, eine gering= schätzige Idee mit dem Namen solcher Männer zu verbinden, denen solche Stümper solche Armseligkeiten unausgepfiffen vor= dociren dürfen.

Endlich, das stinkende Fett, womit diese Herren ihre kri= tischen Wassersuppen zurichten! Auf jedem von ihnen ruht der Geist ihres verschwärzenden Herausgebers siebenfältig; und wenn jemals die Unart elender Kunstrichter, zur Mißbilligung und Verspottung des Schriftstellers die Züge von dem Menschen, von dem Gliede der bürgerlichen Gesellschaft zu entlehnen, einen Namen haben soll, so muß sie Klotzianismus heißen.

Siebenundfunfzigster Brief.

Jeder Tadel, jeder Spott, den der Kunstrichter mit dem kritisirten Buche in der Hand gut machen kann, ist dem Kunst= richter erlaubt. Auch kann ihm niemand vorschreiben, wie sanft oder wie hart, wie lieblich oder wie bitter, er die Ausdrücke eines solchen Tadels oder Spottes wählen soll. Er muß wissen, welche Wirkung er damit hervorbringen will, und es ist noth= wendig, daß er seine Worte nach dieser Wirkung abwägt.

Aber sobald der Kunstrichter verräth, daß er von seinem Autor mehr weiß, als ihm die Schriften desselben sagen können;

sobald er sich aus dieser nähern Kenntniß des geringsten nach=
theiligen Zuges wider ihn bedient: sogleich wird sein Tadel per=
sönliche Beleidigung. Er hört auf, Kunstrichter zu seyn, und
wird — das verächtlichste, was ein vernünftiges Geschöpf werden
kann — Klätscher, Anschwärzer, Pasquillant.

Diese Bestimmung unerlaubter Persönlichkeiten, und eines
erlaubten Tadels, ist unstreitig die wahre, und nach ihr verlange
ich, auf das strengste gerichtet zu seyn!

Herr Klotz klagt mich an, meine antiquarischen Briefe mehr
gegen Ihn, als gegen sein Buch gerichtet zu haben, welches „aus
den persönlichen Beleidigungen, den Zudringlichkeiten, dem Styl,
der oft mehr als bloß satyrisch sey, kurz aus dem Tone erhelle,
welcher uns, wider unsern Willen, an den Verfasser des Vade=
mecum für Herr Langen zu denken zwinge."[1]

Persönliche Beleidigungen! Herr Klotz klagt über per=
sönliche Beleidigungen! Herr Klotz! Quis tulerit Gracchos etc.
Und doch, wo sind sie, die er von mir erhalten haben will?
Er zeige mir eine, und ich will kommen, und sie ihm fußfällig
abbitten! Durch welches Wort habe ich mich merken lassen, daß
ich ihn weiter als aus seinen Büchern kenne? Welcher Tadel,
welcher Spott ist mir entfahren, der sich auf mehr gründet, als
auf Beweise seiner Unwissenheit und Uebereilung, wie sie in seinen
Schriften da liegen? Ich habe ihn ein oder zweimal Geheimde=
rath genannt, und auch das würde ich nicht gethan haben, wenn
er nicht selbst mit diesem Titel unter den Schriftstellern aufge=
treten wäre. Was weiß ich sonst von seiner Person? Was ver=
lange ich von ihr zu wissen?

Zudringlichkeiten! — Ich habe mir nur Eine vorzu=
werfen: die im Laokoon. Das nicht uneingeschränkte Lob, welches
ich Herrn Klotzen da ertheilte, mußte mir ihn freilich auf den
Hals ziehen. Aber nachher sind alle Zudringlichkeiten von seiner
Seite. Was ich dagegen gethan, sind nichts als Abwehrungen;
auf jetzt, und wo möglich, auf künftig.

Der Styl, der oft mehr, als blos satyrisch ist!
— Es thut mir leid, wenn mein Styl irgendwo bloß satyrisch

---

1 Deutsche Bibl. siebentes Stück, S. 465.

ist. Meinem Vorsatze nach, soll er allezeit mehr als satyrisch seyn. Und was soll er mehr seyn, als satyrisch? Treffend.

Der Ton, welcher an das Vademecum für Herr Langen zu denken zwingt. — Nun denn? Aber zu wessen Beschämung wird diese erzwungene Erinnerung gereichen? Zu meiner? Was kann ich dafür, daß sein Buch eben so kindische Schnitzer hat, als der Langische Horaz?

Kurz; von allen diesen Vorwürfen bleibt nichts, als höchstens der Skrupel, ob es nicht besser gewesen wäre, etwas säuberlicher mit dem Herrn Klotz zu verfahren? Die Höflichkeit sey doch eine so artige Sache. —

Gewiß! denn sie ist eine so kleine!

Aber so artig, wie man will: die Höflichkeit ist keine Pflicht, und nicht höflich seyn, ist noch lange nicht grob seyn. Hingegen zum Besten der Mehrern freimüthig seyn, ist Pflicht; sogar es mit Gefahr seyn, darüber für ungesittet und bösartig gehalten zu werden, ist Pflicht.

Wenn ich Kunstrichter wäre, wenn ich mir getraute, das Kunstrichterschild aushängen zu können: so würde meine Tonleiter diese seyn. Gelinde und schmeichelnd gegen den Anfänger; mit Bewunderung zweifelnd, mit Zweifel bewundernd gegen den Meister; abschreckend und positiv gegen den Stümper; höhnisch gegen den Prahler, und so bitter als möglich gegen den Cabalenmacher.

Der Kunstrichter, der gegen alle nur einen Ton hat, hätte besser gar keinen. Und besonders der, der gegen alle nur höflich ist, ist im Grunde gegen die er höflich seyn könnte, grob.

Ueberhaupt verstehen sich auf das Raffinement der Höflichkeit die höflichsten Herren am wenigsten. Einer von ihnen sagte zu mir: „Aber Herr Klotz ist doch immer so höflich gegen Sie gewesen. Sogar seine Recension der antiquarischen Briefe ist noch so höflich!"

Noch so höflich! Der Bauernstolz selbst hätte sie nicht gröber und plumper abfassen können.

Was will Herr Klotz, der mich sonst immer nur schlechtweg Lessing genannt hat, was will er damit, daß er mich in dieser Recension Magister Lessing nennt? Was sonst, als mir zu

verstehen geben, welche Kluft die Rangordnung zwischen uns be=
festigt habe? Er Geheimderath, und ich nur Magister! — Was
ist denn Bauernstolz, wenn das nicht Bauernstolz ist?

Und doch wird mir Herr Klotz erlauben, den Abstand, der
sich zwischen einem Geheimdenrath, wie Er, und zwischen einem
Magister befindet, für so unermeßlich eben nicht zu halten. Ich
meine, er sey gerade nicht unermeßlicher als der Abstand von
der Raupe zum Schmetterlinge, und es zieme dem Schmetter=
ling schlecht, eine Spanne über den Dornenstrauch erhaben,
so verächtlich nach der demüthigen Raupe auf dem Blatte herab
zu blicken. Ich wüßte auch nicht, daß sein König ihn aus
einer andern Ursache zum Geheimdenrathe ernannt habe, als weil
er ihn für einen guten, brauchbaren Magister gehalten. Der
König hätte in ihm den Magister so geehrt, und er selbst wollte
den Magister verachten?

Ja, der Magister gilt in dem Falle, in welchem wir uns
mit einander befinden, sogar mehr, als der Geheimderath. Wenn
der Herr Geheimderath Klotz nicht auch Herr Magister Klotz wäre,
oder zu seyn verdiente: so wüßte ich gar nicht, was ich mit dem
Herrn Geheimderath zu schaffen haben könnte. Der Magister
macht es, daß ich mich um den Geheimdenrath bekümmere; und
schlimm für den Geheimdenrath, wenn ihn sein Magister im
Stiche läßt!